Anette von Ahsen

Integriertes Qualitäts- und Umweltmanagement

Mehrdimensionale Modellierung und Umsetzung in der deutschen Automobilindustrie

Deutscher Universitäts-Verlag

Bibliografische Information Der Deutschen Bibliothek
Die Deutsche Bibliothek verzeichnet diese Publikation in der Deutschen Nationalbibliografie; detaillierte bibliografische Daten sind im Internet über <http://dnb.ddb.de> abrufbar.

Habilitationsschrift Universität Duisburg-Essen, Campus Essen, 2005

1. Auflage März 2006

Lektorat: Brigitte Siegel / Nicole Schweitzer

Der Deutsche Universitäts-Verlag ist ein Unternehmen von Springer Science+Business Media.
www.duv.de

Umschlaggestaltung: Regine Zimmer, Dipl.-Designerin, Frankfurt/Main
Druck und Buchbinder: Rosch-Buch, Scheßlitz
Gedruckt auf säurefreiem und chlorfrei gebleichtem Papier
Printed in Germany

ISBN 3-8350-0283-X

Vorwort

Meiner Arbeit möchte ich einen herzlichen Dank an all die Menschen voranstellen, die zu ihrer Entstehung auf vielfältige Weise beigetragen haben. Da es unmöglich ist, sie alle zu nennen, können nur einige hervorgehoben werden.

An erster Stelle sei hier mein „Habil-Vater" Professor Dr. Christoph Lange von der Universität Duisburg-Essen genannt, der mir die Möglichkeit zur Habilitation eröffnet und meine Arbeit stets unterstützt hat und dem ich sehr viel zu verdanken habe.

Professor Dr. Hendrik Schröder, ebenfalls von der Universität Duisburg-Essen, und Professor Dr. Hans-Dietrich Haasis von der Universität Bremen haben die Mühen der Begutachtung übernommen. Mit ihrer Bereitschaft zur kritischen Durchsicht und Diskussion meiner Arbeit haben auch sie nachhaltig zu ihrem Gelingen beigetragen.

Ebenfalls ein herzlicher Dank gebührt dem gesamten Lehrstuhl-Team, allen Kollegen und studentischen Hilfskräften sowie unserer Sekretärin, Rositta Plein. Besonders hervorheben möchte ich hier Caterina Dahlhaus, André Kuchenbuch und Mathias Pianowski sowie Herbert Daldrup.

Die Fallstudien bei Automobilherstellern konnten nur durch die Beteiligung der Mitarbeiter von Audi, BMW, DaimlerChrysler, Ford, Porsche und Volkswagen, die viel Zeit und Mühe für Diskussionen über das Integrierte Qualitäts- und Umweltmanagement aufbrachten, entstehen. Auch die Mitglieder des Teams „Mehrdimensionale Fehlermöglichkeits- und -einflussanalyse" bei dem Automobilzulieferer Hella KG Hueck & Co. haben mir mit ihrer Bereitschaft, das neue Instrument im Rahmen eines Pilotprojektes einzusetzen, sehr geholfen.

Frau Nicole Schweitzer vom Deutschen Universitätsverlag danke ich für die unkomplizierte und freundliche Zusammenarbeit bei der Drucklegung.

Meinen Eltern, Erika und Wolff-Dieter Pingel, und meiner Zwillingsschwester Kathrin Effenberger bin ich für ihre immerwährende Unterstützung in allen Lebenslagen sehr dankbar. Schließlich danke ich Peter Buxmann sehr herzlich für seine Ermutigungen und Hilfen.

Anette von Ahsen[1]

[1] Kontakt: Universität Duisburg-Essen, Campus Essen, Fachbereich Wirtschaftswissenschaften, Lehrstuhl für Umweltwirtschaft und Controlling, 45117 Essen, anette.von-ahsen@uni-essen.de, http://www.uni-essen.de/uws-con/

Vorwort

Inhaltsverzeichnis

Abbildungsverzeichnis

Tabellenverzeichnis

Tabellenverzeichnis

Abkürzungsverzeichnis

AG	Aktiengesellschaft
AHP	Analytical Hierarchy Process
AIAG	Automotive Industry Action Group
ANFIA	Associazione Nationale fra Industrie Automobilistiche
BFuP	Zeitschrift für betriebswirtschaftliche Forschung und Praxis
BImSchG	Bundes-Immissionsschutzgesetz
BMW	Bayerische Motoren Werke
CBQ	Centerbeauftragter für Qualität
CNC	Computer Numeric Control
CQM	Corporate Quality Management
DAX	Deutscher Aktienindex
DBW	Die Betriebswirtschaft
DEC	Deutsches EFQM Center
DFE	Design for Environment
DGQ	Deutsche Gesellschaft für Qualität
E-FMEA	Environmental-FMEA
EFQM	European Foundation for Quality Management
EMAS	Environmental Management and Auditing System
EMAS-VO	EG-Öko-Audit-Verordnung
EQA	European Quality Award
EVA	Economic Value Added
F&E	Forschung und Entwicklung
FIEV	Fédération des Industries d'Equipement du Véhicule
FMEA	Failure Mode and Effect Analysis bzw. Fehlermöglichkeits- und -einflussanalyse
FMECA	Failure Mode, Effect and Criticality Analysis
FPDS	Ford Product Development System
FPS	Ford Production System
FTU	Forschung, Technik und Umweltmanagement
GmbH	Gesellschaft mit beschränkter Haftung
IATF	International Automotive Task Force
IJQRM	International Journal of Quality & Reliability Management
IMDS	International Material Data System
IMS	Integriertes Management System
ISO	International Organization for Standardization
LCA	Life Cycle Assessment
LED	Leuchtdiode
MADM	Multi Attribute Decision Making
MBA	Malcolm Baldrige Award
MBNQA	Malcolm Baldrige National Quality Award
MDAX	Midcap-Index der Deutschen Börse
MFMEA	Mehrdimensionale FMEA
MQAS	Manufacturing Quality Assurance System
MQFD	Mehrdimensionales QFD
NAGUS	Normenausschuss Grundlagen des Umweltschutzes
NWA	Nutzwertanalyse

PEP	Produktentstehungsprozess
QFC	Qualitätsförderung und Controlling
QFD	Quality Function Deployment
QM	Quality Management
QMC	Qualitätsmanagement-Center
QRK	Qualitätsregelkarte
QS	Qualitätssicherung
QZ	Qualität und Zuverlässigkeit
ROI	Return on Investment
RPZ	Risikoprioritätszahl
RSMS	Restricted Substance Management Standard
SEFR	Stoff- und Energieflussrechnung
SETAC	Society of Environmental Toxicology and Chemistry
SMMT	Society of Motor Manufacturers and Traders
SPC	Statistical Process Control
STA	Supplier Technical Assistance
SUV	Sports Utility Vehicle
TMCL	Thermal Cycling (Temperaturwechselfestigkeit)
TQM	Total Quality Management
UWF	UmweltWirtschaftsForum
VDA	Verband der Automobilindustrie
VW	Volkswagen
WiSt	Wirtschaftswissenschaftliches Studium
WISU	Das Wirtschaftsstudium
ZfB	Zeitschrift für Betriebswirtschaft
zfbf	Schmalenbachs Zeitschrift für betriebswirtschaftliche Forschung
ZfP	Zeitschrift für Planung

Symbolverzeichnis

C_p = Process Capability

C_{pk} = Critical Process Capability

$E[\cdot]$ = Erwartungswert

G_o = Obere Toleranzgrenze

G_u = Untere Toleranzgrenze

G_m = Mitte des Toleranzintervalls

k = Umweltkonstellationen, mit $k = 1,...,q$,

K^A = Fehlerfolgekosten beim Kunden

K^b = Monetär bewertete externe Effekte eines unternehmensintern entdeckten Fehlers

K^c = Kosten als Folge falsch positiver Prüfergebnisse

K^d = Internalisierte Umweltkosten eines unternehmensextern aufgetretenen Fehlers

K^e = Kosten als Folge eines beim Kunden festgestellten Fehlers

K^e_{rs} = Kosten als Folge von Kundenreaktion r durch den Kunden s

K^f = Monetär bewertete externe Effekte als Folge falsch positiver Prüfergebnisse

K^g = Internalisierte Umweltkosten eines unternehmensintern entdeckten Fehlers

K^h = Internalisierte Umweltkosten als Folge falsch positiver Prüfergebnisse

K^i = Qualitätsbezogene Abweichungskosten eines unternehmensintern entdeckten Fehlers

K^{mc} = Monetär bewertete mehrdimensionale Folgen falsch positiver Prüfergebnisse

K^{me} = Monetär bewertete mehrdimensionale Folgen eines nicht unternehmensintern entdeckten Fehlers

K^{mi} = Monetär bewertete mehrdimensionaler Folgen eines unternehmensintern entdeckten Fehlers

K^x = Monetär bewertete externe Effekte eines unternehmensextern aufgetretenen Fehlers

K^d_k = Internalisierte Umweltkosten eines unternehmensextern aufgetretenen Fehlers als Folge von Umweltkonstellation k

K^W = Garantiekosten

L = Prozesslage

n = Anzahl

$P(O)$ = Auftretenswahrscheinlichkeit eines Fehlers

$P(D \mid O)$ = Bedingte Wahrscheinlichkeit, dass ein aufgetretener Fehler unternehmensintern entdeckt wird

$P(\overline{D} \mid O)$	=	Bedingte Wahrscheinlichkeit, dass ein aufgetretener Fehler nicht unternehmensintern entdeckt wird.
$P(D \mid \overline{O})$	=	Bedingte Wahrscheinlichkeit eines falsch positiven Prüfergebnisses
p_k	=	Wahrscheinlichkeit, dass Umweltkonstellation k eintritt
p_{rs}	=	Wahrscheinlichkeit, dass sich Kunde s gemäß Reaktion r verhält
p_y	=	Wahrscheinlichkeit, dass der Kunde den Fehler bei Produktannahme entdeckt
RPZ	=	Risikoprioritätszahl
RPZ_K	=	Risikoprioritätszahl auf Basis der qualitätsbezogenen Abweichungskosten
RPZ_{K^e}	=	Risikoprioritätszahl auf Basis der qualitätsbezogenen Abweichungskosten unternehmensextern entdeckter Fehler
RPZ_{K^u}	=	RPZ auf Basis der Umweltwirkungen von Fehlern
RPZ_M	=	Mehrdimensionale Risikoprioritätszahl
r	=	Kundenreaktionen auf einen Fehler, mit $r = 1,\ldots,n$,
s	=	Kunden, mit $s = 1,\ldots,m$,
S_A	=	Score für die Auftretenswahrscheinlichkeit eines Fehlers
S_B	=	Score für die Bedeutung der Fehlerfolgen aus Sicht der Kunden
S_E	=	Score für die unternehmensinterne Entdeckungswahrscheinlichkeit eines aufgetretenen Fehlers
S^{me}	=	Score für die mehrdimensionalen Folgen eines beim Kunden aufgetretenen Fehlers
S^{mi}	=	Score für die mehrdimensionalen Folgen eines unternehmensintern entdeckten Fehlers
S^{mc}	=	Score für die mehrdimensionalen Folgen falsch positiver Prüfergebnisse
δ	=	Binärvariable, die im Fall der Berücksichtigung externer Effekte den Wert 1 und anderenfalls den Wert 0 annimmt
σ	=	Standardabweichung

1. Einleitung

1.1 Ziele der Untersuchung

Seit den 90er Jahren wird **Qualitätsmanagement als kundenorientiertes Konzept der Unternehmensführung** in der Regel an der Kundenzufriedenheit als oberstem Ziel ausgerichtet.[1] Allerdings stellen neben den Kunden weitere Stakeholdergruppen Anforderungen an die Produkte und Prozesse von Unternehmen; insbesondere sind dies neben den Shareholdern z. B. Fremdkapitalgeber, aber auch die allgemeine Öffentlichkeit.[2] In dem Maße, in dem Stakeholdergruppen als relevant für das Erreichen der strategischen Unternehmensziele beurteilt werden, entsteht ein Erfordernis, ihre Ansprüche bei der Festlegung des unternehmerischen Zielsystems zu berücksichtigen. In diesem Zusammenhang wird insbesondere die Einbeziehung **umweltbezogener Ziele**[3] – und, damit in Zusammenhang stehend, die Implementierung von **Umweltmanagementsystemen** – in Unternehmen diskutiert.[4] Ein zentrales Problem stellen dabei mögliche **Interdependenzen** dar: Die Sachziele – also auch Qualitäts- und Umweltziele – eines Unternehmens können in indifferenten oder komplementären, aber auch in konfliktären Beziehungen zueinander stehen; Analoges gilt für das Verhältnis der Sachziele zu den finanziellen Zielen.[5]

Vor diesem Hintergrund sind die Konzeption, Aufgaben und Instrumente des Qualitäts- und des Umweltmanagements neu zu diskutieren: Zu untersuchen sind die Möglichkeiten und Probleme einer Weiterentwicklung der eindimensionalen Ausrichtung an den Qualitäts- bzw. Umweltzielen hin zu einer **mehrdimensionalen Modellierung** eines Integrierten Managements. Die Idee dahinter ist, simultan die finanziellen Ziele sowie die Qualitäts- und Umweltziele festzulegen und in Entscheidungen umzusetzen.

In der **Literatur** sind verschiedene **Modelle für Integrierte Qualitäts- und Umweltmanagementsysteme** entwickelt worden;[6] **empirische Untersuchungen** zeigen zudem, dass zwischen 30 und 50 % der Unternehmen mit Qualitäts- und Umweltmanagementsystemen über ein Integriertes Managementsystem verfügen oder zumindest ein solches System für zweckmäßig halten bzw. pla-

---

[1] Vgl. z. B. Feigenbaum 1991, S. 8 f.; Zink/Schildknecht 1992; Zöller/Ziegler 1992, S. 35; Ahsen 1996a; Ahire/O'Shaughnessy 1998; Fleig/Kinkel 1999; Frehr 1999, S. 35.

[2] Vgl. z. B. Radder 1998, S. 278; Berman et al. 1999, S. 491 sowie ausführlich Kapitel 2.1 der vorliegenden Arbeit.

[3] Zur Definition umweltbezogener Ziele vgl. Kapitel 2.3.1 der vorliegenden Arbeit.

[4] Ergebnisse empirischer Studien zu unternehmerischen Zielsystemen zeigen, dass umweltbezogene Ziele hier häufig explizit formuliert werden. Vgl. z. B. Raffée/Förster/Fritz 1992; Tarara 1997; Meffert/Kirchgeorg 1998 sowie Kapitel 2.3.

[5] Vgl. z. B. Haasis 1996b, S. 47. Zu potenziellen Interdependenzbeziehungen zwischen Unternehmenszielen vgl. grundsätzlich Heinen 1976a, S. 95 f.; Heinen 1991, S. 14-16; Kirsch 1991, S. 201; Dellmann 1993, Sp. 2246; Meuser 1994, S. 50-52; Adam 1996, S. 107; Peemöller 2002, Sp. 2175; Laux 2003, S. 67-69.

[6] Vgl. auch zu Folgendem z. B. Culley 1998; Curcovic 1998; Wilkinson/Dale 1998; Pischon 1999; Schwerdtle 1999; Wilkinson/Dale 1999; Enzler 2000. Zur Definition Integrierter Managementsysteme vgl. Kapitel 2.4.

nen.[7] Bei den bisher in der Literatur vorliegenden empirischen Studien handelt es sich vor allem um **quantitative schriftliche Befragungen**, die einen Überblick über die Entwicklungen bei einer größeren Anzahl Unternehmen ermöglichen. Inhaltlich wird dabei schwerpunktmäßig untersucht, inwieweit die Strukturen der Managementsysteme sowie ihre Dokumentation integriert werden und eine organisatorische Verknüpfung des Qualitäts- und Umweltmanagements erfolgt. Außerdem fragen die Studien nach den Vor- und Nachteilen integrierter im Vergleich zu separaten Managementsystemen aus Sicht der Unternehmen.

Trotz der zunehmenden Diskussion in der wissenschaftlichen Literatur und der Relevanz, die dem Thema „Integriertes Qualitäts- und Umweltmanagement" offenbar in der Unternehmenspraxis zugeschrieben wird, fehlt bisher eine umfassende **systematische Untersuchung der Interdependenzen qualitäts- und umweltbezogener Entscheidungen** im Rahmen der Geschäftsprozesse, insbesondere der Leistungsprozesse, sowie der möglichen Alternativen zur Ausrichtung der Entscheidungen auf das mehrdimensionale Zielsystem. Das **erste Ziel** der Arbeit besteht daher in einer solchen Analyse, wobei im Vordergrund die Frage steht, für welche interdependenten qualitäts- und umweltbezogenen Entscheidungen ein kombinierter Einsatz von Qualitäts- und Umweltmanagementinstrumenten und/oder der Einsatz bestehender mehrdimensionaler Informations-, Planungs- und Kontrollinstrumente zielführend sein kann. Dabei wird auch untersucht, für welche Entscheidungen instrumentelle „Lücken" bestehen, so dass hier ein Bedarf an neuen Modellen anzunehmen ist.

Auf den theoretischen Überlegungen aufbauend soll diese Thematik **empirisch bei Automobilherstellern in Deutschland untersucht** werden: Das **zweite Ziel** der Arbeit besteht in der Gewinnung neuer Erkenntnisse hinsichtlich der Konsequenzen, die Unternehmen aus den (potenziell auch konfliktären) Interdependenzen zwischen Qualitäts- und Umweltzielen ziehen. Untersucht wird, welche Ansätze gewählt werden, um die interdependenten Entscheidungen im Rahmen der Geschäftsprozesse am mehrdimensionalen Zielsystem zu orientieren. Als Untersuchungsobjekte wurden die Automobilhersteller Audi, BMW, DaimlerChrysler, Ford, Porsche und VW ausgewählt. Da gerade vor dem Hintergrund der gesunkenen Fertigungstiefe der Automobilhersteller[8] inzwischen qualitäts- und – zunehmend – umweltbezogenen Kooperationen mit Zulieferern ein hoher Stellenwert zukommt, werden diese in die Analysen einbezogen. Im Einzelnen werden folgende Fragen untersucht:

---

[7] Vgl. Kroppmann/Schreiber 1996; KPMG 1997; Enzler 2000; Funck et al. 2001.
[8] Vgl. Kapitel 3.2.

- Welche Ausprägungen der **qualitäts- und umweltbezogenen Information, Planung und Kontrolle sowie Organisation** finden sich bei den Automobilherstellern in Deutschland? An welchen Normen sind die **Qualitäts- und Umweltmanagementsysteme** orientiert und inwieweit sind sie **integriert**?
- Für welche Entscheidungen innerhalb der **Produkt-/Prozessentwicklung sowie Beschaffung und Produktion**[9] wird in den Unternehmen ein Bedarf sowohl qualitäts- als auch umweltbezogener Informationen gesehen und inwieweit ist hier eine zeitliche, organisatorische und/oder sachliche Integration des Qualitäts- und Umweltmanagements geplant bzw. umgesetzt?

Eine umfassende Analyse dieser Aspekte des Qualitäts- und Umweltmanagements ermöglichen standardisierte schriftliche Befragungen nicht. Hierzu sind eher persönliche Interviews mit Mitarbeitern der Qualitäts- und Umweltbereiche von Unternehmen sowie die Analyse unternehmensinterner Dokumente, etwa (gegebenenfalls integrierter) Qualitäts- und Umweltmanagementhandbücher, Projektberichte etc., im Rahmen von **Fallstudien** geeignet, die in der Literatur jedoch bislang weitgehend fehlen.[10] Diese Lücke soll in der vorliegenden Arbeit geschlossen werden.

Die Konzeption der Arbeit ist dabei so angelegt, dass in den Kapiteln 3 und 4 Qualitäts- und Umweltaspekte in den Geschäftsprozessen von Unternehmen bzw. Supply Chains umfassend diskutiert und im Hinblick auf die Automobilhersteller in Deutschland in Form von Fallstudien empirisch analysiert werden. Dabei wird ein über bestehende Ansätze hinausgehender Bedarf an mehrdimensionalen Informations-, Planungs- und Kontrollinstrumenten insbesondere für Zwecke der **mehrdimensional ausgerichteten Produkt-/Prozessentwicklung** deutlich. Die Qualitätsmanagementinstrumente – z. B. Quality Function Deployment (QFD), Fehlermöglichkeits- und -einflussanalyse (FMEA) sowie qualitätsbezogene Kostenanalysen – einerseits und die Umweltmanagementinstrumente – z. B. Stoff- und Energieflussrechnungen, Ökobilanzen sowie umweltbezogene Kostenanalysen – andererseits[11] können nicht für sämtliche Fragestellungen so kombiniert werden, dass damit eine zielsystemadäquate Unterstützung der relevanten Entscheidungen ermöglicht wird. In Kapitel 5 wird daher die Sicht im Vergleich zu den voran stehenden Kapiteln verengt und auf zwei Qualitätsmanagementinstrumente, das QFD sowie die FMEA, fokussiert, die zu mehrdimensionalen Informations-, Planungs- und Kontrollinstrumenten weiterentwickelt werden.

---

9 Auf Absatzprozesse wird im Rahmen der vorliegenden Arbeit nicht näher eingegangen. Siehe zur Abgrenzung des Untersuchungsbereiches Kapitel 1.3.

10 Eine Ausnahme stellt die Studie von Baumgarten et al. (1998) dar, in der Logistikprozesse mehrerer Unternehmen im Hinblick auf finanzielle sowie qualitäts- und umweltbezogene Aspekte untersucht werden.

11 Zu einem Überblick über Qualitätsmanagementinstrumente vgl. z. B. Ahsen 1996a; Masing (Hrsg.) 1999; Pfeifer 2001; zu einem Überblick über Umweltmanagementinstrumente vgl. z. B. Lange/Ukena 1996; Tarara 1997; Lange/Fischer 1998; Meffert/Kirchgeorg 1998; Müller-Christ 2001.

Das herkömmliche **QFD** stellt in erster Linie auf die Ausrichtung der gesamten Produkt- und Prozessgestaltung an den Kundenanforderungen ab; Weiterentwicklungen des Instrumentes fokussieren eine Verknüpfung mit dem Target Costing. Wenig diskutiert werden dagegen Möglichkeiten einer Einbeziehung von Umweltzielen in QFD-Projekte. Die herkömmliche **FMEA** wird mit dem Ziel eingesetzt, das Auftreten bzw. die Folgen von Fehlern am Produkt oder Prozess zu vermeiden. Die potenziellen Fehler werden dabei ausschließlich im Hinblick auf ihre Auswirkungen aus Sicht der Kunden beurteilt. Mit Fehlern am Produkt oder im Produktionsprozess können jedoch auch darüber hinaus gehende Umweltwirkungen, etwa vermehrte Emissionen, verbunden sein. Diese werden in der herkömmlichen FMEA ebenso wenig berücksichtigt wie ein großer Teil der finanziellen Folgen von Fehlern. An diesen Limitationen der Instrumente setzt ihre Weiterentwicklung an; das **dritte Ziel** der vorliegenden Arbeit besteht in diesem Sinne in der Entwicklung von **Gestaltungsempfehlungen für das Integrierte Qualitäts- und Umweltmanagement**:

- Die **FMEA** und das **QFD** werden zu **mehrdimensionalen Informations-, Planungs- und Kontrollinstrumenten** weiterentwickelt, die neben qualitäts- auch umweltorientierte und finanzielle Kriterien in die Entscheidungsfindung einbeziehen. Damit wird eine Voraussetzung geschaffen, um Entscheidungen im Rahmen der Produkt-/Prozessentwicklung besser entsprechend des mehrdimensionalen unternehmerischen Zielsystems zu treffen.
- Zudem werden diese mehrdimensionalen Instrumente im Rahmen der Fallstudien mit Mitarbeitern der Automobilindustrie im Hinblick auf ihre Praxistauglichkeit diskutiert; die Mehrdimensionale FMEA wird darüber hinaus bei einem Automobilzulieferer exemplarisch angewendet.

1.2 Wissenschaftliche Einordnung

Die Abgrenzung und Systematisierung interdependenter qualitäts- und umweltbezogener Entscheidungen in den Prozessen von Unternehmen und Supply Chains sowie instrumenteller Ansätze zur Unterstützung dieser Entscheidungen sind in den Rahmen der **deskriptiven Aufgabe der Betriebswirtschaftslehre** einzuordnen. Die Beschreibung der Entscheidungsprobleme und des „Alternativenpotential[s] zu ihrer Lösung“[12] stellt dabei sowohl eine Grundlage für die empirische Analyse der Unternehmenspraxis als auch für die Weiterentwicklung vorhandener Informations-, Planungs- und Kontrollinstrumente dar.

[12] Heinen 1971, S. 431.

Im Rahmen der vorliegenden Arbeit kommt der **deskriptiven empirischen Analyse** vorhandener und geplanter Ansätze des Integrierten Qualitäts- und Umweltmanagements bei Automobilherstellern in Deutschland mittels Fallstudien eine zentrale Rolle zu. Ziel ist es, diese Ansätze so zu erfassen und darzustellen, dass ihre Komplexität erhalten bleibt. Da „jeder Versuch, durch quantifizierende Verfahren über den Einzelfall hinauszugehen, [..] notwendigerweise zu reduktionistischen Konsequenzen“[13] führt, werden die empirischen Analysen als **qualitative Sozialforschung** durchgeführt. Diese kommt insbesondere dann zur Anwendung, wenn noch nicht umfassend präzise formulierte Hypothesen vorliegen, die durch eine Konfrontation mit empirisch erhobenen Daten falsifiziert bzw. vorläufig bestätigt werden können. Der qualitative Forschungsprozesses beginnt vielmehr mit der Erhebung relativ unstrukturierten verbalen Datenmaterials insbesondere mittels qualitativer Interviews. Aus den Interviewtranskripten bzw. -protokollen wird dann versucht, Sinnstrukturen zu rekonstruieren.[14]

Qualitative Sozialforschung basiert dabei im Sinne der **„hermeneutischen Spirale“**[15] in der Regel auf einem Vorverständnis über das Untersuchungsthema, hier also des Integrierten Qualitäts- und Umweltmanagements, das weiterentwickelt werden soll. In Abhängigkeit von der untersuchten Fragestellung kann dieses Vorwissen in unterschiedlichem Ausmaß theoretisch und/oder empirisch geprägt sein;[16] es ist Voraussetzung für die – in der empirischen Sozialforschung grundsätzlich notwendige – Interpretation der Ergebnisse.[17] Der zweite Aspekt des hermeneutischen Zirkels besteht darin, dass „[e]inzelne, wichtige Begriffe [..] sich häufig nur aus dem Textganzen erschließen [lassen, d. Verf.], während das vollständige Verstehen des Gesamttextes das Verstehen dieser Begriffe zur Voraussetzung hat. Die hermeneutische Spirale besteht also darin, daß das Teil vom Ganzen her verstanden, korrigiert oder erweitert wird und sich umgekehrt das Ganze von Teilen her bestimmt.“[18] Dies gilt ebenso für die Interpretation umfangreicher Texte, etwa historischer Schriften, wie auch für die Auswertung von Interviewprotokollen und unternehmensinternen Dokumenten.

---

13 Heinze 2001, S. 44.

14 Vgl. Kelle/Kluge 1999, S. 15. Neben Interviews können insbesondere auch Dokumentenanalysen oder Beobachtungen zum Einsatz kommen.

15 Mayring 2002, S. 30; vgl. auch Danner 1994; Kleining 1982; Lamnek 1995a, S. 74-78; Bohnsack 2000, S. 31 f.

16 Vgl. zu den unterschiedlichen „Dimensionen“ eines solchen Vorwissens z. B. Kelle/Kluge 1999, S. 28-35.

17 „Diese Erkenntnis ist das Verdienst der Hermeneutik. Sie hat von Anfang an darauf hingewiesen, dass vom Menschen Hervorgebrachtes immer mit subjektiven Intentionen verbunden ist.“ Mayring 2002, S. 22; vgl. ausführlich auch Kleining 1982, S. 227-240; Danner 1994, S. 31-116. Während der Grundgedanke des hermeneutischen Zirkels weitgehend unstrittig unmittelbar zweckmäßige Basis qualitativer empirischer Sozialforschung ist, „können [allerdings, Anm. d. Verf.] jene hermeneutischen Richtungen, die sich [...] als Kunstlehren betrachten, ähnlich wie die der ‚Einfühlungs'-Theoretiker des Verstehens, den methodischen Ansprüchen einer entwickelten Sozialwissenschaft nicht genügen.“ Kleining 1982, S. 228. Grundsätzlich kritisch zur „sogenannte[n] Methode des Verstehens“ vgl. Stegmüller 1983, S. 414-429.

18 Lamnek 1995a, S. 76.

Wird etwa, wie dies die oben angesprochenen schriftlichen Befragungen von Unternehmen zeigen, in einem Großteil der Unternehmen ein „Integriertes Qualitäts- und Umweltmanagement" als zweckmäßig beurteilt, so können dahinter sehr unterschiedliche konkrete Ausprägungen einer solchen Konzeption stehen, die erst durch umfassendere Analysen der verschiedenen Aspekte und deren Interdependenzen verständlich werden. Im Einzelnen kann z. B. die Zusammenlegung der Qualitäts- und Umweltabteilung eines Unternehmens ausschließlich erfolgen, um Personalkosten zu reduzieren, aber auch, um eine stärkere sachliche Integration des Qualitäts- und Umweltmanagements zu erreichen. Eine sachliche Integration wiederum kann z. B. mittels des kombinierten Einsatzes unterschiedlicher Informations-, Planungs- und Kontrollinstrumente unterstützt werden; zudem besteht die Möglichkeit, dass in Unternehmen Ansätze zur umweltorientierten Modifikation von Qualitätsmanagementinstrumenten vorliegen. Um solche Aspekte erfassen zu können, muss das **Forschungsdesign**[19] entsprechend ausgewählt werden; in der vorliegenden Arbeit fiel die Entscheidung daher für die Durchführung von **Fallstudien**.[20]

Mit den systematisierenden und empirischen Analysen soll das Verständnis von Integriertem Qualitäts- und Umweltmanagement insgesamt vertieft werden: Wie in Kapitel 1.1 dargelegt, liegt zurzeit noch keine umfassende systematische Untersuchung der Interdependenzen qualitäts- und umweltbezogener Entscheidungen in den Geschäftsprozessen von Unternehmen und Supply Chains vor, so dass der diesbezügliche Forschungsstand noch in einem frühen Entwicklungsstadium ist. Dagegen werden einzelne Qualitäts- und Umweltmanagementinstrumente bereits seit längerem intensiv diskutiert und in der Unternehmenspraxis angewendet. Hier besteht somit eine stärker fundierte Basis, auf der aufbauend die vorliegende Arbeit auch auf die **Gestaltungsaufgabe einer praktisch-normativen Betriebswirtschaftslehre** ausgerichtet ist.[21] „Versteht man die Betriebswirtschaftslehre [...] als eine angewandte Wissenschaft, so stehen letztlich Entscheidungsmodelle im Vordergrund des Interesses. Ein solches Entscheidungsmodell beschreibt ein reales Entscheidungsproblem, d. h. ein Problem, das darin besteht, unter mehreren Handlungsalternativen diejenige zu wählen, die dem Entscheidungsträger am günstigsten erscheint."[22]

---

19 Als Forschungsdesign werden das Untersuchungsziel und der Untersuchungsablauf bezeichnet.

20 Siehe zur Definition von Fallstudien Kapitel 4.1.2. Vgl. zum Einsatz von Fallstudien z. B. Brüsemeister 2000, S. 62; Mayring 2002, S. 42. Zur Einordnung von Fallstudien in die qualitative Sozialforschung vgl. Mayring 2002, S. 40-64.

21 Vgl. zur Gestaltungsaufgabe einer praktisch-normativen Betriebwirtschaftslehre Heinen 1992, S. 26; Schanz 2000, insb. S. 113 f.; Bamberg/Coenenberg 2002, S. 11 f. Vgl. insgesamt zu den Wissenschaftszielen der Betriebswirtschaftslehre Heinen 1969, S 209-211; Schanz 2000, S. 86 f. Zur Nutzung wissenschaftlicher Erkenntnisse in Unternehmen zur Lösung von Wissensproblemen respektive zur Lösung von Konfliktproblemen vgl. Nienhüser 1998.

22 Schneeweiß 1984, S. 480; vgl. ausführlich Grochla 1969; Bretzke 1980, S. 37 f.; Rieper 1992; Dresbach 1996, S. 2-5.

In diesem Sinne werden in der vorliegenden Arbeit offene Problemstellungen eines Integrierten Qualitäts- und Umweltmanagements herausgearbeitet, für die mehrdimensionale Entscheidungsinstrumente zu modellieren sind. Im Ergebnis werden zwei herkömmlich ausschließlich kundenorientierte Qualitätsmanagementinstrumente – das QFD sowie die FMEA – zu mehrdimensionalen Informations-, Planungs- und Kontrollinstrumenten weiterentwickelt. Damit sollen Vorschläge erarbeitet werden, wie Unternehmen ihre Entscheidungen insbesondere im Rahmen der Produkt-/Prozessentwicklung besser als mit den herkömmlichen Instrumenten zugleich an Qualitäts- und Umweltzielen sowie an finanziellen Zielen ausrichten können. Den Fallstudien kommt in diesem Zusammenhang vor allem insofern eine Bedeutung zu, als sowohl die grundsätzliche Zweckmäßigkeit der Entwicklung mehrdimensionaler Informations-, Planungs- und Kontrollinstrumente als auch die konkreten Gestaltungsvorschläge im Hinblick auf ihre Praxistauglichkeit mit den Interviewpartnern diskutiert werden sollen.[23]

1.3 Abgrenzung des Untersuchungsbereichs

Im Hinblick auf den Untersuchungsbereich der vorliegenden Arbeit sind Abgrenzungen bezüglich der in die Analyse einbezogenen Dimensionen des unternehmerischen Zielsystems, der betrachteten Führungs- bzw. Leistungsprozesse und der Objekte der empirischen Analyse erforderlich.

- **Beschränkung der mehrdimensionalen Modellierung von Geschäftsprozessen auf die Qualitäts- und Umweltorientierung**

Mehrdimensionales Management ist durch eine Ausrichtung auf die Erfüllung der Anforderungen unterschiedlicher, im Extremfall sämtlicher als strategisch relevant ermittelter Stakeholder gekennzeichnet. Dabei kommt kunden- und umweltbezogenen Anforderungen eine zentrale Rolle zu. Darüber hinaus werden – insbesondere im Zuge der Diskussion um ein „Sustainable Develop-

[23] Die Reihenfolge der Kapitel könnte dabei den Eindruck erwecken, dass die Gestaltungsempfehlungen aus den Ergebnissen der Fallstudien abgeleitet werden. Dies ist grundsätzlich jedoch nicht möglich (vgl. etwa Frank 2003, S. 284) und wird auch in der vorliegenden Arbeit nicht versucht. Zur Begründung des Aufbaus der Arbeit siehe Kapitel 1.4. Wie Schweitzer (2000, S. 71) betont, kommt der Hermeneutik im Beschreibungszusammenhang der Betriebswirtschaftslehre eine große Bedeutung zu, „da ein sich versenkendes Verstehen in Aussagensysteme einmal eine umfassende Deskription der Gegenstände voraussetzt und zum anderen eine verbesserte Deskription nach sich zieht. Für den Gestaltungszusammenhang kann die Bedeutung der Hermeneutik darin gesehen werden, dass sie bei der Vorauswahl von Modellgrößen (Zielen, Alternativen und Daten) eine erste Hilfestellung geben kann." (Im Original zum Teil mit Hervorhebungen.) In diesem Sinne können die Ergebnisse der Fallstudien bei der Weiterentwicklung von mehrdimensionalen Informations-, Planungs- und Kontrollinstrumenten herangezogen werden.

ment"[24] – vermehrt auch soziale Ziele von Unternehmen diskutiert.[25] Dieser Aspekt soll in der vorliegenden Arbeit jedoch nicht näher untersucht werden. Das Integrierte Qualitäts- und Umweltmanagement stellt somit den Ausschnitt des Mehrdimensionalen Managements dar, der – in Abstimmung mit den finanziellen Zielen – auf das Erreichen der Kundenanforderungen und der Umweltziele ausgerichtet ist.

- **Untersuchte Geschäftsprozesse**

In der vorliegenden Arbeit werden Möglichkeiten und Probleme der Qualitäts- und Umweltorientierung von Führungs- und Leistungsprozessen, die sowohl **unternehmensintern** als auch – im Rahmen von **Kooperationen**, insbesondere **zwischen Automobilherstellern und Zulieferern** – unternehmensübergreifend ausgestaltet sein können, analysiert.

Dabei werden die **Führungsprozesse** Information, Planung und Kontrolle sowie die Organisation im Hinblick auf Möglichkeiten einer mehrdimensionalen Ausgestaltung untersucht. Nicht eingegangen wird dagegen auf Aspekte des qualitäts- und umweltbezogenen Personalmanagements. Diese Abgrenzung liegt darin begründet, dass insgesamt auf die sachliche, zeitliche und organisatorische Integration von Qualitäts- und Umweltmanagement abgestellt wird (siehe Kapitel 2.4.2). Diese impliziert zwar auch entsprechende Personalmanagementkonzepte;[26] ihre Diskussion würde jedoch den Rahmen dieser Arbeit sprengen.

Im Hinblick auf die **Leistungsprozesse** erfolgt eine Fokussierung auf die Analyse der Produkt-/Prozessentwicklung, Beschaffung und Produktion, da die im Rahmen der vorliegenden Arbeit im Vordergrund stehenden Qualitäts- und Umweltmanagementinstrumente vor allem in diesen Prozessen eingesetzt werden. Nicht thematisiert werden Absatzprozesse.[27]

---

[24] Vgl. zum Konzept des Sustainable Development ausführlich z. B. Matten 1998; Matten/Wagner 1998; Schmitt 1998; Zabel (Hrsg.) 2002.

[25] Vgl. z. B. Felix et al. 1997; Pischon/Liesegang 1997; Carter 1999; Pischon 1999; Waddock/Bodwell 2002.

[26] Vgl. hierzu etwa Merle 1998, S. 203-208; Kamiske et al. 1999, S. 125-144; Rau 1999, S. 120-125; Zenz 1999, S. 195-201; Müller-Christ 2001, S. 211-248; Antes 2003.

[27] Vgl. zu einem Überblick über Studien zu ökologisch orientiertem Nachfrageverhalten und entsprechenden unternehmerischen Absatzstrategien Antes/Siebenhüner 2001; zum „Sustainable Marketing" vgl. Fuller 1999; Belz 2003a; zum umweltorientierten Marketing grundsätzlich vgl. Kaas 1992; Schröder/Brinkschmidt 1992; Wagner 1995; Wagner 1997b; Belz 1999; Wimmer 2001; Kirchgeorg 2002; Schrader/Hansen 2002; Belz 2003a; Kirchgeorg 2003; Balderjahn 2004. Am Beispiel der Automobilindustrie vgl. ausführlich Nibbrig 2000; Hoffmann 2002, S. 179-249.

- **Objekte der empirischen Analyse**

Im Rahmen der empirischen Analyse werden Fallstudien bei Automobilherstellern in Deutschland durchgeführt. Die Entscheidung für Fallstudien impliziert grundsätzlich die Beschränkung auf eine geringe Anzahl Untersuchungsobjekte. Daher liegt es nahe, eine Fokussierung auf eine einzige **Branche** vorzunehmen, so dass Branchenunterschiede in den Untersuchungsergebnissen ausgeschlossen und die Fallstudien untereinander besser verglichen werden können. Die **Automobilbranche** wurde dabei insbesondere vor dem Hintergrund der „Vorreiterrolle", die sie im Hinblick auf das Qualitätsmanagement, teilweise auch bezüglich des Umweltmanagements einnimmt, als Untersuchungsrahmen gewählt.[28] Durch die Beschränkung auf die **Hersteller** konnte eine weitgehende Abdeckung der potenziellen Untersuchungsobjekte erreicht werden: In Deutschland sind sieben große PKW-Hersteller tätig, von denen sechs an dem Projekt teilzunehmen bereit waren. Dies ermöglicht – trotz der Fallstudienkonzeption – eine umfassende Analyse des Integrierten Qualitäts- und Umweltmanagements im Untersuchungsbereich.

Vor dem Hintergrund der zunehmenden Bedeutung des Supply Chain Managements auch für das Qualitäts- und Umweltmanagement werden unternehmensübergreifende qualitäts- und umweltbezogene **Kooperationen zwischen Automobilherstellern und Zulieferern** ebenfalls in die Untersuchung einbezogen. Nicht eingegangen wird dagegen auf Kooperationen der Hersteller mit Händlern und Entsorgungsunternehmen; dies liegt in der oben dargestellten Auswahl der in die Analyse einbezogenen Geschäftsprozesse begründet.

1.4 Gang der Untersuchung

In **Kapitel 2** dieser Arbeit wird zunächst auf die **Stakeholderorientierung** als Rahmen für das Qualitäts- und Umweltmanagement eingegangen (Kapitel 2.1), bevor Grundlagen des **Qualitätsmanagements** (Kapitel 2.2) und des **Umweltmanagements** (Kapitel 2.3) erläutert werden. Kapitel 2.4 enthält eine Diskussion der **terminologischen und konzeptionellen Grundlagen einer Integration des Qualitäts- und Umweltmanagements**. Dabei werden zunächst potenzielle Interdependenzen zwischen unternehmerischen Entscheidungsbereichen als Grund für eine Integration dargestellt (Kapitel 2.4.1). Im Anschluss daran wird – nach einer Klärung der begrifflichen Grund-

---

[28] Vgl. ähnlich auch Curcovic 1998, S. 111 f. Empirische Studien zeigen, dass Qualitätsmanagementinstrumente in der Automobilbranche wesentlich weiter verbreitet angewendet werden als in anderen Branchen (vgl. etwa schon Zöller/Ziegler 1992). Zudem nehmen weit überdurchschnittlich viele Unternehmen der Automobilindustrie an EMAS teil. Vgl. European Communities 2004.

lagen (Kapitel 2.4.2) – ein Überblick über Ziele und Probleme der Integration (Kapitel 2.4.3) sowie in der Literatur diskutierte Integrationskonzepte (Kapitel 2.4.4) gegeben. Das Kapitel endet mit einer Zusammenfassung von Ergebnissen empirischer Studien, die den Status quo des Integrierten Qualitäts- und Umweltmanagements in der Unternehmenspraxis analysieren (Kapitel 2.4.5).

Kapitel 3 beinhaltet die Analyse von Möglichkeiten einer qualitäts- und umweltorientierten Ausgestaltung der **Führungs- und Leistungsprozesse** in Unternehmen sowie Supply Chains. Dabei wird zunächst ein Überblick über die Ziele der Analyse (Kapitel 3.1) sowie Führungs- und Leistungsprozesse (Kapitel 3.2) gegeben. Im Anschluss daran wird die qualitäts- und umweltorientierte Ausgestaltung der Führungsprozesse Information, Planung und Kontrolle sowie Organisation diskutiert (Kapitel 3.3). Kapitel 3.4 thematisiert die qualitäts- und umweltorientierte Ausgestaltung der Leistungsprozesse Produkt-/Prozessentwicklung, Beschaffung und Produktion, wobei ein besonderer Fokus auf den jeweils einsetzbaren **Qualitäts- und Umweltmanagementinstrumenten** liegt.

Die Ausführungen in Kapitel 2 und 3 dienen der theoretischen Analyse des Integrierten Qualitäts- und Umweltmanagements, auf denen aufbauend einerseits die empirischen Analysen in den Fallstudien durchgeführt (Kapitel 4) und andererseits die Weiterentwicklungen der Instrumente QFD und FMEA (Kapitel 5) vorgenommen werden. Zwischen Kapitel 4 und 5 besteht ein zusätzlicher Zusammenhang insofern, als die modifizierten Instrumente mit den Gesprächspartnern der Fallstudien diskutiert wurden. Da die Elemente der theoretischen Analyse als Basis für das Kategorienschema zur Auswertung der Fallstudien zugrunde gelegt wurden, fiel die Entscheidung für die Reihenfolge, zuerst die empirischen Analysen und dann die Instrumentenmodifikationen zu erläutern.

In **Kapitel 4** werden somit die Durchführung und die Ergebnisse der **Fallstudien** zum Integrierten Qualitäts- und Umweltmanagement[29] bei Automobilherstellern in Deutschland dargestellt und diskutiert, wobei – analog zu Kapitel 3 – zwischen der qualitäts- und umweltorientierten Ausgestaltung von Führungs- und Leistungsprozessen unterschieden wird.

In **Kapitel 5** werden das **Quality Function Deployment** (Kapitel 5.2) und die **Fehlermöglichkeits- und -einflussanalyse** (Kapitel 5.3), die in ihrer herkömmlichen Ausgestaltung einseitig an den Kundenanforderungen ausgerichtet sind, um umweltbezogene sowie zusätzliche finanzielle Kriterien erweitert und damit zu mehrdimensionalen Informations-, Planungs- und Kontrollinstrumenten weiterentwickelt. Diese Instrumente werden zudem **mit Mitarbeitern der Unternehmen**

[29] Mit der Formulierung „Integriertes Qualitäts- und Umweltmanagement" soll nicht bereits vorweggenommen werden, dass alle untersuchten Automobilhersteller ihr Qualitäts- und Umweltmanagement integrieren; vielmehr kann ebenso ein Ergebnis sein, dass beide unternehmerischen Entscheidungsbereiche separat ausgestaltet sind.

der Automobilindustrie diskutiert und die Mehrdimensionale FMEA wird darüber hinaus in einem **Pilotprojekt** angewendet. Die Arbeit schließt mit einem **Resümee** in **Kapitel 6**.

Abbildung 1-1 verdeutlicht den Aufbau der Arbeit.

Abbildung 1-1 Aufbau der Arbeit

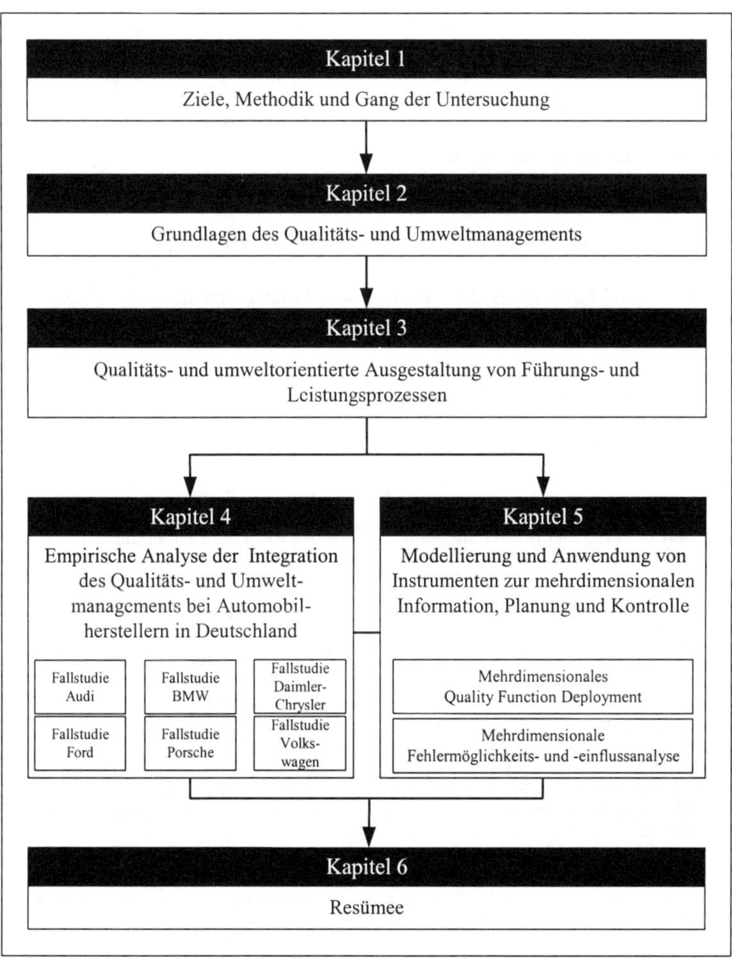

2. Grundlagen des Qualitäts- und Umweltmanagements

2.1 Stakeholderorientierung als Rahmen für das Qualitäts- und Umweltmanagement

Die strategische und – daraus abgeleitet – operative Planung, Steuerung und Kontrolle basieren auf dem unternehmerischen Zielsystem, verstanden als normative Vorstellungen über einen zukünftigen Zustand des Unternehmens, der durch Handlungen hergestellt werden soll.[30]

Als oberstes Ziel eines Unternehmens wird in der Literatur die langfristige Existenz- und Erfolgssicherung angesehen.[31] Diesem Ziel sind die weiteren **strategischen Unternehmensziele** untergeordnet, wobei unterschieden werden:[32]

- **„Formalziele" (finanzielle bzw. monetäre Ziele)**: der angestrebte finanzielle Erfolg, z. B. Rentabilitätsziele bzw. Steigerung des Shareholder Value,[33] sowie Liquidität.
- **Sachziele**: Art und Struktur des Produktions- bzw. Absatzprogramms sowie Marktziele, insbesondere die (Entwicklung der) Marktposition bzw. Marktanteile. Außerdem stellen die Kundenzufriedenheit und Kundenbindung sowie – auf niedrigerem Aggregationsniveau – auch die konkreten Qualitätsziele[34] zu den Sachzielen. Ebenfalls hier zugeordnet werden können zudem die sozialen und ökologischen Ziele.[35]

Die Ziele können sowohl innerhalb als auch zwischen den Zielkategorien interdependent sein und lassen sich in einer **Zielhierarchie** abbilden.[36] In der Regel gilt dabei, dass die Sachziele zum Erreichen der monetären Ziele beitragen sollen. Die kausalen Zusammenhänge sowohl zwischen verschiedenen Sachzielen als auch zwischen diesen und den monetären Zielen können z. B. mithilfe der Balanced Scorecard-Konzeption analysiert und kommuniziert werden.[37] Dabei werden **Ursa-**

---

30 Vgl. Bidlingmaier 1964, S. 28; Heinen 1976a, S. 18 f. u. 45 f. sowie Heinen 1976b, insb. S. 94-98 u. 109-144; Kubicek 1981, S. 458; Hahn 1999a, S. 303; Macharzina 2003, S. 189-193.

31 Vgl. Adam 1996, S. 139; Al-Laham 1997, S. 401 ff.; abweichend z. B. Kreikebaum 1997, S. 53 ff.

32 Vgl. z. B. Kosiol 1961, S. 130; Heinen 1976a, S. 89 f.; Meuser 1994, S. 49-52; Hahn 1999a, S. 305; Staehle 1999, S. 440; Hahn/Hungenberg 2001, S. 11-20; Laux/Liermann 2003, S. 35; etwas anders Bea 2000, S. 312; Schierenbeck 2000, S. 62.

33 Zur Verbreitung von Kennzahlen zur Messung des finanziellen Unternehmenserfolgs, wie ROI, Eigenkapitalrentabilität, Shareholder Value, EVA etc. – auch im Zeitvergleich – vgl. Hahn/Oppenländer 1999, S. 1121-1126.

34 Hahn (1999a, S. 304) spricht im Zusammenhang mit den Zielen des Produktions- und Absatzprogramms von „spezifischen Qualitätszielen". Zur Definition von Qualitätszielen siehe Kapitel 2.2.1.

35 In der Literatur werden Letztere auch als „Sozialziele" bezeichnet und als dritte Zielkategorie (neben finanziellen Zielen und Sachzielen) eingeordnet (vgl. etwa Hahn 1999a, S. 304; Hahn/Hungenberg 2001, S. 18).

36 Vgl. Heinen 1992, S. 104 f.

37 Vgl. – auch zu den Problemen des Ansatzes – Weber/Schäffer 1998, S. 349 sowie die dort angegebene Literatur; Schmid 1998; Hahn/Hintze 1999; Ballwieser 2002. Die Balanced Scorecard-Konzeption (vgl. Kaplan/Norton 1996) stellt allerdings i. d. R. auf eine bestimmte Ausprägung finanzieller Unternehmensziele – nämlich auf den Unternehmenswert – ab. Vgl. hierzu z. B. Günther 1997; Rappaport 1999; Ballwieser 2000; Ballwieser 2002. Eine empirische Analyse des Entwicklungsstandes des Shareholder-Value-Ansatzes in Deutschland findet sich bei Achleitner/Bassen 2002.

che-Wirkungsketten[38] unterstellt; beispielsweise wird angenommen, dass eine hohe Produktqualität[39] zu einer hohen Kundenzufriedenheit und damit Kundenbindung, verbunden mit erhöhten Umsätzen bzw. Deckungsbeiträgen, und dadurch zu entsprechend hohen Marktanteilen beiträgt. Diese wiederum werden als eine Voraussetzung für das Erreichen des angestrebten finanziellen Erfolgs des Unternehmens angesehen.[40] So wird auch in verschiedenen empirischen Studien[41] ein positiver Zusammenhang zwischen Kundenzufriedenheit und Kundenbindung im Automobilsektor aufgezeigt.[42]

Neben den Kunden und Shareholdern stellen z. B. auch Fremdkapitalgeber, Mitarbeiter, Lieferanten und die allgemeine Öffentlichkeit Anforderungen an Unternehmen. Erstmals wird im Jahr 1963 der Terminus „**Stakeholder**" in einem Paper des *Stanford Research Institute* für „any group or individual who can affect or is affected by the achievement of the firm´s objectives"[43] verwendet.[44] Aus Sicht der Unternehmen stellt sich die Frage, welche Interessen welcher Stakeholder in welchem Umfang zu berücksichtigen sind; es geht damit um die Ausgestaltung einer **stakeholderorientierten Unternehmensführung**.[45]

---

[38] Vgl. Reichmann 2001; Lange/Schaefer/Daldrup 2001.

[39] Zur Definition von Qualität siehe Kapitel 2.2.1.

[40] Vgl. Berman et al. 1999. Die Orientierung an den Absatzmärkten und damit an den Kunden rückte vor dem Hintergrund einer zunehmenden Umweltdynamik und -komplexität sowie deren Zusammenwirken (gestiegene „Umweltturbulenz") spätestens seit den 80er Jahren in den meisten Unternehmen in den Vordergrund der strategischen Unternehmensplanung. Vgl. stellvertretend für viele Ansoff 1984, S. 4. Zu einer grundsätzlichen Kritik an der Erfolgsfaktorenforschung vgl. Nicolai/Kieser 2002.

[41] Vgl. zur Zielforschung Heinen 1970; zur Entwicklung der empirischen Zielforschung in der Betriebswirtschaftslehre ausführlich z. B. Heinen 1971, S. 30-44; Kirsch 1991, S. 227-231; Meyer 1994, S. 4-70; Welge/Al-Laham 2001, S. 113 f.

[42] Vgl. z. B. Burmann 1991; Dittmar 2000; allgemein zum Zusammenhang zwischen Kundenzufriedenheit und finanziellem Unternehmenserfolg vgl. auch Peter 1997, S. 223-233; Gerpott/Rams 2000; Matzler/Stahl 2000; Homburg/Bucerius 2001, S. 54-64; Stahl et al. 2002. Allerdings finden sich auch Hinweise darauf, dass die Stärke dieses Zusammenhangs in Abhängigkeit von der Branche schwankt und dass bei hohen Zufriedenheitswerten eine weitere Erhöhung der Kundenzufriedenheit die Kundenbindung deutlich verstärkt, während bei niedrigen und mittleren Werten für die Zufriedenheit, ebenso wie bei sehr hohen Werten, eine Erhöhung der Kundenzufriedenheit die Kundenbindung lediglich geringfügig verstärkt. Vgl. z. B. Herrmann/Johnson 1999, S. 591-596. Auch insofern ist die Formulierung eindeutiger Zusammenhänge zwischen Zielen in der Regel mit Unsicherheiten verbunden.

[43] Freeman 1984, S. 25.

[44] Vgl. Freeman 1984, S. 31. Freeman (1984, S. 49) betont jedoch auch die Schwierigkeit einer Zurückverfolgung der Entstehungsgeschichte dieses Begriffs.

[45] Vgl. Radder 1998, S. 278; Barrett 2000, S. 377. Zum Wandel des unternehmerischen Zielsystems sowie zur Einbeziehung von Stakeholderinteressen vgl. auch Atkinson/Waterhouse/Wells 1997; Hahn 1999a. Lange/Schaefer (1998) diskutieren insbesondere die Einbeziehung von umweltbezogenen Zielkomponenten. Die Grundlagen der Stakeholderorientierung sind dabei der Koalitions- sowie der Anreiz-Beitrags-Theorie entlehnt. Vgl. Portisch 1997, S. 22; Ferstl 2000, S. 60; Brink 2002, S. 67; Schuppisser 2002, S. 9. Zur Koalitionstheorie vgl. Barnard 1938; Cyert/March 1963; Mintzberg 1983. Zur Anreiz-Beitrags-Theorie vgl. March/Simon 1958; Janisch 1993, S. 121.

Zu unterscheiden sind dabei **zwei Ansätze**:[46] Zum einen kann das Management eines Unternehmens aus der Tatsache, dass durch sein Handeln Stakeholder betroffen sind, eine **moralische Verpflichtung**, deren Interessen zu berücksichtigen, ableiten. Zum anderen kann die Stakeholderorientierung **als Mittel zum Erreichen finanzieller Unternehmensziele** betrachtet werden: „if stakeholders can affect the achievement of a firm's objectives, it follows that the firm's decisions, and hence its performance, may be affected by the activities of its stakeholders. This link suggests the possibility of an instrumental posture toward stakeholders on the part of the firm, with the firm seeking to manage those stakeholders in order to maximize profits".[47] Für diesen Ansatz prägen *Berman et al.* den Begriff **„Strategic Stakeholder Management Model"**.[48] Aus Sicht des Unternehmens ist dabei von zentraler Bedeutung, die „strategische Relevanz" von Stakeholdern zu ermitteln, also die Bedeutung, die den verschiedenen Stakeholdergruppen für das Erreichen der strategischen Unternehmensziele zukommt.[49]

Unterschieden werden in der Literatur einerseits solche Stakeholdergruppen, die das Verhalten von Unternehmen direkt beeinflussen können („Influencers"[50]) und deren Einfluss in der Regel auf vertraglichen Beziehungen beruht, und andererseits solche Stakeholdergruppen, die eher indirekt, etwa über solidarische Zusammenschlüsse (Boykottmaßnahmen, Aktionen von Interessenverbänden oder Bürgerinitiativen), auf die Realisierung der Unternehmensziele einwirken können.[51] Für unternehmerische Entscheidungsträger kann es dabei durchaus erforderlich sein, auch die Ansprüche Letzterer zu beobachten, z. B. im Rahmen eines Früherkennungssystems, da Veränderungen der ökonomischen, politisch-rechtlichen, technologischen, sozio-kulturellen wie auch ökologischen Umfeldbedingungen sich häufig in den Interaktionen zwischen Unternehmen und solchen Stakeholdern frühzeitig abzeichnen. So führen beispielsweise Beeinträchtigungen des ökologischen Umfel-

---

[46] Vgl. Göbel 1995, S. 59; Berman et al. 1999, S. 491; Schaltegger 1999, S. 4 f. Außerdem kann der Stakeholderansatz *deskriptiv* zur (empirischen) Beschreibung des Handelns in und von Unternehmen herangezogen werden. Vgl. Donaldson/Preston 1995, insb. S. 69-87; Schuppisser 2002, S. 12-15.

[47] Berman et al. 1999, S. 491; vgl. auch Kirsch 1991, S. 114-130; Greenley/Foxall 1997; Hahn 1999a, S. 305; Oertel 2000. Auch Freeman schreibt: „We need to worry about enterprise level strategy for the simple fact that corporate survival depends in part on there being some ‚fit' between the values of the corporation and its managers, the expectations of stakeholders in the firm and the societal issues which will determine the ability of the firm to sell its products. [...] Whether such changes are socially responsible or morally praiseworthy is an important question, but it is yet a further question which an analysis of enterprise strategy does not address." (Freeman 1984, S. 107.) In späteren Arbeiten betont Freeman teilweise allerdings auch den normativen Aspekt. Vgl. Evan/Freeman 1988, S. 97. Zu beiden Ansätzen und ihrer Vermischung in der Literatur vgl. Freeman 1994; Donaldson/Preston 1995; Donaldson 1999.

[48] Vgl. Berman et al. 1999, S. 492. Zu den Ansätzen einer Stakeholderorientierung und einer Kritik hieran vgl. auch Key 1999; Vinten 2000. Zu einer Stakeholder-Orientierung im Rahmen des Shareholder Value-Konzeptes vgl. Wentges 2000.

[49] Vgl. auch Lange/Schaefer/Daldrup 2001, S. 77.

[50] Vgl. Mintzberg 1983, S. 4.

[51] Savage et al. (1991, S. 62) sprechen in diesem Zusammenhang von „primären" und „sekundären" Stakeholdern. Zur Diskussion um verschiedene Möglichkeiten der Einflussnahme und der Einflussbasis vgl. Frooman 1999.

des gegebenenfalls zu einem veränderten Verhalten von Kunden sowie des Gesetzgebers; sie sind aber möglicherweise zuvor bereits in veränderten Meinungsbildern und Verhaltensweisen der Öffentlichkeit erkennbar.[52]

Abbildung 2-1 zeigt eine allgemeine Übersicht über Stakeholdergruppen, deren unterschiedliche strategische Relevanz für ein Unternehmen durch die räumliche Entfernung exemplarisch ausgedrückt ist. Die Einschätzung der strategischen Relevanz von Stakeholdergruppen für ein Unternehmen kann in Abhängigkeit von branchen- und unternehmensspezifischen Gegebenheiten zwar (deutlich) variieren, aber häufig werden die Anteilseigner, Lieferanten, Mitarbeiter und Kunden dem „primären" Unternehmensumfeld zuzuordnen sein.[53]

Abbildung 2-1 Stakeholder eines Unternehmens[54]

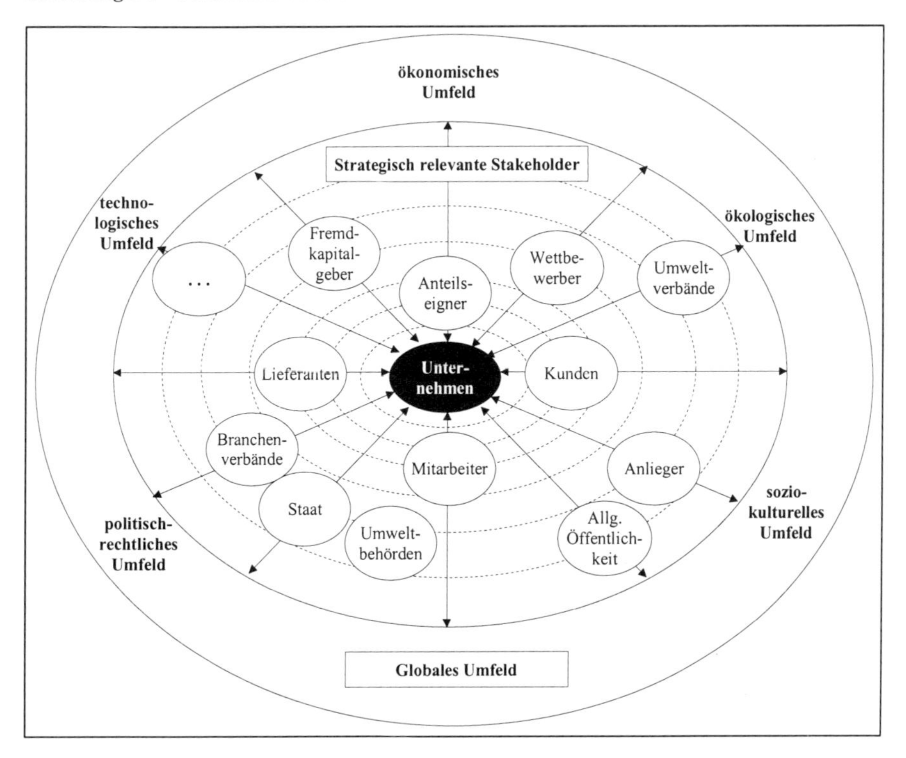

52 Vgl. ausführlich Göbel 1995, insb. S. 59-67; Schaefer 1999, S. 3.

53 Vgl. zu einer zusammenfassenden Auswertung entsprechender empirischer Studien Böhi 1995, S. 87-89.

54 Quelle: Modifiziert nach Lange/Ahsen/Daldrup 2001, S. 235.

Der Einfluss von Stakeholdern auf das Unternehmen kann sich auf unterschiedliche Entscheidungen erstrecken: Stakeholder können einerseits das **Tätigkeitsfeld des Unternehmens**, also das Produkt- und Dienstleistungsprogramm, beeinflussen. So kann es aufgrund veränderter Anforderungen der Kunden oder des Gesetzgebers erforderlich sein, die Recycelfähigkeit von Produkten zu erhöhen. Andererseits können sich die Ansprüche der Stakeholder auch auf das **Verhalten des Unternehmens gegenüber (ausgewählten) Stakeholdern bzw. der Umwelt** beziehen. So werden von Kundenunternehmen, aber auch von Banken (im Zusammenhang mit Kreditwürdigkeitsprüfungen) oder Versicherungen (im Zusammenhang mit Risikoprüfungen zum Zwecke der Konditionenfestlegung) Anforderungen z. B. an das Umweltmanagement gestellt.[55]

Aus den Anforderungen der verschiedenen Stakeholder kann eine Vielzahl von (unterschiedlich gewichteten) Sachzielen abgeleitet werden; entsprechend heterogen können die Zielsysteme von Unternehmen sein. Im Rahmen der vorliegenden Arbeit wird **keine empirische Zielforschung** vorgenommen; es soll nicht untersucht werden, in welchem Umfang und auf Basis der Anforderungen welcher als strategisch relevant ermittelter Stakeholder welche Ziele mit welchem Gewicht in unternehmerischen Zielsystemen enthalten sind. Vielmehr wird im Folgenden davon ausgegangen, dass das Zielsystem aufgrund entsprechender Stakeholderanforderungen auf der Ebene der Sachziele neben Zielen wie der Kundenzufriedenheit und -bindung auch Umweltziele[56] umfasst. Damit sind sowohl ein Qualitäts- als auch ein Umweltmanagement erforderlich.

2.2 Qualitätsmanagement

2.2.1 Begriff und Konzeption des Qualitätsmanagements

In der wissenschaftlichen Diskussion wie in der Unternehmenspraxis wird seit den 90er Jahren das Qualitätsmanagement meist vornehmlich am Ziel einer möglichst hohen **Kundenzufriedenheit und Kundenbindung** ausgerichtet.[57] Kundenzufriedenheit kann dabei definiert werden als „das

---

55 Vgl. zusammenfassend Lange/Ahsen/Daldrup 2001, S. 64-91 sowie die hier angegebene Literatur. Eine ausführliche Analyse der Literatur zu strukturellen, strategischen und kulturellen Aspekten einer unternehmensinternen Umsetzung des Stakeholderansatzes findet sich bei Schuppisser 2002, S. 35-90.

56 Siehe zur Definition von Umweltzielen Kapitel 2.3.1.

57 Vgl. z. B. Engelhardt/Schütz 1991, S. 395; Ahsen 1996a; Lam 1997, S. 10 u. 14-16; Feigenbaum 1999; Gierl/Stich 1999, S. 5; Yamin/Gunasekaran 1999, S. 180-186. Karapetrovic/Willborn (1998b, S. 101 f.) konstatieren z. B.: „we can [..] define the quality system as a ‚set of interdependent processes that function harmonouisly, using various resources, to achieve the objectives related to quality'. These objectives are focused on meeting and exceeding customer expectations and requirements. Processes within the quality system transform customer requirements (required output) into the product bearing the ability to satisfy the requirements (actual output)."

Ergebnis eines komplexen Informationsverarbeitungsprozesses [...], in dessen Zentrum im Sinne eines psychischen Soll/Ist-Vergleichs die Bewertung aktueller Erfahrungen (Ist) mit den Leistungen eines Anbieters anhand der Erwartungen bzw. des Anspruchsniveaus (Soll) durch den Kunden erfolgt."[58] In diesem Sinne wird die „Qualität" eines Produktes dadurch bestimmt, inwieweit das Produkt die Anforderungen (potenzieller) Kunden erfüllt.[59] Konkrete Qualitätsziele werden entsprechend aus Kundenforderungen abgeleitet, wobei sich in der Literatur verschiedene Systematiken von Qualitätsmerkmalen finden, mittels derer vorgeschlagen wird, die Qualität mehrerer Produkte zu vergleichen.[60] Für die im Rahmen der vorliegenden Arbeit im Vordergrund stehende Automobilindustrie kommen *Curcovic/Vickery/Droge* auf Basis einer empirischen Studie zu einer Zweiteilung der aus Kundensicht relevanten Qualitätsmerkmale in einerseits Produktqualität (Qualität des Designs, Konformität mit Spezifikationen, Langlebigkeit und Zuverlässigkeit) und andererseits Servicequalität (Betreuung in der Vorkauf-, Gebrauchs- und Nachkaufphase).[61] Qualitätsmanagementstrategien sind entsprechend auf eine solche Ausgestaltung der Führungs- und Leistungsprozesse ausgerichtet, die es gewährleistet, dass die Qualitätsziele und damit eine hohe Kundenzufriedenheit und -bindung erreicht werden.[62]

Dies impliziert **Kundenzufriedenheitsanalysen** zur für jede Planung erforderlichen Erfolgskontrolle. Als **methodische Ansätze** zur Messung der Kundenzufriedenheit kommt **Kundenzufriedenheitsbefragungen** eine besondere Bedeutung zu. Bei multiattributiven Verfahren wird, meist unter Zuhilfenahme von Rating-Skalen, die Zufriedenheit von Kunden mit verschiedenen Produkteigenschaften abgefragt. Zusätzlich kann die Bedeutung der Produkteigenschaften abgefragt werden, so dass aus den Ergebnissen auch erkennbar wird, an welchen Punkten Verbesserungsmaßnahmen besonders wichtig sind.[63]

---

[58] Schütze 1992, S. 3; vgl. ausführlich zur Beschreibung und Messung von Kundenzufriedenheit z. B. Scharnbacher/Kiefer 1998; Dittmar 2000, S. 23-47; Homburg/Stock 2001; Matzler/Bailom 2002. Vgl. zur Diskussion des Zusammenhangs zwischen Kundenzufriedenheit und Unternehmenserfolg bereits Kapitel 2.1.1 der vorliegenden Arbeit sowie die dort angegebene Literatur. Im Rahmen der vorliegenden Arbeit wird nicht zwischen gewerblichen bzw. Endkunden und auch nicht zwischen unternehmensinternen bzw. -externen Kunden und deren Zufriedenheit differenziert. Zur Konzeptualisierung und Messung der Zufriedenheit interner Kunden vgl. Schröder/Tenberg 1997. Zur Bedeutung der Händlerzufriedenheit aus Sicht des Unternehmens BMW vgl. Müller-Ötvös/Diederichs 1997.

[59] Vgl. ausführlich zum Qualitätsbegriff sowie zu dessen historischer Entwicklung z. B. Ahsen 1996a sowie die hier angegebene Literatur.

[60] Besonders verbreitet sind dabei die acht Qualitätsdimensionen von Garvin (1984a, 1984b, S. 30-33 u. 1988, S. 49-60) sowie deren Weiterentwicklungen durch Dögl (1986, S. 100-113) und Oess (1993, S. 50-52). Vgl. zu weiteren Ansätzen z. B. Masing 1999, S. 6 f.; Curcovic/Vickery/Droge 2000, S. 386-391.

[61] Vgl. Curcovic/Vickery/Droge 2000, S. 397 f. Zu den für Automobilhersteller in Deutschland relevanten Qualitätsmerkmalen vgl. auch die Fallstudien in Kapitel 4 der vorliegenden Arbeit.

[62] Vgl. die Beiträge in Johnson et al. (Hrsg.) 1997.

[63] Vgl. z. B. Hüttner/Schwarting 2002, S. 395-400 sowie – auch zum Prozess der Analyse von Kundenzufriedenheit – Lingenfelder/Schneider 1991, S. 111; Scharnbacher/Kiefer 1998, S. 21-26 u. 65-106; Beutin 2001; speziell zur Kundenzufriedenheitsanalyse in der Automobilindustrie Dittmar 2000, insb. S. 49-208.

Die Orientierung an der Kundenzufriedenheit und -bindung hat allerdings teilweise zu einer Vernachlässigung des finanziellen Erfolgs geführt; entsprechend betonen z. B. *Kaplan/Norton*: „With the proliferation of change programs underway in most organizations today, it is easy to become preoccupied with goals such as quality, customer satisfaction, and innovation for their own sake. While these goals can lead to improved business unit performance, they can also become ends in themselves. The financial problems of some Baldrige Award winners give testimony on the need to maintain a link to economic results."[64] Vor diesem Hintergrund werden Möglichkeiten und Probleme einer **Qualitätskostenanalyse** diskutiert, wobei ein Schwerpunkt auf der Systematisierung und Erfassung einerseits der Kosten, die zum Erreichen der Qualitätsziele anfallen („Übereinstimmungskosten"), und andererseits der Kosten, die aufgrund von Abweichungen von der geforderten Qualität entstehen („Abweichungskosten"), gelegt wird.[65] Die Berücksichtigung von Kosteninformationen in qualitätsbezogenen Entscheidungen soll dazu beitragen, die einseitige Ausrichtung des Qualitätsmanagements am Sachziel der Kundenzufriedenheit und -bindung zu überwinden, wenn diese im Widerspruch zu finanziellen Unternehmenszielen steht.

Mit dem Sinken der Fertigungstiefe in vielen Unternehmen ist die Bedeutung der Qualität zugelieferter Leistungen gestiegen, so dass ein Schwerpunkt des Qualitätsmanagements darin besteht, die Qualität dieser Leistungen zu gewährleisten.[66] Die Problematik verschärft sich bei Just-in-Time-Zulieferungen[67], die kaum noch Annahmeprüfungen erlauben. Inzwischen werden in großem Umfang Qualitätsmanagement-Aktivitäten auf die Zulieferer verlagert, indem diese z. B. vertraglich verpflichtet werden, bestimmte Qualitätsprüfungen vorzunehmen, auf die der Kunde dann gegebenenfalls verzichten kann. Darüber hinaus fordern Kundenunternehmen von Zulieferern oftmals die Implementierung von Qualitätsmanagementsystemen[68] sowie qualitätsbezogene Kooperationen in der **Supply Chain**, etwa indem in gemeinsamen Teams Qualitätsmanagementinstrumente, wie die FMEA, angewendet werden.

---

[64] Kaplan/Norton 1996, S. 67; zum „Baldrige Award" siehe Kapitel 2.2.3. Empirische Studien zum Zusammenhang zwischen dem Qualitätsmanagement und dem Erreichen finanzieller Unternehmensziele kommen zu teilweise unterschiedlichen Ergebnissen, weisen aber auf tendenziell positive Korrelationen hin; dabei werden allerdings recht verschiedene Bezugsgrößen gewählt. Vgl. Garvin 1988; Maani/Putterill/Sluti 1994; Rommel 1996; Schmitz 1996, S. 63-70; Chapman/Murray/Mellor 1997; Ramasesh 1998; Andersen/Sohal 1999; Curcovic/Vickery/Droge 2000; Matzler/Stahl 2000. Grundsätzlich zur Relevanz der Kundenbindung für den Unternehmenserfolg vgl. Bliemel/Eggert 1998.

[65] Vgl. z. B. Fröhling 1993; Kandaouroff 1994; Wildemann 1995; Prasad 1998; Coenenberg 1999. Siehe auch Kapitel 5.

[66] Siehe hierzu am Beispiel der deutschen Automobilbranche Kapitel 3.2 sowie 3.4.2.1. Vgl. allgemein auch Töpfer 2002.

[67] Zu Just-in-Time-Strategien vgl. ausführlich z. B. Geisel 2000; Bogaschewsky/Rollberg 2002 sowie auch zum Zusammenhang zwischen Just-in-Time-Strategien und gelieferter Qualität Crémer 1995.

[68] Vgl. z. B. auch Karapetrovic/Willborn 1998a, S. 206; Ahsen 1999b; Neely 1999, S. 219 sowie Kapitel 4.

Insgesamt wird in der vorliegenden Arbeit als **Qualitätsmanagement** der Bereich der Unternehmensführung bzw. Führung in Supply Chains bezeichnet, der darauf ausgerichtet ist, in Abstimmung mit den finanziellen Zielen Qualitätsziele zu formulieren und – bezogen auf alle Führungs- und Leistungsprozesse – in Entscheidungen umzusetzen.[69]

2.2.2 Qualitätsmanagement gemäß DIN EN ISO 9001 bzw. ISO/TS 16949

Für die Unternehmenspraxis kommt der **DIN EN ISO 9001**[70], in der Anforderungen an zertifizierfähige Qualitätsmanagementsystemene enthalten sind, eine besondere Bedeutung zu. Die Norm „fördert die Wahl eines prozessorientierten Ansatzes für die Entwicklung, Verwirklichung und Verbesserung der Wirksamkeit eines Qualitätsmanagementsystems, um die Kundenzufriedenheit durch die Erfüllung der Kundenanforderungen zu erhöhen."[71] Abbildung 2-2 zeigt einen Überblick über die Anforderungen des ISO 9001-Modells eines Qualitätsmanagementsystems.

Gemäß ISO 9001 zertifizierte Qualitätsmanagementsysteme sind in vielen Branchen inzwischen für Zulieferer eine Voraussetzung für die Auftragsvergabe. Die amerikanischen und europäischen Automobilproduzenten stellen an die Qualitätsmanagementsysteme ihrer (internen und externen) Zulieferer teilweise noch weitergehende Anforderungen, die ihren Niederschlag in der **ISO/TS 16949** fanden und sich insbesondere auf den Einsatz von Qualitätsmanagementinstrumenten beziehen; so wird explizit die Durchführung und Dokumentation von FMEAs[72] verlangt.[73] Bezüglich der Beschaffungsprozesse werden Zulieferer verpflichtet, gemeinsam mit ihren eigenen Lieferanten einen Plan zu entwickeln, damit diese ebenfalls ein Qualitätsmanagementsystem gemäß

---

69 Im Zusammenhang mit dem Qualitätsmanagement werden in der Literatur z. T. weitere Begriffe verwendet: Bereits 1956 wurde von Feigenbaum der Begriff *Total Quality Control* geprägt; die Neuerung bestand zum damaligen Zeitpunkt vor allem darin, dass der Kreis der zu involvierenden Funktionen im Unternehmen von der nachträglichen Kontrolle durch eine Qualitätsabteilung auf das gesamte Unternehmen und alle Phasen der Produktentstehung sowie den Produktgebrauch erweitert wurde. Vgl. Feigenbaum 1956, S. 14; Gunasekaran et al. 1998. Der Begriff *Company Wide Quality Control (CWCQ)* wurde in Japan von Ishikawa auf Basis der Arbeiten von Deming und Juran entwickelt, wobei das Spezifikum dieses Ansatzes insbesondere die stärkere Einbeziehung möglichst von Mitarbeitern auf allen hierarchischen Ebenen darstellt. Vgl. Martínez-Lorente/Dewhurst/Dale 1998, S. 381. Schließlich findet seit Mitte der 80er Jahre der Begriff *Total Quality Management (TQM)* Anwendung für unterschiedliche Konzepte, die sich implizit oder explizit auch auf die Ansätze von Feigenbaum und Ishikawa beziehen. Zu einem Überblick über TQM-Ansätze vgl. z. B. Schildknecht 1992, S. 64-85; Thiagarajan/Zairi 1997a, 1997b u. 1997c; Martínez-Lorente/Dewhurst/Dale 1998; Fleig/Kinkel 1999; Frehr 1999, S. 31; Hellsten/Klefsjö 2000, S. 238-243; Najmi/ Kehoe 2000, insb. S. 230-236. Der Begriff „TQM" wird in der vorliegenden Arbeit nicht verwendet, sondern es soll ausschließlich von Qualitätsmanagement gesprochen werden. Vgl. zur historischen Entwicklung des Qualitätsmanagements ausführlich Ahsen 1996a, S. 19-54; Ketting 1999, S. 17-30.

70 Die Norm wird im Folgenden kurz als „ISO 9001" zitiert.

71 ISO 9001, Pkt. 0.2.

72 Siehe zur FMEA Kapitel 3.4.1.2.4.

73 Vgl. ISO/TS 16949, Pkt. 5.6.2.1.

ISO/TS 16949 implementieren. Damit soll gewährleistet werden, dass über die gesamte Supply Chain hinweg das Qualitätsmanagement an den Anforderungen der Automobilhersteller ausgerichtet wird.

Abbildung 2-2 Anforderungen an Qualitätsmanagementsysteme gemäß ISO 9001[74]

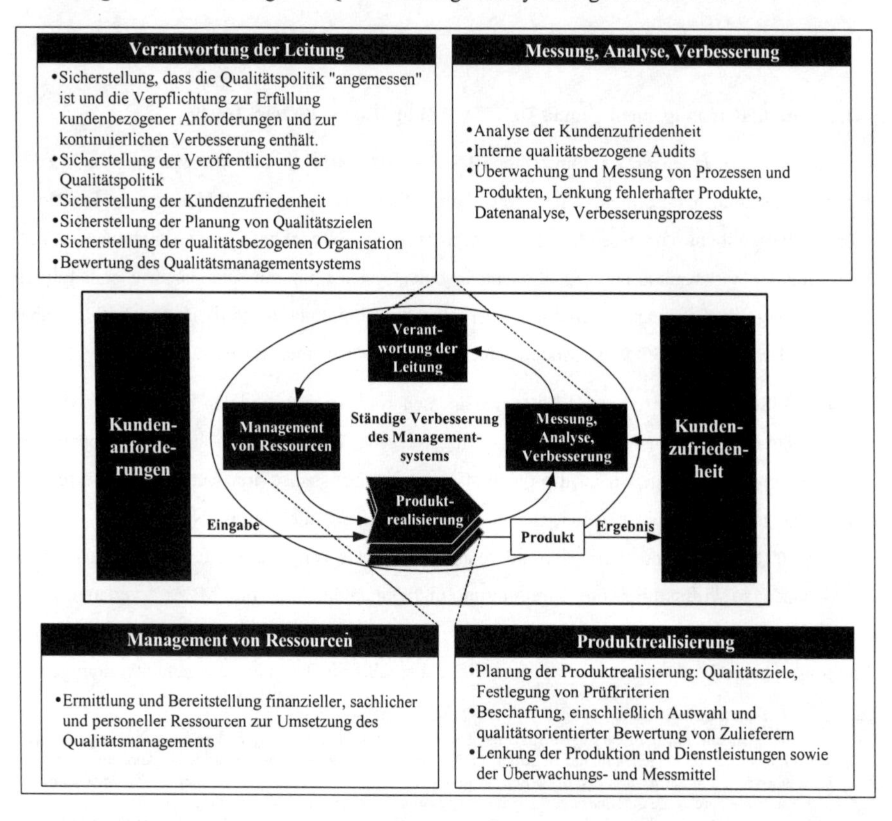

Empirische Untersuchungen zu den Zielen, die Unternehmen mit der Implementierung und Zertifizierung von Qualitätsmanagementsystemen verfolgen, zeigen, dass vor allem die Aufdeckung von Kosteneinsparungspotenzialen, Prozessverbesserungen, erhöhte Rechtssicherheit und Marketingaspekte im Vordergrund stehen. Als Nachteile werden neben den Kosten die Bürokratie und die Störung des Betriebsablaufs genannt.[75]

---

[74] Quelle: Modifiziert nach ISO 9001, Pkt. 0.2.

[75] Vgl. z. B. Williamson/Rogerson/Vella 1996, S. 41 f.; Buttle 1997; Bryde/Slocock 1998; Leung/Chan/Lee 1999; Funck/Alvermann/Schwendt 2000, S. 237-242; Beck/Walgenbach 2003; Pfeifer/Lorenzi 2003, S. 34.

2.2.3 Qualitätsmanagement gemäß Malcolm Baldrige National Quality Award und European Quality Award

Eine zunehmende Bedeutung kommt – auch in der Automobilbranche – internationalen Qualitätspreisen zu. Seit 1987 wird in den USA jährlich der **Malcolm Baldrige National Quality Award (MBA)** verliehen. Der Preisvergabe liegt ein Modell der Unternehmensführung zugrunde, das insbesondere auf das Erreichen hoher Kundenzufriedenheit sowie finanzieller „Geschäftsergebnisse", „Mitarbeiterzufriedenheit" und „organisationaler Effizienz" abzielt. Die Bewerber um den Preis werden sowohl im Hinblick auf diese Zielkategorien als auch bezüglich der Ausgestaltung zentraler Geschäftsprozesse beurteilt (siehe Abbildung 2-3).[76]

Abbildung 2-3 Modell des Malcolm Baldrige National Quality Award[77]

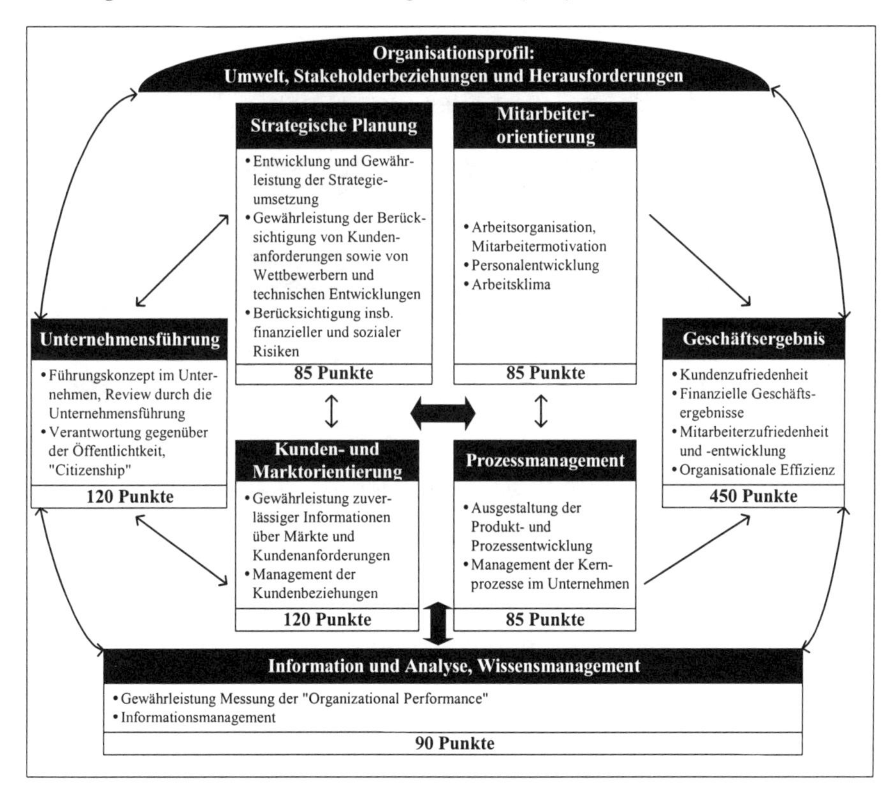

[76] Vgl. ausführlich Pun/Chin/Lau 1999; Baldrige National Quality Program 2004.

[77] Quelle: Modifiziert nach Baldrige National Quality Program 2004, S. 5.

Für eine Bewerbung um den Preis müssen Unternehmen eine umfassende Selbsteinschätzung im Hinblick auf sämtliche Kriterien vornehmen.[78] Eine Jury beurteilt alle eingegangenen Unterlagen und führt bei den am ehesten für den Preis in Frage kommenden Unternehmen ein Audit durch; im Anschluss daran wird die Entscheidung über den Gewinner gefällt.

Im Oktober 1992 wurde erstmalig der **European Quality Award (EQA)** verliehen. Zu diesem Zweck gründeten 14 europäische Unternehmen 1988 die „European Foundation for Quality Management" (EFQM); mittlerweile sind mehr als 800 Organisationen aus verschiedenen Branchen Mitglied des Interessenverbandes.[79] Zwei Gruppen von Bewertungskriterien werden im Rahmen der Preisvergabe unterschieden: so genannte „Potenzialfaktoren" und „Ergebnisse" (vgl. Abbildung 2-4); beiden Gruppen wird insgesamt das gleiche Gewicht beigemessen.

Abbildung 2-4 Modell des European Quality Award[80]

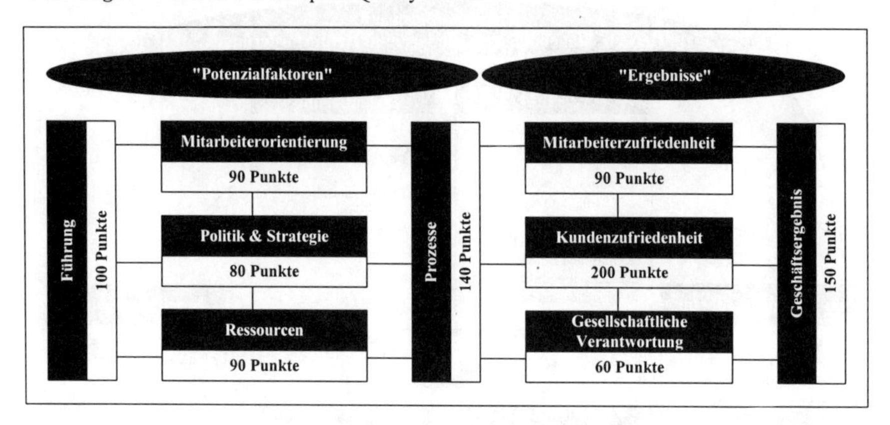

Ein Vergleich zwischen MBA und EQA zeigt, dass ähnliche Beurteilungskriterien herangezogen werden.[81] Nach jeweils mehreren Überarbeitungen beider Modelle bestehen inzwischen nur noch wenige Unterschiede. Vor diesem Hintergrund gibt es zurzeit Bemühungen, den EQA und den MBA zusammenzuführen, um zu vermeiden, dass international tätige Unternehmen sich zugleich an unterschiedlichen Modellen ausrichten müssen.[82]

[78] Vgl. Malorny 1996, S. 266.
[79] Vgl. Krems 2004.
[80] Quelle: Modifiziert nach Deutsches EFQM Center (DEC) 2004.
[81] Vgl. ausführlich Malorny 1996, S. 229-242; Verbeck 1998, insb. S. 52-114.
[82] Vgl. zu weiteren Qualitätspreisen in Europa Zink/Voß 1998, S. 125-141. Zu einem Vergleich internationaler Standards vgl. auch Guerrero-Cusumano/Selen 1997; Puay et al. 1998.

Im Vergleich zur ISO 9001 und ISO/TS 16949 sind der MBA und der EQA umfassender, da sie nicht allein auf das Qualitätsmanagement abstellen, sondern auf die Unternehmensführung insgesamt.[83] Ein grundsätzlicher Unterschied besteht weiterhin darin, dass die Preise nicht auf die Einhaltung von Mindestanforderungen ausgerichtet sind, sondern auf eine Optimierung der Prozesse sowie der Ergebnisse in den verschiedenen Bereichen.

In der deutschen Automobilindustrie wird zurzeit kontrovers diskutiert, ob eine Orientierung an dem EQA-Modell zukünftig normierte Qualitätsmanagementsysteme ablösen wird.[84] Ein möglicher Ansatz hierzu sieht vor, dass Unternehmen, die auf eine Selbstbewertung nach dem EQA-Modell „umsteigen" wollen, zunächst den Nachweis erbringen müssen, dass ihr Qualitätsmanagementsystem den Forderungen gemäß ISO/TS 16949 oder einem gleichwertigen Modell entspricht. Im Anschluss daran gibt das Unternehmen eine Selbsterklärung an das Qualitätsmanagement-Center des Verbandes der Automobilindustrie (VDA-QMC) ab, nach der es sich am EQA-Modell ausrichtet. Zusätzlich kann – wenn z. B. ein Kunde dies für erforderlich hält, nachdem Qualitätsprobleme aufgetreten sind – eine externe Begutachtung vorgenommen werden. Im QMC-VDA wird davon ausgegangen, dass mit dieser Entwicklung in einigen Jahren die „Zertifizierungswelle" in der Branche überwunden sein könnte. Wie die Fallstudien in Kapitel 4 zeigen, gehen die Automobilhersteller allerdings zurzeit noch davon aus, dass das EQA-Modell eher eine Ergänzung zu normierten Qualitätsmanagementsystemen bleiben wird.

2.3 Umweltmanagement

2.3.1 Begriff und Konzeption des Umweltmanagements

Den Ausgangspunkt des Umweltmanagements bildet die „**umweltschutzbezogene Lage**" eines Unternehmens. Diese umfasst zum einen die „ökologische Lage" und zum anderen die (positiven und negativen) Interdependenzen zwischen der ökologischen Lage und der wirtschaftlichen Lage i.S.d. (vergangenheitsbezogenen) Jahresabschlusslage (Vermögens-, Finanz- und Ertragslage) und der (zukunftsbezogenen) Effektivlage eines Unternehmens.[85] Die **ökologische Lage** wird durch die von den Unternehmensaktivitäten ausgehenden **Umweltwirkungen** bestimmt. Dabei sind Umwelt-

---

83 Vgl. Ahsen 1996a, S. 122-132; Chapman/Murray/Mellor 1997; Wiele/Dale/Williams 1997; Mann/Voss 2000; Wiele/Williams/Dale 2000.

84 Experteninterview mit dem damaligen Leiter des VDA-QMC, Herrn Schulz, am 13.06.2001. Vgl. auch VDA 18.1 u. VDA 18.2.

85 Vgl. Lange/Ahsen/Daldrup 2001, S. 5 f.; Daldrup 2002, S. 33-35. Zur Bestimmung der wirtschaftlichen Lage eines Unternehmens vgl. Lange 1989, S. 15-21.

wirkungen alle durch Eingriffe in den Naturhaushalt verursachten Auswirkungen auf Atmosphäre, Boden, Wasser, Pflanzen, Tiere und Menschen vor allem in Form stofflicher oder energetischer Input- und Outputströme sowie etwa von Bodenversiegelungen und Veränderungen des Landschaftsbildes.[86]

In Abhängigkeit davon, inwieweit strategisch relevante Stakeholder ökologische Risiken erkennen und wie sie diese beurteilen, kann aus den Umweltwirkungen ein **finanzielles Risiko** für das Unternehmen in Form entgehender Deckungsbeiträge oder zusätzlicher Kosten bzw. Investitionsauszahlungen resultieren.[87] Diese können im Extremfall sogar zur Gefährdung des Fortbestandes des Unternehmens führen, beispielsweise bei behördlich angeordneten Verpflichtungen zur Stilllegung von Anlagen oder zur Sanierung kontaminierter Grundstücke. Andererseits entstehen möglicherweise **Chancen**, wie eine erhöhte Wettbewerbsfähigkeit aufgrund von Differenzierungsvorteilen oder Kostensenkungspotenzialen. Diese Zusammenhänge zeigt Abbildung 2-5.

Vor diesem Hintergrund werden in Unternehmen die **Umweltziele** bestimmt, die sich auf die Verbesserung der ökologischen Lage und/oder die Interdependenzen zwischen dem betrieblichen Umweltschutz und der wirtschaftlichen Lage beziehen können; auf dieser Basis werden Strategien abgeleitet.[88] **Ökologische Risiko- und Chancenstrategien** beziehen sich dabei auf Ansätze zur Vermeidung (z. B. produktions- oder produktintegrierte Umweltschutzstrategien), Verwertung (z. B. Recyclingstrategien), Beseitigung (z. B. additive Umweltschutzstrategien) und/oder Restitution (z. B. Sanierungsstrategien) von Umweltwirkungen. Mit der Umsetzung solcher Strategien sind häufig Investitionen verbunden, z. B. für additive oder integrierte Umweltschutzmaßnahmen.

---

86 Vgl. zu dieser Abgrenzung auch Daldrup 2002, S. 33-35.

87 Vgl. bereits Lange 1978 sowie Nibbrig 1997; Wagner 1997a, S. 56-59; Wagner 1999b, S. 356-381. Zum Zusammenhang zwischen betrieblichem Umweltschutz und dem Shareholder Value vgl. z. B. Kummer 1996; Hummel/Schmidt 1997; Schneidewind 1998, S. 64 f.; Ziegler/Rennings/Schröder 2002. Ein Überblick über empirische Studien zum Zusammenhang zwischen ökologischer und ökonomischer Performance von Unternehmen findet sich bei Wagner 2001; vgl. z. B. auch Dowell/Hart/Yeung 2000; Wagner 2003. Schneidewind betont allerdings die methodische Problematik insbesondere von empirischen Studien zu diesem Zusammenhang: Gute ökonomische und ökologische Leistungen können auf andere gemeinsame Faktoren, etwa die Branchenzugehörigkeit, zurückzuführen sein; zudem sagt eine Korrelation nichts über Kausalitäten aus: „Vieles spricht dafür, daß gerade Unternehmungen, die ökonomisch erfolgreich sind, sich ein Mehr an Ökologie erlauben: Das ökologische Engagement ist hier nicht der Grund für den ökonomischen Erfolg, sondern vielmehr der ökonomische Erfolg Anlaß dafür, sich auch ökologischen Fragen stärker zu widmen." (Schneidewind 1998, S. 67.) Speziell zur Problematik der Bildung von Rückstellungen bei Umweltschutzmaßnahmen vgl. Elschen 1993; Elschen 1997.

88 Empirische Studien zeigen, dass der Umweltschutz inzwischen weit verbreitet Bestandteil unternehmerischer Zielsysteme ist, wenn ihm auch meist keine hohe Priorität beigemessen wird. Vgl. etwa Raffée/Förster/Fritz 1992; Coenenberg et al. 1994; Tarara 1997; Meffert/Kirchgeorg 1998; Berman et al. 1999; Konar/Cohen 2001. Vgl. auch zu Folgendem Wagner/Janzen 1994, S. 594 f.; Meffert/Kirchgeorg 1998, S. 181-272; Dyllick 2000; Lange/Ahsen/Daldrup 2001, S. 66 f. sowie die dort angegebene Literatur.

Abbildung 2-5 Modell des Umweltmanagements[89]

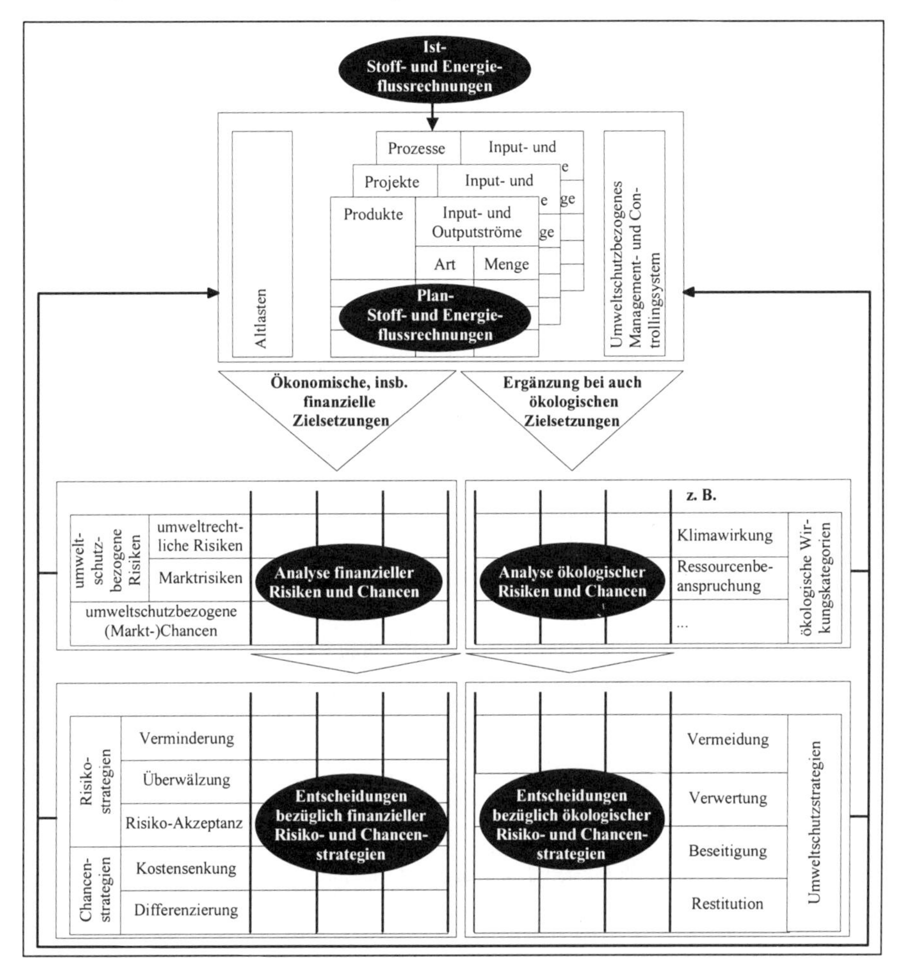

Finanzielle Risikostrategien umfassen z. B. die Verringerung von Umweltwirkungen mit dem Ziel, Kosten (etwa Strafzahlungen) zu reduzieren, sowie die Überwälzung von Umweltrisiken, etwa durch den Abschluss einer Umwelthaftpflicht-Versicherung. Schließlich sind die verbleibenden Umweltrisiken mit ihren finanziellen Konsequenzen, z. B. in Form von Abwasserabgaben oder als potenzielle Entschädigungszahlungen, einzuschätzen. Die **finanziellen Chancenstrategien** zielen auf die Realisierung von Kostensenkungspotenzialen, z. B. durch die Reduzierung des Ressourcen-

[89] Quelle: Modifiziert nach Lange/Ahsen/Daldrup 2001. S. 67.

einsatzes oder des Abfallaufkommens, sowie Differenzierungsvorteilen, die aus umweltfreundlichen Produkten und Prozessen, z. B. durch eine bessere Recycelfähigkeit der Produkte, resultieren können.[90]

Ebenso wie das Qualitätsmanagement ist auch das Umweltmanagement nicht auf die Unternehmensgrenzen beschränkt. In der Automobilbranche haben etwa die Anforderungen an eine erhöhte Recycelquote und die umweltfreundliche Entsorgung von Altautos, die zunächst in der „Freiwilligen Selbstverpflichtung zur umweltgerechten Altautoverwertung im Rahmen des Kreislaufwirtschaftsgesetzes" und schließlich auch im Altfahrzeuggesetz formuliert wurden,[91] **umweltbezogene Kooperationen in der Supply Chain** verstärkt.[92]

Insgesamt wird das Umweltmanagement in der vorliegenden Arbeit analog zum Qualitätsmanagement wie folgt definiert: **Umweltmanagement** ist der Bereich der Unternehmensführung bzw. Führung in Supply Chains, der darauf ausgerichtet ist, in Abstimmung mit den finanziellen Zielen Umweltziele zu formulieren und – bezogen auf alle Führungs- und Leistungsprozesse – in Entscheidungen umzusetzen.[93]

2.3.2 Umweltmanagement gemäß DIN EN ISO 14001 und EMAS-VO

Ähnlich wie für das Qualitätsmanagement spielen für das Umweltmanagement in der Unternehmenspraxis Normen eine wichtige Rolle. Abbildung 2-6 zeigt die in der 1996 verabschiedeten und 2005 novellierten **DIN EN ISO 14001**[94] festgelegten Anforderungen an Umweltmanagementsysteme im Überblick.

Die Anforderungen der Norm sind darauf ausgerichtet, eine kontinuierliche Verminderung der Umweltwirkungen durch Unternehmen zu gewährleisten. Dabei werden keine über die gesetzlichen

---

90 Vgl. am Beispiel der Automobilindustrie Nibbrig 2000; Zotter 2001; Belz 2002; Ostendorf 2003; Ostendorf/Wolter 2004.

91 Zu einem Überblick vgl. Schenk 1998; Wöhrl/Schenk 2000.

92 Vgl. Meffert/Kirchgeorg 1998, S. 20; Hoek 1999; Tuma/Friedl/Franke 2004; Steven 2004; zu Entsorgungskooperationen von DaimlerChrysler vgl. Kärst/Winkelbauer; zu einem Überblick über Formen umweltbezogener Kooperationen in der Automobilbranche vgl. Krcal 2000.

93 Dabei orientieren sich die Umweltziele an den Zielen, die aus den Anforderungen der als strategisch relevant ermittelten Stakeholder abgeleitet werden. Dies schließt auch die Möglichkeit ein, dass aus moralischen Gründen Umweltziele unabhängig von ihrem (negativen oder positiven) Zusammenhang zu finanziellen Zielen festgelegt werden.

94 Die Norm wird im Folgenden kurz als „ISO 14001" zitiert. Bei der Novellierung wurden keine umfassenden Änderungen der Anforderungen an Umweltmanagementsysteme vorgenommen, sondern es erfolgten in erster Linie Umformulierungen, um die Klarheit und Verständlichkeit zu erhöhen und eine höhere Kompatibilität mit der ISO 9001 für Qualitätsmanagementsysteme zu erreichen.

Vorschriften hinaus gehenden materiellen Vorgaben formuliert, sondern es wird lediglich gefordert, dass sämtliche Umweltaspekte[95] erfasst werden, „um daraus diejenigen zu bestimmen, die bedeutende Auswirkungen auf die Umwelt haben oder haben können. Die Organisation muß sicherstellen, daß die Umweltaspekte, die mit diesen bedeutenden Auswirkungen verbunden sind, bei der Festlegung ihrer umweltbezogenen Zielsetzungen berücksichtigt werden.“[96]

Abbildung 2-6 Anforderungen an Umweltmanagementsysteme gemäß ISO 14001[97]

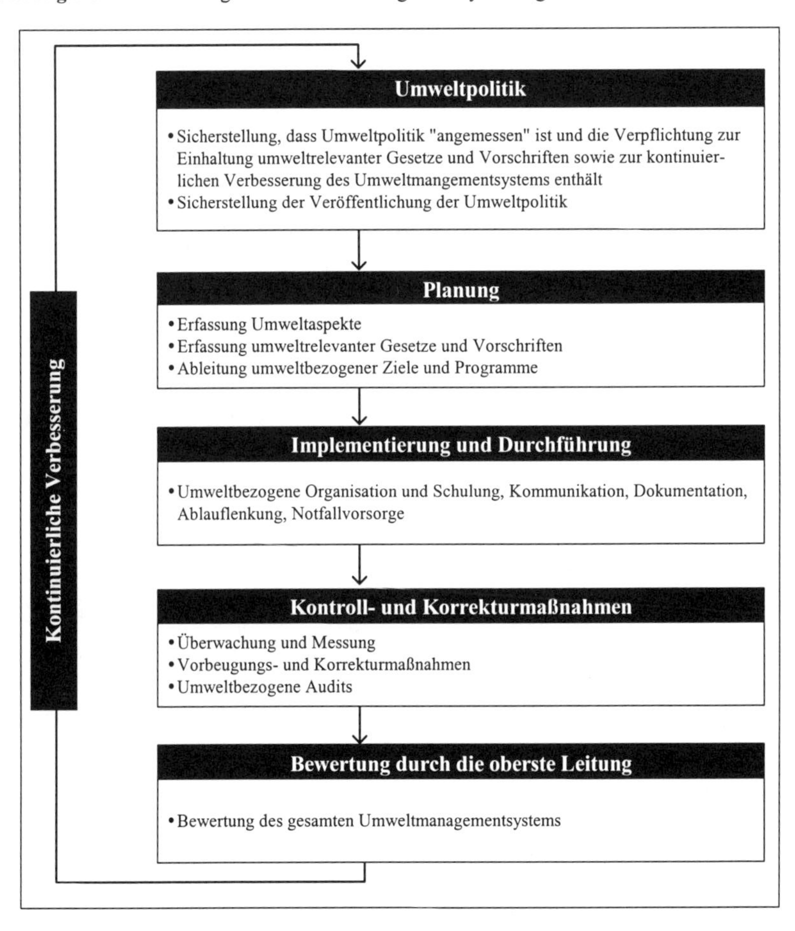

95 Mit dem Terminus „Umweltaspekte“ werden in der Norm Umweltwirkungen bezeichnet.

96 ISO 14001, Pkt. 4.3.1.

97 Quelle: Modifiziert nach ISO 14001, Einführung.

Neben der ISO 14001 kommt der **EG-Öko-Audit-Verordnung (EMAS-VO)** in Europa eine große Bedeutung für die Einrichtung und Zertifizierung von Umweltmanagementsystemen zu. Die Verordnung verweist in Bezug auf Umweltmanagementsysteme grundsätzlich auf die ISO 14001; darüber hinaus beinhaltet sie allerdings noch weiter gehende Anforderungen:[98] So wird verlangt, dass die Organisation ihre Umweltleistung[99] – nicht, wie in ISO 14001 formuliert, das Umweltmanagementsystem – kontinuierlich verbessert. Dabei sind auch indirekte Umweltaspekte, die die Tätigkeit des Unternehmens betreffen, zu berücksichtigen, also etwa die Umweltwirkungen, die bei Zulieferern entstehen. Sie können zwar nicht in gleichem Maße gesteuert werden wie die Umweltwirkungen im eigenen Unternehmen, doch soll, soweit möglich, hierauf Einfluss genommen werden.[100]

Weiterhin wird in der EMAS-VO explizit darauf hingewiesen, dass die Mitarbeiter des Unternehmens in den Prozess der kontinuierlichen Verbesserung einzubeziehen sind, z. B. durch Einrichtung eines betrieblichen Vorschlagswesens oder projektbezogene Gruppenarbeit.[101]

Hinsichtlich der externen Kommunikation und Beziehungen geht EMAS am deutlichsten über die Anforderungen der ISO 14001 hinaus, da nicht nur die Umweltpolitik der Öffentlichkeit zugänglich gemacht werden soll, sondern eine „Umwelterklärung" zu publizieren ist, an deren inhaltliche Ausgestaltung konkrete Anforderungen gestellt werden.[102] Zudem heißt es: „Organisationen müssen in der Lage sein, mit der Öffentlichkeit und anderen interessierten Kreisen, einschließlich der lokalen Gebietskörperschaften und Kunden, einen offenen Dialog über die Umweltauswirkungen ihrer Tätigkeiten, Produkte und Dienstleistungen zu führen, um die Anliegen der Öffentlichkeit und der anderen interessierten Kreise zu kennen."[103]

Insgesamt wird die ISO 14001 in der Unternehmenspraxis zunehmend dem Umweltmanagement zugrunde gelegt; dagegen verliert die EMAS-VO tendenziell an Bedeutung.[104] Beide Standards beziehen sich ausschließlich auf eine Verbesserung der ökologischen Lage von Unternehmen; Zu-

---

98 Vgl. Anh. I B. EMAS-VO.

99 Der Begriff „Umweltleistung" ist gemäß Art. 2 c) EMAS-VO definiert als „die Ergebnisse des Managements der Organisation hinsichtlich der sie betreffenden Umweltaspekte."

100 Vgl. Anh. VI 6.2 u. 6.3 EMAS-VO.

101 Vgl. Anh. I-B.4 EMAS-VO.

102 Vgl. EMAS-VO, Anh. III; Steven/Schwarz/Letmathe 1997; Lange/Ahsen/Daldrup 1998; Lange/Daldrup 2000; Lange/Ahsen/Daldrup 2001; zu einem Überblick über die Ergebnisse empirischer Analysen von Umwelterklärungen vgl. Ahsen 2001a.

103 Anh. I B.3 EMAS-VO.

104 Inzwischen sind weltweit über 61.000 Organisationen gemäß ISO 14001 zertifiziert. Die Teilnehmerzahlen an EMAS sind rückläufig; zurzeit sind etwa 3.500 Organisationen registriert. Vgl. auch die empirische Analysen von Ahsen/Lange/Pianowski 2004 zu möglichen Gründen für diese Entwicklung. Regelmäßig aktualisierte Zahlen finden sich unter ISO WORLD (Hrsg.) 2004 bzw. European Communities 2004. Zur Relevanz der Systeme in der Automobilbranche vgl. Kapitel 4 der vorliegenden Arbeit.

sammenhänge zur ökonomischen Lage werden nicht thematisiert. Insofern liegt ein im Vergleich zum oben (in Abbildung 2-5) dargestellten umfassenden Modell des Umweltmanagements eingeschränktes Verständnis zugrunde.

Empirische Untersuchungen zeigen, dass (zertifizierten) Umweltmanagementsystemen in Unternehmen vor allem die Wirkung der Aufdeckung von Kosteneinsparungspotenzialen, Imageverbesserungen, eine erhöhte Rechtssicherheit und teilweise auch Mitarbeiterzufriedenheit sowie umweltfreundliche Produkt- und Prozessinnovationen zugeschrieben werden. Hinzu kommt, dass z. B. in der Automobilindustrie die Hersteller ihren Zulieferern gegenüber zunehmend die Anforderung stellen, ein Umweltmanagementsystem einzurichten und dies teilweise sogar zur Bedingung für eine Auftragsvergabe machen. Als Nachteil der Implementierung und Auditierung/Zertifizierung von Managementsystemen werden vor allem die Kosten genannt.[105]

2.4 Terminologische und konzeptionelle Grundlagen der Integration von Qualitäts- und Umweltmanagement

2.4.1 Interdependenzen zwischen Entscheidungsbereichen als Grund für eine Integration

Das Qualitätsmanagement und das Umweltmanagement sind interdependente unternehmerische Entscheidungsbereiche. *Laux/Liermann* differenzieren grundsätzlich folgende **Interdependenzarten** zwischen Entscheidungsbereichen:[106]

- **Restriktionsverbund**. Zwischen zwei Entscheidungsbereichen liegt ein Restriktionsverbund vor, wenn die Restriktionen für die Entscheidungsvariablen in mindestens einem Bereich von den Ausprägungen der Entscheidungsvariablen im anderen Bereich abhängen.[107] Beispiele hierfür sind etwa die Abhängigkeit der möglichen Absatzmengen von den produzierten Mengen oder der Einsatz knapper Ressourcen für die Herstellung einer Produktart in Konkurrenz zu der Her-

---

105 Vgl. Hamschmidt 1998; Dyllick/Hamschmidt 2000, S. 72 f.; Glatzner 2001, S. 42; Freimann/Walther 2003; Hoffmann/Ankele/Nill 2003.

106 Vgl. Laux/Liermann 2003, S. 191-193; Laux 2003, S. 6-8. Vgl. zu Interdependenzarten bereits Rieper 1973, S. 25-30 sowie Gerpott 1993; Adam 1996, S. 168-186; Meffert 1997. Laux/Liermann unterscheiden weiterhin den so genannten Risikoverbund: Liegen im Fall sicherer Erwartungen keine Restriktions- oder Erfolgsverbunde vor, ist keine Abstimmung zwischen den Entscheidungsbereichen erforderlich. Dies ändert sich jedoch in Risikosituationen: Sofern keine Risikoneutralität besteht, ergibt sich ein Abstimmungsbedarf, wenn die Erfolge der Bereiche stochastisch voneinander abhängig sind: „Wie weit die Varianz des Gesamterfolges (als Maßstab des Risikos) steigt bzw. sinkt, wenn in einem Bereich riskante Maßnahmen durchgeführt werden, hängt dann davon ab, welche riskanten Entscheidungen in anderen Bereichen getroffen werden und welche stochastischen Beziehungen zwischen den Erfolgen der verschiedenen Bereiche bestehen." (Laux/Liermann 2003, S. 192 f.) Auf solche Interdependenzen wird im Weiteren nicht näher eingegangen.

107 Vgl. Laux/Liermann 2003, S. 191.

stellung einer anderen Produktart. Bezogen auf das Qualitäts- und Umweltmanagement liegt beispielsweise ein Restriktionsverbund vor, wenn der aus Umweltaspekten zweckmäßige Einsatz umweltfreundlicher Verfahren oder Materialien im Widerspruch steht zur Erfüllung von Kundenforderungen. So berichtet beispielsweise ein Hersteller von Knöpfen und Accessoires in einer Umwelterklärung gemäß EMAS-VO, dass die Umstellung auf Wasserlacke aufgrund von Qualitätsproblemen (ungenügende Wasch- und Reinigungs mittelbeständigkeit) wieder rückgängig gemacht werden musste und daher die Lacke weiterhin Lösemittel (z. B. Xylol) enthalten, obwohl diese in höherer Konzentration aus Umweltschutzgesichtspunkten bedenklich sind.[108]

- **Erfolgsverbund**. Zwischen zwei Entscheidungsbereichen besteht ein Erfolgsverbund, wenn der Gesamterfolg des Unternehmens sich nicht additiv aus den Erfolgen der Entscheidungsbereiche zusammensetzt, sondern die Auswirkungen eines Bereiches auf den Gesamterfolg auch davon abhängen, welche Maßnahmen im anderen Bereich realisiert werden.[109] Beispielsweise führt eine isolierte Investitionsplanung bei gegebenem Finanzmittelbestand möglicherweise zu einem Verzicht auf vorteilhafte Investitionen, weil potenzielle zusätzliche Kapitalquellen nicht berücksichtigt werden.[110] Bezogen auf das Qualitäts- und Umweltmanagement kann etwa eine ausschließlich auf die Kundenforderungen abstellende Produktentwicklung dazu führen, dass nicht nach umweltfreundlicheren (z. B. besser recycelfähigen) Alternativen gesucht wird und dadurch die Umweltziele nicht bestmöglich erreicht werden. In der Konsequenz wird möglicherweise auch auf ein besseres Erreichen der finanziellen Unternehmensziele verzichtet.
- **Bewertungsverbund**. Zwischen zwei Bereichen liegt ein Bewertungsverbund vor, wenn die Veränderung des Gesamterfolges durch Maßnahmen in einem Bereich davon abhängt, welches Nutzenniveau durch Maßnahmen in anderen Bereichen erreicht wird. Bezogen auf das Qualitäts- und Umweltmanagement kann z. B. einer Verbesserung des Umweltschutzes von den Kunden in Abhängigkeit vom Kundenzufriedenheitsniveau mit Qualitätsmerkmalen unterschiedlich bewertet werden.

Verbundbeziehungen zwischen Entscheidungsbereichen führen dazu, dass isolierte Entscheidungen sich negativ auf den Gesamterfolg des Unternehmens auswirken können: „Die Gefahr, dass wir bei (isolierter oder) sukzessiver Planung letztlich nur suboptimale Lösungen finden, lässt sich einzig und allein dadurch bannen, dass wir zu einer (integrierten oder) simultanen Planung übergehen.“[111]

---

[108] Vgl. Günter GmbH & Co. 1995, S. 6.
[109] Vgl. Laux/Liermann 2003, S. 192.
[110] Vgl. Kruschwitz 2003, S. 217 f.
[111] Kruschwitz 2003, S. 218; vgl. auch Ewert/Wagenhofer 2003, S. 454 sowie bereits Schweim 1969, S. 24-29.

Der Gedanke einer „integrierten Theorie der Unternehmung" findet sich bereits bei *Gutenberg*, der in den „Grundlagen der Betriebswirtschaftslehre" im Jahr 1951 auf die Notwendigkeit einer simultanen Unternehmensplanung hinweist und auf dieser Basis sein „Ausgleichsgesetz der Planung" formuliert.[112] Aus diesen frühen Überlegungen sind umfassende Modelle der **integrierten Unternehmensplanung** entstanden.[113] So wurden vor dem Hintergrund der zunehmenden Komplexität unternehmerischer Strukturen seit den 60er Jahren insbesondere neue Organisationskonzepte diskutiert; diese Richtung der Integrationsforschung ist eng mit dem Namen *Kosiol* verbunden, der die „integrative Strukturierung von Ganzheiten" als das „Wesen der Organisation" beschreibt.[114]

Mit seiner „entscheidungsorientierten Betriebswirtschaftslehre" stellt *Heinen* einerseits die Entscheidungen über die Ausprägungen unternehmerischer Zielsysteme sowie andererseits die Mittel- bzw. Zielerreichungsentscheidungen, für die insbesondere der Entwicklung betriebswirtschaftlicher Entscheidungsmodelle und -verfahren eine zentrale Bedeutung zukommt, in den Vordergrund. Der Ansatz von *Heinen* greift dabei die Integrationsproblematik gerade auch bezüglich der Abstimmung von Bereichsentscheidungen auf. So wird hier etwa untersucht, welche Instrumente zur Lösung von Entscheidungsproblemen vor dem Hintergrund der jeweiligen Art des Zielsystems zweckmäßig sind (z. B. Simultanplanung bei Maximierungszielen).[115]

Im „St. Galler Management-Modell"[116] wird die Unternehmung als produktives soziales System betrachtet; sämtliche Entscheidungen und Abläufe werden miteinander verknüpft im Hinblick auf ihre Auswirkungen auf das Gesamtsystem analysiert und bewertet: „Integrative Unternehmensführung bedeutet in dieser Sicht, kurz gesagt, eine systemhafte Gestaltung der Unternehmung und setzt eine systemhafte Gestaltung der Führungsprozesse voraus."[117] Auf diesem Ansatz aufbauend entwickelt *Bleicher* sein Konzept für ein „Integriertes Management". Hier bedeutet Integration, „daß Management als vernetzter Prozeß verstanden wird, in dem kein Problem isoliert gelöst werden kann.

---

[112] „Würde ein Unternehmen die Planung seines Produktionsprogramms am Absatzsektor orientieren, dann würde eine solche Planung dem Grundsatz der Simultaneität widersprechen, wenn nicht die konkreten betrieblichen Bedingungen kapazitätsmäßiger, finanzieller und beschaffungswirtschaftlicher Art in sie einbezogen würden. In gleicher Weise wäre es verfehlt, die Beschaffungsmöglichkeiten oder die vorhandenen Herstellungsmöglichkeiten oder die finanziellen Möglichkeiten einseitig zur Grundlage der Programmplanung zu machen, ohne jeweils die anderen betrieblichen Teilbereiche zu berücksichtigen." Gutenberg 1951, S. 163. Vgl. ausführlich auch Adam/ Backhaus/Thonemann 2003.

[113] Vgl. z. B. Adam 1996; Hahn/Hungenberg 2001. Zur Entwicklung des Integrationsgedankens und zu verschiedenen inhaltlichen Integrationsschwerpunkten in unterschiedlichen Ansätzen der Betriebswirtschaftslehre seit den Anfängen des 20. Jahrhunderts vgl. ausführlich Schweim 1969, S. 32-56; Delfmann (Hrsg.) 1989; Meffert 1997. Zur Frage der „Integration" von Erkenntnissen aus Nachbardisziplinen in die Betriebswirtschaftslehre vgl. die kritische Auseinandersetzung mit dem Ansatz von Kirsch bei Elschen 1983.

[114] Kosiol 1962, S. 21. Ebenfalls in den 60er Jahren entwickelte Adam (1969, S. 620-632) Überlegungen bezüglich der Vorteilhaftigkeit einer simultanen Planung bei Vorliegen von Interdependenzen. Vgl. auch Rieper 1973, S. 29.

[115] Vgl. Heinen 1969, 1976b, 1991 u. 1992 sowie Meffert 1997, S. 11.

[116] Vgl. Ulrich/Krieg 1972.

[117] Ulrich 1989, S. 198.

Das Konzept [...] bietet sich somit als Bindeglied zur Überbrückung von funktionalen, objektbezogenen und regionalen Grenzen der Unternehmung an."[118]

Insgesamt stellen somit die Möglichkeiten und Probleme einer Integration interdependenter Entscheidungsprozesse in Unternehmen seit langem ein zentrales Diskussionsthema der Betriebswirtschaftslehre dar. Mit der zunehmenden Bedeutung des Umweltmanagements werden inzwischen vermehrt auch die Zweckmäßigkeit und verschiedene Ansätze einer Integration des Qualitäts- und Umweltmanagements diskutiert und teilweise in der Praxis umgesetzt; hierauf wird in den Kapiteln 2.4.4 und 2.4.5 eingegangen. Zuvor werden terminologische Grundlagen der Integration erläutert.

2.4.2 Begriff der Integration

Der Begriff der Integration bedeutet wörtlich übersetzt „Wiederherstellung eines Ganzen" oder „Vervollständigung".[119] In der Betriebswirtschaftslehre wird die wechselseitige Verknüpfung von Planungsprozessen als konstituierendes Merkmal der Integration gesehen.[120] Ähnlich definieren *Lawrence/Lorsch* Integration als „the quality of the state of collaboration that exists among departments that are required to achieve unity of effort by the demands of the environment."[121] Allerdings wird der Terminus in verschiedenen Zusammenhängen unterschiedlich verwendet.[122]

Differenzen bestehen in der Literatur insbesondere im Hinblick auf die Frage der **Abgrenzung zwischen Integration und Koordination**. Der Begriff Koordination wird bei *Dessler* etwa definiert als „process of achieving unity of action among interdependent activities"[123]. Eine überschneidungsfreie Abgrenzung zwischen den Konzepten der Integration und Koordination ist nicht mög-

---

[118] Meffert 1997, S. 18.

[119] Vgl. Wissenschaftlicher Rat der Dudenredaktion (Hrsg.) 1990, S. 354.

[120] Vgl. Grochla 1975, S. 19-21.

[121] Lawrence/Lorsch 1967, S. 11; vgl. ähnlich Hodgetts/Altmann 1979, S. 407. Allgemeiner fasst Hahn (1989, Sp. 770; vgl. ähnlich auch Bleicher 1999, S. 576-619) Integration als die „Inbeziehungsetzung von Objekten bzw. Elementen mit dem Resultat der Bildung von Strukturen bzw. Systemen". Nach Karapetrovic/Willborn (1998a, S. 207) sind zwei Systeme dann integriert, wenn zumindest eines nicht mehr unabhängig von dem anderen ist.

[122] Vgl. etwa Duttenhofer 1985, insb. S. 124-158.

[123] Dessler 1992, zitiert nach Wilkinson/Dale 1999, S. 96; vgl. auch Frese et al. 1999, S. 3-3 sowie die dort angegebene Literatur. In der betriebswirtschaftlichen Literatur wird die Koordination innerhalb und zwischen den Teilsystemen des unternehmerischen Führungssystems (Planungs- und Kontrollsysteme, Informations- und Kommunikationssysteme sowie Organisation und Personal) zur Festlegung von Führungshandlungen im Allgemeinen als eine zentrale Aufgabe des Controlling verstanden. (Vgl. z. B. Küpper 2001, S. 13-29. In Bezug auf das umweltschutzbezogene Controlling vgl. Wagner/Janzen 1991, S. 121; Lange/Ukena 1996, S. 70 f.) Zur historischen Entwicklung von Controllingansätzen vgl. Lange/Schaefer 2004.

lich. In der Organisationstheorie werden teilweise beide Begriffe synonym verwandt;[124] *Frese et al.* sprechen etwa vom „integrativen Aspekt der Koordination".[125]

Häufig wird in der Literatur jedoch auch davon ausgegangen, dass durch eine Koordination zwar „Widersprüche und Doppelspurigkeiten zwischen den Objekten beseitigt werden, es fehlt jedoch die Vorstellung eines größeren Ganzen, in das etwas eingefügt wird. Man meint [mit ‚Integration', Anm. d. Verf.] aber auch mehr als ‚addieren'. Hier kommt etwas Neues zu etwas bereits Bestehendem hinzu, wodurch es mehr wird, aber nicht eine andere, höhere Form annimmt."[126] Es fällt jedoch schwer zu definieren, welche Merkmale erfüllt sein müssen, damit diese „andere, höhere Form" gegeben ist.

Im Rahmen der vorliegenden Arbeit wird unter der **Integration**[127] **von Qualitäts- und Umweltmanagement** verstanden, dass diese interdependenten Entscheidungsbereiche, die auf das Erreichen unterschiedlicher Sachziele ausgerichtet sind, so miteinander verknüpft werden, dass Entscheidungen unter Berücksichtigung der unterschiedlichen Zieldimensionen, und zwar entsprechend deren Gewichtung im unternehmerischen Zielsystem, getroffen werden.[128] Dabei wird im Folgenden zwischen zeitlicher, sachlicher und organisatorischer Integration des Qualitäts- und Umweltmanagements differenziert.[129]

Eine **zeitliche Integration** qualitäts- und umweltbezogener Informations-, Planungs- und Kontrollprozesse liegt vor, wenn diese so koordiniert werden, dass zu bestimmten, zuvor definierten

[124] Vgl. z. B. Lawrence/Lorsch 1967 S. 96. Krcmar (1991, S. 4) weist etwa darauf hin, dass der Begriff Integration in der Wirtschaftsinformatik auch für Zusammenhänge verwendet wird, die in der Organisationstheorie als „Koordination" bezeichnet werden. Eine Unterscheidung zwischen Integration und Koordination nimmt dagegen Hage (1974) vor. Vgl. zum Integrationsbegriff ausführlich auch Mertens 2000.

[125] Frese et al. 1999, S. 3-3.

[126] Dyllick 1997, S. 5; vgl. auch Meffert 1997, S. 4 und Wilkinson/Dale 1999 sowie die dort angegebene Literatur.

[127] Der Begriff der Integration kann dabei zum einen in dynamischer Sichtweise als Prozess der Verknüpfung zweier Entscheidungsbereiche gefasst werden. Vgl. hierzu ausführlich z. B. Enzler 1999, S. 284-311; Pischon 1999. Zum anderen bezeichnet er den Zielzustand, der mit diesem Prozess angestrebt wird. Im Rahmen der vorliegenden Arbeit wird auf den zweiten Integrationsbegriff abgestellt. Vgl. zu dieser Unterscheidung etwa Lawrence/Lorsch 1967, S. 11.

[128] Sowohl in der Unternehmenspraxis und der Diskussion um Normen für Integrierte Managementsysteme als auch in der wissenschaftlichen Literatur bestehen darüber hinaus Ansätze, nicht nur Qualitäts- und Umweltmanagement, sondern zusätzlich auch das Arbeitssicherheitsmanagement zu integrieren. Vgl. z. B. Felix et al. 1997; Pischon/Liesegang 1997; Carter 1999; Pischon 1999; Waddock/Bodwell 2002. Zum übergeordneten Konzept des Sustainable Development vgl. Schmitt 1998. Allgemein zu Arbeitssicherheitssystemen und entsprechenden Normierungsansätzen vgl. z. B. Verein zur Förderung der Arbeitssicherheit in Europa e. V. (Hrsg.) (1997); Ritter/Langhoff 1998; Loch et al. 1999. Diese Bestrebungen sind mit der Diskussion in der vorliegenden Arbeit konform. Sie sollen – wie in Kapitel 1.3 dargestellt – gleichwohl nicht explizit in die Analysen einbezogen werden, da damit der inhaltliche Rahmen noch weiter ausgedehnt würde. Die Ausführungen zu den in Kapitel 5 entwickelten mehrdimensionalen Informations-, Planungs- und Kontrollinstrumenten lassen sich jedoch auch auf weitere Unternehmensziele, wie die Arbeitssicherheit, ausweiten; auf Möglichkeiten hierzu wird an den entsprechenden Stellen hingewiesen.

[129] Vgl. allgemein zur Unterscheidung verschiedener Integrationsarten ähnlich Hahn 1989; Steven 2002; etwas anders: Hahn/Hungenberg 2001, S. 81.

Zeitpunkten die Ergebnisse vorliegen. Beispiele sind die parallele qualitäts- und umweltbezogene Beurteilung (potenzieller) Zulieferer, um eine Auswahlentscheidung zu treffen, oder die gleichzeitige qualitäts- und umweltorientierte Beurteilung von Produkt- bzw. Prozesskonzeptionen, um die entsprechenden Merkmale im Lastenheft festzulegen. Stellen sich die qualitäts- und umweltbezogenen Planungsergebnisse als konfliktär heraus, muss – sofern hierfür die Zeit ausreicht – erneut geplant oder aber, wenn diese Möglichkeit nicht besteht, eine Auswahlentscheidung getroffen werden. Letzteres bedeutet dann allerdings, dass Teile des mehrdimensionalen Zielsystems vernachlässigt werden.

Eine **sachliche Integration** geht über die zeitliche Integration hinaus und zielt auf die inhaltliche Verknüpfung interdependenter qualitäts- und umweltbezogener Entscheidungen sowie der entsprechenden Informations-, Planungs- und Kontrollprozesse ab. Dies erfordert es, den Einsatz von Qualitäts- und Umweltmanagementinstrumenten so zu verknüpfen, dass die mehrdimensionalen Zielkriterien sämtlich berücksichtigt werden. Eine weitere Möglichkeit besteht darin, einseitig qualitäts- oder umweltorientiert ausgerichtete Informations-, Planungs- und Kontrollinstrumente mehrdimensional zu modifizieren.[130]

Eine **organisatorische Integration** ist dann gegeben, wenn qualitäts- und umweltbezogene Entscheidungen in einer gemeinsamen – dauerhaften oder temporär bestehenden – Organisationseinheit getroffen werden.[131] Im Zusammenhang mit dem Qualitäts- und Umweltmanagement stellt sich entsprechend die Frage, inwieweit die Qualitäts- und Umweltmanagementabteilungen zusammengefasst werden und welche Rolle so genannte Einheiten der Sekundärorganisation spielen können. Auf diese Problematik wird in Kapitel 3.3.2.3 ausführlich eingegangen.

Zu unterscheiden sind nicht nur die zeitliche, sachliche und organisatorische Dimensionen der Integration von Qualitäts- und Umweltmanagement, sondern teilweise auch unterschiedliche **Ausprägungsformen**. Lediglich bei der zeitlichen Integration handelt es sich – bezogen auf eine konkrete Entscheidung – um eine dichotome Variable: Die qualitäts- und umweltbezogenen Informations-, Planungs- und Kontrollprozesse können zeitlich abgestimmt erfolgen oder auch unabhängig voneinander. Dagegen können die sachliche und die organisatorische Integration in unterschiedlichen Ausprägungen vollzogen werden: Wie in den folgenden Kapiteln gezeigt wird, kann hinsichtlich der sachlichen Integration insbesondere differenziert werden, welche Qualitäts- und Umwelt-

---

[130] Siehe hierzu Kapitel 5 der vorliegenden Arbeit.

[131] Als spezielle Form der organisatorischen Integration kann die personelle Integration betrachtet werden, die dann gegeben ist, wenn Aufgaben mehrerer Entscheidungsbereiche in Personalunion von einem Mitarbeiter wahrgenommen werden. Bezogen auf das Qualitäts- und Umweltmanagement findet sich beispielsweise gerade in manchen kleineren Unternehmen eine personelle Integration der jeweiligen Managementsystembeauftragten.

managementinstrumente, einschließlich entsprechender Kostenanalysen, zum Einsatz kommen und wie die jeweiligen Ergebnisse abgestimmt werden; zudem ist der Einsatz mehrdimensionaler Informations-, Planungs- und Kontrollinstrumente möglich. Eine organisatorische Integration ist einerseits im Rahmen der Primärorganisation und andererseits im Rahmen der Sekundärorganisation von Unternehmen realisierbar.

Während die Ausprägungsformen der Integration sich auf einzelne Entscheidungen beziehen, kann eine weitere Differenzierung danach vorgenommen werden, welcher Anteil der interdependenten qualitäts- und umweltbezogenen Entscheidungen in einem Unternehmen integriert sind. In diesem Sinne verstandene **Integrationsgrade** sind allerdings nur schwer zu operationalisieren. Im Rahmen der vorliegenden Arbeit wird daher lediglich danach unterschieden, ob Integrationsansätze flächendeckend im Unternehmen bzw. im Hinblick auf bestimmte Führungs- oder Leistungsprozesse vorliegen – etwa durch entsprechende Vorgaben in Verfahrensanweisungen zu den im Rahmen der Produkt-/Prozessentwicklung einzusetzenden Instrumenten – oder ob lediglich Pilotprojekte durchgeführt werden, in denen qualitäts- und umweltbezogene Entscheidungen integriert getroffen werden. Ein solches Pilotprojekt kann etwa die (erstmalige) Realisierung eines integrierten Qualitäts- und Umweltaudits sein oder die zugleich qualitäts- und umweltorientierte Neuentwicklung eines Produktes.

2.4.3 Ziele und Probleme einer Integration von Qualitäts- und Umweltmanagement

Wie in Kapitel 2.4.1 erläutert, soll durch eine Integration der interdependenten Entscheidungsbereiche Qualitäts- und Umweltmanagement eine bessere Zielerreichung ermöglicht werden. Dabei werden in der Literatur folgende konkrete **Zielkategorien** unterschieden:[132]

- Mit der Integration können so genannte „**Innovationsziele**" verfolgt werden. Hierunter ist zu verstehen, dass Informations-, Planungs- und Kontrollprozesse so ausgestaltet werden, dass sie es ermöglichen, die mehrdimensionalen Ziele des Unternehmens besser zu erreichen. Dabei spielt insbesondere eine Verbesserung der Informationsbasis, etwa durch einen kombinierten

[132] Vgl. Johann/Werner 1994; Felix et al. 1997, S. 2 f.; Culley 1998, S. 39-43; Karapetrovic/Willborn 1998a, S. 207 f.; Wilkinson/Dale 1999; Enzler 2000, S. 154-161; Funck 2002; Reuter 2003, S. 120-123. Felix et al. (1997, S. 2 f.) sowie Pischon (1999, S. 294-299) unterscheiden weiterhin „Basisziele" im Sinne der jeweiligen Ziele des Qualitäts- und Umweltmanagements, die nach der Integration in unverminderter Stärke weiter erreicht werden sollen. Es handelt sich also letztlich gerade nicht um ein Integrationsziel, sondern eher um eine Nebenbedingung, deren Einhaltung im Falle der Integration gefordert wird. Insbesondere zu den Effizienzzielen vgl. z. B. auch Baumgarten et al. 1998, S. 31 f.

Einsatz von Qualitäts- und Umweltmanagementinstrumenten oder auch ihre mehrdimensionale Modifikation, eine zentrale Rolle.

- Weiterhin kann die Integration auf eine Erhöhung der Wirksamkeit qualitäts- und umweltbezogener Prozesse abzielen, dann werden **Effizienzziele** verfolgt. So wird insbesondere argumentiert, dass durch eine gemeinsame Organisationsabteilung sowie eine integrierte Dokumentation bzw. integrierte Audits der Managementsysteme Personalkosten eingespart und Redundanzen vermindert werden können. Zudem kann die Effizienz durch eine eindeutigere Kompetenzzuordnung sowie konfliktfreie Verfahrens- und Arbeitsanweisungen[133] erhöht werden.
- Unter **Sicherungszielen** werden die Gewährleistung von Rechtskonformität („Legal Compliance") sowie die Vermeidung bzw. Verminderung von Haftungsrisiken verstanden.

Neben den Vorteilen eines Integrierten Qualitäts- und Umweltmanagements werden in der wissenschaftlichen Literatur sowie in der Unternehmenspraxis auch **Probleme** gesehen:

- **Unterschiedliche Zielgruppen und Zieldimensionen**:[134] Während für das Qualitätsmanagement der Kunde im Vordergrund steht, spielen für das Umweltmanagement verschiedene Stakeholdergruppen, insbesondere die allgemeine Öffentlichkeit, aber z. B. auch der Staat, eine herausragende Rolle.[135] Entscheidend ist, dass ein Integriertes Qualitäts- und Umweltmanagement zugleich auf mehrere Zieldimensionen (Qualitätsziele, Umweltziele, finanzieller Erfolg) abstellen muss.

  Grundsätzlich ist davon auszugehen, dass eine Integration unternehmerischer Entscheidungsbereiche leichter möglich ist, wenn sich die jeweiligen Ziele und Wirkungen von Maßnahmen in monetären Größen ausdrücken lassen; dagegen bestehen wesentlich mehr Probleme bei einer zielgerichteten Integration qualitativ dimensionierter Planungsobjekte.[136] Im Qualitäts- und insbesondere im Umweltmanagement sind weite Teile der Ziele und Wirkungen von Maßnahmen nicht-monetär dimensioniert. So bestehen große Probleme, die Beurteilung von Umweltwirkungen vollständig in monetären Größen auszudrücken – obwohl hierfür in der Literatur verschiedene Ansätze diskutiert werden.[137] Sollen etwa Entscheidungen bezüglich der Vorteilhaftigkeit al-

---

[133] Als Verfahrensanweisungen werden Beschreibungen von Prozessen auf Abteilungsebene sowie auch bezogen auf mehrere Abteilungen verstanden; Arbeitsanweisungen beziehen sich auf einzelne Stellen.

[134] Vgl. Kerschbaummayr/Alber 1996, S. 193; Dyllick 1997, S. 6; Karapetrovic/Willborn 1998a, S. 207 f.

[135] Auch in der ISO 14001 wird dieser Unterschied als mögliches Hindernis einer Integration betont. Vgl. ISO 14001, Einführung.

[136] Vgl. Hahn 1989, Sp. 778.

[137] Vgl. z. B. Cansier 1996, S. 95-118; Bräunig 2002.

ternativer Produkt- oder Prozesskonzepte unter Berücksichtigung von finanziellen sowie qualitäts- und umweltbezogenen Kriterien getroffen werden, ergibt sich somit häufig ein Erfordernis der Aggregation unterschiedlich dimensionierter Größen.[138] In der Literatur wurden hierzu erste Ansätze entwickelt, insbesondere in Form von Instrumenten zur so genannten nicht-monetär integrierenden Beurteilung von Investitionsprojekten[139] sowie Instrumente zur integrierten kunden- und kostenorientierten Produktentwicklung[140].

- Als weitere Probleme einer Integration von Qualitäts- und Umweltmanagement werden die Gefahr einer zu großen „**Bürokratisierung**" sowie die Tatsache, dass die qualitäts- und umweltbezogenen Normen bislang nicht vollständig harmonisiert sind bzw. dass **kein Standard für Integrierte Managementsysteme** vorliegt,[141] diskutiert. Dem ist jedoch – analog zu der Diskussion um integrierte Produktionssysteme[142] – die Gefahr einer zunehmenden Inflexibilität durch Standardisierung entgegenzuhalten.[143]

2.4.4 Ansätze zur Strukturierung Integrierter Qualitäts- und Umweltmanagementsysteme

In der Unternehmenspraxis spielen – wie in Kapitel 2.2 und 2.3 dargestellt – normierte Qualitäts- und Umweltmanagementsysteme eine wichtige Rolle. Da die Anforderungen in den Normen bzw. den Anforderungskatalogen der Qualitätspreise MBA und EQA unterschiedlich systematisiert sind, stellt sich die Frage, an welcher Struktur ein Integriertes Qualitäts- und Umweltmanagementsystem ausgerichtet werden soll. Abbildung 2-7 zeigt exemplarisch die Struktur und Einordnung der inhaltlichen Anforderungen eines Integrierten Managementsystems, dem die ISO 9001 zugrunde liegt.

In der Norm sind die Anforderungen an Qualitätsmanagementsysteme prozessorientiert formuliert; insofern werden die Prozesse des Unternehmens als Basis für das Integrierte Managementsystem herangezogen. Dies kann natürlich auch unabhängig von der Norm realisiert werden.

---

138 Vgl. grundsätzlich zu Entscheidungsmethoden bei Mehrfachzielsetzungen z. B. Fandel/Spronk 1985; Zimmermann/Gutsche 1991; Ossadnik 1998, S. 7-158.

139 Vgl. z. B. Lange/Ukena 1996; Lange/Schaefer 1998, S. 301-305; Letmathe 2001a; Pohl 2001.

140 Vgl. zur Integration des Quality Function Deployment mit dem Target Costing z. B. Weigand 1999 sowie Kapitel 5 der vorliegenden Arbeit.

141 Zu Ansätzen einer Integration der Audit-Standards vgl. Karapetrovic/Willborn 1998a. Eine empirische Analyse der Einschätzung von Integrierten Managementsystemen und deren Auditierung durch Zertifizierungsorgane in Großbritannien findet sich bei Wilkinson/Dale 1998.

142 Vgl. Crowe 1992.

143 Vgl. Wilkinson/Dale 1999, S. 99.

Abbildung 2-7 Integriertes Managementsystem auf Basis der ISO 9001

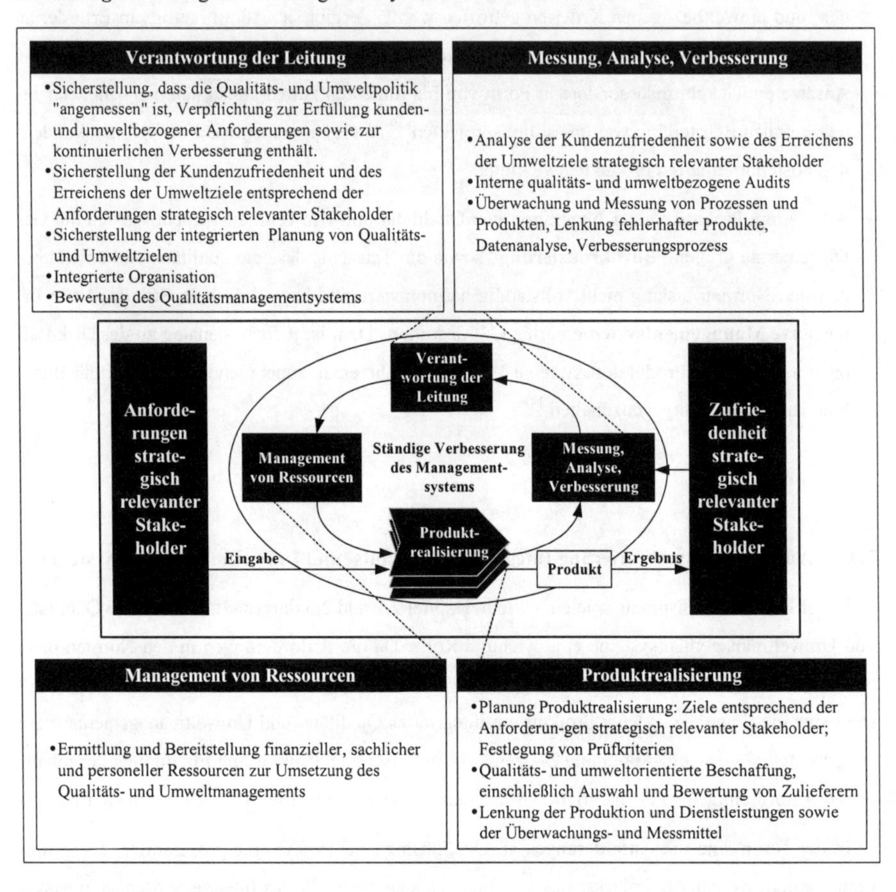

Analog zu einer Orientierung an der ISO 9001 können Integrierte Managementsysteme an der ISO 14001 orientiert strukturiert werden,[144] gemäß Abbildung 2-8, oder an den Modellen, die dem European Quality Award bzw. dem Malcolm Baldrige National Quality Award zugrunde liegen.[145]

---

[144] Vgl. ausführlich Culley 1998, S. 47-238; zu einer Anwendung bei einem Automobilzulieferer vgl. z. B. Ahsen 2001b.

[145] Eine Integration auf Basis des amerikanischen Qualitätspreises wird bei Curcovic 1998 beschrieben. Vgl. auch Hertz 1997, S. 46.

Abbildung 2-8 Integriertes Managementsystem auf Basis der ISO 14001[146]

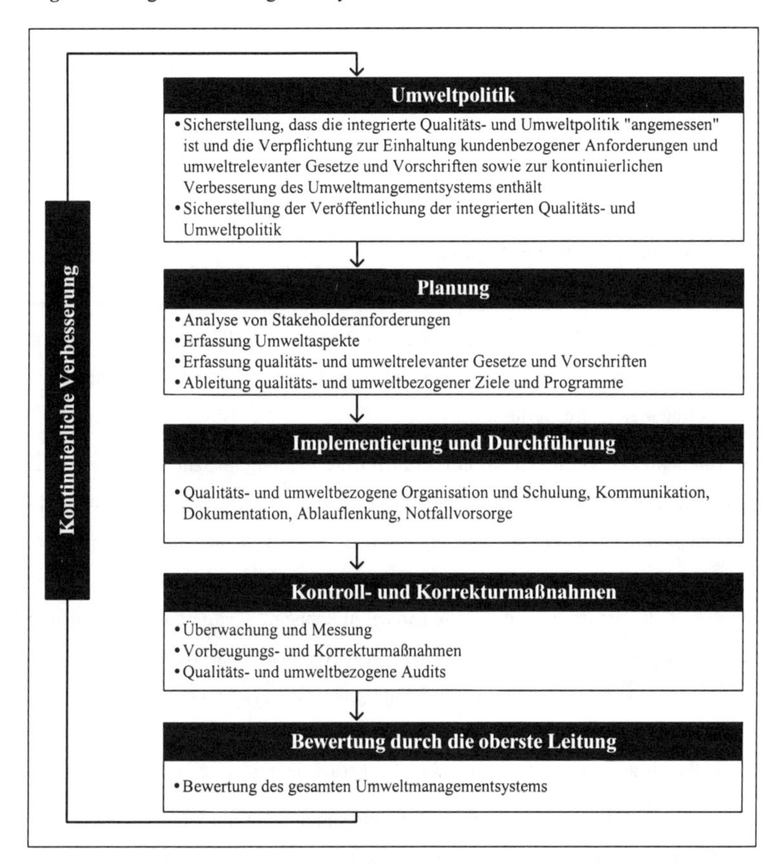

Bei einer Einordnung der verschiedenen Systemelemente auf aggregierter Ebene, wie in den Abbildungen 2-7 und 2-8 gezeigt, werden die Anforderungen von ISO 9001 und ISO 14001 in einer Matrix einander gegenübergestellt und die Elemente des einen Systems in das System, dessen Struktur übernommen werden soll, eingeordnet.[147] *Wilkinson/Dale* betonen jedoch zu Recht: „Combining systems by using cross-functional matrices is only seen as a first step. The next step is to use the matrix to produce integrated procedures that meet the requirements of each standard."[148] Damit ist die Frage angesprochen, für welche Entscheidungen im Rahmen der Geschäftsprozesse zugleich

[146] Quelle: Modifiziert nach Ahsen/Funck 2001, S. 170.

[147] Vgl. z. B. Schwerdtle/Bräunlein 1996, S. 79; Pischon 1999, S. 291 u. 323-326; Schwerdtle 1999. Auch die ISO 14001 enthält eine solche Matrix (vgl. ISO 14001, Anhang B).

[148] Wilkinson/Dale 1999, S. 99.

interdependente qualitäts- und umweltbezogene Aktivitäten erforderlich sind und wie diese – zeitlich, sachlich und/oder organisatorisch – verknüpft werden können. Hierauf wird ausführlich in Kapitel 3 eingegangen.

2.4.5 Empirische Studien zu Integrierten Managementsystemen

2.4.5.1 Untersuchungsdesign der Studien

In den letzten Jahren wurden fünf empirische Studien durchgeführt, mit denen der Status quo sowie die Vor- und Nachteile einer Integration von Qualitäts- und Umweltmanagement aus Sicht der deutschen bzw. europäischen Unternehmenspraxis analysiert wird. Alle fünf Studien wurden als schriftliche Befragungen durchgeführt.

Kroppmann/Schreiber verfolgen mit ihrer frühen Untersuchung im Jahr 1996 das Ziel, bei 2.853 kleinen und mittelständischen Unternehmen in Nordrhein-Westfalen „den aktuellen Stand der Umsetzung und Kopplung von Qualitäts- und Umweltmanagementsystemen zu dokumentieren".[149] Die Autoren weisen darauf hin, dass trotz bestehender Differenzen zahlreiche Ansatzpunkte für Unternehmen bestehen, die beiden Systeme „miteinander zu koppeln"[150]; allerdings wird nicht definiert, was unter einer solchen „Kopplung" zu verstehen ist. Aus den Auswertungen wird deutlich, dass inhaltlich die organisatorische Integration im Vordergrund steht; zudem wird die zeitliche und sachliche Integrationsdimension mit der Frage angesprochen, in welchen Bereichen des Unternehmens sowohl qualitäts- als auch umweltrelevante Aspekte berücksichtigt werden.

Eine Studie der *KPMG* aus dem Jahr 1997 untersucht zunächst die Frage nach dem Vorhandensein sowie der Integration von Qualitäts- und Umweltmanagementsystemen in 3.863 produzierenden Unternehmen in Deutschland. Zudem werden die Unternehmen vor allem nach ihrer Einschätzung zu den Nutzen und Kosten sowohl der einzelnen als auch integrierter Systeme befragt. Einen weiteren Schwerpunkt bilden Fragen nach der Bedeutung externer Berater in diesem Zusammenhang. Der Begriff „Integration" wird in der Studie nicht operationalisiert; er wird synonym mit dem Terminus „Kombination" verwandt.

Im Rahmen eines Dissertationsprojektes führt *Enzler* 1998 eine Befragung bei 500 Unternehmen in Deutschland durch. „Ziel der Studie ist die Erörterung der praktischen Relevanz Integrierter Ma-

149 Kroppmann/Schreiber 1996, S. 1.
150 Kroppmann/Schreiber 1996, S. 3.

nagementsysteme. Die Umfrage soll einen ersten Einblick in das noch junge Themengebiet geben."[151] In dem Fragebogen werden die beteiligten Unternehmen in einer offenen Frage gebeten zu definieren, was sie unter einem Integrierten Managementsystem verstehen. Im Anschluss an diese Frage heißt es: „Isoliert bestehende Managementsysteme führen in den Unternehmen häufig zu Abstimmungsproblemen, erhöhter Kostenbelastung, erhöhtem Personalaufwand oder Doppelarbeiten. Ziel eines integrierten Managementsystems ist es daher, Mehrfachregelungen zu vermeiden, Synergien zu realisieren und eine bessere Überschaubarkeit und Handhabbarkeit zu erreichen. Solch ein IMS [Integriertes Managementsystem, Anm. d. Verf.] sollte zudem in der Lage sein, neu miteinzubeziehende Teilmanagementsysteme oder Änderungen der Normengrundlagen der bereits einbezogenen Teilmanagementsysteme einfach und unkompliziert zu berücksichtigen."[152] Durch diese Betonung der Vorteile einer Integration zu Beginn des Fragebogens können m. E. die Antworten der teilnehmenden Unternehmen beeinflusst sein. Inhaltlich wird in der Studie von *Enzler* neben der Frage der Vorteilhaftigkeit Integrierter Managementsysteme auf inhaltliche Schwerpunkte der Integration sowie die gewählten Integrationsgrundlagen abgestellt.

Die Studie von *Funck et al.* unterscheidet sich von den anderen drei Befragungen insofern, als hier Dienstleistungs- und Handelsunternehmen, Unternehmensberatungen und Zertifizierer sowie Forschungsinstitute in Deutschland, Großbritannien und Schweden befragt werden. Mit ihrer Untersuchung wollen die Autoren einerseits Besonderheiten von Qualitäts- und Umweltmanagementsystemen in Dienstleistungs- und Handelsunternehmen analysieren; andererseits „war es Ziel der Untersuchung, einen generellen Eindruck vom Stand der Entwicklung Integrierter Managementsysteme zu gewinnen."[153] Inhaltlich liegt der Schwerpunkt auf Fragen zu Zielen, Problemen sowie den Perspektiven von Integrierten Managementsystemen sowie zu deren Prüfung/Zertifizierung. Dabei wird davon ausgegangen, dass Integrierte Managementsysteme „für eine Koordination der Ziele und Aufgaben unterschiedlicher Systeme sorgen sollen."[154] Eine konkrete Definition wird jedoch nicht formuliert.

Im Rahmen eines Dissertationsprojektes führt *Reuter* 2002 eine Befragung bei 420 Unternehmen in Rheinland-Pfalz und dem Rhein-Main-Gebiet durch, wobei gezielt Unternehmen ausgewählt werden, von denen aufgrund entsprechender Informationen aus dem Internet sowie vonseiten der Kammern und Verbände dieser Regionen bekannt war, dass eine Beschäftigung mit dem Thema „Integrierte Managementsysteme" vorlag. Bei dieser Studie ist somit nicht von repräsentativen Er-

[151] Enzler 1999, S. 214.
[152] Enzler 1999, S. 342.
[153] Funck et al. 2001, S. 2.
[154] Funck et al. 2001, S. 1.

gebnissen für die Unternehmen der einbezogenen Region auszugehen, worauf die Verfasserin auch explizit hinweist.[155] Mit der Untersuchung sollen „nicht nur Einschätzungen, sondern vor allem tatsächliche Erfahrungen der betrieblichen Praxis im Hinblick auf IMS erhoben werden."[156] Der Begriff „Integriertes Managementsystem" wird in dem Begleitschreiben zum Fragebogen definiert als „ein System zur gezielten und einheitlichen Planung, Steuerung und Umsetzung themenspezifischer Managementsysteme"[157].

Tabelle 2-1 gibt einen Überblick über die Studien.

Tabelle 2-1 Überblick über empirische Studien zu Integrierten Managementsystemen

Autoren	Zeitpunkt der Studie	Umfang	Rücklaufquote	Branche
Kroppmann/ Schreiber 1996	1996	2.853	412 (14,4 %)	Produzierende Unternehmen in Nordrhein-Westfalen, insb. kleine und mittlere Unternehmen
KPMG 1998	1997	3.863	485 (12,5 %)	Produzierende Unternehmen in Deutschland
Enzler 2000	1998	500	257 (51,4 %)	Unternehmen der Lebensmittel-, Elektro- und Chemiebranche in Deutschland
Funck et al. 2001	2000	3.273	600 (18,3 %)	Dienstleistungs- und Handelsunternehmen, Unternehmensberatungen und Zertifizierer sowie Forschungsinstitute in Deutschland, Großbritannien und Schweden
Reuter 2003	2002	420	65 (17,9 %)	Produzierende Unternehmen sowie Dienstleister aus Rheinland-Pfalz und dem Rhein-Main-Gebiet, von denen aufgrund insb. von Internetrecherchen davon ausgegangen wurde, dass sie sich mit dem Thema Integrierte Managementsysteme beschäftigen, insb. große und mittlere Unternehmen

2.4.5.2 Zentrale Ergebnisse der Studien

Da die Studien sehr unterschiedliche Grundgesamtheiten aufweisen, können die Ergebnisse nur schwer verglichen werden. Dennoch zeichnen sich einige Tendenzen ab. Alle fünf Studien kommen zu dem Ergebnis, dass der **Integration von Qualitäts- und Umweltmanagement** in der Unternehmenspraxis eine große Bedeutung beigemessen wird:[158] Zwischen 30 und 50 % der befragten

[155] Vgl. Reuter 2003, S. 230.
[156] Reuter 2003, S. 232.
[157] Reuter 2003, Anhang 3, S. 1.
[158] Vgl. Kroppmann/Schreiber 1996, S. 16-19; KPMG 1998, S. 10 f.; Enzler 2000, S. 224 u. S. 228-230; Funck et al. 2001; Reuter 2003, S. 233 f. Vgl. auch Lambert/Jansen/Splinter 2000.

Unternehmen mit Qualitäts- und Umweltmanagementsystemen verfügen über ein Integriertes Managementsystem oder halten ein solches System zumindest für zweckmäßig bzw. planen seine Implementierung. Allerdings wird – wie in Kapitel 2.4.5.1 angesprochen – in den Studien der Begriff Integration kaum operationalisiert. Bei *Enzler* werden die Beteiligten in einer offenen Frage gebeten, selber zu **definieren**, was sie unter einem „**Integrierten Managementsystem**" verstehen. Immerhin 23 % der Befragten haben die Frage allerdings nicht beantwortet. Gut 16 % definieren Integrierte Managementsysteme sehr allgemein als Zusammenfassung von Qualitäts- und Umweltmanagementsystemen; fast 12 % benennen als wichtiges Kriterium eines solchen Systems die gemeinsame Dokumentation.[159] „Besser charakterisiert ist ein IMS als allumfassendes Managementsystem des Unternehmens, welches die verschiedenen Fachgebiete in sich vereint. Diese Auffassung vertreten 10,5 % der Unternehmen."[160] Letztlich bleiben somit jedoch m. E. die Antworten insgesamt recht vage. Allerdings besteht im Rahmen von schriftlichen Befragungen auch kaum die Möglichkeit, komplexe Konzeptionen, für die auch noch nicht von einer übereinstimmenden Verwendung der Terminologie ausgegangen werden kann, so beschreiben zu lassen, dass ein verständliches und vergleichbares Bild entsteht.

Befragt nach der **Struktur des Integrierten Systems** geben fast 41 % der Unternehmen in der Studie von *Enzler* an, dass sie eine prozessorientierte Integration unabhängig von der ISO 9001 am ehesten für zweckmäßig halten, 27 % nennen die alte bzw. novellierte ISO 9001, weniger als 5 % die ISO 14001. Immerhin 10 % schätzen die Struktur des EFQM-Modells als zielführend ein.[161] Anders fallen dagegen die Ergebnisse auf die Frage nach der bisher tatsächlich gewählten Struktur aus: Hier geben 65 % der Unternehmen an, dass sie ihr Integriertes System zumindest partiell an der alten ISO 9001 ausrichten; immerhin fast 40 % orientieren sich aber teilweise auch an der ISO 14001 und etwa 31 % weisen ein (auch) prozessorientiertes System auf.[162]

In der Studie von *Kroppmann/Schreiber* geben 13 % der Unternehmen, die sowohl ein Qualitäts- als auch ein Umweltmanagementsystem implementiert haben, an, beide Bereiche im Rahmen der **Primärorganisation verknüpft** zu haben. Etwa 18 % planen zurzeit die organisatorische Integration und 54 % wollen auch zukünftig zwei getrennte Abteilungen beibehalten.[163] *Enzler* analysiert, ob die „Managementverantwortung" (gemeint ist wohl der Beauftragte der obersten Leitung

159 Vgl. Enzler 2000, S. 238.
160 Enzler 2000, S. 238.
161 Vgl. Enzler 2000, S. 239. Befragt wurden im Hinblick auf die Integration nur die 178 Unternehmen der Grundgesamtheit, die entweder mehrere Managementsysteme implementiert haben oder dies für die Zukunft planen.
162 In der Studie waren hier Mehrfachnennungen möglich. Im Ergebnis wird deutlich, dass in vielen Unternehmen offenbar eine Kombination aus mehreren Strukturierungsgrundlagen gewählt wurde.
163 Vgl. Kroppmann/Schreiber 1996, S. 2. 15 % der Befragten machten hierzu keine Angaben.

für die jeweiligen Systeme) in Personalunion durchgeführt wird. Dabei zeigt sich, dass in fast 56 % der Unternehmen ein Mitarbeiter die Aufgaben für beide Bereiche wahrnimmt.[164]

Bezüglich der **inhaltlichen Schwerpunkte** der bereits realisierten bzw. geplanten Integration kommt *Enzler* zu dem Ergebnis, dass der Fokus bei den befragten Unternehmen auf der Verknüpfung der Dokumentation (insbesondere der Handbücher, aber auch der Verfahrens- und Arbeitsanweisungen) sowie der Auditierung liegt.[165]

Als wichtigste **Vorteile Integrierter Qualitäts- und Umweltmanagementsysteme** werden von den Unternehmen Effizienzziele, wie die Senkung von Kosten und Zeiteinsparungen, z. B. durch eine gemeinsame Dokumentation, eine gemeinsame Organisation mit entsprechend eindeutigen Verantwortlichkeiten sowie gemeinsame Audits, genannt.[166] Abbildung 2-9 zeigt die Ergebnisse der *KPMG*-Studie zu der Frage: „Welches sind die Vorteile eines Integrierten Managementsystems?".

Abbildung 2-9 Vorteile Integrierter Managementsysteme[167]

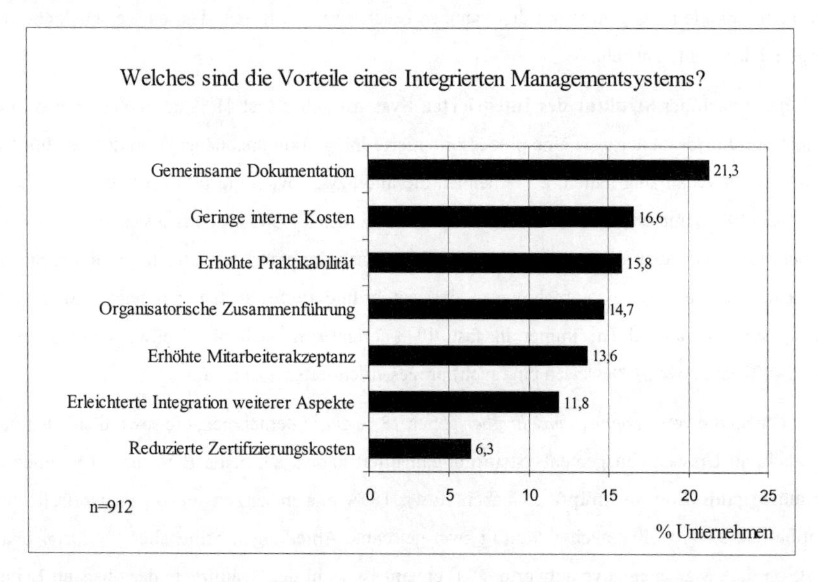

164 Vgl. Enzler 2000, S. 249.

165 Vgl. Enzler 2000, S. 232.

166 Vgl. Kroppmann/Schreiber 1996, S. 3 f.; KPMG 1998, S. 10; Enzler 2000, S. 234; Funck et al. 2001; Reuter 2003, S. 240 f. Dabei werden diese Ziele, die sich teilweise überschneiden, in den Studien meist nicht deutlich abgegrenzt; dies gilt etwa für die „Kosteneinsparungen" und „gemeinsame Dokumentation".

167 Quelle: Modifiziert nach KPMG 1998, S. 10. Bei dieser Frage waren Mehrfachantworten möglich. Für die Darstellung der Ergebnisse wurden die insgesamt 912 Antworten als 100 % gesetzt und dann für die verschiedenen Antwortoptionen auf Basis der Häufigkeit ihrer Nennung der Anteil berechnet. Das Gleiche gilt für die Werte in Abbildung 2-10.

Insbesondere in der Studie von *Kroppmann/Schreiber* zeigt sich allerdings auch, dass auf einer Skala von 5 (wichtig) bis 1 (unwichtig) die durchschnittlichen Zuordnungen im Hinblick auf die meisten potenziellen Ziele im Bereich zwischen 3,5 und 4 liegen, so dass insgesamt nur schwach positive Einschätzungen vorgenommen wurden.[168]

Abbildung 2-10 fasst die Ergebnisse der Studie der *KPMG* zu den **Nachteilen Integrierter Managementsysteme** zusammen, wobei auffällt, dass hierzu nur 605 Nennungen erfolgten, während zu der Frage nach den Vorteilen Integrierter Managementsysteme 912 Nennungen zu verzeichnen sind. Deutlich wird, dass neben dem mit der Integration verbundenen Arbeitsaufwand die erweiterte Komplexität und die verschiedenen Zielgruppen besonders häufig als größtes Problem eingeschätzt werden.[169]

Abbildung 2-10 Nachteile Integrierter Managementsysteme[170]

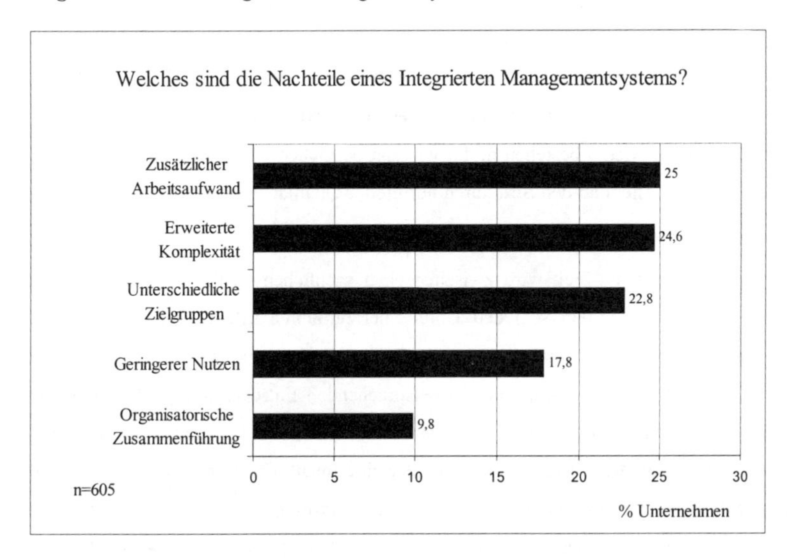

Insgesamt zeigen die Ergebnisse der empirischen Studien, dass einem Integrierten Qualitäts- und Umweltmanagement in den befragten Unternehmen eine hohe Relevanz zugemessen wird. Allerdings wird zugleich deutlich, dass neben Vorteilen, insbesondere in Form von Einsparungspotenzialen, auch Nachteile gesehen werden. Die Studien ermöglichen aufgrund ihrer Konzeption als schriftliche Befragungen Einblicke in die Praxis einer großen Anzahl von Unternehmen. Jedoch ist

168 Vgl. Kroppmann/Schreiber 1996, S. 3 f.
169 Die anderen Studien kommen zu ähnlichen Resultaten.
170 Quelle: Modifiziert nach KPMG 1998, S. 10.

davon auszugehen, dass den Antworten der Unternehmen unterschiedliche Begriffsverständnisse zu der Thematik „Integriertes Qualitäts- und Umweltmanagement" zugrunde liegen und dass die konkreten Ausprägungen der zeitlichen, sachlichen und/oder organisatorischen Integration des Qualitäts- und Umweltmanagements stark differieren können. Diese Unterschiede können schriftliche Befragungen nicht erfassen. Solche tiefer gehenden Erkenntnisse zu komplexen Themenstellungen ermöglichen dagegen Fallstudien, wie sie in Kapitel 4 der vorliegenden Arbeit dargestellt und diskutiert werden.

2.5 Zwischenfazit

- Unter der Voraussetzung, dass ein unternehmerisches Zielsystem neben finanziellen Zielen sowohl qualitäts- als auch umweltorientierte Sachziele[171] umfasst und in diesem Sinne mehrdimensional ist, sind ein **Qualitäts- und Umweltmanagement** erforderlich. In dem Maße, in dem diese unternehmerischen **Entscheidungsbereiche interdependent** sind, stellt sich die Frage ihrer **Integration**. Hierzu bestehen in der wissenschaftlichen Diskussion unterschiedliche Ansätze, die sich vor allem an den Strukturen normierter Qualitäts- und Umweltmanagementsysteme orientieren.
- In der vorliegenden Arbeit wird zwischen einer sachlichen, zeitlichen und organisatorischen Integrationsdimension unterschieden. Unter einer **zeitlichen Integration** wird verstanden, dass die Terminierung der qualitäts- und umweltbezogenen Informations-, Planungs- und Kontrollprozesse so abgestimmt wird, dass die entsprechenden Entscheidungen im Rahmen der Leistungsprozesse unter Berücksichtigung sämtlicher relevanter Informationen getroffen werden können. Eine **sachliche Integration** bedeutet eine inhaltliche Verknüpfung der qualitäts- und umweltbezogenen Informations-, Planungs- und Kontrollprozesse sowie des Einsatzes der Qualitäts- und Umweltmanagementinstrumente. Schließlich ist eine **organisatorische Integration** dann gegeben, wenn interdependente Informations-, Planungs- und Kontrollprozesse von gemeinsamen – permanenten oder temporären – organisatorischen Einheiten durchgeführt werden.

[171] Unternehmerische Zielsysteme können natürlich weitere Sachziele umfassen; im Rahmen der vorliegenden Arbeit wird jedoch ausschließlich auf Qualitäts- und Umweltziele abgestellt. Siehe auch die Abgrenzung der Thematik in Kapitel 1.3.

- Während die zeitliche Integration – bezogen auf einzelne Entscheidungen – eine grundsätzlich dichotome Variable darstellt, sind für die sachliche und organisatorische Integration mehrere **Ausgestaltungsformen** möglich. Des Weiteren können unterschiedliche **Integrationsgrade** danach differenziert werden, wie groß der Anteil der interdependenten qualitäts- und umweltbezogenen Entscheidungen ist, die integriert getroffen werden. Im Rahmen der Fallstudien in Kapitel 4 der Arbeit wird in diesem Zusammenhang unterschieden, ob eine Integration im Rahmen von Pilotprojekten oder generell realisiert wird.

- Mit der zeitlichen, sachlichen und/oder organisatorischen Integration des Qualitäts- und Umweltmanagements soll grundsätzlich erreicht werden, dass die Entscheidungen im Rahmen der Geschäftsprozesse an dem mehrdimensionalen Zielsystem ausgerichtet werden. Im Einzelnen können dabei **Innovations-, Effizienz- und Sicherungsziele einer Integration** unterschieden werden.

- **Empirische Studien** weisen darauf hin, dass das Qualitäts- und Umweltmanagement in der Unternehmenspraxis **zunehmend integriert** wird, wobei allerdings nicht deutlich wird, wie diese Ansätze, mit denen bisher offenbar in erster Linie **Effizienzziele** verfolgt werden, im Einzelnen ausgestaltet sind.

3. Qualitäts- und umweltorientierte Ausgestaltung von Führungs- und Leistungsprozessen

3.1 Ziele der Analyse

Ausgangspunkt der folgenden Analyse ist die Prämisse eines mehrdimensionalen Zielsystems, das auf der Sachzielebene sowohl Qualitäts- als auch Umweltziele umfasst.[172] Hierauf aufbauend wird eine systematische Untersuchung der resultierenden interdependenten Entscheidungsprobleme im Rahmen von Führungs- und Leistungsprozessen in Unternehmen bzw. Supply Chains sowie der potenziellen Lösungsalternativen vorgenommen.[173] Zunächst werden die **unternehmensweite qualitäts- und umweltbezogene Information, Planung und Kontrolle** sowie die Zweckmäßigkeit möglicher **organisatorischer Alternativen** des Integrierten Qualitäts- und Umweltmanagements diskutiert.[174] Den Schwerpunkt der Ausführungen bildet die anschließende Analyse der Frage, welche qualitäts- und umweltbezogenen Entscheidungen im Rahmen der **Produkt-/Prozessentwicklung, Beschaffung und Produktion** interdependent sind, so dass sie mehrdimensionale Informationen erfordern, und mit Hilfe welcher Qualitäts- und Umweltmanagementinstrumente diese Informationen bereitgestellt werden können. Fokussiert wird dabei, inwieweit die Instrumente so kombiniert eingesetzt werden können, dass damit die Voraussetzung geschaffen wird, um die Entscheidungen dem mehrdimensionalen Zielsystem adäquat zu treffen.[175] Zugleich soll gezeigt werden, für welche Entscheidungen ein Bedarf besteht, herkömmliche Instrumente zu modifizieren. Darauf aufbauend wird in Kapitel 5 diskutiert, wie durch eine mehrdimensionale Ausgestaltung des QFD sowie der FMEA eine sachliche Integration des Qualitäts- und Umweltmanagements im Rahmen der Produkt-/Prozessentwicklung verstärkt werden kann.

Zudem stellen die folgenden Analysen die Grundlage dar, auf der aufbauend die Fallstudien zum Integrierten Qualitäts- und Umweltmanagement der Automobilhersteller in Kapitel 4 der vorliegenden Arbeit dargestellt und diskutiert werden. Daher wird an verschiedenen Stellen auf Spezifika der Prozesse in der Automobilindustrie hingewiesen. Die theoretischen Ausführungen in Kapitel 3.3

---

172 Daneben können etwa auch soziale Sachziele verfolgt werden. Auf höherem Aggregationsniveau sind insb. das Produktions- und Absatzprogramm sowie die Ziele im Hinblick auf die Entwicklung der Marktposition bzw. Marktanteile festzulegen (siehe Kapitel 2.1). Im Folgenden wird bezüglich der Sachziele ausschließlich auf die Qualitäts- und Umweltziele abgestellt.

173 Damit ist diese Analyse in den deskriptiven Aufgabenbereich der Betriebswirtschaftslehre einzuordnen. Vgl. zu diesem Aufgabenbereich z. B. Heinen 1971, S. 431. Da die einzelnen qualitäts- und umweltbezogenen Aspekte der Führungs- und Leistungsprozesse in der Literatur umfassend diskutiert werden, stehen im Mittelpunkt der folgenden Ausführungen die Interdependenzen und die Ansätze zu ihrer Bewältigung.

174 Zur Abgrenzung der in die Untersuchung einbezogenen Führungs- und Leistungsprozesse siehe Kapitel 1.3.

175 Wenn im Folgenden von qualitäts- und umweltbezogenen Zielen und Entscheidungen gesprochen wird, sind damit immer auch die jeweiligen Interdependenzen zu finanziellen Zielen eingeschlossen.

dienen dabei als Basis für die Ableitung des Kategorienschemas, mit dem in den Fallstudien untersucht wird, welche Ausprägungen der Qualitäts- und Umweltmanagementsysteme vorliegen und inwieweit sie integriert sind sowie, welche organisatorischen Alternativen des Qualität- und Umweltmanagements umgesetzt werden. Analog stellen die Ausführungen in Kapitel 3.4 die Grundlage dar für die Ableitung des Kategorienschemas zur Analyse, welche Entscheidungen im Rahmen der Leistungsprozesse Produkt-/Prozessentwicklung, Beschaffung und Produktion in den untersuchten Unternehmen als interdependent betrachtet und mit Hilfe welcher Qualitäts- und Umweltmanagementinstrumente sie getroffen werden.

3.2 Führungs- und Leistungsprozesse in Unternehmen und Supply Chains der Automobilindustrie

Die Geschäftsprozesse eines Unternehmens können in Leistungs- und Führungsprozesse unterschieden werden.[176] Leistungsprozesse sind die Produkt-/Prozessentwicklung, Beschaffung, Produktion und der Absatz einschließlich der jeweiligen Logistik. Die Führungsprozesse lassen sich differenzieren in Information, Planung und Kontrolle sowie Organisation und Personalmanagement; sie können sowohl einzelne als auch die Gesamtheit der Leistungsprozesse unterstützen. Die Geschäftsprozesse stellen einen Ausschnitt aus der gesamten, auch die Geschäftsprozesse etwa von Kunden und Lieferanten umfassenden Supply Chain[177] dar (siehe Abbildung 3-1).

Vor dem Hintergrund der zunehmenden Fokussierung auf Kernprozesse („Core Processes") und Kernkompetenzen („Core Competencies") in vielen Unternehmen[178] besteht in Supply Chains eine

[176] Vgl. auch zu Folgendem z. B. Heinen 1993, S. 134; Porter 1999, S. 62-67; Küpper 2001, S. 15; Schulte-Zurhausen 2002, S. 49-57 u. 83-102. Zu unterschiedlichen Einteilungen der Prozesse in Unternehmen sowie zur Problematik der Abgrenzung z. B. von direkt und indirekt wertschöpfenden Prozessen vgl. Bogaschewski/Rollberg 1998, S. 186-189. Zu verschiedenen Ansätzen der strategischen Prozessforschung vgl. Bamberger/Cappallo 2003.

[177] Erstmals wurden Mitte der 80er Jahre Unternehmenskooperationen unter der Bezeichnung Supply Chain diskutiert (vgl. Oliver/Webber 1992; Chandra/Kumar 2000). Neben dem Begriff der Supply Chain finden sich in der Literatur z. B. auch die Termini „Wertschöpfungskette" bzw. „Wertkette" (vgl. Esser 1989; Porter 1999, S. 62-67; Macharzina 2003), „Value-added chain" (Lee/Billington 1992, S. 2) und „Wertschöpfungspartnerschaft" (Friedrich/Hinterhuber 1999). Die Definitionen der Begriffe ähneln sich dabei, auch wenn sie teilweise unterschiedliche Schwerpunkte setzen. Weitere Termini, wie „Wertschöpfungsnetze", „Netzwerke" (Männel 1996) oder „Supply Networks" (Lamming et al. 2000), heben stärker die auch horizontalen Verflechtungen der beteiligten Unternehmen hervor. Vgl. zu Unternehmensnetzen ausführlich Albach 1992; Sydow 1993, S. 79; Jackson/Wolinsky 1996; Klein 1996; Ortmann/Sydow 1999, S. 206; Wildemann 1999; Lange/Schaefer/Daldrup 2001, S. 77; Letmathe 2001b; Bellmann/Himpel 2002; Picot/Reichwald/Wigand 2003, S. 287-333. Im Rahmen der vorliegenden Arbeit wird ausschließlich von Supply Chains gesprochen, da hier der Fokus auf den Zulieferbeziehungen zwischen Zulieferern und Herstellern der Automobilindustrie liegt. Vgl. auch Eisenbarth 2003.

[178] Die „Kernkompetenzstrategie" entwickelte sich dabei aus dem „ressourcenbasierten Ansatz" der Unternehmensführung. Vgl. Hamel/Prahalad 1994; Bamberger/Wrona 1996; Macharzina 2003; Nienhüser 2004.

hohe Kooperationsnotwendigkeit und -bereitschaft.[179] Als **Kooperation** wird dabei jede auf stillschweigenden oder vertraglichen Vereinbarungen beruhende Zusammenarbeit zwischen rechtlich selbständigen Unternehmen verstanden.[180] Solche Kooperationen sind Bestandteil des **Supply Chain Managements**, hinter dem insgesamt die Idee steht, dass eine kooperative Planung in der Regel zu besseren Ergebnissen führt als isolierte Planungen.[181]

Abbildung 3-1 Geschäftsprozesse als Ausschnitt aus der Supply Chain[182]

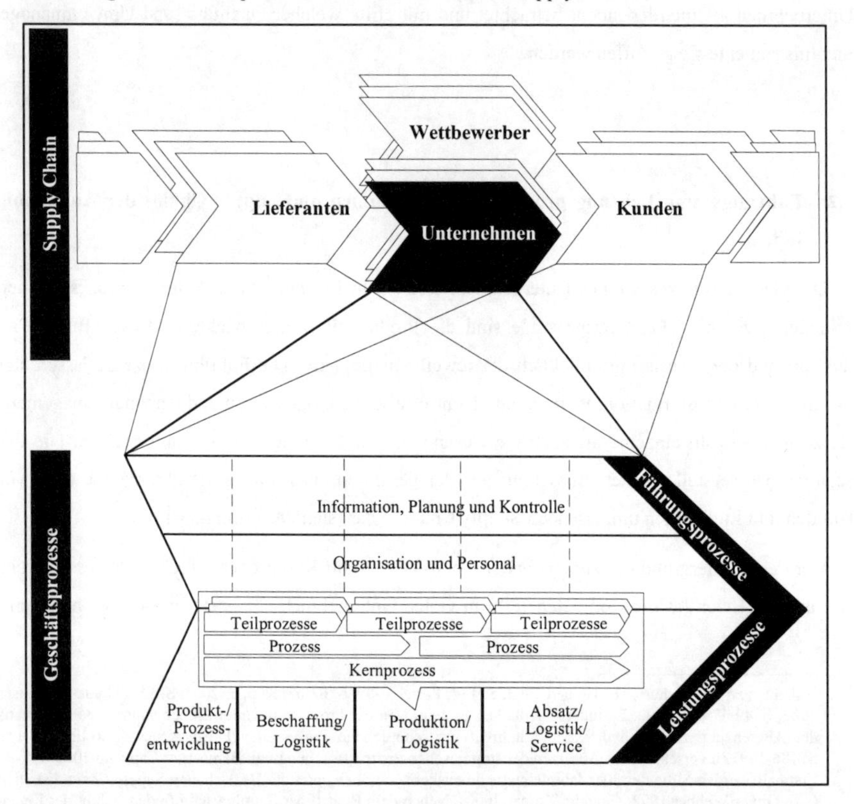

[179] Vgl. Specht/Siegler/Kahmann 1998; König/Buxmann 1999; Wielenberg 1999; Piber 2000; Walters/Lancaster 2000; Corsten 2001a; Sydow 2001.

[180] Vgl. auch zu Folgendem Blohm 1980, Sp. 1112. Konstitutiv für den Kooperationsbegriff ist das Spannungsfeld, das sich aus den Dimensionen Autonomie – weil letztlich jeder frei über einen Austritt aus der Kooperation entscheiden kann – einerseits und Interdependenz – im Hinblick auf das Erreichen der Kooperationsziele sind die Partner voneinander abhängig – andererseits ergibt. Vgl. auch Tröndle 1987, S. 16; Pieper 2000, S. 13.

[181] Vgl. Mertens 1995, S. 100; Pfohl 1997, S. 24; Lambert/Cooper/Pagh 1998, S. 1; Bal/Gundry 1999; Handfield/Nicols 1999; Kuhl 1999; Christopher/Jüttner 2000; Simchi-Levi/Kaminsky/Simchi-Levi 2000; Corsten 2001b; Corsten/Gössinger 2001; Wildemann 2001; Buxmann et al. 2003, S. 3; Buxmann/Ahsen/Luis/Wolf 2004.

[182] Quelle: Daldrup 2002, S. 16, modifiziert nach Porter 2000, S. 60 u. S. 62.

Neben Kooperationen innerhalb einzelner Supply Chains[183] besteht eine enge qualitäts- und – vermehrt – umweltbezogene Zusammenarbeit von Automobilherstellern und Zulieferern im **Verband der Automobilindustrie e. V. (VDA)**. 1997 wurde innerhalb des VDA das **Qualitätsmanagement Center (QMC)** gegründet.[184] Der „**Qualitätsmanagement-Ausschuss**" des QMC, der sich aus je sieben Vertretern der Zulieferer bzw. der Automobilhersteller, in der Regel jeweils die Leiter des Qualitätsmanagements der Unternehmen, zusammensetzt, tagt viermal im Jahr, um über die grundsätzliche Entwicklungsrichtung der gemeinsamen qualitätsbezogenen Aktivitäten zu entscheiden. Ein Ergebnis ist häufig die Initiierung von „Arbeitskreisen", in denen Mitarbeiter von Automobilherstellern und Zulieferern Konzepte und Instrumente des Qualitätsmanagements weiterentwickeln. Zentrale Ergebnisse der Arbeitskreise werden als „VDA-Bände"[185] veröffentlicht. Wie in den Fallstudien in Kapitel 4 deutlich wird, werden Qualitätsmanagementinstrumente bei den Automobilherstellern weit verbreitet entsprechend dieser Schriften angewendet und dasselbe wird auch von den Zulieferern erwartet. In besonderem Maße gilt dies z. B. für Erstmusterprüfungen, Prozessfähigkeitsanalysen, FMEAs sowie verschiedene Auditausprägungen. Dies trägt auch zu einer relativ einheitlichen Methodenanwendung in der Branche bei.

Neben dem Qualitätsmanagement gewinnt das **Umweltmanagement** im VDA inzwischen an Bedeutung. So sind mehrere Arbeitskreise implementiert, die sich etwa mit „Gefahrstoffen", der „Altautoverwertung der deutschen Automobilindustrie" bzw. allgemein mit „Umweltmanagement" befassen.[186] Weiterhin veröffentlicht der VDA im Internet eine Checkliste, die Automobilhersteller zur Beurteilung des Umweltmanagements ihrer Zulieferer verwenden können; diese wird z. B. von Porsche und – in leicht modifizierter Form – von BMW genutzt.[187] Es besteht ein grundsätzlicher

---

183 Siehe hierzu Kapitel 3.4.1.1 u. 3.4.2.1.

184 Die folgenden Informationen stammen aus einem Interview mit dem damaligen Leiter des QMC, Herrn Jürgen W. Schulz, am 13.06.2001 in Frankfurt. Auf internationaler Ebene bestehen ebenfalls Bemühungen um ein abgestimmtes Vorgehen. Hierbei spielt die International Automotive Task Force (IATF) eine wichtige Rolle. Es handelt sich dabei um eine Arbeitsgruppe, die sich aus Vertretern der Automobilhersteller und Automobilverbände zusammensetzt und „sich mit der Verbesserung der Produktqualität für Automobilkunden weltweit befasst." (Verband der Automobilindustrie e. V. (VDA)/Qualitäts Management Center (QMC) 2004; vgl. dort auch zu Folgendem.) Mitglieder sind BMW, DaimlerChrysler, Fiat, Ford, General Motors (inklusive Opel, Vauxhall), PSA Peugot-Citroen, Renault SA, Volkswagen sowie die Automobilverbände AIAG (USA), ANFIA (Italien), FIEV (Frankreich), SMMT (UK) und VDA-QMC (Deutschland). Die IAFT wurde gegründet, um einen internationalen Konsens über die Anforderungen an Qualitätsmanagementsysteme zu erreichen; ein Ergebnis ist die ISO/TS 16949. Zudem soll sie Verfahrensanweisungen zur weltweiten Anwendung eines einheitlichen 3rd-Party-Zertifizierungsverfahrens sowie geeignete Schulungsmaterialien entwickeln. Zur Entstehung internationaler Normen in diesem Zusammenhang vgl. Tamm Hallström 2004.

185 Die VDA-Bände sind nummeriert und werden im Folgenden jeweils entsprechend als „VDA XX" zitiert; im „Verzeichnis zitierter Rechtvorschriften, Normen, VDA-Bände und Leitlinien" als Teil des Literaturverzeichnisses der vorliegenden Arbeit findet sich eine Übersicht über die zitierten VDA-Bände.

186 Vgl. Verband der Automobilindustrie e. V. (VDA) 2004.

187 Vgl. hierzu die Fallstudien in Kapitel 4.2.2.3.2 u. 4.2.5.3.2.

Beschluss im VDA, von Zulieferern kein zertifiziertes Umweltmanagementsystem zu verlangen; wie die Fallstudien zeigen, gibt es in der Praxis jedoch inzwischen durchaus solche Entwicklungen.[188] Eine Integration des Qualitäts- und Umweltmanagements wird im VDA jedoch bisher nicht forciert.

Insgesamt sind das Qualitäts- und Umweltmanagement in der Automobilbranche in Deutschland in hohem Maße durch Kooperationen zwischen Herstellern und Zulieferern sowie Verbandsaktivitäten geprägt.

3.3 Qualitäts- und umweltorientierte Ausgestaltung von Führungsprozessen

3.3.1 Qualitäts- und umweltorientierte Information, Planung und Kontrolle

Die qualitäts- und umweltorientierte Information, Planung und Kontrolle in Unternehmen wird im Rahmen der Qualitäts- und Umweltmanagementsysteme vollzogen. Diese sowie auch die Ansätze zu ihrer Integration wurden bereits in den Kapiteln 2.2, 2.3 und 2.4.4 erläutert; daher soll hier nur noch auf die möglichen Inhalte der Qualitäts- und Umweltpolitik eingegangen werden, da diese die inhaltliche Basis für die qualitäts- und umweltbezogene Ausgestaltung der Leistungsprozesse bilden.

Grundsätzlich umfasst die **Unternehmenspolitik** die Handlungsgrundsätze eines Unternehmens, die in der Regel in einem oder mehreren Leitbild(ern) dokumentiert sind. Die Handlungsgrundsätze „regeln das Verhalten innerhalb der Unternehmung und nach außen und geben an, welcher unternehmerischer Vision, welchen Werten, Normen und Idealen die Unternehmung verpflichtet ist. Mit der Unternehmungspolitik versucht die Unternehmungsleitung, die Unternehmung als Ganzes ordnend zu gestalten und verbindliche Verhaltensregeln und -grundsätze festzulegen."[189] Qualitäts- und umweltbezogene Handlungsgrundsätze sind entsprechend die Elemente der Unternehmenspolitik, mit denen ein Unternehmen den Rahmen für die qualitäts- und umweltbezogenen Entscheidungen bestimmt.

Bezüglich des Inhalts der **Qualitätspolitik** bestehen keine bindenden Vorgaben für Unternehmen, allerdings liegt es nahe, die **Einhaltung rechtlicher Vorschriften**, die sich auf die Qualität der Produkte bzw. Prozesse beziehen, z. B. Sicherheitsvorschriften bei technischen Geräten und

---

188 Siehe etwa die Fallstudie von Ford in Kapitel 4.2.4.3.2.

189 Hinterhuber 1996, S. 43; vgl. auch Kirsch 1991, S. 193-204; Freimann 1996, S. 419-424; Macharzina 2003; Bamberger/Wrona 2004, S. 150-154.

Verbraucherprodukten,[190] als qualitätsbezogenen Handlungsgrundsatz zu formulieren. Da die ISO 9001 insgesamt die Unternehmensführung verpflichtet, eine Erhöhung der Kundenzufriedenheit anzustreben,[191] wird implizit auch gefordert, dass Unternehmen, die sich nach dieser Norm zertifizieren lassen wollen, dies in der Qualitätspolitik, die der Organisation „angemessen" sein soll,[192] zu formulieren. Als ein weiterer zentraler qualitätsbezogener Handlungsgrundsatz kann daher in der Regel die Ausrichtung an den Kundenanforderungen mit dem Ziel einer hohen **Kundenzufriedenheit** und damit **Wettbewerbsfähigkeit** des Unternehmens betrachtet werden.[193]

Ähnlich beziehen sich die Vorgaben zu den Inhalten der **Umweltpolitik**, die sich in den Normen finden, insbesondere auf die Selbstverpflichtung zur kontinuierlichen Verbesserung des betrieblichen Umweltschutzes sowie auf den Grundsatz der Einhaltung umweltrechtlicher Vorschriften.[194]

Weiterhin wird in der Literatur davon ausgegangen, dass durch die Thematisierung möglicher Interdependenzen **zwischen Qualitätszielen, Umweltzielen und finanziellen Unternehmenszielen** die Glaubwürdigkeit der Unternehmenspolitik erhöht werden kann.[195] Ein weiterer häufiger Bestandteil sowohl der Qualitäts- als auch der Umweltpolitik ist die Benennung **als strategisch relevant ermittelter Stakeholder** sowie der angestrebten Verhaltensweisen diesen gegenüber, z. B. die Betonung der Kooperation mit Zulieferern bei der Entwicklung kunden- und umweltorientierter Produkte sowie die Zusammenarbeit mit Behörden, Information der Öffentlichkeit etc.

Insgesamt umfassen qualitäts- und umweltbezogene Handlungsgrundsätze somit analoge und teilweise interdependente Selbstverpflichtungen eines Unternehmens; insofern ist eine Abstimmung erforderlich, um Widersprüche – z. B. im Hinblick auf die Prioritätensetzung der Ziele – zu vermeiden. Ein Integriertes Qualitäts- und Umweltmanagement impliziert entsprechend eine **Verknüpfung der qualitäts- und umweltbezogenen Handlungsgrundsätze**: "Wesentliche Voraussetzung für die Integration von Umweltschutz und Qualitätsaspekten in einem integrierten Managementsystem ist die Entwicklung einer Unternehmenspolitik, bei der die sich aus beiden Aspekten ergebenden Anforderungen integriert und aufeinander bezogen berücksichtigt werden."[196]

Auf Basis der qualitäts- und umweltbezogenen Handlungsgrundsätze sind im Rahmen des Integrierten Qualitäts- und Umweltmanagements entsprechende **Strategien** zu entwickeln. Im Vorder-

[190] Vgl. etwa die Anforderungen gemäß „Gesetz zur Neuordnung der Sicherheit von technischen Arbeitsmitteln und Verbraucherprodukten".
[191] Vgl. ISO 9001, Pkt. 5.2.
[192] Vgl. ISO 9001, Pkt. 5.3.
[193] Dies wird etwa auch aus den Fallstudien in Kapitel 4 deutlich.
[194] Vgl. DIN EN ISO 14001; EMAS-VO, Art. 2 a).
[195] Vgl. z. B. Freimann 1996, S. 427-433; Frehr 1999, S. 42; Masing 1999, S. 6.
[196] Baumgarten et al. 1998, S. 273; vgl. auch Petrick/Eggert 1994, S. 45; Culley 1998, S. 52 f.; Pischon 1999, S. 365.

grund steht dabei – auf der Grundlage von Umwelt- sowie Stärken-/Schwächenanalysen – die Aufdeckung und Nutzung strategischer Erfolgspotenziale.[197] Die qualitäts- und umweltbezogene strategische Planung und Kontrolle kann sich dabei zum einen auf das Unternehmen insgesamt beziehen; hierfür wurde in den Kapiteln 2.2.1 und 2.3.1 auf potenzielle strategische Ausrichtungen hingewiesen. Im Rahmen der vorliegenden Arbeit wird der Schwerpunkt auf die Planung und Kontrolle der einzelnen Leistungsprozesse im Unternehmen bzw. in der Supply Chain gelegt (siehe ausführlich Kapitel 3.4). Untersucht wird, für welche Entscheidungen im Rahmen der Produkt-/Prozessentwicklung, Beschaffung und Produktion mehrdimensionale Informationen und damit sowohl qualitäts- als auch umweltbezogene Informations-, Planungs- und Kontrollprozesse erforderlich sind. Zuvor wird in Kapitel 3.3.2 auf organisatorische Aspekte des Qualitäts- und Umweltmanagements eingegangen.

3.3.2 Qualitäts- und umweltorientierte Organisation

Im Folgenden werden zunächst kurz gesetzliche und normative Vorschriften, die für die Organisation des Qualitäts- und Umweltmanagements relevant sind, dargestellt (Kapitel 3.3.2.1). Im Anschluss wird auf die Frage eingegangen, welche Aufgaben zentralen Qualitäts- und Umweltabteilungen zuzuordnen sind bzw. in die Leistungsprozesse integriert werden (können) (Kapitel 3.3.2.2), um darauf aufbauend die Zweckmäßigkeit einer Integration der zentralen Qualitäts- und Umweltabteilungen zu erläutern (Kapitel 3.3.2.3). Damit wird die Diskussion aus Kapitel 2.4.2.2 wieder aufgegriffen, in dem die Problematik einer Integration der qualitäts- und umweltbezogenen Organisation angesprochen wurde.

3.3.2.1 Gesetzliche Vorschriften und Vorgaben der ISO-Normen

In der Frage, wie sie die qualitäts- und umweltorientierten Aufgaben, Kompetenzen und Verantwortungen festlegen, sind Unternehmen weitgehend frei. Allerdings sind vor dem Hintergrund der Rechtsprechung des Bundesgerichtshofes zum so genannten **Organisationsverschulden**, zur **Produkthaftung** und **gesamtschuldnerischen Haftung** einige Anforderungen vor allem an die quali-

[197] Vgl. allgemein hierzu Bea/Haas 2001, S. 83-161; Macharzina 2003; bezogen auf das Umweltmanagement vgl. z. B. Meffert/Kirchgeorg 1998; Müller-Christ 2001, S. 22 f.; bezogen auf das Qualitätsmanagement vgl. Calingo 1996; Schwerdtle 1999, S. 152-154.

tätsbezogene Organisation zu berücksichtigen.[198] So können insbesondere im Falle des Nachweises eines Verschuldens für ein Unternehmen Regressansprüche entstehen, die möglicherweise zu hohen Abweichungskosten[199] führen, sofern kein entsprechender Versicherungsschutz besteht. Die Versicherungsprämien hängen wiederum auch davon ab, inwieweit das Unternehmen eine „qualitätsfähige" Organisation nachweisen kann. Aus diesen Überlegungen lassen sich vor allem Anforderungen an den Aufbau eines Überwachungssystems, in dem neben dem Überwachungsablauf z. B. auch die eingesetzten Instrumente, wie Qualitätsprüfungen und Audits,[200] sowie die qualitätsbezogene Schulung der betroffenen Mitarbeiter und ihre organisatorische Zuordnung festgelegt sind, ableiten.

Analog existieren Anforderungen im Hinblick auf die Verantwortung für umweltbezogene Risiken. Insbesondere besteht nach § 52a **Bundes-Immissionsschutzgesetz (BImSchG)** die Verpflichtung für Betreiber genehmigungsbedürftiger Anlagen in der Rechtsform von Kapital- oder Personengesellschaften mit mehreren Mitgliedern des vertretungsberechtigten Organs, der zuständigen Behörde anzuzeigen, wer aus diesem vertretungsberechtigten Organ nach der unternehmensinternen Geschäftsverteilung die Pflichten des Betreibers gemäß Immissionsschutzrecht zu erfüllen hat. Die Gesamtverantwortung aller Organmitglieder oder Gesellschafter bleibt davon allerdings unberührt.[201]

Bei Vorliegen bestimmter Voraussetzungen ist die Benennung verschiedener **Umweltschutzbeauftragter** gesetzlich vorgeschrieben; zudem richten viele Unternehmen freiwillig weitere Umweltschutzbeauftragte ein, die entweder für spezielle Problemstellungen oder aber allgemein für Umweltbelange im Unternehmen zuständig sind.[202]

Gemäß **DIN-Normen** zertifizierte Qualitäts- und Umweltmanagementsysteme sind darüber hinaus mit der Verpflichtung zur Implementierung eines „Managementsystembeauftragten" verbunden („Beauftragter der obersten Leitung").[203] Dieser ist vor allem dafür verantwortlich, dass die für das Qualitäts- bzw. Umweltmanagement erforderlichen Prozesse zieladäquat ausgestaltet und weiterentwickelt werden. Hiervon abgesehen schreiben die Normen lediglich vor, dass die qualitäts- bzw.

---

198 Vgl. auch zu Folgendem Wildemann 1995, S. 92-117; Pfeifer 2001, S. 223-279; Kieser/Spindler/Walgenbach 2002.

199 Vgl. zu Abweichungskosten Kapitel 3.4.3.2.4.

200 Vgl. zu diesen Instrumenten die Kapitel 3.4.3.2.1 und 3.4.3.2.2.

201 Vgl. § 52a Abs. 1 BImSchG. Vgl. ausführlich auch Godt 1997. Weiterhin muss der Betreiber einer genehmigungspflichtigen Anlage der zuständigen Behörde mitteilen, auf welche Weise sichergestellt ist, dass die Vorschriften, „die dem Schutz vor schädlichen Umwelteinwirkungen und vor sonstigen Gefahren, erheblichen Nachteilen und erheblichen Belästigungen" (§ 52a Abs. 2 BImSchG) dienen, beim Betrieb beachtet werden. Hinter diesen Forderungen steht der Ansatz einer personenbezogenen Verantwortlichkeit einschließlich sich daraus ergebender Konsequenzen, z. B. im Fall von Bußgeldbescheiden. Vgl. z. B. Adams 1995, S. 79-82.

202 Vgl. ausführlich Rehbinder 2001, S. 8-19.

203 ISO 9001, Pkt. 5.5.2; ISO 14001, Pkt. 4.4.1 sowie EMAS-VO, Anh. I-A.4.1.

umweltbezogenen Verantwortungen und Befugnisse festgelegt und bekannt sein müssen;[204] es bestehen aber keine Vorgaben darüber, wie sie auszugestalten sind.

3.3.2.2 Zentrale versus dezentrale Organisation des Qualitäts- und Umweltmanagements

Eine grundsätzliche Entscheidung im Zusammenhang mit der Organisation des Qualitäts- und Umweltmanagements betrifft den Zentralisationsgrad. Grundsätzlich wird unter Zentralisation die Zusammenfassung solcher Aktivitäten, die im Hinblick auf ein bestimmtes Kriterium gleich sind, in einer Stelle oder Abteilung verstanden; entsprechend bedeutet Dezentralisation die Trennung gleichartiger Aufgaben und ihre Zuordnung zu mehreren Stellen bzw. Abteilungen.[205]

Qualitäts- bzw. Umweltabteilungen sind gerade in großen Unternehmen in der Regel **Zentralbereiche**.[206] Diese sind insbesondere für Prozesse zweckmäßig, von denen mehrere Unternehmensbereiche und/oder das Unternehmen in seiner Gesamtheit betroffen sind. Dies gilt etwa für die Unternehmensplanung insgesamt,[207] aber auch z. B. für die Festlegung von Qualitäts- und Umweltmanagementstrategien.[208] Eine Aufgabe, für die ebenfalls zentrale Organisationseinheiten zuständig sein müssen, sind interne Audits, deren Ziel in der Überprüfung der Wirksamkeit des Qualitäts- bzw. Umweltmanagements besteht. Je stärker das Qualitäts- bzw. Umweltmanagement in die Leistungsprozesse eines Unternehmens integriert wird, als umso wichtiger wird eine von diesen unabhängige Kontrolle eingeschätzt.[209]

Für einen großen Teil der qualitäts- und umweltbezogenen Prozesse gilt dagegen, dass sie in die Leistungsprozesse integriert werden können. Eine solche Verlagerung von Aufgaben der Umweltabteilung in die Linie ist nach *Dyllick* sogar eine Voraussetzung dafür, dass „Erfolgs- und Zukunftsaussichten des Umweltmanagements als strukturell abgesichert gelten."[210] Analoges gilt für

---

[204] Vgl. ISO 9001, Pkt. 5.5; ISO 14001, Pkt. 4.4.1 sowie EMAS-VO, Anh. I-A.4.1.

[205] Vgl. Kosiol 1962, S. 81; Hungenberg 1995, S. 44-60; Koller 1998, S. 58 f.; Faust et al. 1999, insb. S. 33-84; Nienhüser 1999; Picot/Dietl/Franck 2002; Laux/Liermann 2003, S. 194-204; Macharzina 2003; Frese 2004. Zur grundsätzlichen Diskussion um die Zweckmäßigkeit (de-)zentraler Organisationsformen vgl. ausführlich Pfaff 1995; Drumm 1996; Frese 1998; Kieser 1999, S. 209-225.

[206] Vgl. z. B. Bläsing 1999, S. 140 f.; Müller-Christ 2001, S. 146-151; Bayo-Moriones/Merino-Díaz de Cerio 2003. Zu den verschiedenen Möglichkeiten der zentralen bzw. dezentralen Organisation des Umweltmanagements vgl. auch Fischer 1995; Butterbrodt 1997, S. 129-131; Meffert/Kirchgeorg 1998, S. 397-408.

[207] Vgl. Hungenberg 1995; Kreikebaum 1997, S. 190-199. Wie Kreikebaum (1992, Sp. 2604) betont, gibt es keinen abgeschlossenen Katalog zentraler Bereiche; vielmehr ist über die Zweckmäßigkeit solcher zentraler Organisationseinheiten unternehmensindividuell zu entscheiden.

[208] Vgl. z. B. Adams 1995, S. 80.

[209] Vgl. z. B. Herrmann 1999, insb. S. 175-179; Karapetrovic/Willborn 2000, S. 679.

[210] Dyllick 1999, S. 124.

das Qualitätsmanagement.[211] Eine solche Dezentralisierung impliziert insbesondere auch eine organisatorische Integration der Anwendung von Qualitäts- und Umweltmanagementinstrumenten in die Leistungsprozesse. Inwieweit dies möglich ist, hängt dabei auch von der „Know-How-Spezifität"[212] des Einsatzes der Instrumente ab: Bei einer hohen Spezifität, wie etwa bei der FMEA, dem Life Cycle Assessment (LCA) oder dem QFD, ist in der Regel zumindest eine Beteiligung der zentralen Qualitäts- bzw. Umweltabteilung erforderlich. Soll ihre Anwendung trotzdem in die Leistungsprozesse integriert werden, bietet sich der Aufbau einer **dualen Organisation** an, bei der neben der „Primärorganisation" eine „Sekundärorganisation" entsteht. Dabei lassen sich unterschiedliche Gestaltungsmöglichkeiten unterscheiden, die von der fast vollständigen Aufgabenerfüllung durch den Zentralbereich zu verschiedenen Formen einer doppelten organisatorischen Zuordnung von Aufgaben reichen.[213]

Ein Beispiel für sekundäre Organisationseinheiten sind Projektteams. **Projekte** werden definiert als Vorhaben, die sich tendenziell durch Einmaligkeit, Komplexität, zeitliche Begrenzung, innovativen Charakter und interdisziplinäre Aufgabenstellung beschreiben lassen.[214] Die Projektgruppe ist entsprechend eine Gruppe von Mitarbeitern, die für die Planung und Umsetzung eines Projektes, wie z. B. die Durchführung eines LCA, zuständig ist und deren Mitglieder entweder für die Dauer des Projektes von ihren üblichen Aufgaben freigestellt werden oder diese zusätzlich erfüllen. Ein Vorteil solcher bereichsübergreifender Teams im Zusammenhang mit dem Integrierten Qualitäts- und Umweltmanagement besteht darin, dass sowohl Mitarbeiter der jeweiligen Geschäftsprozesse, etwa der Produkt-/Prozessentwicklung, als auch der Qualitäts- und Umweltabteilung – und gegebenenfalls auch Mitarbeiter mehrerer kooperierender Unternehmen[215] – beteiligt sein können. Beispielsweise können Mitarbeiter der Qualitätsabteilung in LCA-Projekten oder Mitarbeiter der Umweltabteilung in FMEA-Projekten involviert sein.

Ein weiteres in der Praxis verbreitetes Beispiel für die Nutzung einer Sekundärorganisation stellen **Qualitäts- und Umweltzirkel** dar.[216] Dabei handelt es sich um Gruppen von etwa fünf bis acht Beschäftigten, die regelmäßig für ca. ein bis zwei Stunden während der Arbeitszeit zusammenkommen, um insbesondere für qualitäts-, inzwischen jedoch vermehrt auch für umweltbezogene

---

[211] Vgl. ebenda, S. 125.
[212] Wildemann 1995, S. 104. Bezüglich der Qualitätsmanagementinstrumente vgl. ausführlich z. B. Ahsen 1996a, S. 152-202.
[213] Vgl. ausführlich Jost 2000, S. 496-519; Kouvelis/Lariviere 2000; Schulte-Zurhausen 2002, S. 165-167; Vahs 2003, S. 137-139 u. 174-190; Frese 2004.
[214] Vgl. z. B. Madauss 2000; Schulte-Zurhausen 2002, S. 176-178; Frese 2004.
[215] Vgl. etwa zu unternehmensübergreifend zusammengesetzten „Logistik-Qualitätsteams" Schröder/Wojazcek 1992.
[216] Vgl. auch zu Folgendem Cuhls 1993; Franke 1996; Wahren 1998; Faust et al. 1999, S. 47-51; Kamiske et al. 1999, S. 139; Zenz 1999, S. 190 f.; Schulte-Zurhausen 2002, S. 170-176.

Probleme Lösungen zu finden. Sie können sich hierarchie- und/oder abteilungsübergreifend zusammensetzen; häufig bestehen sie aber auch aus Mitarbeitern eines Bereiches und einer hierarchischen Ebene. Meistens existieren sie zeitlich befristet bis zur Lösung des jeweiligen Problems.

In Abhängigkeit von der Frage, welche qualitäts- und umweltbezogenen Aufgaben in die Leistungsprozesse integriert oder durch (gegebenenfalls temporäre) bereichsübergreifende Teams durchgeführt werden, kann das verbleibende **Aufgabenspektrum zentraler Abteilungen** stark variieren. Wie dargestellt, werden in der Regel die Planung und Kontrolle von Strategien sowie die Planung, Durchführung und Kontrolle von Audits Aufgaben zentraler Abteilungen bleiben, die zudem methodisch anspruchsvolle Informations-, Planungs- und Kontrollinstrumente anwenden, zumindest aber ihren dezentralen Einsatz mit Know-How unterstützen. Hinzu kommen spezielle Projekte, wie etwa Umweltverträglichkeitsprüfungen.[217] Im folgenden Kapitel wird nun auf die Frage eingegangen, inwieweit ein Integriertes Qualitäts- und Umweltmanagement es erfordert, die zentralen Qualitäts- und Umweltabteilungen zu einer einzigen Abteilung zusammenzufassen.

3.3.2.3 Integration der Qualitäts- und Umweltmanagementabteilung

Wie in Kapitel 2.4.2.2 beschrieben, stellt die organisatorische Integration eine der drei „Dimensionen" des Integrierten Qualitäts- und Umweltmanagements dar. Dabei stellt sich die Frage, welche Ausprägung der organisatorischen Integration zweckmäßig ist, um eine sachliche Verknüpfung beider Entscheidungsbereiche zu gewährleisten. In der Literatur wird dieser Aspekt erstaunlich wenig diskutiert.

Auf den ersten Blick liegt eine vollständige Integration der Qualitäts- und Umweltmanagementabteilung nahe, wenn das Qualitäts- und Umweltmanagement sachlich integriert werden sollen.[218] In der Unternehmenspraxis wird dies allerdings nicht einheitlich so gesehen: Aus den in Kapitel 2.4.5 dargestellten empirischen Studien wird jeweils deutlich, dass etwa die Hälfte der Unternehmen, die ihr Qualitäts- und Umweltmanagement integrieren (wollen), auch die organisatorischen Einheiten verknüpft haben bzw. planen, dies zukünftig zu tun.[219]

---

[217] Zu Umweltverträglichkeitsprüfungen vgl. ausführlich z. B. Scholles 1997; Stelzer 1997.

[218] Vgl. – insb. mit Blick auf kleinere Unternehmen – auch Butterbrodt 1997, S. 131.

[219] Ähnlich zeigen weitere Praxisbeispiele, dass häufig zwar die Verantwortung für beide Managementsysteme einem Mitarbeiter in Personalunion zugeordnet wird und/oder abteilungsübergreifende Teams gebildet werden, dass die zentralen Qualitäts- und Umweltabteilungen jedoch nicht zu einer integrierten Abteilung zusammengeführt werden. Vgl. z. B. Pischon 1999, S. 380-383; Ahsen 2001b, S. 100 f.

Ein Grund hierfür besteht möglicherweise darin, dass nicht alle qualitäts- und umweltbezogenen Prozesse interdependent sind und eine organisatorische Integration erfordern. Beispielsweise können Umweltverträglichkeitsprüfungen unabhängig von Qualitätsmanagementprozessen durchgeführt werden. Je stärker das Qualitäts- und Umweltmanagement zentralisiert und je größer entsprechend die einzelnen Abteilungen sind, desto mehr besteht zudem möglicherweise die Gefahr einer zunehmenden Bürokratisierung durch eine integrierte Organisation.

Dagegen ist eine organisatorische Integration insbesondere jener Aufgaben, die starke Interdependenzen aufweisen, z. B. die Entwicklung und Implementierung von Strategien, m. E. zielführend. Zugleich erfordert der kombinierte Einsatz von Qualitäts- und Umweltmanagementinstrumenten etwa im Rahmen der Produktentwicklung eine organisatorische Integration. Dabei können jedoch, wie im vorigen Kapitel dargestellt, auch **sekundäre Organisationseinheiten** gebildet werden. Entsprechend bezeichnet – zu Recht – *Pischon* die Implementierung gemeinsamer „Arbeitskreise" als Mindestform der organisatorischen Integration: Es sei erforderlich, dass „die Integrationsbemühungen deutlich über einen rein verbalen Informationsaustausch zwischen den Fachbereichen hinausgehen. Die Etablierung überlappender Arbeitskreise ermöglicht [...] einen frühzeitigen, umfassenden Erfahrungsaustausch, der in der Regel zu gemeinsamen Projekten führt [...]."[220] Je häufiger Projekte durch bereichsübergreifend zusammengesetzte Teams realisiert werden, desto stärker nähert sich diese Konzeption einer permanenten integrierten Organisation dieser Aufgaben. Dabei ist m. E. davon auszugehen, dass solche integrierten Organisationseinheiten als Elemente einer Sekundärorganisation eine zielführende Alternative zu einer **zentralen integrierten Qualitäts- und Umweltabteilung** darstellen können, zumal sie – eine entsprechende Einbindung von Mitarbeitern der Leistungsprozesse vorausgesetzt – eine weitgehende organisatorische Verlagerung der Instrumentenanwendung in die Leistungsprozesse ermöglichen.

Damit wird auch deutlich, dass die Frage, ob die zentralen Qualitäts- und Umweltabteilungen eines Unternehmens integriert werden, nicht mit der Frage gleichzusetzen ist, inwieweit in einem Unternehmen das Qualitäts- und Umweltmanagement dem mehrdimensionalen Zielsystem adäquat organisatorisch integriert sind (siehe Kapitel 2.4.2.2). Vielmehr lässt sich aus den voran stehenden Überlegungen ableiten, dass in Unternehmen, die eine sachliche Integration interdependenter qualitäts- und umweltorientierter Prozesse anstreben, entweder durch eine Verknüpfung der zentralen Qualitäts- und Umweltabteilung oder aber durch die Implementierung sekundärorganisatorischer Einheiten, z. B. Projektteams, entsprechende organisatorische Voraussetzungen geschaffen werden können.

---

[220] Pischon 1999, S. 303; vgl. auch ebenda, S. 380-383.

3.4 Qualitäts- und umweltorientierte Ausgestaltung von Leistungsprozessen

In den folgenden Kapiteln wird untersucht, für welche Entscheidungen im Rahmen der Produkt-/ Prozessentwicklung, Beschaffung und Produktion von Unternehmen und Supply Chains ein Integrationsbedarf qualitäts- und umweltbezogener Planungen und Kontrollen besteht und welche Qualitäts- und Umweltmanagementinstrumente dabei zum Einsatz kommen können.

3.4.1 Qualitäts- und umweltorientierte Produkt-/Prozessentwicklung

3.4.1.1 Qualitäts- und umweltorientierte Aufgaben der Produkt-/Prozessentwicklung

Die Produkt-/Prozessentwicklung umfasst die Aufgabe, auf Basis von Ergebnissen zum einen der Grundlagenforschung und zum anderen der Marktforschung Produkte und/oder Prozesse zu konzipieren.[221] Der gesamte Prozess besteht dabei aus mehreren Phasen, die branchen- und unternehmensspezifisch unterschiedlich abgegrenzt werden können. Abbildung 3-2 zeigt ein solches Phasenschema, wie es in ähnlicher Form auch bei den deutschen Automobilherstellern zugrunde gelegt wird.[222] Jede Phase endet dabei mit einem „Quality Gate“, in dem die Aktivitäten und Ergebnisse der jeweiligen Phase auditiert werden. Teilweise gibt es zusätzliche Quality Gates nach Teilabschnitten der Phasen.

Abbildung 3-2 Phasen der Produkt-/Prozessentwicklung[223]

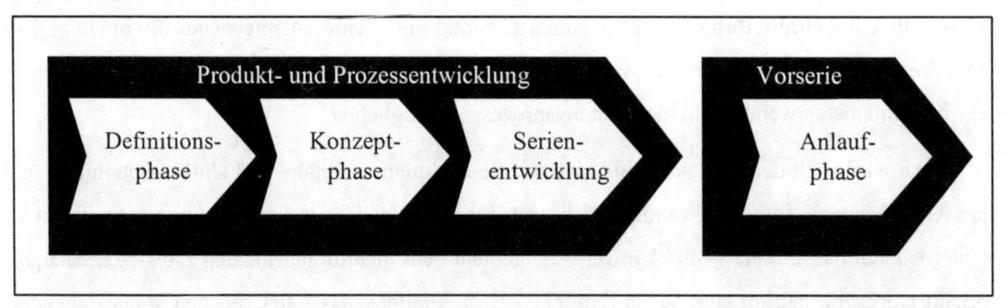

Die Produkt-/Prozessentwicklung beginnt mit der **Definitionsphase**, in der die Anforderungen der als strategisch relevant ermittelten Stakeholder analysiert und im Lastenheft dokumentiert wer-

[221] Vgl. Specht/Beckmann/Amelingmeyer 2002, S. 2-4.
[222] Vgl. z. B. Sondermann 1999, S. 262-268 sowie Kapitel 4 der vorliegenden Arbeit.
[223] Quelle: Modifiziert nach Weigand 1999, S. 44. Zu einem ähnlichen Prozessmodell der Produktentwicklung vgl. Kersten 1998, S. 415-417; Peters et al. 1999, S. 172-179 sowie Specht/Beckmann/Amelingmeyer 2002, S. 195. Zu den Schnittstellen zwischen Entwicklungsstufen sowie zwischen der Entwicklung und Produktion vgl. Wangenheim 1998.

den. In der **Konzeptphase** wird auf dieser Basis das zukünftige Produkt geplant. Dabei werden alternative Lösungsansätze entwickelt und entsprechend des mehrdimensionalen Zielsystems ausgewählt. Das Ergebnis ist die Festschreibung der Produktmerkmale und Komponentenstrukturen in einem „Pflichtenheft". In der **Serienentwicklung** werden die Entwurfsentwicklung, Detailkonstruktion sowie die Fertigungsplanung realisiert. Die Phase endet nach der Durchführung entsprechender Prüfungen mit der „Vorfreigabe". In der **Anlaufphase** wird unter seriennahen Bedingungen („Vorserie") die Qualitätsfähigkeit der Produkte und Prozesse geprüft. Mit Abnahme der „Erstmusterprüfung"[224] beginnt die Serienfertigung.

Da im Verlauf der Phasen der Produkt-/Prozessentwicklung der Detaillierungsgrad der Planungen immer weiter zunimmt, der Gestaltungsspielraum dagegen sinkt, werden im Hinblick sowohl auf das Qualitätsmanagement[225] als auch das Umweltmanagement[226] Möglichkeiten einer möglichst frühzeitigen Einbeziehung in die Entwicklungsprozesse diskutiert. Zudem kommt vor dem Hintergrund der gestiegenen Typen- und Variantenvielfalt und der verkürzten Produktlebenszyklen dem Simultaneous Engineering eine große Bedeutung zu.[227] Dieses Konzept ist zum einen durch eine Synchronisierung der Produkt- und Prozessentwicklung mit dem Ziel der Verkürzung der Zeit bis zur Markteinführung gekennzeichnet. Zum anderen erfolgt eine enge Kooperation zwischen allen beteiligten Unternehmensbereichen und gegebenenfalls auch mit weiteren Unternehmen, insbesondere Zulieferern.[228] Tabelle 3-1 zeigt eine typische Aufgabenverteilung zwischen Automobilherstellern und Zulieferern in diesem Zusammenhang.

Die Kooperationen zwischen Herstellern und Zulieferern beziehen sich dabei auch auf das Qualitäts- und Umweltmanagement; weit verbreitet sind z. B. gemeinsame FMEAs.[229] Umweltorientierte Kooperationen in der Automobilindustrie umfassen z. B. die umweltfreundliche Weiterentwicklung von Lackierprozessen, Katalysatoren und Motoren sowie das Fahrzeugrecycling.[230]

---

224 Vgl. zur Erstmusterprüfung Franke 1999, S. 439.

225 Vgl. Adams/Rademacher 1994, S. 17-20; Pfeifer 2001, S. 285-293; Specht/Beckmann/Amelingmeyer 2002, S. 4-6.

226 Vgl. Curcovic 1998, S. 85 f.; Green/Morton/New 1998, S. 93; Specht 2001, Sp. 1421. Vgl. zusammenfassend zum „Design for Environment" z. B. Sarkis 1998; Quella/Schmidt 2003.

227 Vgl. z. B. Gerpott 1996, Sp. 1853; Corsten 1998; Kersten 1998; Specht/Beckmann/Amelingmeyer 2002, S. 145 f.

228 Vgl. zu Kooperationen in der Produktentwicklung z. B. Liker/Kamath/Wasti 1998; Türck 1999 sowie Wolters 2002. Zum unternehmensübergreifenden Umweltinformationscontrolling vgl. Blume/Haasis 2000.

229 Siehe hierzu Kapitel 3.4.1.2.4 sowie die Fallstudien in Kapitel 4.

230 Vgl. Krcal 1999 u. 2000; Meinig/Mallad 2000; speziell zu Entsorgungskooperationen vgl. Beuermann/Halfmann 1998; Nollau/Duscher/Ziegler 2003; zur betriebswirtschaftlichen Einschätzung ökologisch orientierter Kooperationen vgl. bereits Schneidewind 1995. Das Recycling steht gerade vor dem Hintergrund des 2002 in Kraft getretenen Altfahrzeuggesetzes (vgl. zu einem Überblick über das Gesetz Schenk 1998; Wöhrl/Schenk 2000), dessen Regelungen neben den Entsorgungsprozessen auch die zunehmend recyclinggerechte Konstruktion künftiger Fahrzeuggenerationen betreffen, häufig im Mittelpunkt. Insgesamt soll bis zum Jahr 2015 eine Verwertungsquote von 95 % erreicht werden. Grundsätzlich zu einem Ansatz der Beurteilung von Entsorgungslogistiksystemen aus ökonomischer und ökologischer Perspektive vgl. Bruns 1997.

Tabelle 3-1 Typische Aufgabenverteilung zwischen Automobilherstellern und Zulieferern bei der Produkt-/Prozessentwicklung[231]

Phase	Aufgabe	Automobilhersteller	Zulieferer
Definitionsphase	Analyse Anforderungen Stakeholder	●	○
	Dokumentation Anforderungen im Lastenheft	●	○
Konzeptphase	Festlegung Lastenheft und Vorgabe aus Lastenheft an Zulieferer	●	○
	Konzepterarbeitung	◉	●
	Konzeptauswahl	●	◉
	Lieferantenauswahl	●	○
Serienentwicklung	Entwicklung Entwurf	◉	●
	Detailkonstruktion	◉	●
	Fertigung Versuchsteile	○	●
	Prüfstandtests Versuchssystem	◉	●
	Dauerlauftest Seriensystem	○	●
Anlaufphase	Prüfung Qualitätsfähigkeit Produkte und Prozesse unter seriennahen Bedingungen	◉	●
	● verantwortlich, ausführend ◉ mitwirkend, beratend ○ keine Beteiligung		

Die zentralen **interdependenten qualitäts- und umweltorientierten Entscheidungen im Rahmen der Produkt-/Prozessentwicklung** sind die Festlegung des Lastenheftes, der Produkt- und Prozessmerkmale im Rahmen der Konzept- und Entwurfsentwicklung sowie die Lieferantenauswahl in der Konzeptphase und Serienentwicklung. Dies erfordert gerade auch vor dem Hintergrund des zunehmenden „Zeitwettbewerbs" für Innovationen[232], der immer weniger die Möglichkeit lässt, nachträgliche Änderungen an einmal entworfenen Konzeptionen vorzunehmen, zunächst eine **zeitliche Integration** der qualitäts- und umweltbezogenen Informations-, Planungs- und Kontrollprozesse. Darüber hinaus ist m. E. für die genannten Entscheidungen auch eine **sachliche Integration** des Qualitäts- und Umweltmanagements erforderlich: Sollen die Entscheidungen am mehrdimensionalen Zielsystem orientiert erfolgen, ist hierfür Voraussetzung, dass auch die Informations-, Planungs- und Kontrollprozesse entsprechend mehrdimensional ausgestaltet werden. Werden dagegen lediglich parallel qualitäts- und umweltorientierte Entscheidungen vorbereitet und getroffen, kann bei Vorliegen von Widersprüchen lediglich noch zwischen den verschiedenen Konzepten ausgewählt, jedoch kein Kompromiss mehr gefunden werden. Jedoch besteht kein Erfordernis zur **Integration der qualitäts- und umweltbezogenen Primärorganisation**, um zu ermöglichen, dass die mehrdimensionalen Entwicklungsziele erreicht werden. Ebenso zweckmäßig kann es sein, den

231 Quelle: Modifiziert nach Weigand 1999, S. 46.
232 Zur Relevanz des „Zeitwettbewerbs" für Innovationen vgl. z. B. Voigt/Wettengel 1999.

Verknüpfungsbedarf über **sekundärorganisatorische Einheiten**, wie z. B. Projektteams, zu decken. Solche Teams können auch gemeinsam die im Rahmen der Produkt-/Prozessentwicklung relevanten Qualitäts- und Umweltmanagementinstrumente anwenden, die im folgenden Kapitel dargestellt und diskutiert werden.

3.4.1.2 Qualitäts- und Umweltmanagementinstrumente

3.4.1.2.1 Qualitäts- und Öko-Portfolioanalysen

Mit Qualitäts- bzw. Öko-Portfolioanalysen wird das **Ziel** verfolgt, möglichst frühzeitig zu erkennen, welche qualitäts- und umweltbezogenen Handlungsbedarfe zur Produkt- und Prozessverbesserung bestehen und welche Produkte aufgrund zu großer Differenzen zwischen den qualitäts- bzw. umweltbezogenen Anforderungen der als strategisch relevant ermittelten Stakeholder und den tatsächlichen Produkteigenschaften nicht (mehr) erfolgversprechend sind und daher vom Markt genommen werden sollten.

Qualitäts- und Öko-Portfolios basieren dabei auf der **Methodik** von Markt-Portfolios. Bei den auf *Dögl*[233] zurückgehenden **Qualitäts-Portfolios** werden Produkte einerseits im Hinblick auf ihre „relative Qualitätsstärke" und andererseits die „Qualitätsattraktivität" auf dem jeweiligen Markt analysiert und daraus Handlungsbedarfe abgeleitet. Während sich jedoch Marktportfolios auf Produkte bzw. Strategische Geschäftseinheiten beziehen,[234] werden im Qualitätsportfolio die Produkte hinsichtlich einzelner Qualitätskriterien beurteilt. Hierdurch besteht auch die Möglichkeit der Ableitung konkreter Ansatzpunkte für Qualitätsverbesserungen. Die „relative Qualitätsstärke" drückt dabei den Grad der Erfüllung von Kundenanforderungen im Vergleich zu Konkurrenzprodukten aus; idealerweise werden zur Analyse Kundenbefragungen durchgeführt. Die „Qualitätsattraktivität" bezeichnet die Relevanz der Erfüllung der Qualitätsanforderungen für die Realisierung von marktbezogenen und – damit verbunden – finanziellen Zielen. Dabei erfolgt eine Beurteilung jeweils anhand mehrerer, unternehmensspezifisch festzulegender Indikatoren. Abbildung 3-3 zeigt in der linken Hälfte exemplarisch ein Qualitäts-Portfolio für ein Automobil, in das einerseits die Ist-Positionen und andererseits die zukünftig angestrebten Soll-Positionen für die Qualitätsmerkmale eingetragen sind, die als für den Markterfolg relevant eingeschätzt werden.

---

233 Vgl. Dögl 1986.

234 Vgl. hierzu ausführlich z. B. Hax/Majluf 1991, S. 133-300; Hahn 1999b; Bea/Haas 2001, S. 131-160; Welge/Al-Laham 2001, S. 329-370.

Abbildung 3-3 Exemplarisches Qualitäts- und Öko-Portfolio für ein Automobil[235]

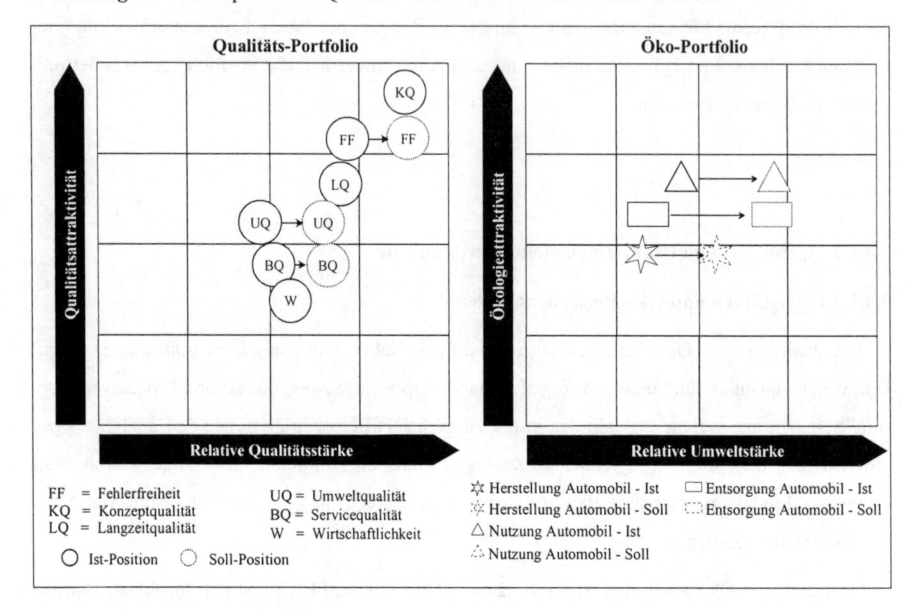

Aus dem Beispiel wird deutlich, dass – in dem Maße, in dem die Kunden dies fordern – auch Umweltaspekte im Qualitäts-Portfolio berücksichtigt werden.[236] Eine umfassende und detailliertere umweltorientierte Analyse ermöglichen **Öko-Portfolios** (rechte Seite von Abbildung 3-3), mit denen umweltbezogene Handlungsempfehlungen zur Verbesserung von Produkten und Prozessen abgeleitet werden.[237] Dabei werden auf jeweils einer umweltbezogenen unternehmensinternen Achse (z. B. „relative Umweltstärke", gemessen als die Umweltwirkungen eines Produktes bzw. Prozesses im Vergleich zum entsprechenden Produkt bzw. Prozess eines Konkurrenzunternehmens) und -externen Achse („Ökologieattraktivität" bzw. „relative Vorteile ökologieorientierten Verhaltens") die Produkte eines Unternehmens eingeordnet.[238] Um die „relative Umweltstärke" einzu-

---

[235] Quelle: Qualitäts-Portfolio modifiziert nach Schröder/Zenz/Schymetzki 1997, S. 35-43; Öko-Portfolio modifiziert nach Meffert/Kirchgeorg 1998, S. 158. Es handelt sich hier um ein fiktives Qualitätsportfolio, bei dem die Qualitätsmerkmale an jene von DaimlerChrysler angelehnt sind (vgl. auch zur Definition dieser Qualitätsmerkmale Kapitel 4.2.3.2.1).

[236] Um dies einschätzen zu können, sind insb. Kundenbefragungen erforderlich, wenn nicht lediglich auf die subjektive Einschätzung von Mitarbeitern des Unternehmens zurückgegriffen werden soll.

[237] Vgl. z. B. Meffert et al. 1986, S. 152; Hahn 1999b, S. 419 f.; Lehr 2000, S. 41-87; Müller-Christ 2001, S. 54 f.

[238] Eine Einschätzung der zukünftigen Bedeutung der Ökologie in der deutschen Automobilindustrie mittels der Szenarioanalyse findet sich bei Kaluza/Ostendorf 2002. In der Literatur finden sich verschiedene Benennungen der Achsen eines Öko-Portfolios, denen jedoch inhaltlich kaum Unterschiede zugrunde liegen: So wählt Hahn die Begriffe „Ökologiestärke" und „Ökologieattraktivität" (vgl. Hahn 1999b, S. 420).

schätzen, ist die Durchführung von Stoff- und Energieflussrechnungen sowie von Ökobilanzen[239] erforderlich. Die Ökologieattraktivität drückt sich z. B. in verbesserten Marktchancen durch umweltfreundlichere Produkte, gegebenenfalls auch in einer Verbesserung der Kooperation mit Behörden oder günstigeren Kreditkonditionen bzw. Versicherungsraten aus.

Aus der Positionierung eines Produkts im Öko-Portfolio lassen sich Strategieempfehlungen ableiten:[240] Beispielsweise sind für Produkte oder Prozesse mit geringer relativer Umweltstärke auf Märkten mit hoher Ökologieattraktivität Verbesserungen der Umweltwirkungen erforderlich. Sind diese aus technischen oder ökonomischen Gründen nicht möglich, kommt gegebenenfalls sogar eine Rückzugsstrategie vom Markt in Frage.

Ein methodisches **Problem** von Qualitäts- und Öko-Portfolios besteht in der intersubjektiven Überprüfung der Bestimmung der Ist-Positionen von Produkten und Prozessen. Hinsichtlich der Qualitätsattraktivität stellt sich dabei vor allem die Frage einer zuverlässigen Prognose der Bedeutung von Qualitätsdimensionen für potenzielle Kunden; analog ist im Hinblick auf die Ökologieattraktivität zu berücksichtigen, dass insbesondere in Abhängigkeit von aktuellen Umweltproblemen die Einschätzungen im Zeitverlauf stark variieren können.[241]

Inhaltlich wird an den Portfolioanalysen kritisiert, dass sie finanzielle Aspekte weitgehend vernachlässigen. Zwar wird mit der Qualitäts- und Ökologieattraktivität die ökonomische Vorteilhaftigkeit der Erfüllung von kunden- bzw. umweltbezogenen Anforderungen erfasst. Es werden jedoch Strategieempfehlungen abgeleitet, die nicht berücksichtigen, welche finanziellen Mittel für ihre Umsetzung erforderlich sind und wie das Produkt im Hinblick auf seine ökonomische Relevanz für das Unternehmen einzuschätzen ist. An diesem Punkt setzt eine Modifikation des Öko-Portfoliokonzeptes durch *Schaltegger/Sturm* an: Hier wird das Portfolio aus den Dimensionen „Umweltfreundlichkeit" und „Deckungsbeitrag" gebildet.[242] Allerdings wird aus diesem Portfolio nicht deutlich, inwieweit eine Verminderung der Umweltwirkungen zu einer ökonomischen Ergebnisverbesserung beitragen kann, da die Ökologieattraktivität gerade nicht mehr Bestandteil der Analyse ist.

Ein weiteres Problem besteht darin, dass markt-, qualitäts- und umweltbezogene Portfoliokonzepte verschiedene Perspektiven fokussieren, so dass ein Produkt möglicherweise zugleich sehr unterschiedlich eingeordnet wird. „Erforderlich ist deshalb vor allem eine Weiterentwicklung der

---

239 Vgl. Kapitel 3.4.1.2.3.

240 Vgl. Hahn 1999b.

241 Dies zeigen Diskussionen um „Umweltskandale"; vgl. exemplarisch zur Entwicklung des „Brent-Spar-Konfliktes" Mohr/Schneidewind 1996. Vgl. zur kritischen Diskussion der Öko-Portfolioanalyse auch Lehr 2000, S. 66-76.

242 Vgl. Schaltegger/Sturm 1992, S. 213 f.; Rau 1999, S. 155. Schreiner (1996, S. 247) verwendet mit der unternehmensexternen Dimension „Marktwachstum" ebenfalls eine ökonomische Dimension.

Portfolio-Konzepte, die eine ganzheitliche Portfolio-Analyse mit – je nach Fragestellung unterschiedlichen – detaillierten Analysen verbindet. Hier sind unterschiedliche Kombinationen der genannten Detailanalysen möglich."[243]

3.4.1.2.2 Quality Function Deployment

Ziel des Quality Function Deployment (QFD) ist es, Produkte so zu konzipieren, dass sie den Kundenanforderungen entsprechen und damit zu einer hohen Kundenzufriedenheit und -bindung führen. Zugleich sollen die Produktentwicklungszeiten verkürzt werden. Hierzu werden Kundenanforderungen an Produkte systematisch zunächst in technische Konstruktionsmerkmale und dann weiter in Prozess- und Produktions- bzw. Prüfmerkmale transformiert, um so die Kundenorientierung über alle Phasen der Produkt- und Prozessentwicklung hinweg zu ermöglichen.

Die **Methodik** ist durch vier Phasen (Produkt-, Teile-, Prozess- und Produktionsplanung – siehe Abbildung 3-4) gekennzeichnet.[244]

In der ersten Phase des QFD werden die Anforderungen, die (potenzielle) Kunden an ein Produkt stellen, Konstruktionsmerkmalen, die das Produkt in messbaren Ausdrücken beschreiben, gegenübergestellt und diejenigen der Konstruktionsmerkmale, denen im Hinblick auf die Kundenzufriedenheit besonders große Bedeutung zukommt, ausgewählt. (Eine Kundenanforderung an eine Autotür ist z. B., dass sie sich leicht schließen lässt; ein entsprechendes Konstruktionsmerkmal ist etwa die „Türschließkraft F_S=10N".) Aus den Konstruktionsmerkmalen, denen aufgrund der Kundengewichtungen die größte Bedeutung zukommt, werden in der zweiten Phase des QFD die relevanten Merkmale einzelner Produktkomponenten ermittelt. (In diesem Fall kann dies z. B. der „Pressdruck der Türdichtung" sein.) Aus diesen Spezifikationen werden die Anforderungen an die Produktionsprozesse abgeleitet. (Der Pressdruck der Türdichtung ist z. B. abhängig vom Prozessparameter „Extruderdrehzahl".) In einem letzten Schritt wird für die zentralen Prozesse die Auslegung z. B. der Fertigungsmittel und Qualitätsprüfungen festgelegt. (Die Extruderdrehzahl wird vor allem durch die Stellung des Drehzahlreglers bestimmt.)

---

[243] Hahn 1999b, S. 431.

[244] Vgl. zum QFD ausführlich z. B. Schmidt 1996; Saatweber 1997, insb. S. 35-174; Vonderembse/Raghunathan 1997, S. 255-260; Hamzah/Kwan/Woods 1999; Herrmann/Huber 2000; Shen/Tan/Xie 2000a u. 2000b. Zur Anwendung des QFD zur Verbesserung von (strategischen) Prozessen vgl. Carpinetti/Gerólamo/Dorta 2000. Zum QFD aus der Marketing-Perspektive vgl. Engelhardt/Freiling 1997.

Abbildung 3-4 Phasen des Quality Function Deployment[245]

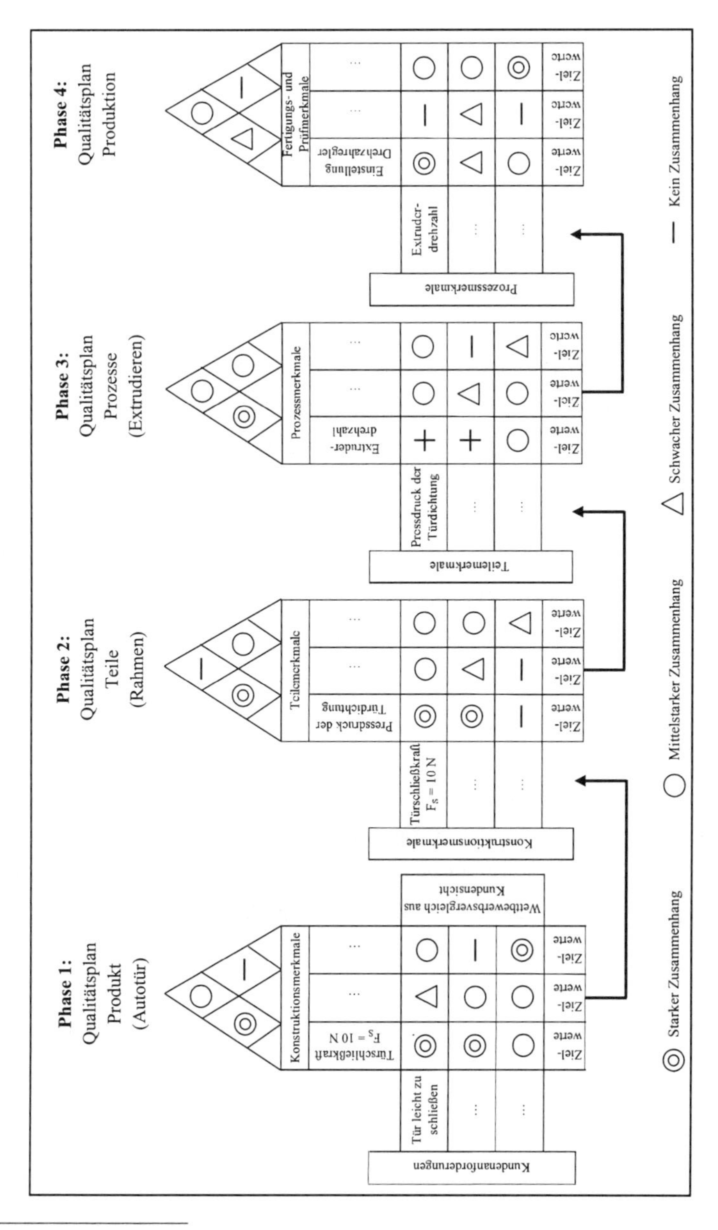

245 Quelle: Modifiziert nach Pfeifer 2001, S. 316.

Der konkrete Ablauf innerhalb der Phasen des QFD soll kurz anhand der ersten Phase erläutert werden. Hier werden zunächst die Kundenanforderungen und deren Gewichtungen ermittelt und in die linke Spalte einer Matrix – siehe Abbildung 3-4 – eingetragen. Im zweiten Schritt erfolgt ein Vergleich mit Konkurrenzprodukten aus Kundenperspektive; die Ergebnisse werden rechts von der Matrix abgebildet.[246] Im Anschluss werden die Konstruktionsmerkmale bestimmt, die zur Erfüllung der Kundenanforderungen beitragen, und im oberen Teil des „Hauses" dokumentiert. In der aus den Kundenanforderungen und Konstruktionsmerkmalen gebildeten Beziehungsmatrix wird die Stärke des Zusammenhangs zwischen diesen beiden Dimensionen dargestellt.

Im nächsten Schritt werden für die Konstruktionsmerkmale Zielwerte bestimmt und unterhalb der Beziehungsmatrix eingetragen. Im über der Matrix angeordneten dreieckigen „Dach" werden mittels entsprechender Symbole die Beziehungen zwischen den Konstruktionsmerkmalen eingetragen. Dabei wird analysiert, inwieweit sich Veränderungen von Merkmalen auf die Ausprägungen anderer Kriterien auswirken bzw. inwieweit eine verbesserte Erfüllung wichtiger Kundenanforderungen mittels der Veränderung mehrerer Konstruktionsmerkmale erreicht werden kann, so dass gegebenenfalls die technisch einfachere oder kostengünstigere Alternative ausgewählt wird.[247] Weiterhin wird ein technischer Vergleich der Konstruktionsmerkmale mit den Konkurrenzprodukten durchgeführt. Um die konkreten Zielausprägungen für die Konstruktionsmerkmale zu bestimmen, können weitere Qualitätsmanagementinstrumente angewendet werden, insbesondere die FMEA sowie die Statistische Versuchsplanung. Analoges gilt für die verschiedenen Teilplanungsschritte im Verlauf der weiteren Phasen des QFD, das insofern als Rahmen für den Einsatz einer Vielzahl von Qualitätsmanagementinstrumenten betrachtet werden kann.[248]

Die Symbole in der Abbildung drücken die Stärke der Zusammenhänge zwischen den Merkmalen aus: So besteht ein starker Zusammenhang zwischen der Erfüllung der Kundenanforderung „Tür leicht zu schließen" und dem Konstruktionsmerkmal „Türschließkraft". Analog werden die Zusammenhänge zwischen den verschiedenen Konstruktionsmerkmalen im „Dach" des Hauses mittels Symbolen abgebildet. Hier bedeutet ein enger Zusammenhang, dass eine Veränderung eines Konstruktionsmerkmals Veränderungen des anderen Konstruktionsmerkmals impliziert. Die Analyse dieser Interdependenzen kann dazu dienen, verschiedene Alternativen zum Erfüllen der Kundenanforderungen abzuwägen.

---

246 Vgl. Kamiske et al. 1994, S. 185 f.

247 Vgl. Saatweber 1997.

248 Vgl. ausführlich Ahsen 1996b; Ginn et al. 1998; Krieg 2004; zur FMEA siehe Kapitel 3.4.1.2.4; zur Statistischen Versuchsplanung Kapitel 3.4.1.2.5.

Der letzte Schritt der ersten Phase des QFD besteht in der Gewichtung der Konstruktionsmerkmale auf Basis der gewichteten Kundenanforderungen. Dabei wird die Methodik der Nutzwertanalyse herangezogen.[249] Die im Ergebnis als am wichtigsten bestimmten Konstruktionsmerkmale werden in die nächste Phase des QFD übernommen und für sie werden die relevanten Teilemerkmale festgelegt. Das Procedere ist in allen vier Phasen des QFD analog.[250]

Ein zentrales **methodisches Problem** des QFD besteht darin, dass die **Gewichtung der Konstruktionsmerkmale** im Rahmen der Nutzwertanalyse es erfordert, die Zusammenhänge zwischen der Erfüllung von Kundenanforderungen und Konstruktionsmerkmalen nicht nur mittels Symbolen oder verbal als „sehr eng“, „eng“ usw. zu beschreiben, sondern auf kardinalem Messniveau. Dies erfolgt in QFD-Projekten in der Regel, indem „starken“ Zusammenhängen der Wert „9“ oder „7“ zugeordnet wird und „schwachen“ Zusammenhängen z. B. der Wert „3“; bei keinem Zusammenhang wird die „0“ zugeordnet. Dabei stellt insbesondere die stringente Zuordnung der Werte ein Problem dar.[251] Seit einiger Zeit wird in der Literatur vermehrt der Einsatz der „Fuzzy Logic“ in diesem Zusammenhang diskutiert: „Various inputs, in the form of judgments and evaluations, are needed during the QFD analysis. A particular difficult task is the subjective decisions that have to be made when correlating the customer's demands to the engineering characteristics. Fuzzy logic has the ability to deal with subjective decisions and is particularly suited as a quantitative method to evaluate these subjective decision-making processes.“[252]

Insgesamt ermöglicht das QFD eine durchgängige Ableitung von Konstruktions-, Teile-, Prozess- und Prüfmerkmalen aus den Kundenanforderungen an ein Produkt und trägt damit zu einer kundenorientierten Produkt- und Prozessentwicklung bei. In einer empirischen Studie, in der 80 Unternehmen, die das QFD anwenden, schriftlich befragt wurden, kommen *Vonderembse/Raghunathan* zu dem Ergebnis, dass „product design and customer satisfaction are substantially improved when QFD is applied. Product costs and time-to-market may also improve but the support for this conclusion is not as strong.“[253]

---

[249] Vgl. auch Franceschini/Rupil 1999, S. 89; Park/Noh 2002.

[250] Allerdings erfolgt nur in der ersten Phase ein Konkurrenzvergleich aus Kundenperspektive.

[251] Zur Kritik an der Behandlung der meist intervallskaliert erhobenen Daten der Marktforschung als kardinal skalierte Daten im QFD vgl. ausführlich Franceschini/Rupil 1999.

[252] Bouchereau/Rowlands 2000, S. 13. Vgl. ebenda, S. 12-18 sowie Wang/Xie/Goh 1998; Ramasamy/ Selladurai 2004 u. Gandhinathan/Raviswaran/Suthakar 2004 zu einer näheren Erläuterung solcher Ansätze. Grundsätzlich kritisch zur Anwendung der Nutzwertanalyse insgesamt vgl. Lippe/Kladroba 2004.

[253] Vonderembse/Raghunathan 1997, S. 264; vgl. auch Zischka 2000; Enríquez/Osuna/Bosch 2004; Shahin 2004 sowie den Literaturüberblick bei Pullman/Moore/Wardell 2002. Zur Verbreitung der Anwendung des QFD in der deutschen Automobilzulieferindustrie vgl. Zischka 1998.

Umweltbezogene Anforderungen an Produkte werden dabei in dem Maße, in dem sie durch Kunden formuliert werden, berücksichtigt: Die entsprechenden Forderungen werden zusammen mit anderen in die erste Matrix des Verfahrens aufgenommen.[254] In der Literatur werden zudem umweltorientierte Erweiterungen des Instrumentes vorgeschlagen;[255] allerdings sind diese Ansätze bisher eher allgemein formuliert und berücksichtigen zudem keine Kostenanalysen. Auf Möglichkeiten einer mehrdimensionalen Modifikation des QFD wird in Kapitel 5.2 eingegangen.

3.4.1.2.3 Stoff- und Energieflussrechnung und Ökobilanz

Ziel der **Stoff- und Energieflussrechnung (SEFR)** ist es, die von einem Betrachtungsobjekt ausgehenden Umweltwirkungen zu planen und zu kontrollieren, um damit Verbesserungspotenziale zu analysieren.

Die **Methodik** ist dabei dadurch gekennzeichnet, dass auf der Basis von Messungen und/oder Berechnungen bzw. Schätzungen für das betrachtete Bezugsobjekt sämtliche Input- und Output-ströme erfasst werden. Ein **Problem** der SEFR besteht darin, dass sie hohe Anforderungen an die vom Unternehmen zur Verfügung zu stellenden **Informationen** stellt.[256] Produkt-SEFR erfordern es z. B., auch die Input-Ströme zugelieferter Teile zu erfassen. Zu diesem Zweck wurde in der Automobilindustrie als Gemeinschaftsprojekt von Audi, BMW, DaimlerChrysler, Ford, Opel, Porsche, VW und Volvo die Datenbank „International Material Data System" (IMDS) entwickelt und im Internet implementiert: Sie soll insbesondere dazu dienen, die für das Recycling erforderlichen Informationen vonseiten der Zulieferer zusammenzutragen;[257] zugleich wird damit aber auch eine Voraussetzung für die Durchführung von SEFR geschaffen. Inzwischen werden sämtliche – internen und externen – Zulieferer verpflichtet, die von ihnen eingesetzten Materialien umfassend über das Internet in diese Datenbank einzupflegen.[258] Aufgrund der hohen Komplexität von Automobilen existieren zurzeit erst für wenige Modelle vollständige SEFR, z. B. für den Golf A3 und Golf A4 sowie den Lupo 3L TDI.[259]

---

[254] Vgl. auch Kamiske 1999.
[255] Vgl. Kamiske 1999, S. 165-174; Tammler 1999 sowie Kapitel 5 der vorliegenden Arbeit.
[256] Vgl. z. B. Geldermann/Spengler/Rentz 1998, S. 128.
[257] Vgl. EDS Operations Services GmbH (o. J.).
[258] Vgl. Kapitel 3.4.2.1.
[259] Vgl. auch Kapitel 4.2.6.3.1.

Die SEFR stellt die Basis für eine **Ökobilanz** dar. In Anlehnung an den „Normenausschuss Grundlagen des Umweltschutzes“ (NAGUS) im Deutschen Institut für Normung (DIN)[260] wird hierunter eine Methodik verstanden, mit der die von alternativen „Bilanzierungsobjekten”, wie z. B. Produkten oder Prozessen, ausgehenden (ausschließlich) ökologischen Einflüsse im Hinblick auf ein definiertes „Bilanzierungsziel” und unter Angabe einer nutzenbezogenen Vergleichseinheit erfasst, ihre spezifischen Umweltwirkungen beschrieben und intersubjektiv nachprüfbar, gegebenenfalls nur verbal-kommentierend, „interpretiert” werden.[261] Für produktbezogene Ökobilanzen findet der anglo-amerikanische Begriff **Life Cycle-Assessment (LCA)** weit verbreitet Anwendung.[262]

Im Rahmen von Ökobilanzen wird somit aufbauend auf der SEFR eine **Wirkungsanalyse** durchgeführt, mit der die durch das Betrachtungsobjekt ausgelösten Stoff- und Energieflüsse auf die Umwelt entsprechend ihren ökologischen Wirkungen für die später erfolgende Beurteilung als relevant angesehenen Wirkungskategorien zugeordnet werden, z. B. Kohlendioxid der Klimawirkung, Phosphat der Eutrophierung oder Schwefeldioxid der Versauerung;[263] dies ermöglicht auch eine Aggregation der Umweltwirkungen innerhalb der einzelnen Wirkungskategorien.[264]

Die Wirkungsanalyse ist Grundlage der **Bewertung** von Stoff- und Energieströmen. Grundsätzlich umfasst eine Bewertung die Verknüpfung von Sachinformationen (z. B. Auswirkungen von Stoffströmen auf den Treibhauseffekt) mit Wertehaltungen hinsichtlich der Wirkungen auf die Umwelt (z. B. Schädlichkeit des Treibhauseffektes).[265] Aus methodischer Perspektive lassen sich unterschiedliche Gruppen von Bewertungsverfahren unterscheiden:[266] Bei den **qualitativen Bewer-**

---

260 Vgl. Deutsches Institut für Normung (DIN) 1994. Diese Grundsätze waren die Basis zur Aufstellung der DIN EN ISO 14040. Zu den einzelnen Phasen des Life Cycle-Assessment vgl. DIN EN ISO 14041, 14042 u. 14043. Vgl. auch Guinée/Gorrée/Heijungs 2001.

261 Bei den Bemühungen um eine Normierung von Öko-Bilanzen konnte bisher lediglich eine Einigung in Bezug auf die einzelnen Bestandteile einer Öko-Bilanz, nicht jedoch in Bezug auf eine einheitliche Bewertungsmethodik für die Umweltwirkungen erzielt werden. Entsprechend wird in der DIN EN ISO 14040 auch nicht mehr den Begriff der Bewertung, sondern „interpretation“, verwendet, der in der deutschen Fassung mit „Auswertung“ übersetzt worden ist. Vgl. Lange/Schaefer 1998, S. 317 f.

262 Zu der lebenszyklusbezogenen Betrachtung einer umweltorientierten Unternehmensplanung vgl. grundsätzlich Janzen 1997.

263 Vgl. ausführlich z. B. Guinée (Hrsg.) 2002, S. 63-95.

264 Vgl. zu einer exemplarischen Strukturierung der Umweltwirkungen von Automobilen Hoffmann 2002, S. 72. Vgl. allgemein zur Anwendung des LCA in der Automobilbranche Braess 1999.

265 Vgl. ISO 14042:2000(E), Pkt. 5.2; vgl. ausführlich Society of Environmental Toxicology and Chemistry (SETAC) 1998; Sundmacher 2002, insb. S. 145-282. Dabei ist aus Sicht des Unternehmens zu berücksichtigen, dass für die Beurteilung von Umweltwirkungen nicht nur die ökologischen Bewertungen relevant sind, sondern auch, welche von einem Unternehmen und seinen Produkten ausgehenden Umweltwirkungen von der Öffentlichkeit und weiteren als strategisch relevant ermittelten Stakeholdern wahrgenommen und wie sie von diesen bewertet werden. Zur Beurteilung einerseits der Umweltrelevanz und andererseits der Wahrnehmung der Umweltrelevanz durch die Öffentlichkeit vgl. Lehr 2000, S. 44-55.

266 Vgl. auch die Überblicke bei Günther, E. 1994, S. 143-163; Hofstetter/Braunschweig 1994; Dold 1996, S. 99-128; Prammer 1996; Umweltbundesamt (Hrsg.) 1999; Guinée (Hrsg.) 2002, S. 630-633; Sundmacher 2002, S. 228-282 sowie die jeweils angegebene Literatur.

tungsverfahren werden die dargestellten (quantitativen und qualitativen) Sachverhalte strukturiert, analysiert und anhand fakultativ herangezogener Umweltkriterien qualitativ bewertet; bei der ABC- bzw. ABC/XYZ-Analyse erfolgt auch eine Ermittlung von Rangfolgen.[267] Bei **quantitativen, nicht-monetären Bewertungen** werden die von einem Untersuchungsobjekt ausgehenden Umweltwirkungen, z. B. mit Hilfe von Äquivalenzziffern, auf einem kardinalen Skalenniveau – jedoch nicht anhand von Geldeinheiten – bewertet. Dabei kann etwa die Methodik der Nutzwertanalyse zur Anwendung kommen.[268] Bei **„monetären Bewertungen"** werden nicht nur die internalisierten Umweltkosten, sondern auch die von einem Untersuchungsobjekt ausgehenden externen Effekte in Geldeinheiten transformiert.[269]

Diese in der Literatur diskutierten Ansätze können allerdings die grundsätzlichen **Probleme einer Beurteilung von Umweltwirkungen** nicht vollständig lösen, so dass die ökologische Beurteilung von Produkten bzw. Prozessen mit einem hohen Subjektivitätsgrad verbunden bleibt – *Linneweber* spricht in diesem Zusammenhang von einer „naturwissenschaftlichen Unschärfe"[270]. Häufig ist es schon schwierig, konsensfähig einzelne Stoffe und Materialien aus ökologischer Sicht zu beurteilen. Umso problematischer ist die Beurteilung so komplexer Produkte wie Automobile oder auch nur Teile von Automobilen.[271]

Bei einer Integration des Umweltschutzes in das unternehmerische Zielsystem ist es jedoch erforderlich, die Entscheidungen im Rahmen der Produkt-/Prozessentwicklung auch auf Basis einer Bewertung der ökologischen Auswirkungen zu treffen. Hierfür ist es vor dem Hintergrund der beschriebenen Unsicherheiten erforderlich, systematisch und begründet vorzugehen und eine entsprechende Dokumentation zu gewährleisten, so dass bei neuen Erkenntnissen über Umweltwirkungen auch eine Anpassung der Beurteilung des jeweiligen Betrachtungsobjektes erfolgen kann.

---

[267] Vgl. zu den verschiedenen qualitativen Bewertungsverfahren ausführlich z. B. Hallay/Pfriem 1992, S. 94-105; Haasis 1994, S. 131; Hofstetter/Braunschweig 1994, S. 233; Böhler/Kottmann 1996; Steven/Schwarz/Letmathe 1997a, S. 36; Letmathe 1999, S. 73; Schwarz/Strebel 1999; Böning 2001, S. 227 f.; Bundesumweltministerium 2001, S. 224 ff.; Heilmann/Flake 2001, S. 302.

[268] Vgl. zu einer Methodik der Bewertung von Stoffströmen mit schwer quantifizierbaren Umweltauswirkungen mittels einer „Nutzwert-ABC-Analyse" z. B. Pick/Marquardt 1999; Pick/Gürzenich/Langer 1999; zur Anwendung der Nutzwertanalyse zur Bewertung von Umweltwirkungen im Rahmen des mehrdimensionalen Investitionsmanagements vgl. Lange/Ukena 1996.

[269] Vgl. z. B. Günther, E. 1994, S. 145-151; Cansier 1996; Sundmacher 2002, S. 269-276. Zu volkswirtschaftlichen Ansätzen einer ökonomischen Bewertung von Umweltwirkungen vgl. z. B. Marggraf/Streb 1997; Endres/Müller 1998. Zu betriebswirtschaftlichen Ansätzen einer Analyse von Umweltkosten vgl. Kapitel 3.4.1.2.7 u. 3.4.3.2.4.

[270] Linneweber 1999, S. 118 f.

[271] Eine eindeutige Beurteilung der Umweltwirkungen ist auch aufgrund der teilweise langen Wirkungszeiten kaum möglich: So kann der Weg von Pestiziden in das Trinkwasser mehr als zehn Jahre dauern. Die Beurteilungsproblematik besteht dabei einerseits aufgrund von Wissensdefiziten; andererseits resultieren aus der nichtlinearen Dynamik von Ökosystemen prinzipielle Barrieren für eine sichere Analyse. Vgl. z. B. Geldermann/Spengler/Renz 1998, S. 128.

3.4.1.2.4 Fehlermöglichkeits- und -einflussanalyse

Ziel der FMEA[272] ist die Bereitstellung von Informationen über potenzielle Fehler an Produkten oder Prozessen sowie ihre Ursachen und Folgen. Auf dieser Basis wird eine Rangfolge der potenziellen Fehler gebildet und analysiert, ob und gegebenenfalls welcher Handlungsbedarf im Hinblick auf die Erarbeitung von Maßnahmen zur Vermeidung bzw. rechtzeitigen Fehlerentdeckung besteht. Es handelt sich um ein Instrument des präventiven Qualitätsmanagements, das also in erster Linie im Rahmen von Entwicklungsprozessen angewandt wird; in der Unternehmenspraxis kommt es aber häufig auch zur Verbesserung bestehender Produkte und Prozesse zum Einsatz. Grundsätzlich können sämtliche Teile und alle Prozesse im Rahmen des Lebenszyklus eines Produktes mittels der FMEA analysiert und verbessert werden. In der Regel erfolgt jedoch eine Beschränkung auf erfolgskritische und/oder fehleranfällige Produktteile sowie Prozesse.

Zu unterscheiden sind Produkt- und Prozess-FMEAs.[273] Die **Produkt-FMEA** analysiert die Konstruktion und das funktionsgerechte Zusammenwirken der Systemkomponenten im Hinblick auf mögliche Fehlerrisiken. Im Unterschied hierzu geht die Fragestellung der **Prozess-FMEA** von potenziellen Fehlern in den einzelnen Fertigungs- und Montageprozessen aus.

Die FMEA-Ausprägungen unterscheiden sich nur im Hinblick auf die untersuchte Fragestellung, nicht bezüglich der **Methodik**. In jedem Fall werden drei Phasen durchlaufen: Risikoanalyse, Risikobewertung und Entscheidungen über Verbesserungsmaßnahmen. Im Rahmen der Risikoanalyse werden alle potenziellen Fehlerarten sowie Fehlerursachen und -folgen untersucht. Für die Ermittlung potenzieller Fehlerursachen wird dabei in der Regel die Ursache-Wirkungs-Analyse (Ishikawa-Methode) angewandt.[274] Ziel der Risikobewertung ist es, auf Basis der Risikoanalyse eine „Risikoprioritätszahl" (RPZ) zu ermitteln; diese ergibt sich gemäß (1)[275]:

$$RPZ = S_A \cdot S_E \cdot S_B \qquad (1)$$

mit:

S_A = Score für die Auftretenswahrscheinlichkeit von Fehlerursachen,

[272] In der amerikanischen Literatur wird von „Failure Mode and Effect Analysis" (FMEA), teilweise auch von „Failure Mode, Effect and Criticality Analysis" (FMECA) gesprochen. Vgl. Feigenbaum 1991, S. 657 f.; Waller 1999, S. 577 f.

[273] Vgl. auch zu Folgendem Deutsche Gesellschaft für Qualität (DGQ) (Hrsg.) (2001); Kersten 1996; Pfeifer 2001, S. 397-409; Devadasan/Muthu 2003; Stamatis 2003 sowie VDA 4.2a.

[274] Vgl. z. B. Schulze 1999, S. 393 f.

[275] Die multiplikative Verknüpfung der drei Kriterienausprägungen wird dabei insb. vor dem Hintergrund der inkonsistenten herkömmlichen Zuordnung von Punkten zu den Auftretens- und Entdeckungswahrscheinlichkeiten (siehe hierzu Kapitel 5.3.1) in der Literatur teilweise kritisiert. Vgl. Gilchrist 1993; Ben-Daya/Raouf 1996, S. 45. Ein weiteres Problem besteht darin, dass Auftretens- und Entdeckungswahrscheinlichkeit nicht unabhängig voneinander sind. Insofern müsste hier das Konzept der bedingten Wahrscheinlichkeiten herangezogen werden. Vgl. hierzu Kapitel 5.3.2.1 der vorliegenden Arbeit.

S_E = Score für die Entdeckungswahrscheinlichkeit von aufgetretenen Fehlern, bevor der Kunde das Produkt erhält,
S_B = Score für die Bedeutung der Fehlerfolgen aus Sicht der Kunden[276].

Auf einer Skala von eins bis zehn erfolgt eine Einschätzung der drei Kriterien: Jeweils 1 Punkt steht für ein äußerst unwahrscheinliches Auftreten des Fehlers, für eine sehr hohe Entdeckungswahrscheinlichkeit von aufgetretenen Fehlern, bevor der Kunde das Produkt erhält, und eine geringe Bedeutung der Fehlerfolgen aus Sicht des Kunden. 10 Punkte stehen entsprechend für ein sicheres Auftreten, eine geringe Entdeckungswahrscheinlichkeit[277] und eine sehr große Bedeutung der Fehlerfolgen aus Sicht des Kunden. In „Konvertierungstabellen"[278] sind den verbalen Beschreibungen der einzelnen Ausprägungen für die drei Bewertungsgrößen Punkte zugeordnet;[279] zusätzlich sind für die Ausprägungen von Auftretens- und Entdeckungswahrscheinlichkeiten auch Wahrscheinlichkeitsintervalle angegeben. Als Ergebnis liegen somit Bewertungen der Fehlerursachen in Form von RPZ zwischen eins und 1.000 vor.

In der Folge sind verschiedene **Handlungsalternativen** zu differenzieren: Wird das Risiko einer Fehlerursache als akzeptabel eingeschätzt – hierfür können unternehmensintern Toleranzschwellen festgelegt sein[280] –, besteht kein Anpassungserfordernis. Wird das Risiko dagegen als nicht akzeptabel beurteilt, werden Vermeidungs- und/oder Entdeckungsmaßnahmen implementiert. Dabei ergibt sich die Priorität der Handlungsbedarfe aus der Höhe der RPZ für die jeweiligen Fehlerursachen. Der Erfolg von Verbesserungsmaßnahmen wird überprüft, indem nach ihrer Durchführung aktuelle RPZ ermittelt werden.

Die **Kritik** an der FMEA in der Literatur bezieht sich insbesondere auf die **Konvertierungstabellen** zur Zuordnung von Scores für die Auftretens- und Entdeckungswahrscheinlichkeiten. Diese Tabellen sind so angelegt, dass der Zusammenhang zwischen der Entdeckungswahrscheinlichkeit und den für dieses Kriterium vergebenen Punkten weitgehend linear ist; dies gilt jedoch nicht hinsichtlich der Auftretenswahrscheinlichkeiten (siehe Tabelle 3-2).

---

[276] Erfahrungen z. B. in der Automobilindustrie zeigen, dass hier häufig FMEAs gemeinsam mit Kunden durchgeführt werden, so dass die Beurteilung der Fehlerfolgen nicht nur aus Sicht der Kunden, sondern (auch) durch diese selbst vorgenommen werden kann.

[277] Der Score für die Entdeckungswahrscheinlichkeit (S_E) ist somit umso *höher*, je *unwahrscheinlicher* das Entdecken des Fehlers im Unternehmen ist. Dies liegt darin begründet, dass die Risikoprioritätszahl, die das mit der Fehlerursache verbundene Risiko ausdrückt, nur bei einer solchen Punktzuordnung im Falle niedriger Entdeckungswahrscheinlichkeit erhöht wird.

[278] In der Literatur wird davon ausgegangen, dass fünf bis zehn Bewertungsklassen festgelegt werden sollten. Vgl. Nicolai 1994, S. 424. Für die Definition der Konvertierungstabelle wird auf die Kardinalskala abgestellt. Vgl. Lackes 1988, S. 387; Spengler/Geldermann/Rentz 1997b, S. 66 f.

[279] Vgl. z. B. Gilchrist 1993, S. 18; VDA 4.2a.

[280] Für die Festlegung von Toleranzschwellen spricht dabei, dass die Absolutbeträge von RPZ für sich genommen schwer interpretierbar sind. Allerdings muss berücksichtigt werden, dass solche Toleranzschwellen letztlich immer willkürlich gesetzt sind.

Tabelle 3-2 Konvertierungstabelle zur Bestimmung der Scores für die Auftretens- und Entdeckungswahrscheinlichkeit von Fehlern[281]

Score	Auftretens-wahrscheinlich-keit	Entdeckungs-wahrscheinlich-keit
1	0 %	95 – 100 %
2	0,005 %	85 – 94 %
3	0,01 %	75 – 84 %
4	0,05 %	65 – 74 %
5	0,1 %	55 – 64 %
6	0,5 %	45 – 54 %
7	1 %	35 – 44 %
8	5 %	25 – 34 %
9	10 %	15 – 24 %
10	50 %	0 – 14 %

Bei Verwendung dieser Konvertierungstabelle werden beispielsweise für eine Auftretenswahrscheinlichkeit von 0,01 % drei Punkte und für eine Wahrscheinlichkeit von 65-74 %, dass der Fehler unternehmensintern entdeckt wird, vier Punkte vergeben. Daraus folgt: $S_A \cdot S_E = 12$ Punkte. Die gleiche Punktzahl wird dem Fall zugeordnet, dass der Fehler mit einer Wahrscheinlichkeit von 0,05 % auftritt und mit einer Wahrscheinlichkeit von 75-84 % entdeckt wird. Dies führt dazu, dass für zwei Fehler, die mit unterschiedlicher Wahrscheinlichkeit zum Kunden gelangen, die gleiche Punktzahl im Rahmen der Berechnung der RPZ resultiert: Die Wahrscheinlichkeit, dass der Kunde ein fehlerhaftes Produkt erhält, kann im ersten Fall bei 0,0026 %, im zweiten Fall dagegen bei 0,0125 % liegen.[282]

Gilchrist schlägt daher vor, anstelle der Vergabe von Punkten für die Berechnung der RPZ Wahrscheinlichkeiten heranzuziehen, die insbesondere auf Basis von Prüfergebnissen in der Vergangenheit geschätzt werden.[283] Voraussetzung hierfür sind allerdings zum einen große Stückzahlen, wie sie in der Serienfertigung vorliegen, da nur dann in ausreichendem Umfang Prüfergebnisse vorliegen können, um auf dieser Basis die zukünftig erwarteten Wahrscheinlichkeiten zu ermitteln. Zum anderen können solche Vergangenheitswerte nur für FMEAs mit dem Ziel einer Verbesserung bestehender Produkte oder Prozesse vorliegen, nicht dagegen für Neuentwicklungsprojekte: *Ben-Daya* und *Raouf*[284] weisen darauf hin, dass bei einer Anwendung der FMEA in der Designphase eines Produktes oder Prozesses keine (objektiven) Wahrscheinlichkeiten bekannt sein können. Sie

281 Quelle: Gilchrist 1993, S. 18; Ben-Daya/Raouf 1996, S. 44.

282 In der deutschen Automobilbranche wird weit verbreitet für FMEA-Projekte eine vom VDA entwickelte Konvertierungstabelle (vgl. VDA 4.2a) verwendet; mit dieser wie auch mit weiteren Konvertierungstabellen in der Literatur (vgl. etwa Sankar/Prabhu 2001, S. 328) ist die gleiche Problematik verbunden.

283 Vgl. Gilchrist 1993, S. 21.

284 Vgl. Ben-Daya/Raouf 1996, S. 46 f.

schlagen daher vor, weiterhin Scores anzuwenden, die Konvertierungstabelle jedoch so zu modifizieren, dass eine Linearisierung der Zuordnung von Punkten zu den geschätzten Fehlerhäufigkeiten hergestellt wird.

Eine solche Modifikation der Konvertierungstabellen ist m. E. zweckmäßig, sofern aus Praktikabilitätsgründen Scores verwendet werden sollen. Auch dann erfordert jedoch die Zuordnung von Punkten eine Schätzung der erwarteten Fehlerhäufigkeiten. Insofern basiert jede Konvertierungstabelle auf Annahmen über Wahrscheinlichkeiten. Allerdings kann dabei das Konzept subjektiver Wahrscheinlichkeiten zugrunde gelegt werden, wie es für zahlreiche betriebliche Entscheidungssituationen genutzt wird, in denen keine objektiven Wahrscheinlichkeiten bekannt sind, jedoch „Glaubwürdigkeitsvorstellungen" über das Eintreten von Ereignissen in Entscheidungssituationen bestehen,[285] die als subjektive Wahrscheinlichkeiten ausgedrückt werden können. Auf diese Weise ist es möglich, die Erfahrung und Einschätzungen eines Entscheidungsträgers explizit im Entscheidungskalkül zu erfassen und stochastische Entscheidungsmodelle anzuwenden. Letztlich können diese subjektiven Wahrscheinlichkeiten ebenso in Prozenten wie in Scores ausgedrückt werden.[286]

Die FMEA ist – gerade in der Automobilindustrie – ein weit verbreitet eingesetztes Instrument, dessen **Nutzen** vor allem darin besteht, dass potenzielle Fehler und mit diesen verbundene Risiken bereits in der Produkt- bzw. Prozessentwicklung erkannt und vermieden werden können.[287]

In der Literatur werden zudem umweltbezogene Modifikationen des Instrumentes diskutiert. Dabei wird die Fehlerart ersetzt durch die „Umwelteinwirkung" und die Beurteilungsgröße „Fehlerfolgen aus Sicht der Kunden" durch „Bedeutung der Umweltwirkung", die wiederum mit Hilfe einer ABC/XYZ-Analyse eingeschätzt wird. Schließlich wird das Kriterium „Entdeckungswahrscheinlichkeit" durch „Beeinflussbarkeit" ersetzt.[288]

---

[285] Vgl. auch zu Folgendem Bamberg/Coenenberg 2002, S. 76 f.; Laux 2003, S. 125-129 u. S. 313-316.

[286] Eine Zuordnung von Scores zu Wahrscheinlichkeitsintervallen setzt allerdings grundsätzlich voraus, dass die jeweiligen Zustandsausprägungen (etwa die Entdeckungswahrscheinlichkeiten), für die Punkte vergeben werden, vom Entscheidungsträger hinreichend gut differenziert werden können. Analog zur Zuordnung von Präferenzen unter Zugrundelegung des Prinzips rationalen Handelns ist hierfür neben der Vergleichbarkeit der Ausprägungen auch Transitivität Voraussetzung. Vgl. etwa Bitz 1981, S. 181 u. 186 f. Dabei besteht das Problem der „Fühlbarkeitsschwellen". Vgl. ebenda zum auf Krelle (1961 und 1968) zurückgehenden Begriff der Fühlbarkeitsschwellen: Ist etwa im Rahmen der FMEA – wie in der Konvertierungstabelle in Tabelle 3-2 – ein Intervall abgegrenzt (z. B. zwei Punkte entsprechen dem Intervall [0,85; 0,94] auf der relevanten Skala für die Entdeckungswahrscheinlichkeit), so ist fraglich, warum nicht auch 0,849 oder 0,941 noch mit zwei Punkten bewertet werden. Vgl. Göbel 1998, o. S. Eine Möglichkeit, um solche unscharfen Ausdrücke zu berücksichtigen, besteht in der Anwendung des Konzeptes der Fuzzy Logic, auf das an dieser Stelle jedoch nicht näher eingegangen werden soll. Zur Nutzung der Fuzzy Logic speziell im Zusammenhang mit der FMEA vgl. Chang/Wei/Lee 1999; Braglia/Frosolini/Montanari 2003.

[287] Vgl. z. B. Stamatis 2003, S. 293-337 sowie die Fallstudien in Kapitel 4 der vorliegenden Arbeit.

[288] Vgl. Tammler/Eschborn 1998, S. 306 f.; Tammler 1999, S. 1033-1044; Pfeifer/Greshake 2004, S. 73.

Die **Umweltorientierte FMEA** soll kurz anhand eines Beispiels erläutert werden:[289] Ziel des bei einem Schienenfahrzeughersteller durchgeführten Projektes war die Verringerung der bei Handling und Entsorgung mit dem Einsatz von Lacken und Lösemitteln als wassergefährdenden Stoffen verbundenen Umweltrisiken. Im Anschluss an die Prozessanalyse wurden eine SEFR und darauf aufbauend eine ABC-Analyse im Hinblick auf die Umweltwirkungen durchgeführt. Dabei wurde als größtes Problem die Verwendung von Lösemitteln identifiziert. Die Ergebnisse der Umweltorientierten FMEA wurden gemäß Tabelle 3-3 abgebildet.

Tabelle 3-3 Umweltorientierte FMEA[290]

Umweltbezogenes Prozessmerkmal	Umweltwirkung	Bedeutung	Ursache	Auftretenswahrscheinlichkeit	Beeinflussbarkeit	RPZ
Verwendung Lösemittel	• Sondermüll und Luftverunreinigung	8	• Reinigungsperson	10	3	240
			• Bestimmung der Sättigung	9	3	216
			• Recycling der Lösemittel	10	8	640
			• Mischungshilfsmittel	8	5	320
			• Art der Farben / Lösemittel	10	3	240
			• Trennung der 2 Komponenten	8	5	320
...	...	...	...	...	...	...

Im Ergebnis wurde als Verbesserungsmaßnahme unter anderem die Investition in eine Destillationsanlage zur Wiederaufbereitung der Lösemittel abgeleitet. Zwar wurde auch der Einsatz von Wasserlacken als Alternative zu den Zweikomponentenlacken diskutiert, aus zwei Gründen jedoch nicht realisiert: Zum einen wären hierfür aufwendige Verfahrensumstellungen notwendig gewesen. Zum anderen erfüllen Wasserlacke nicht in gleichem Maße wie Zweikomponentenlacke die Anforderungen von Kunden an die Belastbarkeit und Reinigungsmöglichkeiten der Oberflächen, z. B. bei Beschädigung durch Graffiti.

Bei dieser Umweltorientierten FMEA besteht die Möglichkeit, Produkt- und Prozesskonzeptionen unter Berücksichtigung der Umweltwirkungen zu gestalten. Dabei ist es allerdings – wie auch das Beispiel zeigt – erforderlich, die Ergebnisse im Hinblick auf ihre Vereinbarkeit mit Qualitätsanforderungen des Produktes bzw. Prozesses zu prüfen. Zudem ist trotz der Bezeichnung als FMEA zu beachten, dass es sich nicht – wie bei der herkömmlichen FMEA – um ein Instrument zur Analy-

[289] Vgl. zu Folgendem Tammler 1999, S. 1035-1044.
[290] Quelle: Modifiziert nach Tammler 1999, S. 1043.

se und Vermeidung potenzieller Fehler handelt, sondern zur Verminderung der Umweltfolgen der Produkt- bzw. Prozesskonzepte insgesamt.

3.4.1.2.5 Taguchi-Methode der Statistischen Versuchsplanung

Ziel der Taguchi-Methode der Statistischen Versuchsplanung (Taguchi Experimental Design) ist die Verringerung der Streuung von Produkt- und Prozessmerkmalen.[291] Zentrales Element der **Methodik** ist das so genannte Parameterdesign:[292] Hier wird mittels der Statistischen Versuchsplanung die Robustheit der Prozesse und Produkte gegen Störfaktoren maximiert. Die folgenden Ausführungen beziehen sich auf das Prozess-Parameter-Design; sie sind jedoch auf das Produkt-Parameter-Design übertragbar.

Ansatzpunkt ist eine Einteilung der auf den Produktionsprozess einwirkenden Faktoren in Steuer- und Störgrößen. Während unter Steuergrößen (Design-Faktoren) solche zu verstehen sind, die sich leicht einstellen und kontrollieren lassen (z. B. Druck, Rotationsgeschwindigkeit), sind Störgrößen dadurch gekennzeichnet, dass sie nicht bzw. nur mit sehr großem Aufwand kontrolliert werden können, etwa Feuchtigkeit oder Vibrationen durch in der Nähe stehende Maschinen oder Maschinenverschlechterungen im Zeitverlauf, also z. B. die Alterung von Resistatoren oder Ausleierungen. Ziel ist es, solche Ausprägungen und Kombinationen der Steuergrößen zu finden, die nicht nur gewährleisten, dass der Sollwert möglichst optimal erreicht wird, sondern die auch den Prozess „robust" gegen Störgrößen machen, so dass insgesamt die Schwankungen der Qualitätsmerkmale minimiert werden. Der Versuchsaufbau ist dabei ein orthogonales Feld, bei dem alle Faktorausprägungen vertikal und zwischen je zwei Spalten horizontal gleich oft vorkommen.[293]

Um Störfaktoren in das Versuchsdesign einzubeziehen, werden ihre möglichen Ausprägungen ermittelt und auch für sie das Versuchsdesign in Form orthogonaler Felder gebildet. Die verschiedenen Versuchsanordnungen der Steuerfaktoren werden mehrmals wiederholt, jeweils unter anderen Ausprägungen der Störfaktoren. So kommt für jede Versuchsanordnung eine entsprechende Anzahl Ergebnisse – Funktionswerte – zustande. Die Ergebnisspanne zwischen diesen Werten wird als auf das Wirken der Störfaktoren zurückzuführender „Störabstand" bezeichnet. „The idea of

---

291 Vgl. Taguchi 1989; Schweitzer/Baumgartner 1992, S. 80. Vgl. zu dem Konzept auch Perona 1998; Konda et al. 1999; Lofthouse 1999; VDA 4.2b.

292 Vgl. auch zu Folgendem Taguchi 1989, S. 108-114; Schweitzer/Baumgartner 1992, S. 78-81; Zhang 1998, S. 433-437; Pfeifer 2001, S. 356-394.

293 Vgl. ausführlich Schweitzer/Baumgartner 1992, S. 85; Taguchi/Clausing 1990; Pfeifer 2001, S. 361-379.

varying the controllable factors as inputs to achieve the target is not new. The important contribution is the systematic inclusion in the experimental design of noise factors, that is, variables over which the designer has no control but which can be controlled in an experiment."[294]

Mit der Statistischen Versuchsplanung können ebenso kunden- wie umweltbezogene Produkt- und Prozessmerkmale optimiert werden. Robustheit im Hinblick auf die Umweltwirkungen bedeutet dann, dass solche Einstellungen der Produkt- bzw. Prozessparameter ermittelt werden, die möglichst geringe Umweltwirkungen implizieren.

Eine solche mehrdimensionale, zugleich **qualitäts- und umweltbezogene Anwendung** der Statistischen Versuchsplanung nach Taguchi findet sich bei *Kamiske et al.*[295] Sie zeigen anhand eines Beispiels, wie mittels dieses Instrumentes gleichzeitig die Maßhaltigkeit und Oberflächengüte eines Drehteils sowie der Energieverbrauch einer CNC-gesteuerten Drehzelle zur Bearbeitung des Werkstücks geplant werden können. Als Steuergrößen wurden in diesem Fall Schnitttiefe, Vorschub, Schnittgeschwindigkeit und Kühlmitteldruck mit je drei unterschiedlichen Ausprägungen gewählt, wobei die mittlere Ausprägung jeweils die „übliche“ Einstellung an der Maschine darstellte. Als Störgrößen wurden insbesondere externe Schwingungen durch den gleichzeitigen Betrieb weiterer Maschinen in unmittelbarer räumlicher Nähe sowie Temperaturschwankungen in der Fertigungshalle in die Versuchsplanung einbezogen. Im Ergebnis zeigte sich, dass die Festlegung der optimalen Ausprägungen der Steuergrößen eine Abwägung zwischen den betrachteten Zielen erfordert: Eine Verbesserung des Energieverbrauchs der CNC-Maschine war mit einer geringfügigen Verschlechterung der Oberflächengüte des Drehteils verbunden. Da im vorliegenden Fall davon ausgegangen werden konnte, dass damit keine Funktionsbeeinträchtigung verbunden sein würde, wurde dies in Kauf genommen.

Insgesamt ist somit mittels der Statistischen Versuchsplanung eine integrierte Optimierung von Produkten und Prozessen aus kunden- und umweltbezogener Perspektive möglich. Eine methodische Modifikation des Instrumentes ist dabei nicht erforderlich; der einzige Unterschied besteht darin, dass als Zielgröße auch die Umweltwirkungen von Produkten und Prozessen herangezogen werden.

---

[294] Logothetis 1992, S. 307.

[295] Vgl. auch zu Folgendem Kamiske et al. 1999, S. 196-205.

3.4.1.2.6 Prozessfähigkeitsstudien

Ziel von Prozessfähigkeitsstudien ist es, die Einhaltung von Fertigungstoleranzen zu verbessern. Die Prozessfähigkeit ist ein Maß für die Präzision eines Prozesses.[296] Eine in der Praxis gebräuchliche Kennzahl für die Prozessfähigkeit lautet:

$$C_p = \frac{G_o - G_u}{6\sigma} \qquad (2)$$

mit C_p = Process Capability,
G_o = obere Toleranzgrenze,
G_u = untere Toleranzgrenze,
σ = Standardabweichung.

Je größer der C_p-Wert ist, desto größer ist die vorgegebene Toleranz in Relation zur „natürlichen Prozesstoleranz“, unter der in der Praxis die Länge 6 Sigma des Intervalls $[\mu - 3\sigma, \mu + 3\sigma]$, in das 99,73 % der Realisationen eines normalverteilten Qualitätsmerkmals fallen, verstanden wird.[297]

Um nicht nur die Streuung, sondern auch den Abstand des Prozessmittelwertes vom Sollwert zu berücksichtigen, kann der folgende Wert L, der die „Lage des Prozesses“ beschreibt, herangezogen werden:

$$L = \frac{G_m - \mu}{\frac{1}{2}(G_o - G_u)} = 2\frac{(G_m - \mu)}{(G_o - G_u)}, \qquad (3)$$

mit G_m = Mitte des Toleranzintervalls.

Die Prozessfähigkeit im Hinblick auf die Prozesslage ist umso günstiger, je kleiner der Absolutbetrag von L ist. Schließlich ist es möglich, beide Prozessfähigkeitsindizes zu einem solchen zusammenzufassen, der Lage und Streuung simultan berücksichtigt:

$$C_{pk} = C_p \cdot (1 - L) \qquad (4)$$

mit C_{pk} = Critical Process Capability.

Wenn Zielwert und Prozessmittelwert für ein annähernd normalverteiltes Produktmerkmal übereinstimmen, bedeutet eine Fertigungstoleranz von 6σ einen C_{pk}-Wert von eins, für 8σ ergibt sich der Wert 1,33 und für 10σ der Wert 1,67. Tabelle 3-4 ordnet verschiedenen C_{pk}-Werten die jeweils

[296] Vgl. Rinne/Mittag 1999; Pfeifer 2001, S. 531-534.
[297] Vgl. Rinne/Mittag 1995, S. 97; Rehbehn/Yurdakul 2003, S. 54.

korrespondierende Anzahl von Fehlern pro Millionen Produkte zu („Parts per Million", „ppm"). In der Automobilindustrie fordern die Hersteller von ihren Zulieferern sowie von der eigenen Produktion in der Regel Prozessfähigkeiten von $C_{pk} \geq 1{,}33$.[298]

Tabelle 3-4 Prozessfähigkeit und korrespondierender Anteil fehlerhafter Produkte

C_{pk}	0,6	0,9	1,0	1,33	1,67
Fehler / Mio. Produkte	71.800	6.900	2.700	66	1

3.4.1.2.7 Qualitäts- und Umweltkostenanalysen

Mit entsprechenden Kostenanalysen sollen qualitäts- und umweltbezogene Entscheidungen unterstützt werden. Im Rahmen der Produkt-/Prozessentwicklung wird dabei das **Ziel** verfolgt aufzuzeigen, welche Kosten mit der Realisierung kunden- bzw. umweltorientierter Produkt- bzw. Prozesskonzeptionen verbunden sind. Dabei werden im **Qualitätsmanagement** insbesondere das Life Cycle Costing, die Prozesskostenrechnung sowie das Target Costing herangezogen.[299]

In der wissenschaftlichen Literatur werden vermehrt inzwischen auch Konzeptionen einer Analyse von **Umweltkosten** in diesem Zusammenhang diskutiert. Im Vordergrund stehen dabei internalisierte Umweltkosten. Diese umfassen einerseits Umweltschutzkosten (Vermeidungs- bzw. Verminderungskosten, Verwertungskosten und Beseitigungskosten) und andererseits Duldungskosten (für die Hinnahme von Umweltwirkungen, also z. B. Umweltabgaben, wie Abwasserabgaben oder Deponiegebühren, Prämien für Umweltschutz-Haftpflichtversicherungen oder Entschädigungen).[300] Darüber hinaus können externe Effekte betrachtet werden, bei denen allerdings eine monetäre Bewertung problematisch ist.[301]

---

[298] Vgl. Kapitel 4 sowie Rinne/Mittag 1999, S. 211; Sondermann 1999, S. 266. Die angesprochenen Ausprägungen von Prozessfähigkeitsindizes stellen auf normalverteilte Prozessmerkmale ab. Inzwischen werden in der Literatur „Prozessfähigkeitsindizes nachfolgender Generationen" diskutiert, die einerseits auf nicht-normalverteilte Merkmale anwendbar sind und andererseits eine höhere Sensitivität gegenüber Abweichungen des Prozessniveaus vom Zielwert eines Qualitätsmerkmals aufweisen. Zudem sind sie stärker mit ökonomischen Überlegungen, insbesondere mit der „quadratischen Verlustfunktion" nach *Taguchi*, verbunden. Vgl. Rinne/Mittag 1999, S. 231-288; Ben-Daya/Duffuaa 2003.

[299] Vgl. ausführlich Weigand 1999. Zu diesen Instrumenten auch allgemein vgl. z. B. Horváth/Niemand/Wolbold 1993; Coenenberg/Fischer/Schmitz 1997; Burkert 1998; Tsai 1998.

[300] Zur Diskussion des Umweltkostenbegriffs vgl. Roth 1992, S. 107; Gay 1998; Rogler 2000; Letmathe/Wagner 2002, Sp. 1988; Holze 2003; Lange/Martensen 2004, S. 2-6. In Teilen der Literatur werden darüber hinaus sämtliche Ressourcenkosten, die für die direkte (z. B. Rohstoffe) oder indirekte (z. B. Energie) Entnahme von natürlichen Ressourcen aus der Umwelt entstehen, hierzu gezählt. Vgl. Lange/Fischer 1998, S. 109; Lange/Kuchenbuch 2003b, S. 25; Lange/Martensen 2004, S. 4.

[301] Vgl. auch bereits Kapitel 3.4.1.2.7.

Umweltkosten können im Rahmen der Produkt-/Prozessentwicklung z. B. in das Target Costing einbezogen werden, wobei drei Möglichkeiten zu unterscheiden sind:[302] Zunächst können solche externen Umweltkosten internalisiert werden, die auf die Kunden überwälzbar sind; Voraussetzung hierfür sind entsprechende Zahlungsbereitschaften. Zweitens kann ein Gewinnverzicht durch Reduzierung der angestrebten Umsatzrentabilität erfolgen und schließlich besteht die dritte Alternative in einer Senkung der Zielkosten, verbunden mit einem erhöhten Bedarf zur Reduzierung der Kosten. In dem Maße, in dem Kosten reduziert werden, können externe Effekte internalisiert werden. Eine solche Erweiterung des Target Costing kann dazu beitragen, ökologische und ökonomische Aspekte in den Phasen der Produktentwicklung zu berücksichtigen.

3.4.1.2.8 Integration des Einsatzes der Qualitäts- und Umweltmanagementinstrumente im Rahmen der Produkt-/Prozessentwicklung

Die dargestellten Qualitäts- und Umweltmanagementinstrumente können in den verschiedenen in Kapitel 3.4.1.1 skizzierten Phasen der Produkt-/Prozessentwicklung angewandt werden (siehe Abbildung 3-5). Um die Entscheidungen am mehrdimensionalen Zielsystem orientiert zu treffen, müssen die Ergebnisse des Instrumenteneinsatzes insgesamt betrachtet werden.

Im Folgenden wird zusammengefasst, für welche der oben in Tabelle 3-1 angeführten Aufgaben in den vier Phasen der **Produkt-/Prozessentwicklung** interdependente qualitäts- und umweltbezogene Informations-, Planungs- und Kontrollprozesse erforderlich sind und welche Qualitäts- und Umweltmanagementinstrumente in diesem Zusammenhang kombiniert angewendet werden können.

In der **Definitionsphase** können (kombinierte) **Qualitäts-** und **Öko-Portfolioanalysen** zur Bestimmung der Vorgaben im Lastenheft kombiniert eingesetzt werden. Dabei handelt es sich beim Öko-Portfolio quasi um eine Detaillierung eines Aspektes der Qualitäts-Portfolioanalyse.

In der **Konzeptphase und Serienentwicklung** sind mehrdimensionale Informations-, Planungs- und Kontrollprozesse vor allem notwendig, um die Konzepterarbeitung und -auswahl sowie die Entwicklung bzw. Detailkonstruktion der Entwürfe qualitäts- und umweltorientiert zu unterstützen. Zum Einsatz kommen können dabei das QFD, FMEAs, SEFR und Ökobilanzen, die Statistische Versuchsplanung, Prozessfähigkeitsanalysen sowie Analysen der Qualitäts- und Umweltkosten.

[302] Vgl. Günther/Schill/Schuh 2000.

Abbildung 3-5 Einsatz von Qualitäts- und Umweltmanagementinstrumenten in den Phasen der Produkt-/Prozessentwicklung[303]

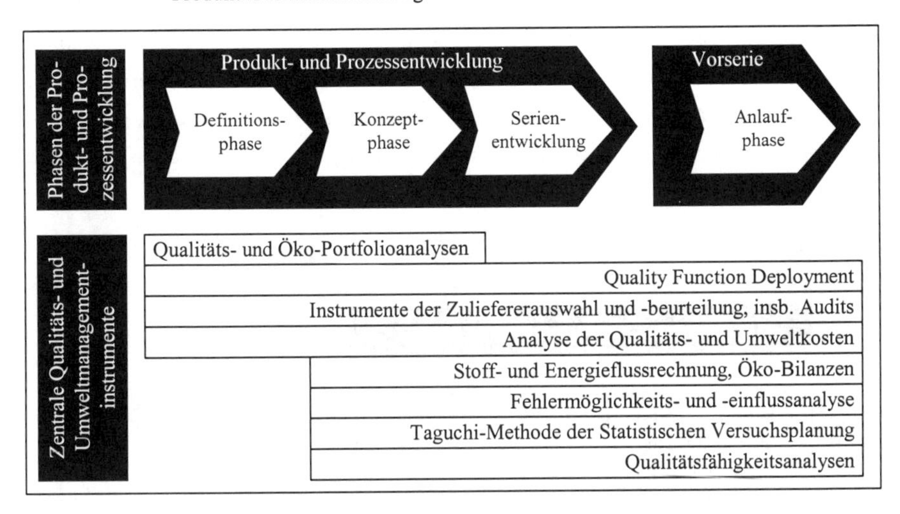

Eine Verknüpfung der Ergebnisse des Einsatzes dieser Qualitäts- und Umweltmanagementinstrumente ist allerdings nicht in jedem Fall so möglich, dass interdependente Entscheidungen auf Basis der erforderlichen mehrdimensionalen Informationen getroffen werden können. So werden mit dem **QFD** die für das Erreichen der Kundenanforderungen relevanten Konstruktions-, Teile- und Prozessmerkmale abgeleitet; dabei können jedoch im Ergebnis z. B. Prozesse so ausgestaltet werden, dass sie mit gravierenden Umweltwirkungen verbunden sind. Ebenso beurteilt die **FMEA** Fehler ausschließlich im Hinblick auf ihre Bewertung durch Kunden, nicht aber bezüglich ihrer Umweltwirkungen. Zwar werden in der Literatur inzwischen auch umweltorientierte FMEAs vorgeschlagen. Hierbei handelt es sich allerdings – wie gezeigt – nicht um ein Instrument zur Analyse und Vermeidung potenzieller Fehler, sondern zur Verminderung der Umweltfolgen der Produkt- bzw. Prozesskonzepte insgesamt. Insofern können die Ergebnisse auch nicht direkt mit denen der herkömmlichen, kundenorientierten FMEA verknüpft werden. Ansätze zur Einbeziehung von Qualitätskosten werden inzwischen allerdings auch für die FMEA diskutiert.[304]

Stoff- und Energieflussrechnungen sowie **Ökobilanzen** sind von ihrer grundsätzlichen Anlage her ausschließlich umweltorientiert; sie können etwa eingesetzt werden, um im Anschluss an die

[303] Quelle: Modifiziert nach Weigand 1999, S. 44. Zur Methodik von Audits siehe Kapitel 3.4.2.2.1. Dieses Instrument ist in die Abbildung 3-5 aufgenommen, weil es im Rahmen der Produkt-/Prozessentwicklung eingesetzt werden kann; gleichwohl liegt ihr hauptsächliches Anwendungsfeld in den Beschaffungsprozessen.

[304] Siehe Kapitel 5.3.1.

Konzeption kundenorientierter Produkt- bzw. Prozessalternativen diese im Hinblick auf ihre Umweltwirkungen einzuschätzen. In der Literatur werden zudem Ansätze zur Verknüpfung von SEFR und **Kostenanalysen**[305] sowie von LCAs mit Ansätzen des Life Cycle Costing[306] diskutiert. Mittels einer umweltbezogenen Lebenszyklusrechnung[307] (siehe Abbildung 3-6) können bereits in der Produktentwicklungsphase simultan die ökonomischen und ökologischen Wirkungen alternativer Produktkonzeptionen für den gesamten Lebenszyklus transparent gemacht werden, um so die Produktgestaltung zu optimieren.

Abbildung 3-6 Aufbau einer umweltbezogenen Lebenszyklusrechnung[308]

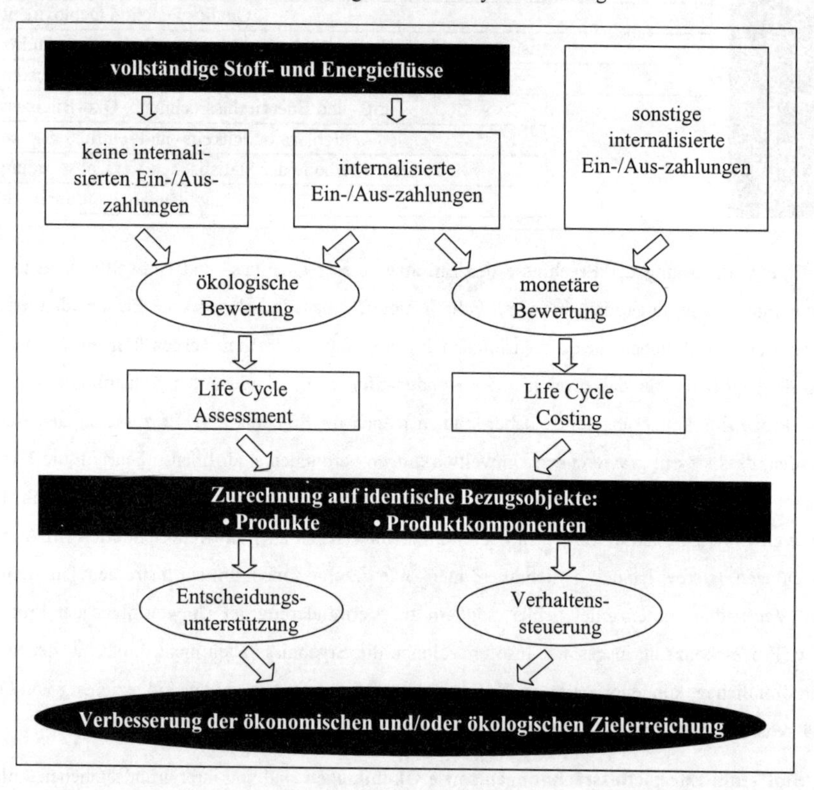

[305] Vgl. Lange/Fischer 1998; Spengler et al. 1998; Strobel/Wagner 1999; Fischer 2001; Lange/Kuchenbuch 2003a u. 2003b.

[306] Vgl. Lange/Martensen 2003; Lange/Martensen 2004, S. 29-32. Vgl. ausführlich zum Life Cycle Costing z. B. Siegwart/Senti 1995, S. 75-233; Riezler 1996; Zehbold 1996; Götze 2000; Pfohl 2002.

[307] Vgl. Lange/Martensen 2003 u. 2004.

[308] Quelle: Lange/Martensen 2004, S. 31.

Im Rahmen der Produkt-/Prozessentwicklung können somit umweltbezogene Kostenanalysen aufzeigen, mit welchen internalisierten Umweltkosten die Konzepte verbunden sind sowie auch, welche externen Effekte durch sie entstehen.

Weitere Ansätze in der Literatur zur Integration von Kostenanalysen in die Anwendung von Qualitäts- und Umweltmanagementinstrumenten beziehen sich auf Möglichkeiten zur Verknüpfung von QFD und Target Costing.[309] Zudem modifiziert *Gilchrist* die FMEA so, dass die Bedeutung der Fehlerfolgen aus Sicht der Kunden in Form von Qualitätskosten ausgedrückt werden; dieser Ansatz wird in Kapitel 5.3 der vorliegenden Arbeit aufgegriffen und weiterentwickelt.

Eine weitere Aufgabe, die integrierte qualitäts- und umweltbezogene Entscheidungen erfordert, ist die Lieferantenauswahl. Hier spielen **Audits** eine besonders wichtige Rolle; auf sie wird im Zusammenhang mit den Beschaffungsprozessen eingegangen.[310]

Die im Rahmen der **Serienentwicklung und Anlaufphase** einsetzbaren Instrumente der **Statistischen Versuchsplanung** und **Qualitätsfähigkeitsanalysen** können weitgehend ohne methodische Modifikation zur zugleich qualitäts- und umweltorientierten Planung und Kontrolle eingesetzt werden.

Insgesamt wird deutlich, dass einige Qualitäts- und Umweltmanagementinstrumente, die in den Phasen der Produkt-/Prozessentwicklung eingesetzt werden, so kombiniert werden können, dass eine Orientierung am mehrdimensionalen Zielsystem ermöglicht wird. Zudem können Instrumente wie die Statistische Versuchsplanung sowie die Statistische Qualitätssicherung zur zugleich qualitäts- und umweltorientierten Optimierung bzw. Prüfung von Produkten und Prozessen eingesetzt werden. Dagegen besteht im Hinblick auf die Ableitung von Produkt- und Prozessmerkmalen bisher kaum ein instrumenteller Ansatz zur Verknüpfung des QFD mit umweltorientierten Informations-, Planungs- und Kontrollprozessen. Zudem findet sich in der Literatur kein Instrument, mit dem potenzielle Fehler an Produkten und Prozessen analog zu bzw. integriert mit kundenorientierten FMEAs analysiert werden. Methodische Ansätze zur Schließung dieser Lücken werden in Kapitel 5 entwickelt.

---

[309] Siehe Kapitel 5.2.1.

[310] Siehe Kapitel 3.4.2.2.1.

3.4.2 Qualitäts- und umweltorientierte Beschaffung

3.4.2.1 Qualitäts- und umweltorientierte Aufgaben der Beschaffung

Aufgabe der Beschaffung ist die Sicherstellung der Versorgung des Unternehmens mit den benötigten Materialien, Teilen und Produktionsfaktoren in der erforderlichen Qualität sowie unter Einhaltung wirtschaftlicher Kriterien.[311] Abbildung 3-7 zeigt exemplarisch die Lieferbeziehungen für eine Modellvariante im Werk Bremen von DaimlerChrysler.

Von den insgesamt 227 spezifischen Teilen für die betreffende Modellvariante disponiert DaimlerChrysler selbst 46 Teile. 181 Teile werden von einem Systempartner disponiert, davon 114 Teile über ein „Liefer- und Logistikzentrum".[312] Unter anderem die Rahmen-Boden-Anlage sowie die Abgasanlage werden „Just-in-Time" angefordert.[313] Einige Module, etwa die Achsen, Antriebswellen, Abgasanlagen, Motoren und Getriebe, werden im Rahmen des Zulieferverbundes aus anderen Werken von DaimlerChrysler nach Bremen geliefert.

Die Bedeutung der Beschaffung ist mit der Verringerung der Fertigungstiefe[314] in vielen Unternehmen noch weiter gestiegen. Angestrebt werden dabei insbesondere Kossteneinsparungen und Flexibilitätsgewinne;[315] gleichzeitig können damit aber zusätzliche Transaktions- und Logistikkosten verbunden sein.[316] Auch um diese zu vermindern, erfolgt häufig eine Reduktion der Zahl der Direktlieferanten, und zwar zum einen durch Single- bzw. Dual Sourcing-Strategien[317] und zum anderen durch Modular Sourcing, also die Beschaffung von kompletten, einbaufertigen Modulen bzw. Komponenten von **Systemlieferanten**.[318]

---

[311] Vgl. Kuhl 1999, S. 7-14; Kaufmann 2001; Hirschsteiner 2002; Monczka/Trent/Handfield 2002.

[312] Vgl. DaimlerChrysler 2001a. Vgl. zu Logistikkonzepten Bauer 1998; Buxmann et al. 2003. Vgl. speziell am Beispiel BMW Eisenbarth/Zelewski 2000.

[313] Grundsätzlich zu produktionssynchronen Zulieferungskonzepten vgl. z. B. Bogaschewski/Rollberg 2002.

[314] Die Messung der Fertigungstiefe wird teilweise unterschiedlich vorgenommen: Sie ergibt sich nach Bochum/Meißner (1988, S. 7 f.) aus der Gesamtleistung des Unternehmens, gemessen als Umsatz und Bestandserhöhungen abzüglich Materialaufwand im Verhältnis zur Gesamtleistung. Bei anderen Berechnungen werden dagegen von der Gesamtleistung des Unternehmens noch die Abschreibungen auf Sachanlagen abgezogen (vgl. z. B. Pieper 2000, S. 7; Coenenberg 2001). Unabhängig von den eingesetzten Methoden zur Berechnung der Fertigungstiefe zeigen empirische Untersuchungen durchgängig eine Entwicklung hin zu verringerten Fertigungstiefen (vgl. Männel 1996 sowie die dort angegebene Literatur). Vgl. für die Automobilindustrie Bauer 1998, S. 66-72.

[315] Vgl. auch zu Folgendem Kuhl 1999, S. 16 f.; Pieper 2000, S. 7-23.

[316] Vgl. Mathisson-Öjmertz/Johansson 2000.

[317] Vgl. z. B. Stölzle/Gareis 2002, S. 405 f.. Zu den zunehmenden Konzentrationsprozessen in der Automobilindustrie vgl. Dudenhöffer 2001.

[318] Vgl. z. B. Männel 1996, S. 112-123; Noori/Lee 2000, S. 302-311. *Module* sind zusammengefügte Baugruppen, bestehend aus unterschiedlichen Teilen und Komponenten. Ein Beispiel hierfür sind die u. a. aus Stoßdämpfer, Kühler und Scheinwerfer bestehenden „Frontends". Kennzeichnend für *Systemlieferanten* ist, dass sie neben der Entwicklung, Produktion und logistischen Aufgaben auch für die Teilaggregation und Steuerung von Unterlieferanten verantwortlich sind. Vgl. Kleinaltenkamp/Wolters 1997, S. 51-57; Matthews et al. 2000; Wolters 2002. Die Grenzen zwischen System- und Komponentenlieferanten sind allerdings nicht eindeutig, so dass eine Zuordnung im Einzelfall problematisch sein kann. Vgl. Wertz 2000, S. 25.

Abbildung 3-7 Zulieferungen für eine Modellvariante am Beispiel des Werks Bremen[319]

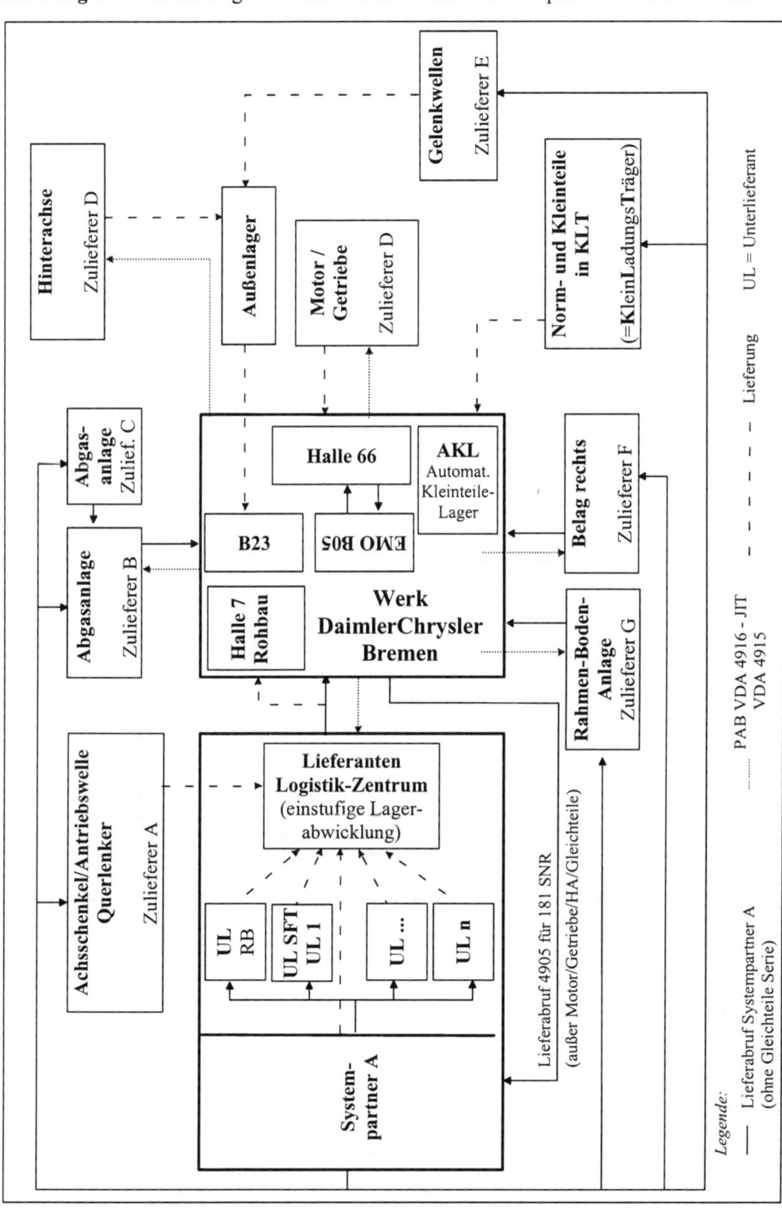

319 Quelle: Experteninterview mit Herrn Kusen, DaimlerChrysler Bremen, am 15.06.2001.

Auf Basis der Sourcing Strategien stellen sich im Rahmen der Beschaffungsprozesse folgende **qualitäts- und umweltbezogene Aufgaben**: Zunächst ist festzulegen, welche Anforderungen die einzelnen Zulieferer erfüllen müssen. Hierzu ist es erforderlich, neben den herkömmlichen finanziellen Beurteilungskriterien auf Basis der Informationen über die relevanten Produkte, für die Zulieferteile benötigt werden, entsprechende qualitäts- und umweltbezogene Anforderungen festzulegen.[320] Bei der **Lieferantenauswahl und -beurteilung** wird in zunehmendem Maße neben der Qualität der Produkte und Prozesse auch deren Umweltfreundlichkeit bewertet. Hierzu kommt insbesondere der Durchführung von Audits bzw. dem Nachweis zertifizierter Managementsysteme aufseiten des Zulieferers[321] eine große Bedeutung zu. Darüber hinaus wird häufig gefordert, dass potenzielle Zulieferer in der Lage und bereit sein müssen, eigenständig sowie in Kooperation mit dem Automobilhersteller – z. B. in der Form gemeinsamer qualitäts- und umweltorientierter Projekte, beispielsweise FMEAs und SEFR oder LCAs[322] – qualitäts- und umweltbezogene Aufgaben zu übernehmen.[323] In diesen Zusammenhang ist auch die Einrichtung einer Datenbank („Internationales Material Daten System", IMDS-Datenbank) einzuordnen, in die alle Mitglieder der Supply Chain sämtliche Einsatzstoffe und Materialien, die in die Herstellung des Produktes Automobil einfließen, eingeben müssen, so dass auf Herstellerseite umfassende Informationen über die Inputströme vorliegen.[324] Diese Informationen sind insbesondere auch vor dem Hintergrund der gesetzlichen Anforderungen an die Recycelfähigkeit von Fahrzeugen von großer Bedeutung.[325]

Aufgabe der Beschaffungsprozesse ist es weiterhin, die **Zuliefererbeziehungen** entsprechend dieser strategischen Ausrichtung zu gestalten. Dabei besteht einerseits die Möglichkeit, die Andro-

---

320 Zu einem Überblick über die Entwicklung der Beschaffungsstrategien und Implikationen für das Qualitätsmanagement vgl. ausführlich auch Brookshaw/Terziovski 1997, S. 246-257. Dyllick/Hamschmidt (2002, S. 477) weisen darauf hin, dass mit wenigen Ausnahmen die Literatur zum Beschaffungsmanagement nicht oder kaum auf die Zusammenhänge zum Umweltmanagement eingeht; vgl. zu Ansätzen einer „green supply chain" Beamon 1999; Dyckhoff/Souren/Keilen 2004.

321 Vgl. auch Weisenfeld-Schenk 1997, S. 27-34; Karapetrovic/Willborn 1998a, S. 206; Ahsen 1999b; Neely 1999, S. 219. Zu qualitäts- und umweltbezogenen Audits vgl. Kapitel 3.4.2.2.1.

322 Weitere Kooperationsbereiche im Rahmen des Supply Chain Managements sind etwa die gemeinsame Absatzplanung und Betreibung von Lagern (vgl. z. B. Lee/ Padmanabhan/Whang 1997; Metters 1997; Ballou 1998; Cachon/ Fisher 2000; Çetinkaya/Lee 2000; Lee/So/Tang 2000; Toomey 2000; Cachon/Lariviere 2001; Thonemann 2002; Buxmann/Martín/Ahsen 2003) sowie Kooperationen in der Produktion (für die Automobilindustrie vgl. exemplarisch Weber 1996; Edgerton 2002).

323 Dies zeigen verschiedene empirische Studien; vgl. Brookshaw/Terziovski 1997, S. 244-257. Vgl. auch Curcovic 1998, S. 80 f.; Green/Morton/New 1998, S. 93; Dyllick/Hamschmidt 2002, S. 477 f. Vgl. auch bereits Kapitel 2.2.2 sowie die Fallstudien in Kapitel 4. Allgemein zur Lieferantenauswahl und -beurteilung vgl. z. B. Hirschsteiner 2002, insb. S. 311-314.

324 Das IMDS ist das Materialdatensystem der Automobilindustrie. Entwickelt wurde es von Audi, BMW, DaimlerChrysler, Ford, Opel, Porsche, VW und Volvo. Inzwischen sind auch Fiat, Mitsubishi und Toyota beteiligt. Im IMDS werden alle im Fahrzeugbau verwendeten Werkstoffe archiviert und verwaltet. Beteiligte der Supply Chain können sich über das Internet in die passwort-geschützte Datenbank einwählen und ihre Einsatzstoffe eingeben. Ziel ist es, mit Hilfe dieser Informationen insbesondere das Recycling zu verbessern und damit den Anforderungen des Altfahrzeuggesetzes zu entsprechen. Vgl. EDS Operations Services GmbH o.J. sowie Kapitel 3.4.1.2.3.

325 Siehe auch Kapitel 3.4.1.1.

hung von Sanktionen bei Nichteinhaltung des Vertrages in den Vordergrund zu stellen, wobei jedoch häufig die Vertragsstrafen die Konsequenzen aufgetretener Fehler – z. B. Imageschäden – nicht kompensieren können; sie dienen insofern primär der Fehlerprophylaxe. Solche Ansätze der Vertragsgestaltung bezeichnen *Töpfer/Beck* als „nichtpartnerschaftlich" ausgerichtet.[326] Als Alternative wird eine Kooperation zwischen Herstellern und Modul- bzw. Systemlieferanten („First-Tier-Lieferanten") betont.[327]

Ähnlich wie für Entscheidungen im Rahmen der Produkt-/Prozessentwicklung gilt auch für die Entscheidungen im Rahmen der Beschaffungsprozesse, dass ein mehrdimensionales Zielsystem eine **sachliche Integration** interdependenter qualitäts- und umweltbezogener Entscheidungen impliziert. Als Voraussetzung hierfür sind die entsprechenden Informations-, Planungs- und Kontrollprozesse **zeitlich zu integrieren**, dagegen sind unterschiedliche Ausprägungen einer **organisatorischen Integration** möglich: Sowohl eine integrierte Qualitäts- und Umweltabteilung als auch gemischt zusammen gesetzte Teams als Einheiten der Sekundärorganisation können zielführend sein, um Qualitäts- und Umweltmanagementinstrumente, die im folgenden Kapitel dargestellt werden, integriert einzusetzen.

3.4.2.2 Qualitäts- und Umweltmanagementinstrumente

Im Rahmen der Beschaffungsprozesse kommen Qualitäts- und Umweltmanagementinstrumente vor allem im Zusammenhang mit der Auswahl und Beurteilung von Zulieferern zum Einsatz. Bei der Suche nach geeigneten Lieferanten oder zur Überprüfung der Eignung bestehender Vertragspartner auf der Zulieferereseite können unterschiedliche Instrumente eingesetzt werden.[328] Gemeinsames Kennzeichen der meisten dieser Methoden ist es, in einem ersten Schritt die maßgeblichen Bewertungskriterien zu formulieren, beispielsweise der Preis für das zu liefernde Gut, seine Qualität, die geografische Entfernung des Lieferanten, die Flexibilität bei sich ändernden Zuliefererfordernissen sowie seine Zuverlässigkeit. Zudem sind zertifizierte Qualitätsmanagementsysteme der

---

[326] Vgl. Töpfer/Beck 1997, S. 180-182. Ausführlich zur Produkthaftung im Produktionsverbund vgl. Nagel 2002. Baiman/Fischer/Rajan (2000) zeigen auf der Basis verschiedener Informations-, Verifizierbarkeits- und Kontrahierbarkeitsannahmen im Modell den Einfluss der jeweils verfügbaren bzw. vertraglich nutzbaren qualitätsbezogenen Informationen auf einerseits Qualitätsmanagemententscheidungen und andererseits qualitätsbezogene Kosten.

[327] Vgl. auch zu Folgendem Large 1999, S. 255-260. Zur Abgrenzung partnerschaftlicher Zulieferbeziehungen vgl. schon früh Landeros/Monczka 1989 sowie Homburg 1994; Ellram 1995. Allgemein zu der Kooperation von Automobilherstellern mit ihren Zulieferern vgl. McIvor/Humphreys/McAleer 1998; Buxmann/Dirks/Heintz 1998; Christopher/Jüttner 2000; Noori/Lee 2000; Svensson 2000; Dudenhöffer/Nagel/Havermann 2002. Zu einem internationalen Vergleich siehe Dyer/Cho/Chu 1998.

[328] Vgl. ausführlich Glantschnig 1994.

Zulieferer seit Jahren Voraussetzung, um Aufträge von Automobilherstellern zu erhalten. Vermehrt werden auch umweltbezogene Kriterien zur Beurteilung von Zulieferern herangezogen; für Unternehmen, die an EMAS teilnehmen, besteht ein entsprechendes Erfordernis auch aufgrund der Bestimmungen dieser Verordnung.[329] Nach der Bestimmung des Kriterienkatalogs werden die Kriterien gewichtet und im Anschluss daran die Lieferanten hinsichtlich der Erfüllungsgrade der einzelnen Kriterien beurteilt. Methodisch handelt es sich zumeist um Checklisten bzw. ABC- oder Nutzwertanalysen, auf die im Folgenden nicht weiter eingegangen wird.[330] Ausführlicher dargestellt werden dagegen qualitäts- und umweltbezogene Audits. Im Anschluss daran werden kurz Annahmeprüfungen beschrieben.

Weitere Qualitäts- und Umweltmanagementinstrumente, wie das QFD, FMEAs, SEFR oder die Statistische Versuchsplanung können im Zusammenhang mit den Beschaffungsprozessen ebenfalls eingesetzt werden: Im Falle von aufgetretenen Qualitätsmängeln oder ungeplanten Umweltwirkungen besteht die Möglichkeit, mittels dieser Instrumente unternehmensübergreifende Projekte zur Problemsuche und -lösung zu realisieren. Da sich im Vergleich zu ihrem Einsatz in den Prozessen der Produkt-/Prozessentwicklung kein methodischer Unterschied ergibt, sei an dieser Stelle auf Kapitel 3.4.1.2 verwiesen.

3.4.2.2.1 Qualitäts- und umweltorientierte Audits

Das **Ziel** von qualitäts- und umweltbezogenen Audits im Rahmen der Beschaffungsprozesse besteht darin, eine systematische Beurteilung der Qualitäts- und Umweltmanagementsysteme (potenzieller) Zulieferer vorzunehmen. Die konkreten Ausprägungen hängen dabei von den jeweiligen **Auditkriterien** ab. Standardisierte Kriterien liegen einer Auditierung von Qualitätsmanagementsystemen gemäß ISO 9001 bzw. branchenspezifischer Erweiterungen der Norm (z. B. ISO/TS 16949) sowie von Umweltmanagementsystemen gemäß ISO 14001 bzw. EMAS-VO, aber auch einer Auditierung gemäß der Vergabekriterien von Qualitätspreisen (z. B. European Quality Award – EQA – und Malcolm Baldrige National Quality Award – MBA) zugrunde.[331]

---

[329] „Die Organisationen müssen nachweisen können, dass wesentliche Umweltaspekte im Zusammenhang mit ihrem Beschaffungswesen ermittelt worden sind [...]. Die Organisation sollte bestrebt sein, dafür zu sorgen, dass die Lieferanten [...] bei der Ausführung ihres Auftrags der Umweltpolitik der Organisation genügen." EMAS-VO, Anh. VI, Pkt. 6.3.

[330] Vgl. zu ABC-Analyse im Rahmen der Beschaffung Hirschsteiner 2002, S. 398-402; zur Nutzwertanalyse in diesem Zusammenhang vgl. Utermarck 1996.

[331] Vgl. zu diesen Standards und ihren unterschiedlichen inhaltlichen Ausprägungen bereits Kapitel 2.2.2 u. 2.3.2.

Die Methodik von **Audits** kann – unabhängig von der konkreten zugrunde liegenden Norm – wie folgt beschrieben werden: „Quality auditors examine, in several stages, whether or not quality processes, resources and objectives are what they should be. First, they assess compliance of quality assurance procedures and related documentation with applicable standards and guidelines also called 'audit criteria'. Then they typically evaluate whether actual quality assurance activities conform to the documented procedures, and are effectively implemented and suitable to achieve quality objectives."[332] Ein analoges Procedere gilt für umweltbezogene Audits. In der Praxis führen die Automobilhersteller häufig zwar auch eigene Audits bei potenziellen Zulieferern durch; zugleich wird aber in der Regel ein gemäß der Normen zertifiziertes Qualitäts- und teilweise auch Umweltmanagementsystem gefordert, das dann durch einen entsprechend akkreditierten Zertifizierer auditiert ist.

Auditergebnisse sind nicht nur gegebenenfalls die Zertifikate, sondern insbesondere auch Analyseergebnisse zu Stärken und Schwächen, aus denen entsprechende Verbesserungsmaßnahmen abgeleitet werden. Im Rahmen der Lieferantenauswahl und -beurteilung kommt in der Automobilindustrie qualitäts- und umweltbezogenen Audits eine zentrale Rolle zu, wie auch die Fallstudien in Kapitel 4 zeigen.

3.4.2.2.2 Annahmeprüfungen

Annahmeprüfungen in Stichprobenform ersetzen Vollprüfungen, d. h., **Ziel** ist es, anhand von Stichprobenergebnissen darüber zu entscheiden, ob ein gesamtes Los (es geht also nicht um die Zurückweisung einzelner defekter Teile) angenommen oder abgelehnt wird. Dabei können Annahmeprüfungen sowohl bei extern zugelieferten Losen als auch zwischen Bearbeitungsstufen eines Unternehmens angewendet werden.[333]

Die **Methodik** der Annahmeprüfung ist dadurch gekennzeichnet, dass ein von einem Zulieferer eintreffendes Los einer Qualitätsprüfung unterzogen wird, wobei ein Prüfplan den Stichprobenumfang sowie die erlaubte höchste Fehlerzahl für eine Annahme des Loses bestimmt. Er ist so festgelegt, dass das so genannte Konsumenten- und Produzentenrisiko[334] einen bestimmten (ausgehandel-

[332] Karapetrovic/Willborn 2000, S. 679. Vgl. ebenda, S. 686-690 auch zu den Audit-Instrumenten.

[333] Vgl. auch zu Folgendem Rinne/Mittag 1995, S. 125-129; Kirschling 1999.

[334] Die Begriffe „Produzenten-" und „Konsumentenrisiko" werden in der Literatur zwar weit verbreitet verwendet (vgl. z. B. Rinne/Mittag 1995, S. 125-129; Kirschling 1999), sie sind jedoch missverständlich: Enthält ein Los beispielsweise mehr Fehler als zugelassen, kann dadurch die Beziehung zum Hersteller verschlechtert werden, wodurch zumindest langfristig auch ein Risiko für den Zulieferer entsteht.

ten) Wert haben. Die „Annahmekennlinie" oder „Operationscharakteristik-Funktion" bezeichnet für einen individuellen Prüfplan die Wahrscheinlichkeit der Annahme eines Loses im Verhältnis zu seiner Ausschussquote.

Deming schrieb schon 1986: „If used for quality audit of final product as it goes out the door, they guarantee that some customers will get defective products. The day of such plans is finished. American industry can not afford the losses that they cause [...] Incredibly, courses and books in statistical methods still devote time and pages to acceptance sampling."[335] Als Alternative befürwortet er die Statistische Prozessregelung mittels Qualitätsregelkarten.[336] Um diese anwenden zu können, ist allerdings Voraussetzung, dass die betroffenen Prozesse in statistischer Kontrolle sind. Im Zusammenhang mit der Qualitätssicherung in der Beschaffung erfordert dies zudem, dass die Prüfungen bereits im Rahmen der Produktion des Zulieferers durchgeführt werden; hierfür sind entsprechende Vereinbarungen notwendig, wie sie gerade in der Automobilindustrie inzwischen weit verbreitet sind. Vor diesem Hintergrund kommt Annahmeprüfungen heute bei den Automobilherstellern kaum noch eine Bedeutung zu; das zeigen auch die Fallstudien in Kapitel 4.

3.4.2.2.3 Integration des Einsatzes der Qualitäts- und Umweltmanagementinstrumente im Rahmen der Beschaffung

Ähnlich wie im Hinblick auf die Produkt-/Prozessentwicklung erfordert ein mehrdimensionales Zielsystem die Verknüpfung des Einsatzes von Qualitäts- und Umweltmanagementinstrumenten im Rahmen der Beschaffung, um Entscheidungen, für die mehrdimensionale Informationen erforderlich sind, zu treffen. In besonderem Maße werden in Literatur die Möglichkeit und Zweckmäßigkeit der **Integration qualitäts- und umweltbezogener Audits** diskutiert; teilweise finden sich in der Unternehmenspraxis inzwischen auch solche Ansätze.

Mit der gleichzeitigen Durchführung qualitäts- und umweltbezogener Audits, also ihrer **zeitlichen Integration**, wird erreicht, dass der Betriebsablauf weniger häufig durch die mit den Audits verbundenen Betriebsbegehungen und Befragungen der Mitarbeiter gestört wird. Dies ist insofern relevant, als meist die Störung der Betriebsabläufe als größtes Problem von Audits eingeschätzt wird.[337] Ein weiteres Problem mehrerer Audits wird in Redundanzen gesehen. Hinzu kommt, dass

---

335 Deming 1986, S. 133; vgl. auch ebenda, S. 430-432 und ähnlich Wadsworth/Stephens/Godfrey 1986, S. 501. Vgl. zur Diskussion um die Bedeutung von Annahmeprüfungen auch Graves/Murphy/Ringuest 1999.

336 Siehe zur Statistischen Prozessregelung Kapitel 3.4.3.2.1.

337 Vgl. – auch zu Folgendem – z. B. Funck/Alvermann/Schwendt 2000, S. 240-242; Winzer 2002, S. 57.

die als Konsequenzen aus den Auditergebnissen abgeleiteten qualitäts- bzw. umweltorientierten Verbesserungsmaßnahmen konfliktär sein können und eine Abstimmung erforderlich machen. Insofern bietet sich eine Integration von Audits an.

Eine **sachliche Integration** qualitäts- und umweltbezogener Audits impliziert dabei eine Verknüpfung der Auditierungskriterien, die in der Regel in Checklisten bzw. Fragenkatalogen abgebildet werden. Dabei ist keine methodische Modifikation des Instrumentes erforderlich, sondern eher eine Addition der Auditierungsgrundlagen und -methoden. Hierzu ist es allerdings erforderlich, zunächst die Auditkriterien sämtlicher relevanter Auditarten – z. B. datenbank-gestützt – zu erfassen und den Führungs- und Leistungsprozessen zuzuordnen, wobei auch Überschneidungen sichtbar werden, die bei separaten Audits zu Redundanzen führen würden.[338] In einem weiteren Schritt muss über die relativen Gewichtungen der qualitäts- und umweltbezogenen Auditkriterien entschieden werden. Für integrierte Audits liegt zwar nach wie vor keine Norm vor, jedoch ist *Karapetrovic/ Willborn* zuzustimmen, die feststellen: „Although the scope of environmental and quality system audits is different, the procedure is almost identical."[339] Das Procedere integrierter Audits unterscheidet sich entsprechend nicht von dem herkömmlicher qualitäts- und umweltbezogener Audits.[340]

Eine **organisatorische Integration** erfordert aufgrund der unterschiedlichen Qualifikationsanforderungen an Qualitäts- und Umwelt-Auditoren eine entsprechende Zusammensetzung des Auditteams. Meist wird es sich hierbei um Projektteams handeln, die sich – sofern die Qualitäts- und Umweltabteilung nicht integriert sind – aus Mitarbeitern beider Bereiche und/oder dem Einkauf-Bereich zusammensetzen.

Neben den Audits sind auch die weiteren Instrumente, die im Rahmen der Zuliefererauswahl und -beurteilung eingesetzt werden und auf die hier nicht näher eingegangen wurde, methodisch verknüpfbar, indem qualitäts- und umweltbezogene Kriterien in die **ABC-Analysen** und **Nutzwertanalysen** einbezogen werden. Insofern liegen für die Beschaffungsprozesse Informations-, Planungs- und Kontrollinstrumente vor, deren Einsatz eine Ausrichtung der Entscheidungen am mehrdimensionalen Zielsystem ermöglicht.

---

338 Vgl. Winzer 2002, S. 59-61.

339 Karapetrovic/Willborn 1998a, S. 211. Vgl. zu integrierten Audits auch Karapetrovic/Willborn 1998c u. Winzer 2002.

340 Vgl. auch Karapetrovic/Willborn 1998a, S. 212.

3.4.3 Qualitäts- und umweltorientierte Produktion

3.4.3.1 Qualitäts- und umweltorientierte Aufgaben der Produktion

Die Produktion umfasst „die Anwendung technischer oder konzeptioneller Verfahren zur Transformation der dem Betrieb zur Verfügung stehenden [...] Produktionsfaktoren in absetzbare Leistungen oder in derivative Produktionsfaktoren [...], um das Sachziel unter Maßgabe der Formalziele zu erfüllen.“[341] Im Einzelnen umfasst die Produktionsplanung die Programmdisposition, Material-Bedarfsplanung, Termin- und Kapazitätsplanung sowie die Steuerung interner und – in Abstimmung mit der Beschaffung – externer Produktionseinheiten im Sinne von Lieferanten.[342] Abbildung 3-8 zeigt eine Übersicht über qualitäts- und umweltorientierte Aufgaben der Produktionsplanung und -steuerung.[343]

Im Rahmen der Produktion kommt dem **Qualitätsmanagement** die Aufgabe zu, die Einhaltung der festgelegten prozess- und produktbezogenen Merkmale zu gewährleisten. Dabei steht einerseits die Auswahl robuster Prozesse[344] im Vordergrund, zum anderen eine entsprechende Nutzung der einzelnen Aggregate und eine Vermeidung von Belastungsspitzen.[345] Durch Qualitätsprüfungen und gegebenenfalls erforderliche Verbesserungsmaßnahmen ist sowohl während als auch unmittelbar im Anschluss an die Fertigung Fehlerfreiheit sicherzustellen. Die Prüfkonzepte sind in der Regel darauf ausgerichtet, im Rahmen fertigungsbegleitender Qualitätsprüfungen Abweichungen so frühzeitig zu erkennen, dass korrigierend in den Fertigungsprozess eingegriffen werden kann, bevor in großem Umfang fehlerhafte Teile produziert werden. Diesem Ziel dient insbesondere die Statistische Prozessregelung (SPC) mit Hilfe von Qualitätsregelkarten.[346] Neben der Einhaltung produkt- und prozessbezogener Qualitätsmerkmale kommt der Einhaltung der Liefertermine und damit der Termin- und Kapazitätsplanung aus Sicht des Qualitätsmanagements zentrale Bedeutung zu.[347] Prozessunabhängig sollen insbesondere systematische Qualitätsaudits die Stärken und Schwächen des Qualitätsmanagements in der Produktion aufdecken.

---

[341] Corsten 2000, S. 2, vgl. ebenda, S. 1 f. sowie die dort angegebene Literatur auch zur Diskussion des Begriffs Produktion; vgl. auch Zelewski 1999, S. 61-66. Zur Übertragung des Produktionsbegriffs auf Dienstleistungen vgl. Bode/Zelewski 1998.

[342] Vgl. ähnlich Reese 1999; Corsten 2000.

[343] Vgl. ausführlich zur Integration des Umweltschutzes in die Produktionsplanung auch Azzone/Noci 1998a u. 1998b; zur Einbeziehung des Umweltschutzes in die Produktionstheorie Dinkelbach/Piro 1989; Dyckhoff 1991; Zelewski 1993; Dyckhoff 1994; Steven 1994; Dyckhoff 2003; Dinkelbach/ Rosenberg 2004; Zelewski 2004.

[344] Siehe hierzu Kapitel 3.4.1.2.5.

[345] Vgl. Tuma/Franke/Haasis 1999, S. 13 f.

[346] Vgl. Rinne/Mittag 1995 u. 1999.

[347] Vgl. zu einer flexibilitätsorientierten Produktionsplanung und -steuerung ausführlich Zelewski 1998.

Abbildung 3-8 Qualitäts- und umweltorientierte Produktionsplanung und -steuerung[348]

Programmdisposition (Produktionsprogrammplanung/ Auftragsmanagement)
- Prognoserechnungen für Erzeugnisse/Altprodukte
- Kapazitätsgrobplanung (inkl. Entsorgungs- und Aufbereitungskapazitäten)
- Auftragsorientierte Vorlaufsteuerung von Konstruktion, Arbeitsvorbereitung und unternehmensübergreifendem Qualitäts- und Umweltmanagement

Material- und Kapazitätsdisposition (Projektmanagement)

Bedarfsplanung
- Brutto- und Nettobedarfsplanung inkl. Sekundärstoffe
- Verbrauchsgesteuerte Bedarfsermittlung inkl. Entsorgungs- und Aufbereitungs-mengen
- Planung von Brutto-/Nettoentsorgungsmengen
- Bestandreservierungen

Termin- und Kapazitätsplanung interner und externer Kapazitäten
- Kunden- und umweltorientierte Durchlaufterminierung
- Verfügbarkeitsprüfung inkl. Aufbereitungs- und Entsorgungskapazitäten
- Kapazitätsabgleich

Steuerung interner Produktionseinheiten
- Kunden- und umweltorientierte kurzfristige Termin- und Kapazitätsplanung
- Feinsteuerung (Intensitätssteuerung, Auftragseinlastung)
- Automatisierung, Betriebsdatenerfassung

Steuerung externer Produktionseinheiten
- Lieferanten-/Entsorgerauswahl
- Festlegung von Beschaffungs- und Entsorgungsterminen
- Überwachung von Bestell- und Entsorgungsaufträgen

Querschnittsaufgaben
- Produktionscontrolling (inkl. SEFR, Überwachung von Umweltnormen)
- Lagerwesen (inkl. Altprodukt- und Sekundärrohstofflager)
- Qualitätsmanagement, insb. robuste Prozessgestaltung, statistische Qualitätssicherung,
- Produkt-, Prozess- und Systemaudits
- Störfallanalysen

Gerade vor dem Hintergrund des Postulats der Kreislaufwirtschaft[349] steht aus der **Umweltperspektive** in der Produktion die Aufgabe im Vordergrund, die Stoff- und Energieströme so zu steuern, dass einerseits die Ressourcen möglichst recycelfähig ausgewählt und eingesetzt werden und andererseits die durch den Produktionsprozess entstehenden Emissionen, soweit dies technisch möglich ist, vermieden bzw. reduziert werden.[350] Dabei können „End-of-Pipe-“ und/oder integrierte Umweltschutztechnologien zum Einsatz kommen.[351] Die Auswahl der Produktionsprozesse und -anlagen erfordert dabei aus Sicht des Umweltmanagements eine Ergänzung der ökonomischen,

---

[348] Quelle: Modifiziert nach Haasis 1998, S. 120.

[349] Vgl. ausführlich insb. zur Produktverantwortung im Rahmen einer Kreislaufwirtschaft Wagner/Matten 1995; Siestrup/Haasis 1997; Köller 1997; Franck/Bagschik 1998.

[350] Vgl. auch zu Folgendem Strebel 1980; Dyckhoff 1991; Steven 1992; Haasis 1994, insb. S. 91-192; Zelewski 1994, S. 246; Haasis 1996a, S. 470; Steven/Letmathe 1996; Wiese/Zelewski 1998; Franke/Tuma/Haasis 1998, S. 154-168; Letmathe/Balakrishnan 2000; Letmathe/Steven 2002; Wiese/Zelewski 2002.

[351] Vgl. Azzone et al. 1997; zu additivem Umweltschutz vgl. ausführlich Brauer (Hrsg.) 1996b u. 1996c; zu produkt- und produktionsintegriertem Umweltschutz Brauer (Hrsg.) 1996a; Griem 2000; Haasis et al. (Hrsg.) 2000; Schneidewind/Seuring 2000.

insbesondere monetären Entscheidungskriterien im Rahmen des Investitionsmanagements[352] um zusätzliche ökologische Kriterien.[353] Beispielsweise besteht die Möglichkeit, im Rahmen eines mehrdimensionalen Investitionsmanagements mittels Verfahren der Entscheidungsfindung bei Mehrfachzielsetzungen sowohl die monetär quantifizierbare Größe Kapitalwert als auch nicht-monetäre umweltorientierte Entscheidungsgrößen bei der Entscheidung zwischen mehreren Prozessen bzw. Anlagen zu berücksichtigen.[354]

Der **Abstimmungsbedarf zwischen qualitäts- und umweltorientierter Produktionsplanung** betrifft insbesondere die Termin- und Kapazitätenplanung: Beispielsweise führt die erhöhte Typen- und Variantenvielfalt von Automobilen auch zu häufigeren Rüstvorgängen, um etwa auf unterschiedliche Lackierungen umzustellen.[355] Gleichzeitig entstehen durch Farbwechsel und entsprechende Reinigungsprozesse an den Lackieranlagen vermehrte Umweltwirkungen, so dass eine Abwägung zwischen qualitäts- und umweltbezogener Terminierung der Produktionsaufträge erforderlich ist. Zudem können z. B. mit unterschiedlichen Auslastungsgraden eine kürzere Lieferzeit, zugleich aber möglicherweise auch höhere Emissionen verbunden sein. Um für diese Zielkonflikte zu Lösungen zu kommen und eine **sachliche Integration** zu gewährleisten, sind allerdings weniger spezielle Qualitäts- und Umweltmanagementinstrumente erforderlich, als vielmehr eine **zeitliche Integration** der Planungsprozesse sowie eine entsprechende Ausgestaltung der Planungsparameter im Rahmen der Termin- und Kapazitätsplanung; hierauf soll nicht näher eingegangen werden.[356] In Kapitel 3.4.3.2 werden im Rahmen der Produktionsprozesse einsetzbare Qualitäts- und Umweltmanagementinstrumente dargestellt und diskutiert.

---

352 Die Entscheidung erfolgt hier in der Regel anhand des Kapitalwertes. Vgl. zum Entscheidungskriterium Kapitalwert z. B. Schmidt/Terberger 1997, S. 128-138; Franke/Hax 2004, S. 166-171 u. S. 181-183; Brealey/Myers 2000, S. 35-53 u. S. 94-142; Ross/Westerfield/Jaffe 2002, S. 66-95; Kruschwitz 2003, S. 65-76.

353 Vgl. hierzu ausführlich z. B. Spengler/Geldermann/Rentz 1997a und 1997b; Letmathe 2001a. Zu einem Überblick über Verfahren der Entscheidungsfindung bei Mehrfachzielsetzung vgl. Hwang/Yoon 1981; Zimmermann/Gutsche 1991; Götze/Bloech 2004, S. 173-229.

354 Vgl. Lange/Ukena 1996; Spengler/Geldermann/Rentz 1997b.

355 Vgl. allgemein zu produktionswirtschaftlichen Implikationen von Veränderungen auf den Absatzmärkten Corsten 2000, S. 3 f.

356 Vgl. ausführlich Franke/Tuma 1999 sowie die hier zitierte Literatur.

3.4.3.2 Qualitäts- und Umweltmanagementinstrumente

3.4.3.2.1 Statistische Qualitätssicherung

Produktionsprozesse erzeugen Produkte mit einer Merkmalsstreuung. **Ziel** der statistischen Qualitätssicherung ist es zu gewährleisten, dass dabei vorgegebene Toleranzen eingehalten werden bzw. dass fehlerhafte Teile, die also außerhalb der Toleranzen liegende Merkmale aufweisen, vor der Auslieferung an den Kunden aussortiert werden.[357]

Im Gegensatz zu Annahmeprüfungen[358] wird bei der **Statistischen Prozessregelung** (Statistical Process Control, SPC) nicht im Anschluss an die Fertigung die Einhaltung der geforderten Merkmale geprüft, sondern die **Methodik** beruht darauf, dass dem Prozess zu vorher festgelegten, in der Regel äquidistanten Zeitpunkten Stichproben entnommen werden, deren Ergebnisse in einer **Qualitätsregelkarte** (QRK) dargestellt werden. Bei Über- bzw. Unterschreitung von Toleranzen muss in den Prozess eingegriffen werden. Voraussetzung für die Anwendung des Instrumentes ist, dass systematische Fehlerursachen weitgehend ausgeschlossen sind und sich der Prozess in diesem Sinne in „statistischer Kontrolle" befindet. Das Prüfkriterium wird so ausgewählt, dass es den größtmöglichen Aussagewert für die Produktqualität bzw. für bestimmte Aspekte der Produktqualität, etwa auch umweltbezogene Kriterien, hat.[359]

3.4.3.2.2 Qualitäts- und umweltorientierte Audits

Das **Ziel** qualitäts- und umweltorientierter Audits im Rahmen der Produktionsprozesse besteht – analog zu Audits im Rahmen der Beschaffungsprozesse – in der Bereitstellung von Informationen über die Stärken und Schwächen des unternehmerischen Qualitäts- und Umweltmanagements. Die **Methodik** von Audits ist dabei dadurch gekennzeichnet, dass systematische, prozessunabhängige, zentrale Prüfungen von Produkten, Prozessen sowie Managementsystemen durchgeführt werden.[360]

Nach dem **Auditobjekt** können Produkt-, Verfahrens- und Systemaudits unterschieden werden. Bei einem Produktaudit werden (wenige) auslieferungsfertige Produkte einer umfangreichen Prüfung unterzogen. Anhand der Ergebnisse wird eingeschätzt, inwieweit das gesamte Qualitätsmanagement den Anforderungen entspricht.[361] Ziel von Prozessaudits ist die Prüfung, ob für das Quali-

---

357 Vgl. hierzu ausführlich z. B. Rinne/Mittag 1995; Goh 2000.
358 Vgl. hierzu Kapitel 3.4.2.2.2.
359 Vgl. Antony/Balbontin/Taner 2000; Pfeifer 2001, S. 515-531.
360 Vgl. ausführlich Karapetrovic/Willborn 2000 sowie Abschnitt 3.4.2.2.1.
361 Vgl. am Beispiel des Vorgehens bei Mercedes-Benz Ahsen 1996a, S. 269-275.

täts- bzw. Umweltmanagement wichtige Prozesse, z. B. das Prüfen von Produktqualität bzw. Messen von Emissionen oder die Beurteilung von Zulieferern, adäquat durchgeführt werden. Systemaudits beziehen sich schließlich auf das gesamte Qualitäts- bzw. Umweltmanagementsystem. Dabei gelten für Audits im Rahmen der Produktion die gleichen Überlegungen, wie sie in Kapitel 3.4.2.2.1 dargestellt wurden, daher wird hier auf eine nähere Beschreibung verzichtet.

3.4.3.2.3 Stoff- und Energieflussrechnung

Unter einer Stoff- und Energieflussrechnung wird eine systematische Erfassung und Abbildung sämtlicher Stoff- und Energieflüsse für ein bestimmtes Bezugsobjekt (insbesondere Produkte oder Prozesse) verstanden.[362] Im Rahmen der Produktion kommt prozessbezogenen SEFR[363] eine wichtige Bedeutung zu. **Ziel** ist es dabei, die von Produktionsprozessen ausgehenden Stoff- und Energieflüsse (gegebenenfalls unter Variation verschiedener Einflussgrößen, wie z. B. Auslastungsgrade maschineller Anlagen, Umgebungstemperatur, Betriebsdauer) zu planen und zu kontrollieren, um damit Verbesserungspotenziale zu analysieren und Hinweise auf unplanmäßig ablaufende Prozesse (z. B. infolge nicht geplanter chemischer Reaktionen oder Leckagen) zu erhalten.

Ebenso wie im Zusammenhang mit Produkt-/Prozessentwicklungsprojekten dienen auch im produktionsbezogenen Umweltmanagement SEFR als Basis für die Anwendung von Instrumenten zur Bewertung von Umweltwirkungen. Da hierauf bereits in Kapitel 3.4.1.2.3 eingegangen wurde, sollen Möglichkeiten und Probleme dieser Ansätze an dieser Stelle nicht weiter erläutert werden.

3.4.3.2.4 Qualitäts- und Umweltkostenanalysen

Wie bereits in Kapitel 3.4.1.2.7 angesprochen, besteht das Ziel von Qualitäts- und Umweltkostenanalysen darin, in qualitäts- und umweltbezogene Entscheidungen Kostenargumente einzubeziehen. Im Rahmen der Produktionsprozesse ist dabei für die Analyse von **Qualitätskosten** die Unterscheidung zwischen Kosten der Abweichung von und Kosten der Übereinstimmung mit Qualitätszielen in den Produktionsprozessen von zentraler Bedeutung (siehe Abbildung 3-9).

---

362 Vgl. z. B. Henseling 1999, S. 50.

363 Zu produktbezogenen SEFR siehe Kapitel 3.4.1.2.3 der vorliegenden Arbeit.

Abbildung 3-9 Systematik von Qualitätskosten[364]

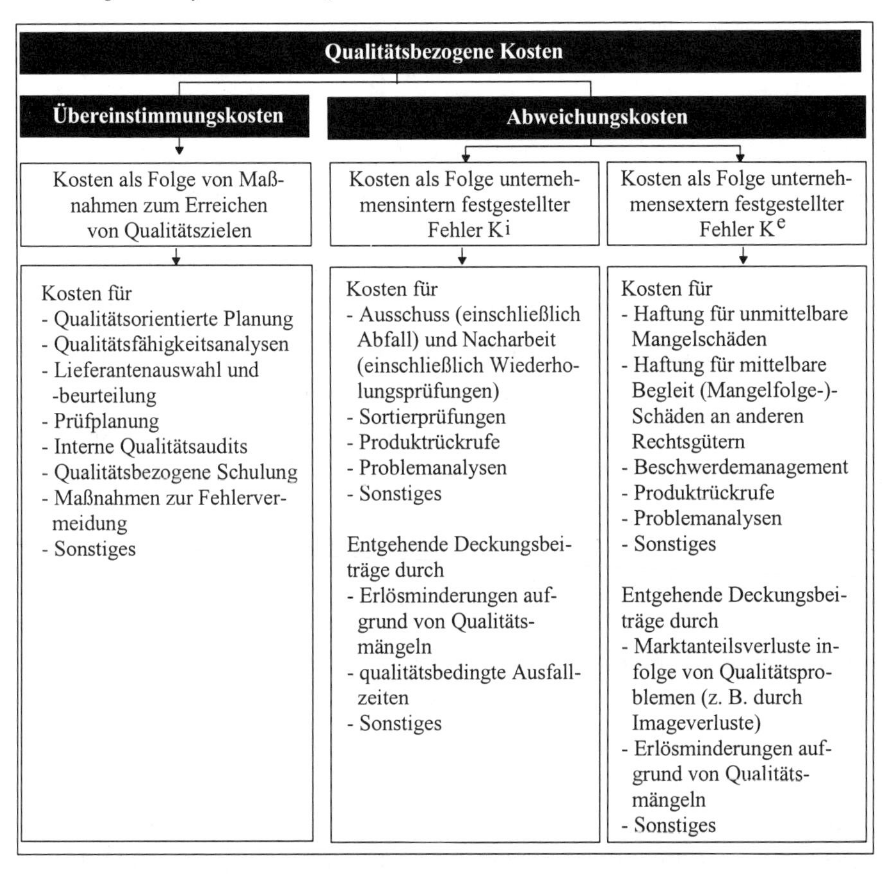

[364] Siehe zu einer ähnlichen Systematisierung Deutsche Gesellschaft für Qualität (DGQ) (1985) sowie – hierzu erläuternd – Romberg (1999, S. 85-93). Eine andere Systematik findet sich bei Sasse (2000, S. 44 und 47-52; vgl. hier sowie bei Schumacher, 1994 auch zu einer Diskussion der einzelnen Kostenkategorien). Die entgehenden Deckungsbeiträge sind dabei im Sinne von Opportunitätskosten zu verstehen. Gerade mit Produktrückrufen können Imageschäden und in der Folge in erheblichem Umfang entgehende Deckungsbeiträge verbunden sein (vgl. z. B. Standop 1999). Zu den Kosten für Ausschuss (einschließlich Abfall) und Nacharbeit sowie zu der Problematik ihrer Abgrenzung vgl. Kilger/Pampel/Vikas 2002; zu qualitätsbedingten Ausfallzeiten vgl. Hoitsch 1993, S. 426. Die Kosten, die einem Unternehmen durch unmittelbare Mangelschäden entstehen, können aufgrund gesetzlicher Vorschriften („Gewährleistung"), vertraglicher Vereinbarungen („Garantie") oder als Folge entsprechender Unternehmensstrategien als Kulanz, also ohne rechtliche Verpflichtung, entstehen. Auch im Hinblick auf die Haftung für Mangelfolgeschäden kann zwischen der Produzentenhaftung aufgrund rechtlicher Verpflichtung und der freiwilligen Kulanzleistung unterschieden werden. Zu diesen Abgrenzungen sowie zu Möglichkeiten des Managements von Produkthaftungsrisiken vgl. ausführlich Ahlert/Schröder 1996, S. 156-158 u. 206-225. Innerhalb eines FMEA-Projektes sind die erwarteten Kosten entsprechend der gesetzlichen Regelungen bzw. vertraglichen Vereinbarungen und Kulanzstrategien anzusetzen. Um die zeitlichen Unterschiede des Kostenanfalls zu berücksichtigen, kann auch auf Zahlungsgrößen abgestellt werden. Vgl. hierzu auch Kapitel 5.3.2.1.

Als **Übereinstimmungskosten** werden die Kosten der Qualitätsplanung, Qualitätsfähigkeitsanalysen sowie für den Einsatz präventiver Qualitätsmanagementinstrumente, z. B. der FMEA, mit dem Ziel der Fehlervermeidung eingeordnet.[365] Entsprechen Produkte bzw. Prozesse nicht den an sie gestellten Anforderungen, entstehen „**Abweichungskosten**".[366]

Eine Erfassung und systematische Auswertung der Übereinstimmungs- und Abweichungskosten im Rahmen der Produktionsprozesse ermöglicht die Aufdeckung von Schwachstellen und damit Verbesserungspotenzialen, indem Hinweise darauf abgeleitet werden können, welche Prozesse z. B. so zu modifizieren sind, dass die Soll-Ausprägungen der Qualitäts- und Umweltmerkmale zuverlässiger erreicht werden oder wie unter diesem Gesichtspunkt die Prüfpläne festzulegen sind.

Ein methodisches **Problem** stellt allerdings die Abgrenzung und Quantifizierung der Kosten dar. Am ehesten ist dies für Abweichungskosten möglich. Auch hier sind jedoch einzelne Kostenarten, wir etwa entgehende Deckungsbeiträge durch Fehler, nur schwer zu quantifizieren. Noch größere Probleme bestehen bei der Abgrenzung und Quantifizierung von Übereinstimmungskosten, bei denen es sich überwiegend um Gemeinkosten handelt.[367] Je stärker das Qualitätsmanagement präventiv ausgerichtet ist, umso problematischer ist daher eine umfassende Analyse qualitätsbezogener Kosten. In einer (allerdings nicht repräsentativen) empirischen Studie zeigen entsprechend *Reese/ Petersen*, dass in deutschen Unternehmen des Werkzeugmaschinenbaus zwar Fehlerkosten relativ häufig erfasst werden, Prüfkosten jedoch schon weniger häufig und noch seltener Übereinstimmungskosten.[368] Ein ähnliches Bild zeigen die Fallstudien in Kapitel 4.

In der wissenschaftlichen Literatur werden vermehrt inzwischen auch Konzeptionen einer **Analyse von Umweltkosten** im Rahmen der Produktion diskutiert. Hierzu gehören zunächst so genannte **differenzierende Ansätze**,[369] die ausschließlich die im Unternehmen internalisierten Ist- und gegebenenfalls auch Plan-Umweltkosten berücksichtigen. Es wird versucht, die umweltrelevanten Kostengrößen möglichst überschneidungsfrei zu erfassen und auf Bezugsobjekte, z. B. Produkte oder Prozesse, zuzurechnen. Allerdings werden ausschließlich Kostengrößen berücksichtigt, die in der konventionellen Kostenrechnung bereits abgebildet sind; es erfolgt somit lediglich ein geson-

---

365 Vgl. Kandaouroff 1994; Wildemann 1995; Bruhn 1998, S. 129-137; Romberg 1999, S. 81-84. Die Problematik der Schaffung eines einheitlichen Begriffsverständnisses im Zusammenhang mit qualitätsbezogenen Kosten zeigt die Studie von Roden/Dale 2000.

366 Vgl. Coenenberg 1999, S. 494; Fischer 2000, S. 570-579; Sasse 2002, insb. S. 119-153. Vgl. ausführlich zur Berücksichtigung von Kosten im Rahmen des Qualitätsmanagements auch Dale/Plunkett 1991; Romberg 1999. Vgl. auch Kapitel 5. Zur Ermittlung von Abweichungskosten in Gemeinkostenbereichen vgl. Lentrodt 2002.

367 Vgl. z. B. Romberg 1999, S. 96-108.

368 Vgl. Reese/Petersen 2000, S. 10; vgl. ähnlich auch schon Wildemann 1995, S. 32.

369 Vgl. auch zu Folgendem Lange/Fischer 1998; Jasch 2001; Letmathe/Doost 2000; Lange/Martensen 2003. Dieser sowie auch die im Folgenden beschriebenen Ansätze können auch in der Produkt-/Prozessentwicklung für bestimmte Fragestellungen Anwendung finden.

derter Ausweis der Umweltkosten in der Kostenarten-, Kostenstellen- und gegebenenfalls auch in der Kostenträgerrechnung.[370]

Diese differenzierenden Ansätze werden inzwischen durch so genannte monetär integrierende und nicht-monetär integrierende Ansätze ergänzt.[371] Der **monetär integrierende Ansatz** versucht eine möglichst umfassende monetäre Bewertung umweltrelevanter externer Effekte, die gegebenenfalls in Form zusätzlicher kalkulatorischer Kosten in der Kostenrechnung erfasst und verrechnet werden. Hierbei tritt jedoch das Problem einer sachgerechten Bewertung auf. *Lange/Fischer*[372] schlagen hierfür die in Abbildung 3-10 genannten Ansätze vor.

Abbildung 3-10 Einzelwirtschaftliche Ansätze zur monetären Bewertung externer Effekte

Einzelwirtschaftliche Ansätze zur montären Bewertung externer Effekte	
1.	**Beseitigungskosten** Kosten, die für die Beseitigung von Umweltbelastungen entstehen.
2.	**Substitutionskosten** Kosten, die aus der Nutzung technischer Substitutionsalternativen resultieren.
3.	**Vermeidungskosten** Kosten, die aus Vorsorgemaßnahmen entstehen, um Umweltbelastungen nicht entstehen zu lassen.
4.	**Verminderungskosten** Kosten, die aus Maßnahmen entstehen, um Umweltbelastungen in verminderter Menge entstehen zu lassen.
5.	**Verwertungskosten** Kosten, die für die Verwertung von Reststoffen entstehen.
6.	**Wiederherstellungskosten** Kosten, die aus Maßnahmen entstehen, um den ursprünglichen Zustand wiederherzustellen.

Der **nicht-monetär integrierende Ansatz** einer Umweltkostenanalyse geht von einer parallelen Erfassung und gegebenenfalls Bewertung der (nicht monetarisierten) ökologischen sowie der (monetären) ökonomischen Konsequenzen betrieblicher Handlungsalternativen und deren Zurechnung auf identische Entscheidungsobjekte aus.[373] Hierbei werden die ökologischen Dimensionen zunächst auf mengenorientierter Basis erfasst und gegebenenfalls mit Hilfe von ordinalen (z. B. ABC-Analyse) oder kardinalen (z. B. Äquivalenzziffern) Methoden bewertet. Die Berücksichtigung der

[370] Vgl. Roth 1992, S. 105-165; Lange/Martensen 2003; ähnlich auch Letmathe/Wagner 2002.
[371] Vgl. auch zu Folgendem Lange/Martensen 2003.
[372] Vgl. Lange/Fischer 1998, S. 111.
[373] Vgl. z. B. Lange/Kuchenbuch 2003b; Helber et al. 2004, S. 131 f.; Kuchenbuch/Lange/Hafkesprink 2004, S. 28. Vgl. zu einer „Ressourcenkostenrechnung“ auch Letmathe/Stürznickel/Tschesche 2002.

ökonomischen Wirkungen kann z. B. auf Basis von internalisierten Ist- und Plan-Kosten erfolgen. Anschließend ist eine Zusammenfassung der ökonomischen und ökologischen Dimensionen zu einem ökonomisch-ökologischen Entscheidungswert möglich.[374]

In der Unternehmenspraxis sind umweltbezogene Kostenanalysen im Rahmen der Produktionsprozesse erst relativ wenig verbreitet. So zeigt eine empirische Studie, die im Herbst 2003 unter 80 Unternehmen, die im DAX bzw. MDAX gelistet waren, durchgeführt wurde zwar einerseits, dass die Erfassung von Umweltkosten überwiegend als zweckmäßig angesehen wird. Nur sieben der 24 Unternehmen, die den Fragebogen beantworteten, erfassen andererseits jedoch tatsächlich Umweltkosten, davon vier in Form einer Prozesskostenrechnung.[375] Deutlich wird auch, dass bei den befragten Unternehmen ausschließlich differenzierende Ansätze einer Umweltkostenanalyse zum Einsatz kommen.

3.4.3.2.5 Integration des Einsatzes der Qualitäts- und Umweltmanagementinstrumente im Rahmen der Produktion

Im Rahmen der Produktionsprozesse liegt ein Schwerpunkt interdependenter qualitäts- und umweltbezogener Entscheidungen auf der Termin- und Kapazitätsplanung, an die aus beiden Bereichen konfliktäre Anforderungen gestellt werden können. Hinsichtlich des Einsatzes von Qualitäts- und Umweltmanagementinstrumenten ergibt sich vor allem im Zusammenhang mit den Querschnittaufgaben der Produktion[376] ein Abstimmungsbedarf.

Hier kommt den Aktivitäten im Zusammenhang mit der Statistischen Qualitätssicherung, insbesondere der Festlegung von Prüfmitteln sowie der Prüfmittelplanung und -überwachung sowie der Durchführung der Prüfungen, gegebenenfalls in Verbindung mit qualitätsbezogenen Kostenanalysen, eine zentrale Bedeutung zu. Auch wenn für Prüfungen qualitäts- und umweltbezogener Produkt- bzw. Prozessmerkmale in der Regel unterschiedliche Messmethoden und Prüfmittel zum Einsatz kommen, erscheint es m. E. zweckmäßig, die entsprechenden Prüfplanungen integriert vorzunehmen, um Redundanzen zu vermeiden. Zur Kontrolle der Umweltwirkungen von Prozessen können mittels der SEFR Ist-/Plan-/Soll-Vergleiche vorgenommen und gegebenenfalls mit prozessorientierten Kostenanalysen verknüpft werden.[377]

---

374 Vgl. Lange/Martensen 2004.
375 Vgl. Klimova/Kolanowski 2004, S. 46.
376 Siehe oben, Abbildung 3-7.
377 Vgl. z. B. Lange/Kuchenbuch 2003b; Kuchenbuch/Lange/Hafkesbrink 2004, S. 28; Kuchenbuch 2006.

Sollen Prozesse aufgrund von schlechten Prüfergebnissen verändert werden, sind dabei potenzielle Interdependenzen zwischen qualitäts- und umweltbezogenen Prozessmerkmalen zu berücksichtigen. Hier können insbesondere FMEAs, die Statistische Versuchsplanung sowie SEFR und Ökobilanzen eingesetzt werden. Für deren kombinierten Einsatz sowie auch für die Planung und Realisierung (gegebenenfalls integrierter) qualitäts- und umweltbezogener Audits, denen im Rahmen der Produktionsprozesse eine ebenso große Bedeutung zukommt wie hinsichtlich der Lieferantenauswahl und -beurteilung, gelten die Überlegungen, die im Zusammenhang mit der Produkt-/ Prozessentwicklung dargestellt wurden.[378]

3.5 Zwischenfazit

An die Geschäftsprozesse in Unternehmen und Supply Chains der Automobilindustrie werden umfassende qualitäts- und umweltorientierte Anforderungen gestellt. Als Konsequenz hieraus wird ein mehrdimensionales – im Sinne von qualitäts- und umweltorientiertes – Management diskutiert.

Diese Diskussionen beziehen sich zum einen auf die Möglichkeiten und Probleme der Integration (zertifizierfähiger) **Qualitäts- und Umweltmanagementsysteme** einschließlich der jeweiligen **Organisationseinheiten**. Aus den voran stehenden Ausführungen wird darüber hinaus deutlich, dass ein Integriertes Qualitäts- und Umweltmanagement zum anderen impliziert, die Entscheidungen in den Leistungsprozessen **Produkt-/Prozessentwicklung, Beschaffung und Produktion** zugleich an den unterschiedlichen und entsprechend des unternehmerischen Zielsystems gewichteten Zieldimensionen zu orientieren:

- Die Analysen in Kapitel 3.4.1 haben gezeigt, dass im Rahmen der **Produkt-/Prozessentwicklung** ein Bedarf zu einer zeitlichen und sachlichen Integration vorliegt, dass aber bezüglich der sachlichen Integration noch instrumentelle Lücken bestehen. Für die Beurteilung und Bestimmung von Produkt- und Prozessmerkmalen in den verschiedenen Entwicklungsphasen sind entsprechende mehrdimensionale Informationen erforderlich, die mittels der herkömmlichen Qualitäts- und Umweltmanagementinstrumente nur eingeschränkt ermittelt werden können. So kann zwar die Statistische Versuchsplanung zur zugleich kunden- und umweltorientierten Festlegung von Produkt- und Prozessmerkmalen eingesetzt werden. Auch finden sich Vorschläge in der Literatur, wie die FMEA umweltorientiert ausgestaltet werden kann; diese Ansätze sind aber von ihrer Methodik her nicht auf die Verminderung umweltbezogener Risiken ausgerichtet und auch

[378] Vgl. Kapitel 3.4.1.2.8.

nicht mit herkömmlichen kundenorientierten FMEAs verknüpfbar. Zudem fehlen in sämtlichen FMEA-Ansätzen explizite Kostenanalysen. Dies gilt auch für das QFD. Hier bestehen aber immerhin erste Ansätze einer Einbeziehung von Umweltaspekten. An den Limitationen dieser Instrumente setzen die mehrdimensionalen Weiterentwicklungen des QFD und der FMEA in Kapitel 5 der vorliegenden Arbeit an.

- Im Rahmen der **Beschaffungsprozesse** erfordert ein Mehrdimensionales Management eine zeitliche und sachliche Integration der qualitäts- und umweltbezogenen Aktivitäten, insbesondere eine zugleich an kunden- und umweltorientierten sowie finanziellen Zielen ausgerichtete Zuliefererauswahl und -bewertung, etwa mittels entsprechend mehrdimensional ausgerichteter Kriterienkataloge sowie Audits. Hierzu gibt es in der Literatur wie in der Praxis bereits entsprechende Ansätze.

- Im Hinblick auf die **Produktion** stellt sich die Frage einer sachlichen Integration des Qualitäts- und Umweltmanagements insbesondere im Hinblick auf die Auswahl der Fertigungsprozesse und -anlagen; eine zeitliche Integration steht bezüglich der Abstimmung der Termin- und Kapazitätsplanung im Vordergrund. Die Instrumente der Statistischen Qualitätssicherung können ohne methodische Veränderung sowohl für qualitäts- wie auch für umweltbezogene Prüfungen zum Einsatz kommen. Eine Verknüpfung des Einsatzes von Qualitäts- und Umweltmanagementinstrumenten wird insbesondere im Hinblick auf die qualitäts- und umweltbezogenen Audits diskutiert; hierfür liegen entsprechende Ansätze in der Literatur und Unternehmenspraxis vor.

Gleichermaßen für die qualitäts- und umweltorientierte Produkt-/Prozessentwicklung, Beschaffung und Produktion gilt, dass mehrere Möglichkeiten der **organisatorischen Umsetzung** eines Integrierten Qualitäts- und Umweltmanagements bestehen: Die mehrdimensionalen Informations-, Planungs- und Kontrollprozesse können sowohl von einer Einheit im Rahmen der Primär- als auch der Sekundärorganisation realisiert werden.

Die in den voran stehenden Abschnitten diskutierten Möglichkeiten eines Integrierten Qualitäts- und Umweltmanagements werden im folgenden Kapitel 4 empirisch am Beispiel von Automobilherstellern in Deutschland untersucht.

4. Empirische Analyse des Integrierten Qualitäts- und Umweltmanagements bei Automobilherstellern in Deutschland

4.1 Ziele und Konzeption der Fallstudien

4.1.1 Ziele

Wie in Kapitel 2 und 3 gezeigt wurde, implizieren mehrdimensionale unternehmerische Zielsysteme, die neben qualitäts- auch umweltbezogene Sachziele umfassen, Ansätze einer Integration interdependenter Qualitäts- und Umweltmanagementaktivitäten. Schriftliche Befragungen von Unternehmen lassen erkennen, dass weit verbreitet eine solche Integration von Unternehmen als grundsätzlich zweckmäßig eingeschätzt und teilweise auch bereits umgesetzt wird.[379] Bei den bislang veröffentlichten Studien liegt der Schwerpunkt allerdings meist auf der Frage, ob bzw. in welcher Weise die Strukturen der Managementsysteme sowie ihre Dokumentation in Handbüchern miteinander verknüpft sind und inwieweit eine integrierte Organisation angestrebt bzw. verwirklicht wird. Darüber hinaus wird untersucht, welche Vor- und Nachteile einer solchen Integration im Vergleich zu separaten Managementsystemen in den Unternehmen generell zugeschrieben werden.

Dagegen fehlen bisher umfassende Untersuchungen zu der Frage, inwieweit und in welcher Form in Unternehmen gewährleistet wird, dass die Entscheidungen im Rahmen der Führungs- und Leistungsprozesse entsprechend des unternehmerischen Zielsystems zugleich an finanziellen Zielen sowie Qualitäts- und Umweltzielen orientiert getroffen werden. So ist es kaum möglich, mittels standardisierter schriftlicher Befragungen zu erfassen, ob und gegebenenfalls in welcher Weise z. B. Qualitätsmanagementinstrumente modifiziert auch im Umweltmanagement bzw. als mehrdimensionale Informations-, Planungs- und Kontrollinstrumente zur Anwendung kommen. Grundsätzlich führen quantitative Forschungsdesigns bei komplexen Fragestellungen zu stark reduktionistischen Konsequenzen.[380] Ziel der vorliegenden Einzelfallstudien ist es dagegen, mittels persönlicher Interviews sowie der Analyse unternehmensinterner Dokumente umfassende und detaillierte Informationen zur konkreten Ausgestaltung des (Integrierten) Qualitäts- und Umweltmanagements zu eruieren. Damit soll das Verständnis von Integriertem Qualitäts- und Umweltmanagement am Beispiel der Automobilhersteller in Deutschland vertieft und weiterentwickelt werden. Dabei werden folgende Fragestellungen analysiert:

- Welche Ausprägungen der **qualitäts- und umweltbezogenen Information, Planung und Kontrolle sowie Organisation** finden sich bei den Automobilherstellern in Deutschland? An wel-

---

[379] Vgl. Kapitel 2.4.5.
[380] Vgl. Heinze 2001, S. 44.

chen Normen sind die **Qualitäts- und Umweltmanagementsysteme** orientiert und inwieweit sind sie **integriert**?

- Für welche Entscheidungen innerhalb der **Produkt-/Prozessentwicklung sowie Beschaffung und Produktion**[381] wird in den Unternehmen ein Bedarf sowohl qualitäts- als auch umweltbezogener Informationen gesehen und inwieweit ist hier eine zeitliche, organisatorische und/oder sachliche Integration des Qualitäts- und Umweltmanagements geplant bzw. umgesetzt? Mit Hilfe welcher **Qualitäts- und Umweltmanagementinstrumente** werden die erforderlichen Informationen bereitgestellt? Zugleich soll auch ermittelt werden, ob und gegebenenfalls welche Entscheidungen es gibt, für die ein solcher kombinierter Instrumenteneinsatz als nicht ausreichend beurteilt wird, so dass ein Bedarf gesehen wird, **herkömmliche Instrumente zu modifizieren**, und inwieweit hierzu bereits Ansätze bestehen.

Mit diesen Analysen sollen der **Status quo sowie die geplanten Entwicklungen** eines Integrierten Qualitäts- und Umweltmanagements bei den Automobilherstellern in Deutschland erfasst werden. Darüber hinaus soll mit den Fallstudien ein **Feedback** auf die im Rahmen dieser Arbeit entwickelten **mehrdimensionalen Qualitäts- und Umweltmanagementinstrumente** ermöglicht werden. Zu diesem Zweck werden in den Interviews die Instrumente vorgestellt und die Anwendungsmöglichkeiten mit den Gesprächspartnern diskutiert.[382]

4.1.2 Konzeption

Fallstudien (synonym verwandt werden die Begriffe „Case Studies“[383] „Case Research“[384], „Case Study Research“[385], „Einzelfallanalysen“[386]) analysieren ein Forschungsproblem am Einzelfall, wobei bestimmte Objekte in ihrem realen Daseinszusammenhang betrachtet werden. „Die Fallstudie ist [...] eine bestimmte Art, das Forschungsmaterial so zu ordnen, daß der einheitliche Charakter des untersuchten Gegenstandes erhalten bleibt. Anders ausgedrückt ist die Einzelfallstudie ein Ansatz, bei dem jede soziale Einheit als ein Ganzes angesehen wird.“[387] Als **Untersuchungsobjekt**

[381] Auf Absatzprozesse wird im Rahmen der vorliegenden Arbeit nicht näher eingegangen. Siehe zur Abgrenzung des Untersuchungsbereiches Kapitel 1.3.
[382] Dieser Teil der Ergebnisse der Fallstudien wird schwerpunktmäßig in Kapitel 5, im Zusammenhang mit der Diskussion der vorgeschlagenen Weiterentwicklungen der Instrumente, dargestellt.
[383] Punch 1998, S. 150-157.
[384] Bonoma 1985.
[385] Yin 1985.
[386] Mayring 2002, S. 41-46.
[387] Goode/Hatt 1972, S. 300, im Original z. T. hervorgehoben; vgl. ähnlich Kraimer 2002, S. 215-218.

kommen ebenso einzelne Personen in Frage wie auch Personengruppen oder Organisationen, z. B. Unternehmen.[388] Im Rahmen der vorliegenden Arbeit wurden für die in Deutschland tätigen Automobilhersteller Audi, BMW, DaimlerChrysler, Ford, Porsche und VW Fallstudien durchgeführt.[389]

4.1.2.1 Informationserhebung

In Abhängigkeit von der untersuchten Fragestellung können in Fallstudien mehrere Erhebungsinstrumente eingesetzt und teilweise auch miteinander kombiniert werden,[390] wobei in der Regel verschiedene Interview-Ausprägungen im Vordergrund stehen; Informationen aus anderen Quellen dienen häufig der „Triangulation".[391] Tabelle 4-1 enthält eine Auflistung der für die Einzelfallanalysen durchgeführten persönlichen Interviews. Neben diesen persönlichen Gesprächen wurden Informationen telefonisch sowie per e-mail ausgetauscht und zudem unternehmensinterne Dokumente sowie Veröffentlichungen der Automobilhersteller herangezogen.

Die Differenzen bezüglich der Zahl der Interviews in den Unternehmen sowie der Länge bzw. des Detaillierungsgrades der Fallstudien liegen vor allem darin begründet, dass DaimlerChrysler als einziger Automobilhersteller zurzeit beansprucht, ein vollständig integriertes Managementsystem zu implementieren. Zudem gibt es hier sowie bei Ford bereits Ansätze zur umweltbezogenen Modifikation von Qualitätsmanagementinstrumenten bzw. zur Entwicklung mehrdimensionaler Informations-, Planungs- und Kontrollinstrumente. Auf diese Unternehmen wird daher besonders ausführlich eingegangen.

Als **Interview-Strategien** können standardisierte und nicht-standardisierte Interviews unterschieden werden.[392] Erstere sind dadurch gekennzeichnet, dass Wortlaut und Reihenfolge der Fragen fest vorgegeben sind; bei Letzteren wird ein thematischer Rahmen bestimmt, nicht aber der

---

[388] Vgl. Kromrey 2002; Strodtholz/Kühl 2002, insb. S. 16 u. 21 f. Vgl. zu einem Bezugsrahmen für die Auswahl von Forschungsmethoden ausführlich Nienhüser 1993a, S. 72-84.

[389] Lediglich Opel war zur Durchführung von Interviews nicht bereit; dies wurde telefonisch damit begründet, dass hier während des Untersuchungszeitraumes weitreichende Veränderungen des Qualitäts- und Umweltmanagements stattfanden, über die noch keine Informationen veröffentlicht werden sollten.

[390] Vgl. Alemann/Ortlieb 1975, S. 169-173; Yin 1985, S. 78-89; Mayring 2002, S. 65-134. Pappi (1987, S. 367) betrachtet die Verwendung mehrerer „Erfahrungsquellen" sogar als definierendes Merkmal von Fallstudien.

[391] Vgl. Bonoma 1985, S. 203; Flick 2000b u. 2002 sowie Kapitel 4.1.2.2.

[392] Vgl. Hüttner/Schwarting 2002, S. 83-86. Für nicht-standardisierte Interviews finden auch die Begriffe „qualitative" bzw. „offene" Interviews Verwendung. Von der Frage der Interview-Strategie zu trennen ist jene nach der Auswahl der Frageninstrumente, die nach den zugelassenen Antwortmöglichkeiten eingeteilt werden. Man unterscheidet hier auf erster Ebene zwischen offenen und geschlossenen Fragen; Letztere können dann noch weiter differenziert werden (vgl. ebenda, S. 65). Vgl. zu Interviewformen speziell bei qualitativer Forschung Yin 1985, S. 82-85; Witzel 1989; Hopf 2000, S. 351-360; Mayring 2002, S. 66-84; zu einer umfassenden Systematisierung von Varianten der qualitativen Einzelbefragung vgl. auch Bortz/Döring 1995, S. 29.

konkrete Gesprächsverlauf und die jeweiligen Einzelfragen. Verschiedene zwischen diesen Extremen liegende Ausprägungen sind dabei möglich.

Tabelle 4-1 Interviews im Rahmen der Fallstudien

Termin	Uhrzeit	Unternehmen (Standort), Name und Funktion der Interviewpartner
20.03.01	15.00-17.00	DaimlerChrysler (Möhringen), M. Stang, CQM, Teamleiter „Assessment und Reporting"
20.03.01	16.00-18.00	DaimlerChrysler (Möhringen), Dr. F.-J. Ecker, Team Umweltmanagement
19.04.01	12.00-18.00	DaimlerChrysler (Bremen), S. Tiburg, Teamleiter QM „neue C-Klasse"
30.04.01	15.30-18.30	DaimlerChrysler (Sindelfingen), J. Thiele, Qualitätsmanagement
17.05.01	12.00-15.00	DaimlerChrysler (Bremen), B. Schumacher, Teamleiter „Qualitätsförderung und Controlling" (QFC)
17.05.01	15.00-18.00	DaimlerChrysler (Bremen), B. Richter, Teamleiter „Betrieblicher Umweltschutz"
13.06.01	15.00-17.00	VDA-QMC (Frankfurt), J. W. Schulz, Leiter VDA-QMC
15.06.01	09.30-11.00	DaimlerChrysler (Bremen), W. v. Taege, Team „Gütesicherung"
15.06.01	11.00-13.00	DaimlerChrysler (Bremen), A. Laurinat, Qualitätssicherung Technik
15.06.01	13.00-15.00	DaimlerChrysler (Bremen), M. Kusen, Projektleiter S203
20.08.01	12.00-16.15	VW (Wolfsburg), D. Grobe, Konzern-Qualitätssicherung: Strategie und Grundsätze, und G. Mogg, Umwelt: Planung
06.09.01	15.00-16.30	DaimlerChrysler (Bremen), B. Richter, Teamleiter „Betrieblicher Umweltschutz"
14.09.01	09.00-11.00	BMW (München), Dr. G. Eckel, TQM-Beauftragter BMW bis 2001
14.09.01	14.00-16.00	BMW (München), S. Dickerson, Umweltmanagement
17.09.01	14.00-17.00	Audi (Ingolstadt), H. Meissner, Leiter Zentrale Qualitätssicherung, Dr. B. Fuchsbauer, Leiter Zentrale Q-Technik und QS Beschaffung und Dr. D. Achatz, Leiter Betrieblicher Umweltschutz
18.09.01	10.30-12.30	Porsche (Stuttgart-Zuffenhausen), B. Mitschele, Leiter Hauptabteilung Unternehmensqualität, und Dr. W. Wittler, Leiter Hauptabteilung Services
19.09.01	09.00-11.00	DaimlerChrysler (Sindelfingen), S. Haake, Team Qualitätsmanagement, und V. Strese, Team Umweltmanagement
04.10.01	10.30-15.30	Ford (Köln), M. Steinhäuser, Manager, V.O. Manufacturing Quality – Europe, T. Geue, Supervisor QM-Systems & Strategies and Conformity of Production, und W. Schmidt, Umweltmanagement
08.10.01	11.00-14.00	BMW (München), S. Dickerson, Umweltmanagement
11.01.02	08.00-10.00	DaimlerChrysler (Sindelfingen), S. Haake, Team Qualitätsmanagement, und V. Strese, Team Umweltmanagement
04.06.01	10.30-15.30	Ford (Köln), T. Geue, Supervisor QM-Systems & Strategies and Conformity of Production
19.04.02	11.30-14.00	DaimlerChrysler (Möhringen), M. Stang, CQM, Teamleiter „Assessment und Reporting", und Dr. F.-J. Ecker, Team Umweltmanagement
05.06.02	14.00-16.00	DaimlerChrysler (Sindelfingen), G. Kreiner-Cordes, Qualitätsmanagement
03.07.02	13.00-17.00	Ford (Köln), T. Geue, Supervisor QM-Systems & Strategies and Conformity of Production

Die Interviews im Rahmen der vorliegenden Fallstudien wurden als **teilstandardisierte Experteninterviews** geführt, damit einerseits ein relativ weiter Fragenbereich abgedeckt werden konnte und andererseits die Möglichkeit bestand, an den Punkten, an denen dies zweckmäßig war, vertiefend nachzuhaken. Zudem konnte so auf Anregungen und Stellungnahmen von den Gesprächspartnern flexibel eingegangen werden.[393]

Einem teilstandardisierten Interview liegt in der Regel ein **Interviewleitfaden** zugrunde, der den Verlauf der Befragung grob vorgibt.[394] Dadurch erhält der Interviewer zum einen eine Gedankenstütze. Zum anderen ist, werden mehrere Interviews durchgeführt, gewährleistet, dass über dieselben Themen gesprochen wird. Die konkrete Ausgestaltung des Leitfadens hängt von den Zielen und Bedingungen der Untersuchung ab. Es sollten jedoch zumindest die anzusprechenden Informationsbereiche angeführt werden; diese können auch schon als Fragen formuliert sein. Solche Fragen, durch die die grobe Struktur des Interviews festgelegt wird, werden als Schlüsselfragen bezeichnet.[395] Daneben können so genannte Eventualfragen formuliert werden, die nur dann gestellt werden, wenn es die konkrete Situation erlaubt bzw. als zweckmäßig erscheinen lässt. So wurde in den Interviews zu den vorliegenden Fallstudien in dem Fall, dass bereits Qualitätsmanagementinstrumente modifiziert im Rahmen des Umwelt- und/oder Integrierten Managements angewendet werden, nach näheren Informationen, Anwendungsbeispielen und einer Einschätzung der Zweckmäßigkeit gefragt.[396]

4.1.2.2 Auswertung der Ergebnisse

Die Auswertung der Fallstudien erfolgt im Rahmen der vorliegenden Arbeit orientiert an der **qualitativen Inhaltsanalyse,**[397] die *Rustemeyer* als Verbindungsglied zwischen dem hermeneutischen Zirkel als Grundidee der Hermeneutik einerseits und der empirischen Wissenschaft andererseits beschreibt.[398] Die Inhaltsanalyse „zerlegt ihr Material in Einheiten, die sie nacheinander bearbeitet. Im Zentrum steht dabei ein theoriegeleitet am Material entwickeltes Kategoriensystem; durch

---

[393] Vgl. zu Experteninterviews ausführlich Liebold/Trinczek 2002.

[394] Vgl. ausführlich Liebold/Trinczek 2002. Der im Rahmen dieser Fallstudien verwandter Interview-Leitfaden findet sich im Anhang der Arbeit.

[395] Vgl. auch zu Folgendem Friedrichs 1990, S. 227.

[396] Vgl. z. B. den Interviewleitfaden im Anhang der Arbeit, Frage D 10.

[397] Zu unterschiedlichen Ausprägungen der Inhaltsanalyse vgl. ausführlich Groeben/Rustemeyer 2002.

[398] Vgl. Rustemeyer 1992, S. 23; Groeben/Rustemeyer 2002, S. 236 f.

dieses Kategoriensystem werden diejenigen Aspekte festgelegt, die aus dem Material herausgefiltert werden sollen."[399]

Der Entwicklung des Kategoriensystems kommt entsprechend eine zentrale Bedeutung für die Datenauswertung zu. Dabei kann unterschieden werden zwischen deduktiver und induktiver Ableitung eines solchen Systems. Erstere ist dann möglich und zweckmäßig, wenn aus einer theoretischen Analyse heraus die „relevanten Bedeutungsperspektiven"[400] abgeleitet werden können; dagegen bietet sich eine induktive Kategorienbildung dann an, wenn nicht in ausreichendem Maße entsprechende theoretische Konstrukte vorliegen. Auch eine Kombination beider Vorgehensweisen ist möglich.

Im Rahmen der vorliegenden Arbeit wurde das Kategoriensystem deduktiv abgeleitet: Für die Führungsprozesse wurden die Ausgestaltungsmöglichkeiten, wie sie in Kapitel 3.3 erläutert wurden, als Basis für die Kategorienbildung genutzt; für die Analyse der Leistungsprozesse wurden die Aufgaben und Instrumente der qualitäts- und umweltorientierten Produkt-/Prozessentwicklung, Beschaffung und Produktion zugrunde gelegt, wie sie in Kapitel 3.4 diskutiert wurden.

Analog zur quantitativ ausgerichteten Forschung werden auch für qualitative Forschungsprojekte **Gütekriterien** diskutiert. Im Einzelnen unterscheidet *Mayring* die umfassende Dokumentation der Vorgehensweise, argumentative Interpretationsabsicherung, ein systematisches Vorgehen, eine ausreichende „Nähe zum Gegenstand" sowie die Triangulation und kommunikative Validierung.[401]

Als **Triangulation** wird die Kombination mehrerer Instrumente zur Datenerhebung bzw. -auswertung bezeichnet: „Läßt sich ein Ergebnis multiperspektivisch unabhängig voneinander durch mehrere Erkenntniswege übereinstimmend erzielen, wächst unser Vertrauen in seine Gültigkeit. Dabei unterstellen wir, daß jede einzelne Methode zwar fehlerhaft sein mag (Fehlervarianz aufweist), daß die Fehlerquellen der unterschiedlichen Methoden sich aber nicht überlappen, sondern

[399] Mayring 2002, S. 114; vgl. auch ausführlich Mayring 2003.

[400] Groeben/Rustemeyer 2002, S. 239; vgl. ebenda auch zu Folgendem.

[401] Vgl. Mayring 2002, S. 144-148. Zugleich wird in der Literatur kontrovers diskutiert, inwieweit qualitative Sozialforschung sich ebenso an den Gütekriterien Reliabilität und Validität messen lassen kann bzw. muss wie quantitative Sozialforschung. Hinsichtlich der Reliabilität im Sinne der Reproduzierbarkeit der Ergebnisse unter den gleichen Messbedingungen stellen *Bortz/Döring* fest: „Qualitative Forscher, die den Grad der Einzigartigkeit, Individualität und historischen Unwiederholbarkeit von Situationen und ihrer kontextabhängigen Bedeutung betonen, können das Konzept ‚Wiederholungs-Reliabilität' nur grundsätzlich ablehnen […]" Bortz/Döring 1995, S. 302. Die Autoren betonen jedoch m. E. zu Recht, dass die Reliabilität in Abhängigkeit vom Untersuchungsgegenstand auch für die qualitative Forschung ein wichtiges Kriterium darstellen kann. Ähnlich vertreten auch Miles/Huberman (1994, S. 277-280) die Position, dass die Kriterien zur Beurteilung quantitativer Forschung (insb. Reliabilität und Validität) in modifizierter Form auch für die qualitative Forschung gelten. Ausführlich wird diese Problematik bei Steinke (1999, S. 43-254) diskutiert; vgl. auch Kirk/Miller 1996; Haytin 1988; Reichertz 1999.

daß sie unabhängig voneinander wirken“[402]. Im Rahmen der vorliegenden Arbeit wurde eine solche Triangulation vor allem durch die zusätzliche Auswertung unternehmensinterner Dokumente vorgenommen.

Eine besonders große Bedeutung wird in der Regel einer Prüfung der „Glaubwürdigkeit“, „Authentizität“ bzw. „internen Validität“ der Ergebnisse mittels **„kommunikativer Validierung“**[403] zugeordnet.[404] Hierbei werden die Forschungsergebnisse den Interviewten vorgelegt und mit ihnen diskutiert. „Such review is more than a matter of professional courtesy [...] The informants and participants may still disagree with an investigator's conclusions and interpretation, but the reviewers should not disagree over the actual facts of the case.”[405] Sämtliche Fallstudien der vorliegenden Arbeit wurden daher von den jeweiligen Gesprächspartnern gelesen und mit ihnen diskutiert.

Abschließend sei noch kurz auf die Frage der **Verallgemeinerbarkeit der Ergebnisse** qualitativer Sozialforschung eingegangen. Streng genommen gelten die Ergebnisse nur für die Unternehmen, in denen die Fallstudien durchgeführt wurden. *Flick* unterscheidet allerdings zwischen numerischer und theoretischer Generalisierung und betont: „Die wenigsten Projekte [im Rahmen der qualitativen Sozialforschung, Anm. d. Verf.] erheben den Anspruch, von den untersuchten Fällen auf eine bestimmte Population schließen zu wollen bzw. zu können. Aufschlussreicher ist die Frage nach der theoretischen Generalisierbarkeit der gefundenen Ergebnisse.“[406]

Dabei spielt die Generalisierung von Ergebnissen in Form einer „Typisierung“ eine große Rolle,[407] bei der weniger die Frage im Vordergrund steht, wie häufig unterschiedliche Typen in der Realität vorkommen, sondern vielmehr die Identifizierung und Erklärung von fallinternen Merkmalen.[408] *Liebold/Trinczek* sprechen von einer „qualitative[n] Clusteranalyse“,[409] bei der die fallspezi-

402 Spöhring 1995, S. 320, im Original teilweise mit Hervorhebungen. Vgl. ausführlich zu methodologischen Aspekten der Triangulation in der empirischen Forschung Flick 1995; Bos/Koller 2002.

403 Terhart 1995, S. 384-386; vgl. auch Kvale 1995, S. 429 f.; Steinke 1999, S. 45 f. sowie die hier angegebene Literatur. Als weiteres Gütekriterium kann die Glaubwürdigkeit im Sinne der Nachprüfbarkeit der Ergebnisse betrachtet werden. Häufig muss jedoch darauf Rücksicht genommen werden, dass befragte bzw. untersuchte Personen(-gruppen) nicht bereit sind, namentlich erwähnt zu werden. Soll dies doch geschehen, ist oftmals mit einer verminderten Auskunfts- und überhaupt Teilnahmebereitschaft zu rechnen. Werden die Fälle jedoch anonym gehalten, ist dies mit dem Nachteil verbunden, dass dem Leser nicht die Möglichkeit gegeben wird, die Ergebnisse nachzuprüfen. In den Fallstudien der vorliegenden Arbeit waren alle Beteiligten bereit, ihre Anonymität aufzuheben.

404 Vgl. auch zu Folgendem Steinke 1999, S. 44-46.

405 Yin 1985, S. 138; vgl. auch Mayring 2002, S. 147 sowie die dort angegebene Literatur.

406 Flick 2000a, S. 260. Vgl. dort auch zu Folgendem. Als Kriterien zur Einschätzung der theoretischen Generalisierbarkeit werden einerseits die Unterschiedlichkeit der analysierten Fälle (maximale Variation) sowie andererseits die theoretische Reichweite der durchgeführten Fallinterpretation genannt.

407 Vgl. Lamnek 1995a, S. 204, zitiert nach Brüsemeister 2000, S. 35. Hierbei handelt es sich um eine „Zusammenfassung jener Objekte zu Typen, die einander hinsichtlich bestimmter Merkmale ähnlicher sind als andere“ (Büschges 1989, S. 249). Zu den Zielen und Möglichkeiten des Vergleichs mehrerer Fallstudien vgl. auch Miles/Hubermann 1994, S. 172-244.

408 Vgl. Brüsemeister 2000, S. 35.

409 Liebold/Trinczek 2002, S. 55.

fischen Ausprägungen der einzelnen untersuchten inhaltlichen Bereiche – also im vorliegenden Fall etwa der qualitäts- und umweltorientierten Ausgestaltung der Führungs- und Leistungsprozesse, des Einsatzes von Qualitäts- und Umweltmanagementinstrumenten etc. – daraufhin analysiert werden, ob abgrenzbare Kombinationen erkennbar sind, „die eine gewisse innere Logik aufweisen und die dann zur Rekonstruktion der Gesamttypologie genutzt werden können.“[410] Für eine solche vergleichende Kontrastierung von Fällen[411] können etwa die Interviewthemen bzw. das der Untersuchung zugrunde liegende Kategorienschema die für die Typenbildung erforderlichen Vergleichsdimensionen darstellen.[412] In diesem Sinne können die Fallstudien im Rahmen der vorliegenden Arbeit dazu dienen, mögliche Handlungsstrategien von Unternehmen, die ein mehrdimensionales Zielsystem aufweisen und entsprechend vor der Frage stehen, welche Konsequenzen sie daraus für das Qualitäts- und Umweltmanagement ziehen, zu differenzieren.[413]

4.2 Ergebnisse der Fallstudien

4.2.1 Audi[414]

4.2.1.1 Unternehmen

Der Audi Konzern mit seiner Konzernzentrale in Ingolstadt hat im Jahr 2003 mit weltweit acht Produktionsstandorten rund 1 Mio. PKW abgesetzt und dabei einen Umsatz von 23,406 Mrd. € erwirtschaftet. Die Mitarbeiterzahl betrug weltweit 52.689, davon alleine 44.728 in Deutschland an den Standorten Ingolstadt und Neckarsulm. Das Unternehmen ist eine Tochter des VW-Konzerns und weltweit mit einer Reihe eigener 100-prozentiger Tochtergesellschaften (unter anderem Lamborghini, quattro GmbH, Cosworth Technology Limited) vertreten. Zudem bestehen eine Kooperation mit der Volkswagen AG bei der FAW-Volkswagen Automotive Company Ltd. in Changchun, China sowie Beteiligungen an fünf Technologie- und Forschungszentren in Ingolstadt, Siegen und Bad Friedrichshall. Die Produktpalette des Audi Konzerns reicht von Kleinwagen bis zur Luxusklasse und umfasst weiterhin Sportwagen, Cabrios, Roadster und SportsUtilityVehicle (SUV). Die

---

410 Ebenda, S. 55.

411 Vgl. Becker 1968, S. 109; Gerhardt 1986, S. 91; Gerhardt 1995, S. 438.

412 Vgl. Kelle/Kluge 1999, S. 84. Vgl. zu dem der vorliegenden Analyse zugrunde liegenden Kategorienschema Kapitel 4.1.2.2.

413 Siehe Kapitel 4.2.7.

414 Die Informationen dieses Kapitels stammen, soweit nicht anders ausgewiesen, aus dem Interview mit Herrn Meissner, Leiter Zentrale Qualitätssicherung, Herrn Dr. Achatz, Leiter Betrieblicher Umweltschutz und Umweltschutzbeauftragter, sowie Herrn Dr. Fuchsbauer, Leiter Zentrale Qualitäts-Technik und Qualitätssicherung Beschaffung, in Ingolstadt am 17.09.2001.

in Deutschland bekanntesten Produkte sind der A2, A3, A4, A6, A8, S3, S4, S6, RS4, RS6, TT und der A6 Allroad.[415]

4.2.1.2 Qualitäts- und umweltbezogene Ausgestaltung von Führungsprozessen

4.2.1.2.1 Qualitäts- und umweltorientierte Information, Planung und Kontrolle

Bei der Audi AG sind die **Qualitätsmanagementsysteme** beider Standorte gemäß VDA 6.1 und ISO 9001 zertifiziert. Damit wird die Kundenorientierung in den Vordergrund gestellt;[416] dies wird auch aus der **Qualitätspolitik** deutlich. Einen entsprechend hohen Stellenwert haben regelmäßige Kundenzufriedenheitsanalysen. Bei Audi haben die Leitsätze des VW-Konzerns Geltung.[417] Zusätzlich sind eigene Qualitätsmanagementleitsätze formuliert, die sich auf die Bereiche Kunden- und Mitarbeiterzufriedenheit, Produkt- und Prozessqualität sowie Liefertreue und Produktivität beziehen.

Die **Umweltmanagementsysteme** der Standorte sind gemäß EMAS-VO sowie in Ingolstadt zusätzlich gemäß ISO 14001 zertifiziert. Im ersten Leitsatz der Umweltpolitik wird ausdrücklich darauf hingewiesen, dass die Produkte des Unternehmens „den Ansprüchen ihrer Kunden an Umweltverträglichkeit, Wirtschaftlichkeit, Sicherheit, Qualität und Komfort gleichermaßen gerecht werden."[418] Die Umweltpolitik von Audi enthält weiterhin den Anspruch, dass „gemeinsam mit Zulieferunternehmen, Dienstleistern, Handelspartnern und Verwertungsunternehmen [..] die Umweltverträglichkeit der Automobile und Fertigungsstandorte kontinuierlich verbessert wird."[419] Zudem wird der offene Dialog mit Kunden, Händlern, Mitarbeitern und der Öffentlichkeit betont.

Die **Qualitäts- und Umweltmanagementsysteme**, einschließlich der **Leitsätze**, sind bei Audi somit **nicht integriert**. Sie werden in ihren aktuellen, separaten Ausprägungen als zielführend eingeschätzt und es werden keine Verbesserungspotenziale durch eine Integration, die zudem zu einer erhöhten Komplexität und einem entsprechenden Änderungsaufwand führen würde, gesehen. Als problematisch wird dabei jedoch auch von Mitarbeitern bei Audi eingeschätzt, dass die qualitäts- und umweltbezogenen Ziele isoliert festgelegt werden (z. B. im Rahmen der Bestimmung einerseits

---

[415] Vgl. Audi AG 2004.
[416] Zu den möglichen Ausprägungen von Qualitätsmanagementsystemen siehe Kapitel 2.2.
[417] Vgl. zur VW-Qualitätspolitik Kapitel 4.2.6.2.
[418] Audi AG 2003, S. 9.
[419] Audi AG 2003, S. 9.

des Umweltprogramms und andererseits kundenbezogener Verbesserungsprojekte), ohne eine Berücksichtigung möglicher Interdependenzen.

Die **Dokumentation** der Qualitäts- und Umweltmanagementsysteme erfolgt in separaten Handbüchern, in denen bei Schnittstellen jeweils auf das andere Handbuch verwiesen wird. Sämtliche Umwelt-Verfahrensanweisungen sind in die Datenbank des Qualitätsmanagementsystems eingepflegt, so dass eine „integrierte Datenbank" vorliegt, in der jedoch weitgehend isolierte Verfahrensanweisungen enthalten sind. Vor dem Hintergrund der separaten Ausgestaltung der Qualitäts- und Umweltmanagementsysteme erfolgt bei Audi auch ihre **Auditierung** getrennt.

4.2.1.2.2 Organisation des Qualitäts- und Umweltmanagements

Die **Unternehmensstruktur** des VW-Konzerns, also auch bei Audi, wird zunehmend **prozessorientiert** ausgestaltet, wobei neben den Führungsprozessen drei „Hauptprozesse", nämlich „Produktentstehung", „Produktherstellung" sowie „Produktbewährung", unterschieden werden. Dieses Prozessmodell wird auch der Weiterentwicklung der Qualitätsmanagementsysteme in den Audi-Werken zugrunde gelegt.

In der Audi AG[420] ist das **Qualitätsmanagement** dem Vorstandsvorsitzenden direkt zugeordnet. Der Leiter der „Qualitätssicherung" ist gleichzeitig Qualitätsmanagementsystembeauftragter. Sein Verantwortungsbereich umfasst auch eine Stabsabteilung, die unternehmensweit für die Weiterentwicklung des Qualitätsmanagementsystems zuständig ist. Zudem sind in den verschiedenen Unternehmensbereichen Verantwortliche für die Elemente des Qualitätsmanagementsystems gemäß ISO 9001 festgelegt. In den **Werken** bestehen neben den Qualitätsmanagementabteilungen auf verschiedenen hierarchischen Ebenen (teilweise temporäre) qualitätsbezogene Arbeitsgruppen.

Das **Umweltmanagement** ist dem Vorstand „Produktion" angegliedert. Der Leiter der „Fertigungen Ingolstadt" ist zugleich Umweltmanagementsystembeauftragter; ihm ist ein Umweltschutzbeauftragter zugeordnet. In den **Werken** von Audi gibt es daneben jeweils noch Betriebliche Verantwortliche für den Umweltschutz.

Die Organisation des Qualitäts- und Umweltmanagements ist somit bei Audi im Rahmen der **Primärorganisation getrennt**; eine Integration ist auch für die kommenden Jahre nicht geplant.

---

[420] Unternehmensübergreifend finden im VW-Konzern jährlich mehrere „Info-Plattformen" statt, an denen jeweils etwa 50 „QM-Berater" als Vertreter der Zentralbereiche in Wolfsburg, der Marken sowie der einzelnen Werke teilnehmen. Siehe auch Kapitel 4.2.6.2.2.

Wie die Ausführungen in den folgenden Kapiteln zeigen, erfolgt zunehmend eine Integration des Qualitäts- und Umweltmanagements in die Leistungsprozesse, insbesondere die Produkt-/Prozessentwicklung. Hier bestehen auch gemischt zusammengesetzte Teams, so genannte „Simultaneous-Engineering Gruppen“, die als **sekundärorganisatorische Einheiten** im Konfliktfall interdependente qualitäts- und umweltbezogene Entscheidungen treffen.[421] Wie in Kapitel 3.3.2.2 gezeigt, stellt eine solche organisatorische Integration, etwa in Form von Projektteams, eine zweckmäßige Alternative zu einer integrierten Qualitäts- und Umweltabteilung dar, die eine zeitliche und sachliche Integration der qualitäts- und umweltbezogenen Planungs- bzw. Kontrollprozesse ermöglicht.

4.2.1.3 Qualitäts- und umweltorientierte Ausgestaltung von Leistungsprozessen

4.2.1.3.1 Produkt-/Prozessentwicklung

Ein zentrales Dokument „Produktentstehungsprozess“ (PEP) regelt bei Audi sowohl die qualitäts- als auch die umweltbezogenen Aspekte der Produkt-/Prozessentwicklung und insbesondere auch die jeweils einzusetzenden Informations-, Planungs- und Kontrollinstrumente. Die zeitliche Integration von Umweltaspekten bereits in der Konzeptphase des Produktentstehungsprozesses soll zusätzlich durch die „Audi-Umweltnorm Fahrzeug“ und das Lastenheft „Umwelt und Humanverträglichkeit“ sichergestellt werden; die Einhaltung dieser Anforderungen wird von externen wie von internen Entwicklern gefordert.[422]

Als **Qualitätsmanagementinstrumenten** kommt produkt- und prozessbezogenen FMEAs eine zentrale Rolle zu, während das QFD und die Statistische Versuchsplanung nach Taguchi aufgrund der hohen Komplexität nur in Einzelfällen genutzt werden; Qualitäts-Portfolioanalysen werden nicht durchgeführt, auch Qualitätskostenanalysen kommen bisher in den Entwicklungsprozessen nicht zum Einsatz. Um die Umwelteigenschaften zukünftiger Produkte zu verbessern, werden als **Umweltmanagementinstrumente** insbesondere SEFR angewendet, wobei der Schwerpunkt auf Energiebilanzen liegt, bei denen der Vergleich von Mengen bereits eine Beurteilung von Alternativen ermöglicht; ein Beispiel sind entsprechende Energiebilanzen im Zusammenhang mit der Entwicklung eines „Aluminium-Autos“. Aufgrund der ungeklärten Bewertungsproblematik[423] werden

[421] Siehe Kapitel 4.2.1.3.1.

[422] Gemeinsam mit weiteren Unternehmen der Region, beispielsweise BMW, ist Audi zudem an dem Projekt „Integrierte Produktpolitik im Umweltpakt Bayern“ beteiligt. Vgl. ausführlich IHK für München und Oberbayern; Bayerisches Staatsministerium für Landesentwicklung und Umweltfragen (Hrsg.) 2001.

[423] Siehe hierzu Kapitel 3.4.1.2.3.

dagegen in der Regel keine „Wirkungsbilanzen" erstellt. Damit wird auf eine umfassendere Beurteilung von alternativen Produktkonzeptionen mittels vollständiger LCAs verzichtet. Auch Öko-Portfolio- und Umweltkostenanalysen werden im Rahmen der Entwicklungsprozesse nicht realisiert.

Der Einsatz der Qualitäts- und Umweltmanagementinstrumente im Rahmen der Produkt-/Prozessentwicklung erfolgt bei Audi zwar zeitlich integriert, aber sachlich unabhängig voneinander. Führt ihr Einsatz zu widersprüchlichen Ergebnissen, kommt also z. B. eine SEFR zu einer negativen Beurteilung einer kundenorientiert entwickelten Produktkonzeption, entscheiden „Simultaneous-Engineering-Gruppen" der Entwicklungsbereiche; kann keine Einigung erzielt werden, trifft eine so genannte „Produktstrategie-Kommission" die Entscheidung. Hierbei wird allerdings in der Regel nur noch zwischen konfligierenden Konzepten ausgewählt; durch die isolierte qualitäts- und umweltbezogene Planung bleiben dagegen m. E. Chancen einer Entwicklung von Kompromisslösungen ungenutzt.

4.2.1.3.2 Beschaffung

Die Eigenfertigungstiefe bei Audi liegt zwischen 20 und 30 %; das Unternehmen bezieht Komponenten und Teile von etwa 1.100 Zulieferern,[424] von denen – als Voraussetzung für ihre „Qualitätsfähigkeit" – grundsätzlich zertifizierte **Qualitätsmanagementsysteme** gemäß VDA 6.1 und/ oder ISO/TS 16949 verlangt werden. **Umweltmanagementsysteme** werden dagegen nicht ausdrücklich gefordert; dabei wird auf den entsprechenden Beschluss im VDA verwiesen.[425] Audi geht aber davon aus, dass zukünftig immer mehr Lieferanten auch solche Systeme implementieren werden.

Audi macht seinen Zulieferern keine Vorgaben bezüglich der von ihnen anzuwendenden **Umweltmanagementinstrumente**. Allerdings wird von ihnen gefordert, dass sie umfassende Informationen zu ihren Einsatzstoffen über die IMDS-Datenbank[426] zur Verfügung stellen. Als **Qualitätsmanagementinstrumente** werden explizit FMEAs, Prozessfähigkeitsanalysen (wobei in der Regel Prozessfähigkeiten von $C_{pk} \geq 1{,}33$ verlangt werden), Statistische Prozessregelung, Prozessaudits und qualitätsbezogene Zuliefererbeurteilungen vorgeschrieben. Während der Serienproduktion wer-

---

424 Zukünftig soll diese Anzahl deutlich verringert werden.
425 Vgl. Kapitel 3.2.
426 Vgl. zur IMDS-Datenbank Kapitel 3.4.2.1.

den die Zulieferer regelmäßig auditiert. Zugleich sind sie grundsätzlich zu einer fehlerfreien Belieferung verpflichtet; bei Audi werden daher keine Annahmeprüfungen mehr durchgeführt. Audi erwartet von Zulieferern bei Problemen eine sofortige Benachrichtigung; im Falle aufgetretener Fehler wird der so genannte 8D-Report[427] genutzt. Dabei handelt es sich um ein Formular, mit dem der Fehler benannt sowie kurz dargestellt und der Zulieferer aufgefordert wird zu beschreiben, wie er den Fehler korrigiert und für die Zukunft vermeidet. Der 8D-Report wird von allen Automobilherstellern in Deutschland angewendet.

Qualitätsbezogene Projekte mit Zulieferern werden vor allem in Form gemeinsamer FMEAs realisiert. Anders als z. B. BMW, DaimlerChrysler und VW führt Audi dagegen mit Zulieferern nur in Einzelfällen gemeinsame umweltbezogene Projekte, etwa SEFR, durch.

Die Beurteilung der **Qualitätsleistung** von Zulieferern erfolgt anhand der in Abbildung 4-1 aufgeführten Kriterien.

Abbildung 4-1 Kriterien zur Beurteilung der „Qualitätsleistung" von Zulieferern bei Audi

- Termintreue während der Entwicklung (Einhaltung so genannter „Qualitäts-Checkpunkte")
- Erstbemusterung gemäß VDA 2
- „2-Tages-Produktion" vor Serienbeginn
- Prozessaudits gemäß VDA 6.3, zusätzlich sind hier in die Audit-Checklisten auch umweltbezogene Kriterien integriert
- aufgetretene Störfälle
- Beurteilung „im Feld"

Die qualitätsbezogene Beurteilung wird durch die Qualitätsabteilung unabhängig von der Beurteilung der Zulieferer aus finanzieller Perspektive durch den Einkauf realisiert. Umweltbezogene Beurteilungen der Zulieferer – einschließlich entsprechender Audits – spielen eine deutlich geringere Rolle; sie werden zeitlich, sachlich und organisatorisch unabhängig von den finanziellen und qualitätsbezogenen Bewertungen der Zulieferer durchgeführt. Das Qualitäts- und Umweltmanagement sind bei Audi im Rahmen der Beschaffungsprozesse somit nicht integriert.

[427] Vgl. o. V. 2003.

4.2.1.3.3 Produktion

In der Produktion kommt als Qualitätsmanagementinstrumenten neben der Statistischen Qualitätssicherung insbesondere System-, Prozess- und Produktaudits eine zentrale Bedeutung zu. Dabei sind in die Prozessaudits neben qualitätsbezogenen auch umweltbezogene Kriterien integriert. Der Grund für diese Integration besteht darin, dass im Vergleich zur Durchführung mehrerer separater Audits Effizienzvorteile durch die Vermeidung von Redundanzen gesehen werden.

Um eine höhere Kostentransparenz zu erreichen, werden zudem vermehrt Qualitätskosten analysiert, wobei zurzeit allerdings ausschließlich Kosten für Ausschuss, Nacharbeit und Gewährleistung erfasst werden. Zukünftig sollen auch die Kosten des präventiven Qualitätsmanagements quantifiziert werden; ein konkretes Konzept liegt hierfür allerdings noch nicht vor. Darüber hinaus wird eine umweltbezogene Erweiterung der Kostenrechnung angestrebt; Audi beteiligt sich zu diesem Zweck an einem VDA-Arbeitskreis, der Möglichkeiten zur besseren Erfassung und Abgrenzung umweltbezogener Kosten analysiert.

Zur Gewährleistung der Berücksichtigung von Umweltaspekten in den Bereichen Beschaffung und Produktion ist schließlich bereits seit Mitte der 80er Jahre ein „Materialbewertungssystem" installiert, in dem ein Gremium, bestehend aus Mitarbeitern der Abteilungen Gesundheitsschutz, Verfahrenstechnik/Sicherheitschemie, Arbeitssicherheit, Brandschutz und Umweltschutz, jedes neue Material bzw. jeden neuen Fertigungsprozess bewertet, bevor er bei Audi zum Einsatz kommt. Die Materialzulassung erfolgt dabei grundsätzlich nur für den jeweiligen Anwendungszweck und -bereich.

Insgesamt wird bei Audi – mit Ausnahme der Einbeziehung umweltbezogener Kriterien in Qualitätsaudits – kein Erfordernis gesehen, das Qualitäts- und Umweltmanagement im Rahmen der Produktionsprozesse zu integrieren.

4.2.2 BMW[428]

4.2.2.1 Unternehmen

Die BMW Group mit ihrer Konzernzentrale in München erwirtschaftete im Geschäftsjahr 2003 einen Umsatz von 41,525 Mrd. €. Dabei wurden etwa 0,928 Mio. PKW sowie 92.962 Motorräder abgesetzt. Die Mitarbeiterzahl betrug weltweit 104.342; davon waren etwa drei Viertel, nämlich 78.569, an deutschen Standorten beschäftigt. Die BMW Group produziert in 27 Standorten in 15 Ländern vor allem PKW der Mittel- bis Luxusklasse sowie Sportwagen, Cabrios, Roadster und Geländewagen/SUV. In Deutschland werden die Fahrzeuge in den acht Produktionsstandorten Berlin, Dingolfing, Eisenach, Landshut, München, Regensburg, Wackersdorf und Leipzig gefertigt. Zur BMW Group zählt neben MINI auch seit dem Jahr 2002 die Nobelmarke Rolls Royce (vormals Teil des Volkswagen Konzerns), für die BMW nun die alleinige Markenverantwortung sowie die Namensrechte trägt. Die Produktpalette von BMW umfasst hauptsächlich die Modelle 1er, 3er, 5er, 6er, 7er, Z4, X3 und den X5.[429]

4.2.2.2 Qualitäts- und umweltorientierte Ausgestaltung von Führungsprozessen

4.2.2.2.1 Qualitäts- und umweltorientierte Information, Planung und Kontrolle

Sämtliche Produktionsstandorte von BMW haben zertifizierte **Qualitätsmanagementsysteme**; Zertifizierungsgrundlage ist vor allem die ISO/TS 16949. Einige Werke orientieren sich zusätzlich am EFQM-Modell, wobei 1995 eine Vereinbarung unter den BMW-Werksleitern getroffen wurde, nach der dieses Modell genutzt werden kann, aber kein Werk hierzu verpflichtet wird. Die Werke in Dingolfing und München haben inzwischen eine entsprechende Selbstbewertung vorgenommen. Das Qualitätsmanagement-Handbuch der BMW-Group orientiert sich inhaltlich und strukturell ebenfalls am EFQM-Modell.[430]

In der **Qualitätspolitik** wird als übergeordnetes Ziel der BMW Group genannt, „auf dem Automobil- und Motorradmarkt durch höchste Qualität der Produkte und Betreuungsleistungen langfristig Erfolg zu haben, d. h. hoher finanzieller Ertrag, Attraktivität der Produkte und Betreuungsleistungen, Kundenzufriedenheit sowie Akzeptanz des Unternehmens in der Öffentlichkeit. Neben dem

---

[428] Die Informationen dieses Kapitels stammen, soweit nicht anders ausgewiesen, aus den Interviews mit Frau Suzanne Dickerson, Umweltmanagement BMW am 14.09.2001 und am 8.10.2001 sowie mit Herrn Dr. Gernot Eckel, TQM-Beauftragter bei BMW bis 2001 und Leiter des „Strategie-Kreises" im VDA-QMC, am 14.09.2001.

[429] Vgl. BMW Group 2004b.

[430] Vgl. BMW Group 2000.

Qualitätsmanagement sind auch Gesundheitsschutz, Arbeitssicherheit und Umweltschutz fest in der Unternehmenspolitik verankert."[431] Als strategisch relevante Stakeholder, an denen das Handeln von BMW ausgerichtet ist, werden Kunden, Aktionäre, Mitarbeiter, Partner und die „Gesellschaft" benannt.

Alle BMW-Produktionsstandorte weltweit haben zudem zertifizierte **Umweltmanagementsysteme** gemäß ISO 14001 und/oder EMAS-VO. In einem von der Unternehmenszentrale entwickelten Standard sind einerseits zusätzliche unternehmensspezifische Anforderungen und zum anderen Erläuterungen sowie Implementierungshilfen festgelegt. Dieser BMW-Standard ist auch Ausdruck einer stärkeren **Zentralisierung**, die das Umweltmanagement seit Ende der 90er Jahre kennzeichnet.

In der – separat von der Qualitätspolitik veröffentlichten – **Umweltpolitik** wird ein inhaltlicher Schwerpunkt auf den nachhaltigen Umgang mit Ressourcen gelegt.[432] Grundsätzlich wird darauf verwiesen, dass BMW die „Internationale Umweltcharta" (ICC Charta für eine nachhaltige Entwicklung) unterschrieben hat und sich zudem an der „Agenda 21" orientiert.[433] Ausdrücklich wird zudem betont, dass die Lieferanten in die Umweltziele von BMW einbezogen werden und entsprechende Anforderungen erfüllen müssen.

Im „Sustainable Value Report" des Unternehmens werden auch die **Interdependenzen** zwischen Qualitäts- und Umweltpolitik angesprochen und es wird betont, dass das Leitbild der Nachhaltigkeit nichts an dem Motto „Freude am Fahren" ändert: „Ein umweltschonendes Auto muss den heutigen Standards in puncto Komfort, Leistung, Ausstattung, Nutzung und Sicherheit sowie den individuellen Bedürfnissen der Kunden umfassend gerecht werden. [...] Für BMW liegt die Perspektive nicht in der Entwicklung von Fahrzeugen, die keinen Kundennutzen haben ..."[434] Im Gegensatz zu den meisten anderen Automobilherstellern wird damit der mögliche Konflikt zwischen Qualitäts- und Umweltmanagement explizit angesprochen; offenbar wird dem Kundennutzen in der Regel der Vorrang vor dem Erreichen von hierzu im Widerspruch stehenden Umweltzielen eingeräumt. Entsprechend hohe Bedeutung kommt bei BMW regelmäßigen Kundenzufriedenheitsanalysen zu.

Die **Dokumentation** der **Qualitäts- und Umweltmanagementsysteme** in Handbüchern ist zwar grundsätzlich bisher noch separat angelegt, jedoch enthält das Qualitätsmanagement-Handbuch – auch aufgrund seiner am EFQM-Modell orientierten Struktur – zahlreiche umweltbezogene Be-

[431] BMW Group 2000, S. 9.
[432] BMW Group 2004a.
[433] Vgl. ICC The Business Charta for Sustainable Development; zur Agenda 21 vgl. Nantke 2002.
[434] BMW Group 2001b, S. 7.

standteile.[435] In den nächsten Jahren sollen beide Handbücher, die Dokumentenlenkung sowie die Lenkung von Verfahrens- und Arbeitsanweisungen vollständig integriert werden. Das Gleiche gilt für qualitäts- und umweltbezogene **Audits**. Ziel dabei ist es vor allem, Redundanzen zu vermeiden und dadurch die Kosten zu senken. Zukünftig soll außerdem die **Qualifikation** der Mitarbeiter stärker abgestimmt werden; welche weiteren Elemente des Qualitäts- und Umweltmanagementsystems langfristig bei BMW ebenfalls integriert werden, ist bisher nicht entschieden. Grundsätzlich wird jedoch bei Vorliegen eines mehrdimensionalen Zielsystems ein Integriertes Managementsystem als zweckmäßig eingeschätzt.

4.2.2.2.2 Organisation des Qualitäts- und Umweltmanagements

Das **Qualitätsmanagement** ist organisatorisch dem Vorstandsvorsitzenden zugeordnet. In den **Werken** unterscheiden sich die Strukturen. Hier sind neben Qualitätsmanagementabteilungen zusätzlich auf verschiedenen hierarchischen Ebenen Teams zur Lösung von Qualitätsproblemen institutionalisiert. Abbildung 4-2 zeigt die Organisationsstruktur des **Umweltmanagements** bei BMW auf Konzernebene. Der Bereich „Umweltschutz" setzt sich aus 12 Mitarbeitern zusammen, während sogar 32 Mitarbeiter im Bereich „Recycling" tätig sind; hier liegt zurzeit ein Schwerpunkt des Umweltmanagements bei BMW.

Abbildung 4-2 Organisationsstruktur des Umweltmanagements bei BMW

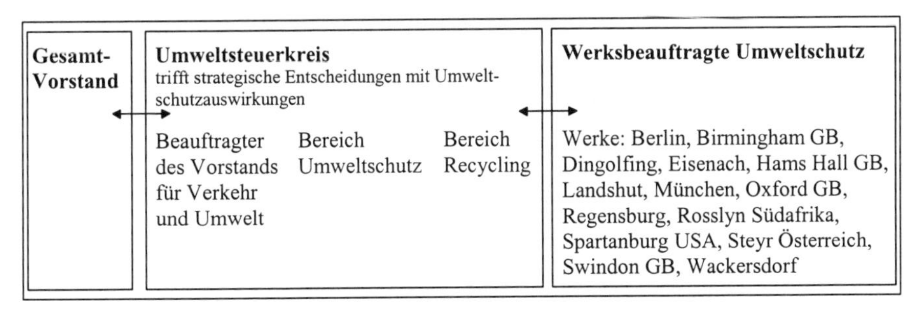

In der **Primärorganisation** sind somit bei BMW das Qualitäts- und Umweltmanagement **getrennt strukturiert**; auch für die nächsten Jahre ist keine gemeinsame Abteilung geplant. Allerdings bestehen in den Bereichen Entwicklung und Fertigung „Arbeitskreise", in denen Mitarbeiter

---

[435] Vgl. BMW Group 2000.

der Entwicklung sowie des Qualitäts- und Umweltmanagements gemeinsam Verbesserungspotenziale analysieren. Insofern werden **sekundäre Organisationseinheiten** genutzt, um eine vermehrte Integration zu erreichen. So ist in der Zentrale in München inzwischen auch eine Projektgruppe implementiert, die sich aus Mitarbeitern beider Bereiche zusammensetzt und Ansätze einer **Integration** des Qualitäts- und Umweltmanagementsystems erarbeitet. Damit werden sich zumindest teilweise auch die organisatorischen Zuständigkeiten verändern; insgesamt sind eine stärkere Verknüpfung qualitäts- und umweltbezogener Aufgaben sowie gleichzeitig ihre zunehmende Verlagerung in die Leistungsprozesse geplant. Beispielsweise wird inzwischen bereits die Zuliefererbeurteilung nicht mehr durch die Qualitäts- und Umweltabteilung, sondern vollständig durch den Einkauf in Weissach integriert realisiert.

4.2.2.3 Qualitäts- und umweltorientierte Ausgestaltung von Leistungsprozessen

4.2.2.3.1 Produkt-/Prozessentwicklung

Die Produktentwicklung gliedert sich bei BMW in drei Phasen: Zieldefinition, Konzeptentwicklung und Serienentwicklung. Während der Serienproduktion werden die Konzepte gegebenenfalls weiterentwickelt. Abbildung 4-3 enthält zentrale Aktivitäten und die während der Entwicklungsprozesse eingesetzten Qualitäts- und Umweltmanagementinstrumente.

Ausgangspunkt der **Zieldefinitionsphase** sind durch die Marktforschung sowie das interne Beschwerdemanagement ermittelte Kundenanforderungen. Aus diesen sowie aus unternehmensinternen Vorgaben werden technische, wirtschaftliche und umweltbezogene Ziele (bei Letzteren handelt es sich zurzeit insbesondere um Zielwerte bezüglich des Treibstoffverbrauchs sowie der Recyclingquote) abgeleitet. Im Ergebnis wird der „Zielkatalog Gesamtfahrzeug“ verabschiedet.

In der **Konzeptentwicklungsphase** werden – in Kooperation mit Zulieferern – alternative Bauteilkonzepte entwickelt, bewertet und ausgewählt, wobei als Qualitätsmanagementinstrumente insbesondere die FMEA, die Statistische Versuchsplanung sowie Prozessfähigkeitsstudien zum Einsatz kommen. Das QFD wird zurzeit noch seltener, aber zunehmend angewandt. Regelmäßig erstellt werden SEFR für die geplanten Bauteile; hierzu fordert BMW auch von seinen Zulieferern die entsprechenden Informationen bezüglich der zugelieferten Teile ein. Zudem werden in der Konzeptentwicklungsphase Demontageanalysen durchgeführt. Gemäß der BMW Recycling Norm werden sämtliche Bauteile im Hinblick auf ihre wirtschaftliche Wiederverwertbarkeit eingestuft. Die

Ergebnisse der umweltbezogenen Analysen werden im „Lastenheft Umweltverträglichkeit" dokumentiert. In der **Serienentwicklungsphase** werden die Ergebnisse der vorangegangenen Phasen noch einmal mit den Zielvorgaben verglichen.

Abbildung 4-3 Einsatz von Qualitäts- und Umweltmanagementinstrumenten im Produktentwicklungsprozess bei BMW

Entwicklungsphasen	Zieldefinition	Konzeptentwicklung	Serienentwicklung	Weiterentwicklung
Entscheidungsphasen	Planungsauftrag	Konzeptentwicklung; Auswahl Alternativen; Konzeptprogramm; Projektprogramm	Projektgenehmigung; Serienentwicklung; Produktionsfreigabe	
Aktivitäten und Instrumenteneinsatz in den einzelnen Phasen	Zielkatalog Gesamtfahrzeug: ▪ Definition von Hauptkriterien der Kundenzufriedenheit sowie der Umweltverträglichkeit auf Gesamtfahrzeugebene ▪ Vorgabe von Zielwerten für Qualitätskriterien und Recyclingquote	Fehlermöglichkeits- und -einflussanalysen, Statistische Versuchsplanung, Prozessfähigkeitsstudien Quality Function Deployment Stoff- und Energieflussrechnungen, Demontage-Analyse, Anwendung der BMW-Recycling-Norm, Erstellung Recycling-Handbuch	Soll-Ist-Abgleich der Qualitätskriterien sowie der Recyclingquote mit Hilfe von Checklisten	Serienanlauf

Durch die Einbeziehung von Qualitäts- und Umweltaspekten in die frühen Entwicklungsphasen soll erreicht werden, dass die hier bestehenden größeren Handlungsspielräume für eine bessere Erreichung von Qualitäts- und Umweltzielen genutzt werden. Die **zeitliche Integration** der qualitäts- und umweltbezogenen Planungen und die Festlegung der daraus jeweils resultierenden Anforderungen im „Zielkatalog Gesamtfahrzeug" sollen dabei ausdrücklich auch genutzt werden, um einen hohen **sachlichen Integrationsgrad** zu erreichen. Im Vordergrund steht der **kombinierte Einsatz von Qualitäts- und Umweltmanagementinstrumenten**. So werden Konzeptveränderungen, die etwa als Ergebnis von FMEA-Projekten oder dem Einsatz der Statistischen Versuchsplanung abgeleitet wurden, in der Regel mittels SEFR auf ihre umweltbezogenen Auswirkungen beurteilt, bevor Entscheidungen getroffen werden. Eine **mehrdimensionale Ausgestaltung der Informations-, Planungs- und Kontrollinstrumente**, insbesondere der FMEA, wie sie in Kapitel 5 diskutiert wird, wird als zielführend eingeschätzt, bisher allerdings noch nicht verfolgt. Dies wird damit begründet, dass die Integration des Qualitäts- und Umweltmanagements bei BMW erst in den Anfängen steckt und zunächst die bisher angestoßenen Projekte, also insbesondere die Entwicklung eines

Konzeptes zur integrierten Lieferantenbewertung sowie die integrierte Dokumentation der Managementsysteme, abgeschlossen sein sollen, bevor weitere Bereiche integriert werden.

4.2.2.3.2 Beschaffung

Die ca. 1.200 Zulieferer von BMW repräsentieren einen Wertschöpfungsanteil von 60-70 % des Gesamtfahrzeugs. Besondere Bedeutung kommt den zehn (am Wertschöpfungsanteil gemessen) größten Zulieferern (unter anderem für die Instrumententafeln, die Sitze inklusive der Elektronik, Getriebe und Lichteinheiten) zu, die auch in hohem Maße in die Entwicklungsprozesse eingebunden sind. An sie werden besonders umfangreiche und detaillierte Anforderungen bezüglich des Qualitäts- sowie – zunehmend – des Umweltmanagements gestellt und es wird eine enge Kooperation in diesen Bereichen erwartet.

BMW fordert von sämtlichen Zulieferern die Implementierung eines **Qualitätsmanagementsystems** gemäß ISO/TS 16949;[436] die Zulieferer werden nach Bedarf durch BMW auditiert. Weitere Kriterien zur Beurteilung der Zulieferer sind die Prozessfähigkeiten, die Lieferzuverlässigkeit, die wirtschaftliche Situation des Unternehmens sowie die Art und Weise des Umgangs mit aufgetretenen Problemen. Zulieferer sind verpflichtet, Erstmusterprüfungen gemäß VDA 2 an den von ihnen entwickelten Produkten durchzuführen.[437]

In größeren Abständen führt BMW bei seinen Zulieferern Befragungen zu deren **Umweltmanagement** durch, wobei der in Kapitel 3.2 angesprochene, durch einen Arbeitskreis des VDA entwickelte Fragebogen in leicht modifizierter Form eingesetzt wird. Damit soll eine bessere Information von BMW über den jeweiligen Stand bei den Zulieferern ermöglicht und diesen zugleich die Relevanz des Umweltmanagements verdeutlicht werden.

Zusätzlich hat BMW umweltbezogene Beurteilungskriterien für die Lieferantenauswahl definiert. Neben dem Vorhandensein eines Umweltmanagementsystems[438] sind dies insbesondere

[436] Vgl. BMW AG 2001, S. 6.
[437] Vgl. ebenda.
[438] 1997/98 trat BMW erstmals in diesem Zusammenhang in Form einer schriftlichen Befragung über ihr Umweltmanagement an seine US-Zulieferer heran. Im Anschluss daran wurden die 50 wichtigsten Zulieferer zu einem Workshop eingeladen, auf dem zunächst das BMW-Umweltmanagementsystem vorgestellt und dann versucht wurde, die Zulieferer zu überzeugen, ebenfalls ein solches System einzurichten. Von den 25 Zulieferern, die sich an dem Workshop beteiligten, implementierten hinterher 20 ein Umweltmanagementsystem. 1999 wurden die deutschen Zulieferer ebenfalls befragt; bereits damals war bei mehr als einem Drittel die Anforderung bereits erfüllt. Zurzeit wird die Befragung wiederholt und auf Basis der Ergebnisse soll über weitere Maßnahmen entschieden werden.

- der Anteil des recycelfähigen am eingesetzten Material sowie
- der Umgang mit toxischen oder gefährlichen Materialien.

Im Werk Spartanburg (South Carolina, USA) werden Zulieferer außerdem aufgefordert, „Supplier Environmental Guidelines" zu unterschreiben. In den „Internationalen Einkaufsbedingungen der BMW Group" sind die qualitäts- und umweltbezogenen Anforderungen an Zulieferer zusammengefasst.[439]

Im Gegensatz zu den meisten anderen Automobilherstellern schreibt BMW den Zulieferern kaum den Einsatz bestimmter **Qualitäts- und Umweltmanagementinstrumente** vor; auch gemeinsame Projekte werden – abgesehen von einigen FMEAs, insbesondere mit Zulieferern auf dem Werksgelände von BMW – selten durchgeführt. Sämtliche Zulieferer müssen allerdings Informationen zu den von ihnen eingesetzten Materialien über die IMDS-Datenbank[440] zur Verfügung stellen. Während der Serienproduktion wird grundsätzlich eine fehlerfreie Belieferung erwartet; BMW führt keine Annahmeprüfungen mehr durch. Beim Auftreten von Fehlern wird der 8D-Report angewendet, mit dem Verbesserungsmaßnahmen des Zulieferers eingefordert werden. Zudem ist in den Lieferverträgen ausdrücklich geregelt, dass Zulieferer auch für die Folgekosten fehlerhafter Lieferungen an BMW aufkommen müssen.

Während bis zum Jahr 2001 die Zulieferer jeweils getrennt durch den Einkauf, das Qualitäts- und das Umweltmanagement beurteilt wurden, wird dies – wie in Kapitel 4.2.2.2.2 angesprochen – inzwischen zeitlich, sachlich und organisatorisch **integriert** durch den Einkauf realisiert. Zu diesem Zweck wurde eine Checkliste zur mehrdimensionalen, zugleich finanziellen, qualitäts- und umweltbezogenen Beurteilung von Zulieferern entwickelt. Schließlich besteht eine integrierte Verfahrensanweisung, die das gesamte Procedere und die organisatorischen Zuständigkeiten einschließlich der Zusammensetzung integrierter Auditteams regelt.

4.2.2.3.3 Produktion

Im Rahmen der Produktion bei BMW sind die Qualitätsprüfungen – die auch die Einhaltung umweltbezogener Produkt- und Prozessmerkmale umfassen – organisatorisch weitgehend in die Fertigungsprozesse integriert. Zusätzlich werden regelmäßig Bereichsproduktaudits sowie Prozess-

[439] Vgl. BMW AG 2001, S. 6.
[440] Vgl. zur IMDS-Datenbank Kapitel 3.4.2.1.

audits (nach VDA 6.3) durchgeführt. Weiterhin werden umfangreiche „Auslieferungs-Produktaudits“ realisiert, deren Ziel darin besteht, die Wirksamkeit des Qualitätsmanagements durch die Untersuchung einer festgelegten Anzahl versandfertiger Fahrzeuge zu beurteilen. Ziel ist es vor allem, systematische Fehler sowie Fehlerschwerpunkte und damit die Notwendigkeit von Korrekturmaßnahmen in der Entwicklung, Planung und Produktion zu erkennen. Insbesondere im Rohbau kommen auch Prozessfähigkeitsanalysen (gemäß VDA 4.1) und die Statistische Prozessregelung zum Einsatz. Ansätze zu einer Qualitätskostenanalyse wurden in der Vergangenheit zwar versuchsweise genutzt, insbesondere aufgrund der Abgrenzungsproblematik[441] jedoch inzwischen weitgehend wieder aufgegeben; ausschließlich Fehlerkosten werden noch erfasst. Umweltbezogene Kostenanalysen spielen zurzeit gleichfalls keine große Rolle, in einzelnen Werken werden aber Ansätze in Pilotprojekten getestet. Zunehmend werden SEFR realisiert, um auftretende Abweichungen zwischen geplanten und im Rahmen der Kontrolle ermittelten Stoff- und Energieflüssen zu erfassen und daraus Hinweise auf unplanmäßig ablaufende Prozesse (z. B. infolge nicht geplanter chemischer Reaktionen oder Leckagen) abzuleiten.

Die qualitäts- und umweltbezogenen Aktivitäten erfolgen jeweils separat. Ansätze zu einer sachlichen Integration finden sich im Hinblick auf die Planung und Kontrolle von **Korrektur- bzw. Verbesserungsmaßnahmen** sowie der Lenkung der **Prüfmittel**; angestrebt werden damit vor allem Kosteneinsparungen. Insgesamt wird der Produktionsbereich jedoch auch bei BMW als der Leistungsprozess eingeschätzt, in dem – von den genannten Ausnahmen abgesehen – grundsätzlich die qualitäts- und umweltbezogenen Entscheidungen unabhängig voneinander getroffen werden können.

4.2.3 DaimlerChrysler

4.2.3.1 Unternehmen

Der Konzern DaimlerChrysler, mit seinen Zentralen in Stuttgart und Auburn Hills, Michigan, USA, erzielte im Jahr 2003 einen Umsatz von 136,437 Mrd. €. Dabei wurden etwa 3,855 Mio. PKW abgesetzt; mit der Herstellung von 501.000 Nutzfahrzeugen war der Konzern weltweit führend im Nutzfahrzeugsegment. Die Mitarbeiterzahl im Bereich Fahrzeugentwicklung und -fertigung betrug insgesamt 292.275, wovon 171.704 Mitarbeiter in Deutschland beschäftigt waren. DaimlerChrysler fertigt Fahrzeuge in 104 Standorten in 37 Ländern der Welt, davon 13 in Deutschland

441 Vgl. Kapitel 3.4.3.2.4.

(Hamburg, Bremen, Berlin, Ludwigsfelde, Kassel, Düsseldorf, Mannheim, Wörth, Rastatt, Gaggenau, Sindelfingen, Untertürkheim und Ulm). Die Fahrzeugproduktion des Konzerns gliedert sich in drei Bereiche: die Mercedes Car Group mit den Marken Mercedes-Benz, Maybach, Smart, Mercedes-Benz AMG und Mercedes-Benz McLaren, die Chrysler Group mit den Marken Chrysler, Jeep und Dodge sowie den Nutzfahrzeugbereich mit den Gesellschaften Mercedes-Benz, Freightliner, Sterling, Wester Star Trucks, Setra, Orion, American LaFrance und Thomas Built Buses. Zudem unterhält der Konzern Kooperationen mit Mitsubishi Motors Ltd., deren Nutzfahrzeugableger Mitsubishi FUSO sowie Hyundai. Auf dem europäischen Markt ist DaimlerChrysler maßgeblich mit Fahrzeugen der Kompakt- bis Luxusklasse, Cabrios, Roadstern, Sportwagen und Geländewagen/ SUV der Baureihen A-, C-, E-, S-, SLK-, CLK-, CL-, CLS-, SL-, M- und G-Klasse sowie mit dem SLR, Viano und Vaeno vertreten.[442]

4.2.3.2 Qualitäts- und umweltorientierte Ausgestaltung von Führungsprozessen

4.2.3.2.1 Qualitäts- und umweltorientierte Information, Planung und Kontrolle

Bei DaimlerChrysler sind die **Qualitätsmanagementsysteme** in den USA gemäß MQAS[443], QS 9000 sowie ISO 9000 und in Deutschland gemäß VDA 6.1, QS 9000 und ISO 9000 implementiert. Zukünftig soll die ISO/TS 16949 stärker in den Vordergrund rücken.[444] Das EFQM-Modell wird als Ergänzung hierzu eingeschätzt; einzelne europäische Werke wenden das Modell an und führen entsprechende Selbstbewertungen durch. So wurde z. B. im Bremer Werk in einigen Unternehmensbereichen („Centern") freiwillig eine Selbstbewertung nach dem EFQM-Modell vorgenommen; diese soll jährlich fortgeschrieben werden. In Sindelfingen wurde eine solche Selbstbewertung mehreren Centern sogar vorgeschrieben. In absehbarer Zeit soll das Modell jedoch das normierte Qualitätsmanagementsystem nicht ablösen. In der Zentrale in Möhringen wird – obwohl zurzeit noch unterschiedliche Meinungen hierzu auch innerhalb des Konzerns bestehen – davon ausgegangen, dass sich die ISO/TS 16949 sowohl als interner Standard als auch als Forderung gegenüber Zulieferern in der Automobilindustrie durchsetzen wird.

---

442 Vgl. DaimlerChrysler 2004.

443 MQAS ist ein DaimlerChrysler-spezifisches System; die Abkürzung steht für „Manufacturing Quality Assurance System". Die MQAS-Zertifizierung umfasst neben der Auditierung gemäß der Anforderungen der QS 9000 auch die Auditierung im Hinblick auf die Umsetzung der im Mercedes-Benz Produktionssystem festgelegten „Operating Principles".

444 Interview mit Herrn Tiburg, Teamleiter QM C-Klasse im Werk Bremen, am 19.04.2001; Herrn Schumacher, Teamleiter QFC im Werk Bemen, am 17.05.2001; Herrn Stang, Teamleiter „Assessment und Reporting", Möhringen, am 20.06.2001.

Im Leitbild von DaimlerChrysler sind als zentrale Ziele vor allem „Kundenzufriedenheit", „Profitabilität", „Wachstum", „Globalität" und auch „Nachhaltiger Umweltschutz" schriftlich fixiert. Die **Qualitätspolitik** insgesamt ist bei DaimlerChrysler auf das oberste Ziel einer hohen Kundenzufriedenheit und damit -bindung ausgerichtet.[445] Dabei werden die Qualitätsanforderungen an Produkte zu acht „Qualitätsfeldern", die für sämtliche DaimlerChrysler-Werke gelten, zusammengefasst:

- *Auslieferungsqualität* im Sinne von Fehlerfreiheit ausgelieferter Produkte, die insbesondere mit Hilfe von Produktaudits sowie Kundenzufriedenheitsbefragungen kurz nach der Auslieferung erfasst wird,
- *Auslieferungstreue*, also die Einhaltung der geplanten Liefertermine,
- *Betreuungsqualität*, also die Zufriedenheit der Kunden mit der Betreuung während des Kaufs sowie während der Produktnutzungsphase,
- *Konzeptqualität*, also die Erfüllung der Anforderungen der Kunden im Hinblick auf die Produktkonzeption, etwa technische Merkmale, Ausstattung etc.,
- *Langzeitqualität*, also die Fehleranfälligkeit in der Nutzungsphase,
- *Verfügbarkeit*, diese hängt ab von Häufigkeit und Länge von gegebenenfalls erforderlichen Werkstattaufenthalten,
- *Wirtschaftlichkeit* im Sinne des Kraftstoffverbrauchs des Fahrzeugs.

Für alle acht Dimensionen werden jährlich Soll-Ausprägungen vorgegeben und entsprechende Kennzahlenvergleiche vorgenommen.[446]

Seit Ende 2002 sind die **Umweltmanagementsysteme** sämtlicher Standorte von DaimlerChrysler gemäß der Norm ISO 14001 zertifiziert.[447] Ein in der Unternehmenszentrale entwickelter „ISO

[445] Interview mit Herrn Stang, CQM Möhringen, am 20.06.2001 und Herrn Schumacher, Teamleiter QFC, Werk Bremen, am 17.05.2001.

[446] Das Leitbild soll mit Hilfe der „wertorientierten Führung" verwirklicht werden; für sämtliche Abteilungen und Bereiche sind entsprechende Ursache-Wirkungs-Beziehungen zwischen den (finanziellen) Unternehmenszielen und Werttreibern formuliert. Jährliche Zielvereinbarungen zwischen den hierarchischen Ebenen sollen gewährleisten, dass die angestrebten Ausprägungen der Werttreiber erreicht werden. Dabei betreffen die Zielvereinbarungen insbesondere neun so genannte „Hard-" und „Softfacts", die mittels Kennzahlen, für die regelmäßig Soll-Ist-Vergleiche sowie Zeitvergleiche vorgenommen werden, operationalisiert werden. Diese Kennzahlen beziehen sich auf die Qualität (gemessen an den oben angesprochenen acht Qualitätsfeldern), die Kosten (bewertet vor allem als Grad der Budgeteinhaltung) sowie die „Gesundheit" (bewertet an der jahresdurchschnittlichen Anwesenheit der direkten und indirekten Arbeiter sowie Angestellten). Während die bisher genannten Messbereiche als „Hardfacts" bezeichnet werden, werden unter der Rubrik „Softfacts" z. B. solche Sollvorgaben verstanden, die sich auf die Umsetzungsgrade der Strategien, auf die Frage, inwieweit die Mitarbeiter ein Feedback und Anerkennung bekommen, auf die (interne) Kundenorientierung der Unternehmensbereiche sowie auf die Fortschritte im Zusammenhang mit „Innovationen" und dem Umweltschutz beziehen.

[447] Die folgenden Informationen stammen aus den Interviews mit Herrn Dr. Ecker, Team Umweltmanagement, Zentrale in Möhringen, am 20.06.2001 sowie mit Herrn Richter, Teamleiter Betrieblicher Umweltschutz, Werk Bremen, am 17.05.2001 und am 06.09.2001.

14001 Guideline“ unterstützt die Implementierung. Die europäischen Standorte beteiligen sich zudem durchgängig an EMAS.[448]

In der Präambel zur **Umweltpolitik** wird betont: „Umweltschutz gehört zu den wesentlichen Unternehmenszielen des DaimlerChrysler-Konzerns. Umweltschutz steht dabei nicht losgelöst neben anderen Zielen, sondern ist integraler Bestandteil der auf langfristige Wertsteigerung ausgerichteten Unternehmensstrategie. Die Ausrichtung auf eine höchstmögliche Produktqualität beinhaltet für DaimlerChrysler die Erfüllung anspruchsvoller Umweltstandards und einen schonenden Umgang mit den natürlichen Lebensgrundlagen.“[449] Hierzu steht allerdings im Widerspruch, dass die oben angeführten acht Qualitätsdimensionen – mit Ausnahme des Kriteriums „Wirtschaftlichkeit“ – keinen direkten Umweltbezug aufweisen.

Die Umweltpolitik von DaimlerChrysler enthält sechs „Umwelt-Leitlinien“, die auch im Umweltbericht weiter konkretisiert werden und sich insbesondere auf eine umweltorientierte Produktentwicklung und Produktion sowie eine umfassende umweltbezogene Information der Kunden, Mitarbeiter und Öffentlichkeit beziehen.

Im Auftrag der Unternehmenszentrale startete Anfang 1999 bei der DaimlerChrysler AG das **Projekt „Integriertes Management“**.[450] Ziel des Projektes war es, ein Konzept für das Integrierte Qualitäts-, Umwelt- und Sicherheitsmanagement[451] konzernweit zu entwerfen und in Pilotprojekten im Bereich „Oberfläche“ im Werk Sindelfingen (Pkw), im Bereich „Montage“ im Werk Düsseldorf (Nutzfahrzeuge) sowie im Bereich „Vertrieb Transporter“[452] umzusetzen. Mit den Pilotprojekten sollten vor allem Effizienzsteigerungspotenziale durch die Integration analysiert und Leitfäden für die konzernweite Umsetzung der Integration abgeleitet werden. Abbildung 4-4 zeigt die Projektorganisation.

Das Pilotprojekt im Bereich „Oberfläche“ des Werkes Sindelfingen wird im Folgenden exemplarisch dargestellt. Die erste Phase dieses Projektes wurde zwischen März und September 2000 durchgeführt. Im Rahmen der **Ist-Analyse** erfolgte eine Befragung der Mitarbeiter der betroffenen

---

[448] Neben den entsprechenden Umwelterklärungen veröffentlicht DaimlerChrysler noch einen zentralen Umweltbericht.

[449] DaimlerChrysler AG 2004, o. S.

[450] Die folgenden Informationen stammen aus Interviews mit Frau Haake, QM/QPS, und Herrn Strese, Produktionsplanung Mercedes-Benz PKW, Produktions- und Werkstofftechnik, Umweltschutz, beide Werk Sindelfingen, am 19.09.2001 sowie am 11.01.2002. In den Werken in Untertürkheim und Berlin sind die Bereiche Umweltschutz und Arbeitssicherheit auch jetzt schon zusammengefasst; auch im Werk Rastatt besteht ein weitgehend integriertes Qualitäts- und Umweltmanagementsystem. In Bremen wird zurzeit ein integriertes System entwickelt.

[451] Das Sicherheitsmanagement bezieht sich in der DaimlerChrysler AG auf die Arbeitssicherheit, den Gesundheitsschutz und die Werksicherheit.

[452] Damit beteiligte sich sowohl ein Pkw- als auch ein Nfz-Werk an dem Projekt, so dass für beide Bereiche die Umsetzbarkeit geprüft werden konnte.

Prozesse dazu, wie die Themen Qualität, Umweltschutz und Sicherheit verstanden und umgesetzt werden. Zudem wurden die Anforderungen der Mitarbeiter an ein Integriertes Management erfasst, um damit auch eine höhere Akzeptanz des Integrationsprojektes zu erreichen. Dabei wurde etwa deutlich, dass – insbesondere vor dem Hintergrund der zahlreichen gesetzlichen Regelungen im Umweltbereich – ein Bedarf gesehen wurde, die Transparenz der Anforderungen zu erhöhen.

Abbildung 4-4 Organisation des Projektes „Integriertes Managementsystem bei Daimler-Chrysler“

In einem nächsten Schritt wurden sämtliche relevanten internen und externen Anforderungen aus Rechtsvorschriften, Normen und Richtlinien zusammengestellt und die qualitäts-, umwelt- und sicherheitsbezogenen Aufgaben hieraus abgeleitet. Im Ergebnis entstand ein Aufgabenkatalog mit etwa 500 Aufgaben, von denen ca. 300 Aufgaben entweder das Qualitäts- oder das Umweltmanagement bzw. die Arbeitssicherheit betreffen; etwa 200 Aufgaben betreffen mindestens zwei dieser Bereiche. Diese Aufgaben wurden dann mit den entsprechenden Prozessen sowie organisatorischen Zuständigkeiten und Verantwortlichkeiten mittels einer Datenbank verknüpft. Mit der Datenbank soll es z. B. möglich sein, bei Novellierungen von Gesetzen, Verordnungen und Normen abzufragen, welche Prozesse und Mitarbeiter hiervon betroffen sind.

Neben der Entwicklung der Datenbank bestand der zweite Schwerpunkt des Pilotprojektes in Sindelfingen in der Konzeption **integrierter Audits** mit dem Ziel einer Reduktion ihres Aufwandes. Inzwischen wurde in Abstimmung mit den betroffenen Bereichen ein Auditplan für die nächsten drei Jahre entwickelt, der festlegt, wann für welche Prozesse interne Audits durchgeführt werden, und ob es sich um integrierte Audits handelt oder ob aufgrund der spezifischen Problematik der Schwerpunkt auf qualitäts-, umwelt- oder sicherheitsbezogenen Aspekten liegt. Entsprechend setzt sich das Audit-Team jeweils aus verschiedenen Mitarbeitern zusammen. Auch die externen Audits werden in Sindelfingen – durch Unternehmen des TÜV – integriert durchgeführt, wobei der Ablauf dem der internen Audits angepasst ist.

Langfristig soll das Konzept konzernweit auf die Werke übertragen werden. Für den Nutzfahrzeugbereich zeichnet sich eine ähnliche Entwicklung ab. Im Zusammenhang mit diesem Integrationsprojekt werden zurzeit auch die **Qualitäts- und Umweltmanagementhandbücher integriert**.

4.2.3.2.2 Organisation des Qualitäts- und Umweltmanagements[453]

Das **Qualitätsmanagement** ist dem Vorstand „Forschung & Technologie" zugeordnet. Das „Quality Board" setzt sich aus Vertretern einerseits der Geschäftsbereiche, Mercedes-Benz Pkw und Smart, Nutzfahrzeuge sowie ChryslerJeepDodge, und andererseits der funktionalen Bereiche zusammen. Hier wird die grundsätzliche Ausrichtung des Qualitätsmanagements festgelegt. Daneben sind drei „Quality Committees" institutionalisiert, in denen qualitätsbezogene Themen innerhalb der Geschäftsbereiche abgestimmt und die Entscheidungsvorlagen für das Quality Board vorbereitet werden. Des Weiteren dienen die Quality Committees dem Wissenstransfer (z. B. Best Practice-Beispiele) innerhalb des Unternehmens.

Der konzernweite Qualitätsbereich „Corporate Quality Management" (CQM) in Möhringen umfasst die Teams „Strategie", „Assessment und Reporting" und „QM-Netz" mit ca. 30 Mitarbeitern. Hier werden die Qualitätsmanagementstrategien formuliert und mit dem Vorstand abgestimmt.

[453] Die Informationen dieses Kapitels stammen, soweit nicht anders ausgewiesen, aus dem Gespräch mit Frau Thiele, Qualitätsmanagement Werk Sindelfingen, am 30.04.2001 sowie aus den Interviews mit Herrn Stang, Teamleiter „Assessment und Reporting", und Herrn Dr. Ecker, Team Umweltmanagement, Zentrale in Möhringen, am 19.04.2002.

In den verschiedenen **Werken** ist das Qualitätsmanagement ähnlich organisiert. Abbildung 4-5 zeigt exemplarisch die Struktur für das Werk in Sindelfingen.[454]

Abbildung 4-5 Prozessorganisation im Werk Sindelfingen und Einordnung der Qualitätsmanagement-Teams

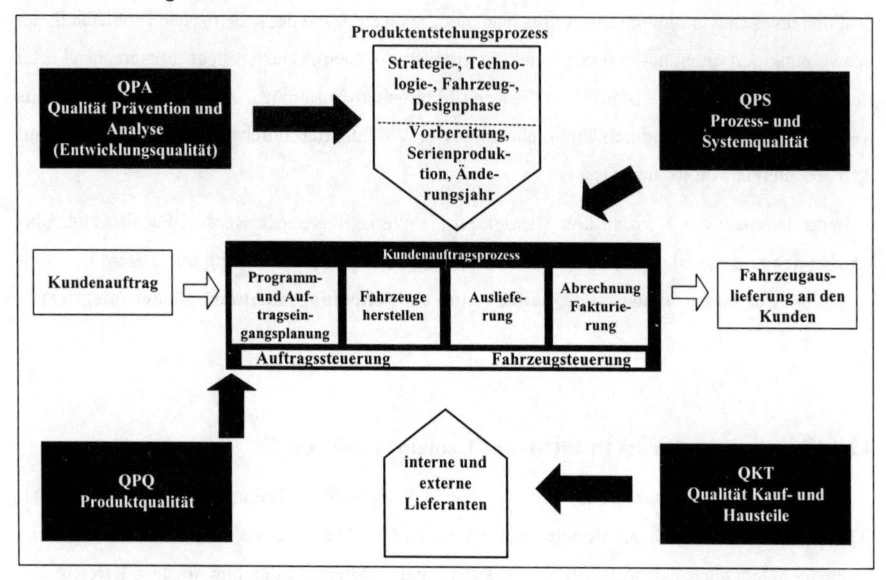

In den meisten Werken sind als weitere Elemente der qualitätsbezogenen Organisation **Qualitätszirkel** sowie das „**CBQ-Forum**", in dem sich die Centerbeauftragten für Qualität (CBQ) vierteljährlich treffen, eingerichtet.

Abbildung 4-6 ist die Organisationsstruktur des **Umweltmanagements** bei DaimlerChrysler zu entnehmen. Im Auftrag des Gesamtvorstandes vertritt der Vorstand des Ressorts „Forschung & Technologie" neben dem Qualitätsmanagement auch die Umweltbelange. Zur konzernweiten Koordination ist ein Mitglied des Direktoriums als „Chief Environmental Officer" („Konzernbevollmächtigter") bestellt. Neben der zentralen Umweltabteilung „Corporate Environmental Department" („Forschung, Technik und Umweltmanagement", FTU) kommt dem „Global Environmental Council" eine besondere Bedeutung zu, das sich aus Vertretern der Divisionen sowie der regionalen Bereiche zusammensetzt und zweimal jährlich zusammenkommt, um über grundsätzliche Fragen zu

[454] Die Produktentwicklung ist dabei nur geographisch dem Werk Sindelfingen zuzuordnen; es handelt sich aber um ein eigenständiges, zentrales Werk.

entscheiden. Weiterhin treffen sich die Umweltschutzbeauftragten der Werke dreimal jährlich, um sich abzustimmen. Innerhalb der **Werke** ist das Umweltmanagement unterschiedlich organisiert.

Abbildung 4-6 Umweltbezogene Organisation auf Konzernebene bei DaimlerChrysler

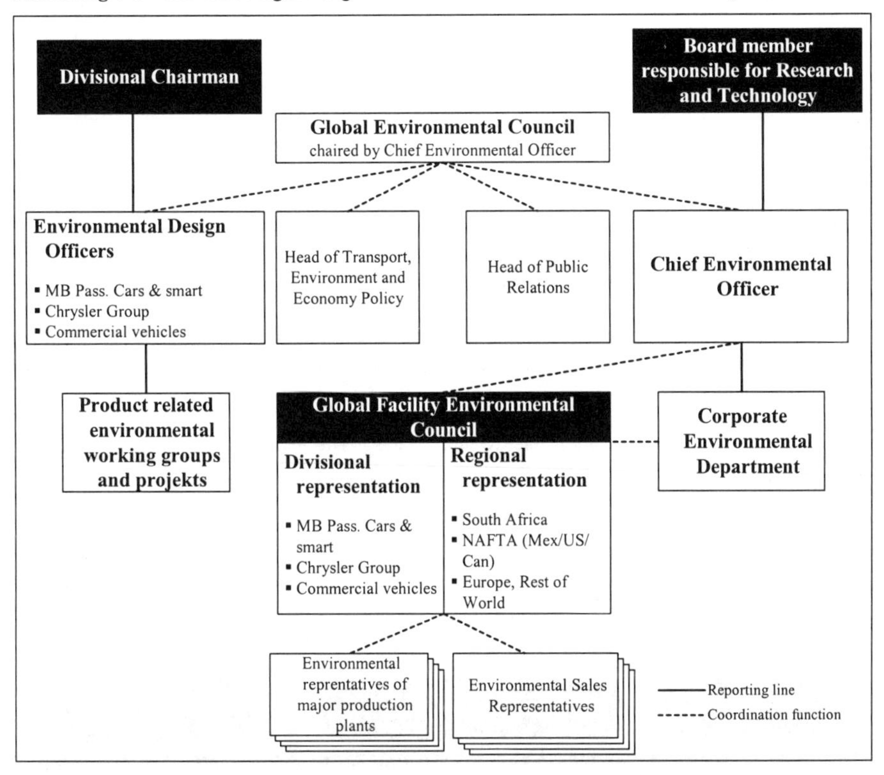

Im Rahmen der **Primärorganisation** sind das Qualitäts- und Umweltmanagement bei DaimlerChrysler somit **getrennt strukturiert**. Dies wird zum einen damit begründet, dass vor dem Hintergrund der Größe beider Unternehmensbereiche eine Zusammenführung mit einer zu großen Bürokratie verbunden wäre. Zum anderen wird für zahlreiche Aufgaben, wie Umweltgenehmigungsverfahren oder Qualitätsprüfungen, kein Anlass gesehen, sie einer gemeinsamen Abteilung zuzuordnen.

Vor dem Hintergrund des Anspruchs von DaimlerChrysler, ein vollständig integriertes Managementsystem zu implementieren, werden jedoch vermehrt **integrierte Projektgruppen** eingerichtet. Ähnlich wie bei BMW eine gemeinsame Projektgruppe aus Mitarbeitern der Qualitäts- und Umweltabteilung Ansätze einer Integration entwickelt, wurde – wie beschrieben – auch bei Daimler-

Chrysler das Konzept für ein Integriertes Managementsystem von einer solchen gemischt zusammengesetzten Projektgruppe erarbeitet. Als weitere integrierte Organisationseinheit sind bei DaimlerChrysler in Produktentwicklungsprojekten so genannte „Öko-Teams“ fester Bestandteil der „Design-Teams“; sie sind dafür verantwortlich, dass die Umweltanforderungen im Design-Prozess verwirklicht werden (siehe Kapitel 4.2.3.3.1). Insgesamt wird somit das Qualitäts- und Umweltmanagement in organisatorischer Hinsicht durch **sekundärorganisatorische Einheiten** integriert.

4.2.3.3 Qualitäts- und umweltorientierte Ausgestaltung von Leistungsprozessen

4.2.3.3.1 Produkt-/Prozessentwicklung

Für die Produkt-/Prozessentwicklung legt ein unternehmensweit gültiger Plan die qualitätsbezogenen Aufgaben fest; das Konzept „Design for Environment (DFE)“ umfasst die umweltbezogenen Tätigkeiten während der Entwicklungsprozesse. Zurzeit überarbeiten Mitarbeiter aus dem Qualitäts- und Umweltmanagement gemeinsam die „Quality Gates“ zwischen den einzelnen Entwicklungsphasen, wobei insbesondere die Integration von Umweltaspekten in sämtlichen Entwicklungsphasen verstärkt wird. Abbildung 4-7 zeigt, welche Qualitäts- und Umweltmanagementinstrumente dabei jeweils eingesetzt werden sollen.

Abbildung 4-7 Einsatz von Qualitäts- und Umweltmanagementinstrumenten in den Entwicklungsphasen bei DaimlerChrysler

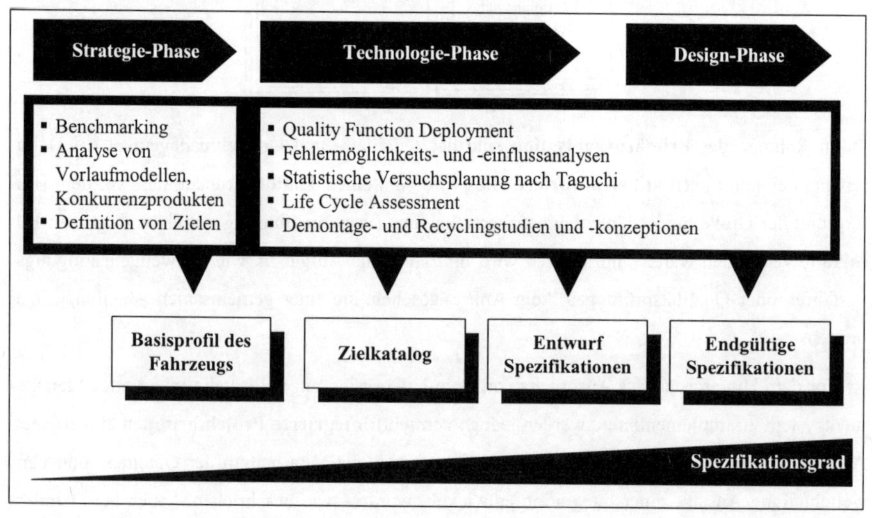

In der „**Strategie-Phase**" werden die Entwicklungsziele, das „Basisprofil" des Fahrzeugs, bestimmt, wobei sowohl Studien zu Kundenanforderungen als auch die in der Umweltpolitik des Unternehmens formulierten Ansprüche sowie gesetzliche Vorgaben und Industriestandards zugrunde gelegt werden. In der „**Technologie-Phase**" kommen wesentlich mehr, als dies vor einigen Jahren der Fall war, Qualitätsmanagementinstrumente zum Einsatz, insbesondere die FMEA (nach VDA 4.2a) und zunehmend auch die Statistische Versuchsplanung (nach VDA 4.2b) und das QFD (nach VDA 4.2c).

Die ökologischen Anforderungen an das Produkt werden zugleich mit den kundenbezogenen determiniert und die Konzeptentwürfe hinsichtlich ihrer Umweltwirkungen untersucht. Hierzu werden LCAs in Anlehnung an ISO 14040 ff. durchgeführt.[455] Dabei erfolgt im Gegensatz zu dem Vorgehen bei Audi und BMW auch eine Beurteilung der Umweltwirkungen; die hiermit verbundenen subjektiven Einschätzungen werden in Kauf genommen, um Entscheidungshilfen zu erhalten. Soweit erforderlich, werden die notwendigen Daten auch von externen Zulieferern angefordert.[456]

Wie oben bereits angesprochen, werden während der „**Design-Phase**" so genannte Öko-Teams in das Designteam integriert; sie sollen gewährleisten, dass die festgelegten Umweltanforderungen eingehalten und frühzeitig Recyclingkonzepte entwickelt werden. Somit besteht hier für die Dauer des Entwicklungsprojektes eine integrierte Organisationseinheit.

Durch diese Einbeziehung von Umweltmanagementaspekten in sämtliche Entwicklungsphasen soll erreicht werden, dass die größeren Handlungsspielräume, die in den frühen Entwicklungsphasen bestehen, genutzt werden, um qualitäts- und umweltbezogene Anforderungen integriert zu berücksichtigen. Auch eine **Verknüpfung der Qualitäts- und Umweltmanagementinstrumente** wird gerade im Zusammenhang mit der Produkt- und Prozessentwicklung als zweckmäßig eingeschätzt. Als erster Schritt hierzu wurde im Werk Hamburg ein Pilotprojekt mit einer **umweltbezogenen FMEA** durchgeführt; dieses Projekt wird im Folgenden kurz beschrieben.

Das Projekt betrifft eine Anlage zur automatischen Lackierung von Bremstrommeln mit Hilfe eines Druckluftspritzverfahrens. Als Beschichtungsstoff wird ein Lack auf Wasserbasis mit geringen Lösemittelanteilen (2,5 % Gewichtsanteil) verwendet. Untersucht wurde die Anlage hinsicht-

455 Neben den LCA-Projekten im Rahmen der Produktentwicklung werden auch solche für bestehende Produkte und Prozesse erstellt. Beispiele sind LCAs für die A- und S-Klasse; für besonders umweltrelevante Teile und Prozesse werden sogar regelmäßig Ökobilanzen erstellt. Auch prozessbezogene Ökobilanzen werden durchgeführt; Beispiele sind etwa Verchromungsprozesse und die Galvanik.

456 Vgl. auch DaimlerChrysler AG 2001, Nr. 36/3, S. 2. Um einen standardisierten und methodisch abgesicherten Informationsfluss im Zusammenhang mit LCA-Projekten im Unternehmensnetz zu gewährleisten, bietet DaimlerChrysler seinen Zulieferern auch die gemeinsame Durchführung von LCAs an. Langfristig soll erreicht werden, dass die Zulieferer eigenständig für die von ihnen hergestellten Bauteile Teilbilanzen erstellen.

lich sämtlicher potenzieller umweltrelevanter Fehler und ihrer Ursachen. Im Ergebnis zeigte sich, dass der Anfall des Farbschlamms und des Umlaufwassers, die als besonders überwachungsbedürftiger Abfall entsorgt werden müssen, sowie eine starke Anlagenverschmutzung in allen Bereichen mit den gravierendsten Umweltwirkungen verbunden sind. Die Punktevergabe wurde nach dem Prinzip der ABC/XYZ-Analyse festgelegt: Als Beurteilungskriterien wurden zum einen die ökologische Schädlichkeit und zum anderen die Mengen der mit den Fehlern verbundenen Stoff- und Energieströme herangezogen. Die Umweltfolgen von Fehlern wurden dabei unter Zugrundelegung einer Konvertierungstabelle (siehe Tabelle 4-2) mit ein bis zehn Punkten bewertet.

Tabelle 4-2 Konvertierungstabelle für die Umwelt-FMEA bei DaimlerChrysler

Bewertungszahlen S_U	Kriterien für die umweltbezogene Beurteilung von Fehlern
10 / 9	Sehr große Umweltrelevanz; sehr starkes Gefährdungspotenzial; nicht mehr tolerierbar; sehr starkes Störfallrisiko; Nichterfüllung gesetzlicher Vorgaben; sehr große Mengen
8 / 7	Große Umweltrelevanz; starkes Gefährdungspotenzial; gehobenes Störfallrisiko; starke gesetzliche Vorgaben; große Mengen
6 / 5 / 4	Mittlere Umweltrelevanz; mittleres Gefährdungspotenzial; mittleres Störfallrisiko; einfache gesetzliche Vorgaben; mittlere Mengen
3 / 2 / 1	Geringe Umweltrelevanz; geringes Gefährdungspotenzial; tolerierbar; kaum Störfallrisiko; keine gesetzlichen Vorgaben; geringe Mengen

Abbildung 4-8 zeigt das Formblatt der FMEA für den Teilbereich „Zuluftanlage und Umlufttrocknung". Es ist analog zur herkömmlichen Methodenanwendung aufgebaut, enthält aber anstelle des Kriteriums „Bedeutung der Fehlerfolgen für den Kunden" das Kriterium „Mögliche Umweltbelastung/Fehlerfolgen". Die Auftretens- und Entdeckungswahrscheinlichkeiten wurden wie in herkömmlichen FMEA-Projekten bepunktet.

Im Ergebnis wurden Optimierungsmaßnahmen für die Fehlerursachen mit den höchsten Risikoprioritätszahlen erarbeitet. Hierzu gehörte die Fehlerursache „Filter defekt oder verschmutzt", deren Auftretenswahrscheinlichkeit mit sieben Punkten bewertet wurde. Die Fehlerursache führt zu dem Fehler „Austritt von ungereinigter Abluft" mit der Fehlerfolge „Geruchsbelästigung durch luftgetragene Emissionen"; diese Umweltwirkung wurde ebenfalls mit sieben Punkten bewertet. Als Optimierungsmaßnahme wurde eine Kontrolle im Rahmen eines Wartungsplans vereinbart.

Abbildung 4-8 Ausschnitt aus dem Formblatt zur FMEA „Zuluftanlage und Umlufttrocknung“

	Umwelt-FMEA							
Anlage / Prozess: Sprimag Lackieranlage / automatische Lackierung von Bremstrommeln				**Teilnehmer:** Arhelger, Dampke; Doose, Kaiser; Lorenz			**Erstellt:** 17.12.2001	
Prozessbereich: ZULUFTANLAGE UND UMLUFTTROCKNUNG **Funktion/Aufgabe:** Konditionierung der Zuluft / Vortrocknen der Bremstrommeln				**Abteilung:** AFS			**Verändert:**	
Mögliche Umweltbelastung / Fehlerfolgen	**S_U**	**Mögliche umweltrelevante Fehler / Umweltaspekte**	**Mögliche Ursachen für umweltrelevante Fehler / Umweltaspekte**	**Vermeidungsmaßnahmen**	**S_A**	**Entdeckungsmaßnahmen**	**S_E**	**RPZ_U**
Geruchsbelästigung durch luftgetragene Emissionen	7	Austritt von ungereinigter Abluft	Filter defekt oder verschmutzt	Wartungsplan	7	Kontrolle durch Mitarbeiter	4	196
			Umluftventilator defekt (Kraftfluss unterbrochen)		5		3	105
Höherer Energieverbrauch und Erwärmung der Umgebung	7	Zu hohe Temperaturentwicklung	Defektes Thermoelement	Wartungsplan	3	Kontrolle der Betriebsdatenerfassung	7	147
Geruchsbelästigung durch luftgetragene Emissionen, Erwärmung der Umgebung	7	Austritt von ungereinigter Abluft	Kupplungselemente und Verbindungen der Luftführungskanäle undicht oder defekt	Wartungsplan	4	Sichtkontrolle durch Mitarbeiter	4	112

Die Umwelt-FMEA stellt einen Ansatz dar, mit dem die ökologischen Fehlerrisiken im Entwicklungsprozess berücksichtigt werden können. DaimlerChrysler ist neben Ford der erste Automobilhersteller, der eine solche – bisher auch in der Literatur nicht diskutierte[457] – modifizierte Anwendung der FMEA realisiert, während die anderen Unternehmen hierfür zwar einen Bedarf sehen, aber noch keine Ansätze hierzu entwickelt haben. Problematisch ist allerdings die Definition einer konsensfähigen Konvertierungstabelle zur Beurteilung der umweltbezogenen Fehlerfolgen. Im dargestellten Beispiel enthält die entsprechende Tabelle sehr allgemeine Kriterien – es bleibt z. B. offen, was unter einer „sehr großen Umweltrelevanz“ oder einem „geringen Gefährdungspotenzial“ zu verstehen ist. Zwar sind mit einer Bewertung von Umweltwirkungen grundsätzlich zahlreiche offene Fragen verbunden,[458] dennoch sollten die Kriterien in einer Konvertierungstabelle möglichst konkret festgelegt sowie begründet – und damit auch kritisierbar gemacht – werden. Die Verwendung einer stark vereinfachenden Konvertierungstabelle, wie sie oben, in Tabelle 4-5 enthalten ist, ist somit aus theoretischer Perspektive problematisch, obwohl sie aus praxisorientierter Sicht verständlich ist.

[457] Wie in Kapitel 3.4.1.2.4 beschrieben wurde, sind die in der Literatur diskutierten umweltbezogenen Modifikationen der FMEA nicht darauf ausgerichtet, umweltbezogene Fehlerfolgen zu vermindern, sondern die Umweltwirkungen von Produkten bzw. Prozessen insgesamt zu vermindern.

[458] Vgl. bereits Kapitel 3.4.1.2.3.

Zukünftig sollen bei DaimlerChrysler Ansätze entwickelt werden, um qualitäts- und umweltbezogene Aktivitäten im Rahmen der Produkt-/Prozessentwicklung stärker sachlich zu integrieren. Eine Mehrdimensionale FMEA, wie sie in Kapitel 5 dargestellt wird, wird in diesem Zusammenhang als zielführend eingeschätzt, allerdings ist nicht absehbar, ob und gegebenenfalls wann sie im Unternehmen zum Einsatz kommt. Zurzeit wird der Schwerpunkt eher darauf gelegt, eine zeitliche Integration des Qualitäts- und Umweltmanagements zu verstärken, indem häufigere Quality Gates implementiert werden, in denen das Erreichen der mehrdimensionalen Ziele überprüft wird. Damit soll auch erreicht werden, dass die Interdependenzen zwischen Qualitäts- und Umweltmanagement in den Entwicklungsprozessen möglichst frühzeitig deutlich werden und beim Auftreten von Konflikten Lösungen entwickelt werden, die das Erreichen sowohl von Qualitäts- als auch von Umweltzielen ermöglichen.

4.2.3.3.2 Beschaffung[459]

DaimlerChrysler fordert von seinen etwa 1.200 Zulieferern gemäß VDA 6.1, QS 9000 oder ISO/TS 16949 zertifizierte **Qualitätsmanagementsysteme**. Eine Selbstbewertung gemäß EFQM-Modell wird nicht erwartet. Von DaimlerChrysler werden sowohl stärker technisch ausgerichtete Audits als auch **Prozessaudits** in Anlehnung an VDA 6.3 bei den Zulieferern durchgeführt. Hier sind durch die Zentrale in Stuttgart noch zusätzlich umweltbezogene Fragen integriert; diese machen etwa einen Anteil von 5 % der erzielbaren Punkte aus.[460] Gefragt wird beispielsweise danach, ob Zusammenlagerungsverbote eingehalten werden und ausreichende Auffangvolumina zur Lagerung wassergefährdender Stoffe vorhanden sind. Es ist zwar nicht durch die Unternehmenszentrale vorgegeben, aber einige Werke, z. B. die in Bremen und Hamburg, fragen bei ihren Zulieferern an, ob diese ein **Umweltmanagementsystem** implementiert haben.

Grundsätzlich verpflichtet DaimlerChrysler seine Zulieferer zudem zu einer regelmäßigen qualitätsbezogenen Auditierung bzw. Zertifizierung der Unterlieferanten. Zusätzlich ist in der für alle Zuliefererbeziehungen geltenden „Qualitätssicherungsvereinbarung“[461] auch die Option formuliert,

---

459 Die vollständige Bezeichnung des Hauptprozesses lautet bei DaimlerChrysler „Dienstleister (Zulieferer, Fremdfirmen, Planungsbüros)“. Im Folgenden wird ausschließlich auf Zulieferer eingegangen. Die Informationen dieses Kapitels stammen, soweit nicht anders ausgewiesen, aus einem Interview am 15.06.2001 mit Dr. Laurinat, QST, Werk Bremen, sowie mit Herrn Richter, Betrieblicher Umweltschutz, Werk Bremen, am 06.09.2001.

460 Vgl. zu den Fragen im Rahmen der Audits DaimlerChrysler AG 1999a.

461 DaimlerChrysler AG 1999b.

dass der Zulieferer gegebenenfalls eine Auditierung durch DaimlerChrysler beim Unterlieferanten ermöglichen muss.

Die Zulieferer müssen für alle wichtigen Prozesse **Prozessfähigkeiten** $C_{pk} \geq 1{,}33$ nachweisen und außerdem für sämtliche Komponenten **Produkt- und Prozess-FMEAs** (gemäß VDA 4.2a) durchführen, wobei auch umweltbezogene Fehlerfolgen zu berücksichtigen sind;[462] allerdings werden keine konkreten Vorgaben dazu gemacht, in welcher Form und mit welcher Gewichtung Umweltaspekte zu berücksichtigen sind. Insofern bleibt die Operationalisierung der Umweltorientierung den einzelnen FMEA-Teams überlassen. Die Unterlagen über sämtliche FMEA-Projekte sind von den Zulieferern zur Einsicht und Diskussion mit DaimlerChrysler bereitzuhalten.[463] Grundsätzlich wird die Durchführung von FMEAs für Zuliefererteile als alleinige Aufgabe der Zulieferer betrachtet. In Einzelfällen werden aber auch in Kooperation mit Zulieferern gemeinsam solche Projekte durchgeführt; Beispiele hierfür sind etwa das Dachsystem sowie die Elektronik des SLK.[464]

DaimlerChrysler stellt zudem im Zusammenhang mit dem **Recycling** der Fahrzeuge insbesondere die in Abbildung 4-9 enthaltenen Anforderungen an seine Zulieferer.

Abbildung 4-9 Recyclingbezogene Anforderungen von DaimlerChrysler an Zulieferer[465]

- Bereitstellung der Materialdaten in das IMDS („Internationales Material Daten System")[466]
- Einhaltung der Kennzeichnungsstandards für Werkstoffe und Bauteile
- Entwicklung und Vorstellung eines Verwertungskonzeptes für jedes Zulieferteil
- Möglichst hoher Recyclatanteil in Kunststoffbauteilen
- Bauteilbezogenes Konzept zur Erreichung einer Trockenlegungsrate von 95 %
- Empfehlungen zur weiteren Minimierung der Innenraumemissionen
- Vorschläge zur Substitution von PVC
- Demontagefreundliche Gestaltung großflächiger Bauteile zur werkstofflichen bzw. sortenreinen Verwertung
- Gewährleistung der einfachen Demontagefähigkeit für Bauteile aus hochwertigen Materialien (Aluminium, Magnesium etc.)
- Verstärkung des Einsatzes nachwachsender Rohstoffe
- Auswahl solcher Werkstofffamilien, für die mit hoher Wahrscheinlichkeit auch zukünftig ein Markt als Sekundärrohstoff besteht

Von den Zulieferern wird nicht die Anwendung bestimmter **Umweltmanagementinstrumente** gefordert; dagegen werden sie verpflichtet, in der Produktion die gleichen **Qualitätsmanagement-**

[462] Vgl. DaimlerChrysler AG 1999a, S. 13 u. 21.
[463] DaimlerChrysler AG 2001, Nr. 27/3.
[464] Interview mit Dr. Laurinat, Qualitätssicherung Technik, Werk Bremen, am 15.06.2001.
[465] Quelle: DaimlerChrysler AG 2001, Nr. 36/3, S. 2.
[466] Siehe hierzu oben, Kapitel 3.4.2.1.

instrumente anzuwenden wie DaimlerChrysler. DaimlerChrysler führt fast keine Annahmeprüfungen mehr durch; vielmehr gibt es entsprechende vertragliche Vereinbarungen mit den Zulieferern über die von diesen vorzunehmenden Prüfungen. Treten Fehler an zugelieferten Teilen auf, erfolgt zunächst eine Fehlermeldung im 8D-Report, mit dem Korrekturmaßnahmen veranlasst werden. In der Regel wird der Zulieferer mit zusätzlichen (Prüf-)Maßnahmen belegt. Bei kritischen Situationen wird unter der Leitung der Qualitätssicherung des abnehmenden Werkes von DaimlerChrysler in Zusammenarbeit mit der Logistik, der „Entwicklungs- und Produktionsverbindungsstelle" sowie dem Materialeinkauf eine „Eingreiftruppe" gebildet. Bei Bedarf werden zusätzlich gemeinsame Projekte mit dem Zulieferer durchgeführt; diese haben teilweise auch umweltbezogene Probleme zum Inhalt.

Die finanzielle, qualitäts- und umweltbezogene Auswahl und Beurteilung der Zulieferer wird bei DaimlerChrysler durch **integrierte Projektteams** und somit Einheiten der Sekundärorganisation realisiert.

4.2.3.3.3 Produktion

Die Qualitätsprüfungen während der Produktion sind bei DaimlerChrysler weitgehend in die Fertigungsprozesse integriert. Im Werk Bremen legt z. B. der 1998 verabschiedete „Rahmen für das operative Qualitätskonzept Montage"[467] fest, dass die Qualitätsabteilung sämtliche Prüfungen, die während des Produktionsablaufs an jedem Fahrzeug durchzuführen sind, an die Produktion, die zu diesem Zweck in „Qualitätsregelkreise", innerhalb derer die Prüfungen organisiert werden, eingeteilt ist, abgibt.[468] Im Rohbau kommen dabei auch Prozessfähigkeitsstudien (gemäß VDA 4.1) und die Statistische Prozessregelung zum Einsatz. Die gleichfalls vorgenommenen umweltbezogenen Messungen, etwa von Emissionen oder Ableitungen in die Kanalisation bzw. in Gewässer, erfolgen unabhängig von den Qualitätsprüfungen.

Weiterhin werden Bereichsproduktaudits und Prozessaudits (nach VDA 6.3) sowie Produktaudits durchgeführt.[469] Zwischen sämtlichen Inlands-Pkw-Werken und dem konzernweiten Vertrieb

---

[467] Die Produktion wird bei DaimlerChrysler als „Kundenauftragsprozess" bezeichnet.

[468] Vgl. DaimlerChrysler AG 1998, S. 21 f.

[469] Das Procedere weicht dabei vom Vorschlag des VDA insbesondere insofern ab, als die möglichen Fehler nicht entsprechend ihrer Folgen gewichtet werden. Die konkreten Regelungen sind bei DaimlerChrysler in einer Verfahrensanweisung (Nr. 67 17 02: Auslieferungs-Produkt-Audit) geregelt. Durchgeführt werden die Audits grundsätzlich entsprechend der in DIN ISO 10011 Teil 1 festgelegten Auditprinzipien. Der Stichprobenumfang je Monat und Fahrzeugtyp umfasst etwa 40 Fahrzeuge.

finden „Abstimmungsgespräche" statt, die eine einheitliche Methodenanwendung gewährleisten sollen. Ein Vergleich mit den Produktaudits, wie sie Mitte der 90er Jahre im Unternehmen durchgeführt wurden,[470] zeigt neben einigen methodischen Umstellungen vor allem eine wesentlich engere Verknüpfung mit Kundenzufriedenheitsbefragungen. So findet beispielsweise alle zwei Wochen ein Bericht gegenüber der Werksleitung statt, in dem die zentralen Ergebnisse der Produktaudits, die Ergebnisse von Kundenzufriedenheitsstudien sowie die Kennzahlen zur Auslieferungstreue vorgestellt und im Zusammenhang analysiert werden. Zusätzlich werden bei Bedarf „Sonderthemen" diskutiert, z. B. quartalsweise die Entwicklung der Garantie- und Kulanzkosten. Eine Verbindung zu umweltbezogenen Prüfungen besteht dabei nicht. Insgesamt werden die qualitäts- und umweltbezogenen Entscheidungen in den Produktionsprozessen unabhängig voneinander vorbereitet und getroffen, lediglich die Systemaudits werden inzwischen vermehrt – wie in Kapitel 4.2.3.2.1 dargestellt – zeitlich, sachlich und organisatorisch integriert realisiert.

4.2.4 Ford[471]

4.2.4.1 Unternehmen

Die Ford Motor Company mit Sitz in Dearborn, Michigan, USA ist mit 114 Produktionsstandorten in 22 Ländern weltweit der drittgrößte Automobilhersteller. Der Konzern umfasst im Automobilbereich neben den Marken Ford, Lincoln und Mercury im Konzernteil Premier Automotive Group als eigenständige Unternehmen auch Volvo, Jaguar, Aston Martin und Land Rover. Zudem besteht an Mazda eine 33 %ige Beteiligung sowie eine Kooperation mit Volkswagen beim Bau des Ford Galaxy (einheitliche Plattform mit dem VW Sharan und dem Seat Alhambra und Fertigung im gemeinsamen Werk Palmela, Portugal). Im Jahr 2003 erwirtschaftete die Ford Motor Company 138,4 Mrd. US-$ bei einem Fahrzeugabsatz von 6,72 Mio. PKW. Dabei waren insgesamt 264.281 Mitarbeiter beschäftigt, davon rund 38.000 in den deutschen Produktionsstandorten Köln und Saarlouis sowie dem belgischen Werk Genk. Ford fertigt maßgeblich Kleinwagen bis Luxuslimousinen, Vans, Sportwagen, Cabrios, Roadster und zu einem großen Teil für den amerikanischen Markt Ge-

[470] Vgl. Ahsen 1996a, S. 269-275.

[471] Die Informationen dieses Kapitels stammen, soweit nicht anders ausgewiesen, aus dem Interview mit Herrn Martin Steinhaeuser, V.O. Manufacturing Quality – Europe, Herrn Thomas Geue, Supervisor QM-Systems Strategies and Conformity of Production, VO Quality Office EU, Herrn Martin Eckner, Environmental Engineer, Environmental Quality Office Europe und Herrn Dr. W.-P. Schmidt, Technical Specialist Vehicle Recycling, am 04.10.2001.

ländewagen und SUV. Die in Deutschland abgesetzten Fahrzeuge gehören zu den Baureihen Ka, StreetKa, Fiesta, Focus, Focus C-Max, Fusion, Mondeo, Galaxy, Maverick und Ranger.[472]

4.2.4.2 Qualitäts- und umweltorientierte Ausgestaltung von Führungsprozessen

4.2.4.2.1 Qualitäts- und umweltorientierte Information, Planung und Kontrolle

Die **Qualitätsmanagementsysteme** sämtlicher Ford-Standorte sind gemäß ISO 9001 und/oder QS 9000 zertifiziert; zunehmend gewinnt auch die ISO/TS 16949 an Bedeutung. In Europa erfolgt teilweise zusätzlich eine Orientierung am EFQM-Modell; sollte dieses zukünftig mit dem MBNQA-Modell integriert werden, wird es voraussichtlich konzernweit verstärkt angewendet. Ähnlich wie bei den anderen Automobilherstellern zielt die **Qualitätspolitik** von Ford insbesondere auf eine hohe Kundenzufriedenheit ab; regelmäßig werden Kundenzufriedenheitsanalysen durchgeführt.

Ford war der erste Automobilhersteller, der weltweit an sämtlichen Produktionsstandorten **Umweltmanagementsysteme** gemäß ISO 14001 implementiert und zertifizieren lassen hat; die deutschen Standorte nehmen zusätzlich an EMAS teil. Die **Umweltpolitik** zielt darauf ab, den „Umweltschutz ständig zu verbessern, um die negativen Umweltwirkungen so gering wie möglich zu halten. Dies geschieht in Übereinstimmung mit den Unternehmenszielen sowie mit den Belangen der Mitarbeiter und Öffentlichkeit."[473] Betont wird zudem die Selbstverpflichtung zur „kooperativen Zusammenarbeit" mit Behörden im Zusammenhang mit dem Störfallmanagement sowie die Anforderung an Zulieferer, ihr Umweltmanagement ähnlich wie das Umweltmanagement von Ford auszugestalten. Schließlich wird der angestrebte „konstruktive[..] Dialog mit der Öffentlichkeit, Umweltverbänden und den Kunden über produktions- und produktbezogenen Umweltschutz"[474] hervorgehoben. Qualitäts- und Umweltpolitik sind bei Ford unabhängig voneinander formuliert.

Zwar sollen die Managementsysteme auch zukünftig getrennt bleiben, aber ihre **Dokumentation** in Handbüchern wird in den nächsten Jahren integriert; ein Konzept hierzu liegt im Unternehmen bereits vor. Weitgehend getrennt angelegt bleiben dagegen die Verfahrens- und Arbeitsanweisungen. Auch die **Auditierung** der Qualitäts- und Umweltmanagementsysteme erfolgt bei Ford sachlich unabhängig voneinander; häufig werden die Audits aber zeitlich parallel durchgeführt, damit der betriebliche Ablauf nicht mehrmals gestört wird.

[472] Vgl. Ford Motor Company 2004.
[473] Ford-Werke AG 2002, S. 4.
[474] Ford-Werke AG 2002, S. 5.

4.2.4.2.2 Organisation des Qualitäts- und Umweltmanagements

Weltweit wird von Ford eine einheitliche Organisationsstruktur – auch des Qualitäts- und Umweltmanagements – angestrebt. In Europa ist das **Qualitätsmanagement** einem „Vice President Europe", der auch Vorstandsmitglied der Ford-Werke AG ist, unterstellt.[475] Es gliedert sich in Qualitäts-Stabsbereiche, die in einer Matrix den Vorstandsbereichen Entwicklung, Fertigung, Beschaffung, Verkauf und Marketing sowie dem Ersatzteilwesen und Kundenservice zugeordnet sind. In den Fertigungsstätten ist eine Qualitätsorganisation mit Berichtslinien zum Werkleiter und dem zuständigen Qualitätsstab installiert; zudem bestehen auf verschiedenen hierarchischen Ebenen z. B. Qualitätszirkel.

Das **Umweltmanagement** der Ford-Werke AG ist analog dem Qualitätsmanagement organisiert; in Europa untersteht es ebenfalls einem Europäischen Vice President, allerdings nicht demjenigen, dem das Qualitätsmanagement zugeordnet ist. Für die Weiterentwicklung des Umweltmanagements auf Konzernebene kommt international zusammengestellten Teams ein hoher Stellenwert zu, so etwa dem „Enterprise Material Management Committee" sowie den europäischen Teams „Vehicle Recycling" und „Emissions". Das Umweltmanagement der **Werke** wird von der Zentrale koordiniert und geschult (siehe Abbildung 4-10)[476].

Der „**Konzernbeauftragte für Umweltschutz**" der Ford-Werke AG ist vor allem für standortübergreifende Fragestellungen verantwortlich. Die „**Standort-Umweltschutzkoordinatoren**" übernehmen in Personalunion auch die Aufgaben der gesetzlich geforderten Umweltschutzbeauftragten für Immissions- und Gewässerschutz sowie für Abfall. Zusätzlich bestehen organisatorische Einheiten für den produktbezogenen Umweltschutz („Vehicle Environmental Engineering"), die mit der Produktentwicklung in Merkenich/Dunton verknüpft sind. Innerhalb der **Werke** sind jeweils Umweltmanagementbevollmächtigte benannt; in jedem Werksbereich sind zudem „Umweltschutzkoordinatoren" eingerichtet, die spezifische Abläufe und Projekte, etwa zum Recycling, gemeinsam mit „Cross-Functional-Teams" bearbeiten.

Qualitäts- und Umweltmanagement sind somit bei Ford in der Primärorganisation **getrennt**; dies soll sich auch zukünftig nicht ändern. Allerdings werden zunehmend Aufgaben des Qualitäts- und Umweltmanagements in die Leistungsprozesse integriert; so wird die qualitäts- und umweltbezogene Zuliefererbeurteilung inzwischen durch die Qualitätsorganisation der Beschaffung wahrgenom-

---

[475] Neben Europa werden als wichtigste Regionen für Ford die Aktivitäten in den USA, Kanada und Lateinamerika sowie Asien und Australien unterschieden.

[476] Aufgrund seiner Größe ist der Standort Köln in zehn Werke gegliedert, jeweils mit eigenem Umweltmanagementsystem.

men (siehe Kapitel 4.2.4.3.2). Zudem werden z. B. für umweltorientierte FMEAs[477] **integrierte Projektteams** als Elemente der Sekundärorganisation gebildet.

Abbildung 4-10 Organisation des Umweltmanagements der Ford-Werke AG Standort Köln[478]

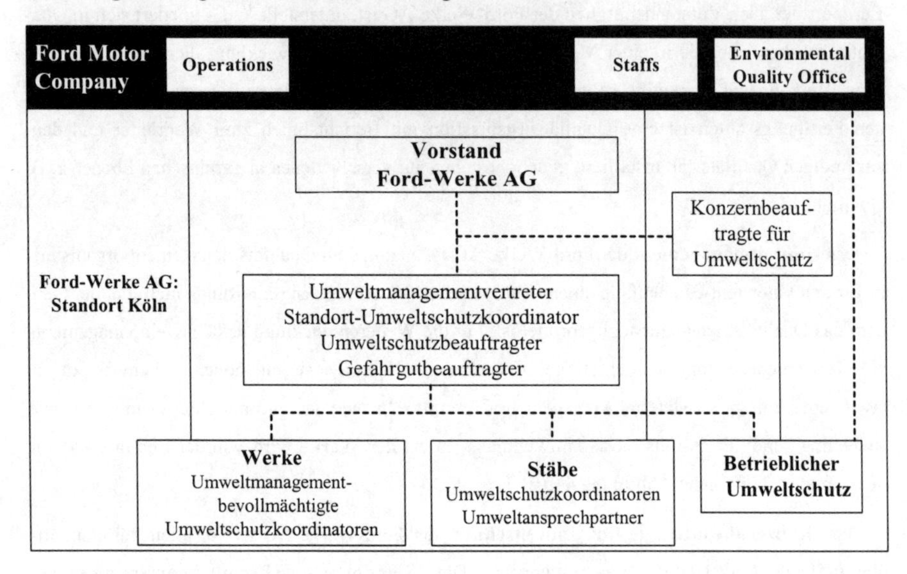

4.2.4.3 Qualitäts- und umweltorientierte Ausgestaltung von Leistungsprozessen

4.2.4.3.1 Produkt-/Prozessentwicklung

Für sämtliche Standorte weltweit sind in dem Dokument „Ford Product Development System" die Hauptprozesse der Produktentwicklung und Fertigungstechnik bis zum Serieneinsatz, einschließlich der jeweils geforderten qualitäts- und umweltbezogenen Aktivitäten, determiniert. Dabei wird der Einsatz der **Qualitätsmanagementinstrumente** QFD, FMEA, Statistische Versuchsplanung, Audits sowie Qualitätskostenanalysen festgelegt. Ein hoher Stellenwert wird der Einbeziehung von Zulieferern insbesondere in QFD- und FMEA-Projekte sowie in die Statistische Versuchsplanung zugeordnet.

---

[477] Siehe Kapitel 4.2.4.3.1.
[478] Quelle: Modifiziert nach Ford-Werke AG 2002, S. 45.

Sowohl von externen Zulieferern als auch von der eigenen Produkt- und Prozessentwicklung wird erwartet, dass **Umweltaspekte** bereits in der Konzeptphase berücksichtigt und in die Lastenhefte aufgenommen werden („Design for Environment"). Dabei wird der Schwerpunkt auf die sieben in Abbildung 4-11 benannten Umweltziele gelegt.

Abbildung 4-11 Umweltziele für die Konstruktion bei Ford

- Erfüllung der Umweltziele gemäß „Ford Product Development System" (FPDS) und „Ford Production System" (FPS).
- Verringerung des Kraftstoffverbrauchs durch z. B.

  - minimale Reibungsverluste,
  - minimalen Energiebedarf elektrischer Verbraucher,
  - optimale Aerodynamik,
  - Leichtbau.
- Keine unerlaubten Substanzen gemäß der Ford-Motor-Company-Liste RSMS (Restricted Substance Management Standard), Verringerung der nur eingeschränkt erlaubten Substanzen sowie energieintensiver Materialien.
- Recycling:

  - hohe Recycelfähigkeit der gewählten Materialien,
  - Verwendung von recycelten Materialien,
  - Markierung der Nichtmetalle,
  - einfache Demontagefähigkeit (Demontagekonzepte),
  - verringerte Materialvielfalt und Designkomplexität.
- Minimale Innenraumbelastung.
- Verwendung nachwachsender Rohstoffe.
- Umweltinnovationen.

Vermehrt werden inzwischen produktbezogene LCAs gemäß ISO 14041 durchgeführt und damit z. B. die Anwendungsmöglichkeiten von Alternativwerkstoffen (etwa zur Reduzierung des Fahrzeuggewichtes – Stahl, Aluminium, Magnesium, Verbundwerkstoffe, Naturmaterialien etc.) und von alternativen Produktionsprozessen (z. B. alternative Lackier- und Beschichtungsverfahren) analysiert. Gemeinsame LCA-Projekte mit Zulieferern gibt es bisher erst wenige; allerdings sind diese gegebenenfalls zur Bereitstellung relevanter Daten verpflichtet.

In den Entwicklungsprozessen wird zudem seit 1999 eine „**Umwelt-FMEA**" zusammen mit herkömmlichen FMEAs durchgeführt.[479] An den Umwelt-FMEAs nehmen grundsätzlich auch Mitarbeiter der Qualitätsabteilung teil; zukünftig sollen auch Zulieferer eingebunden werden. Die Vorgehensweise entspricht dabei der Methodik der herkömmlichen Produkt-FMEA; es wird jedoch – ähnlich wie in dem oben beschriebenen Pilotprojekt bei DaimlerChrysler[480] – das Kriterium „Bedeu-

[479] Vgl. Ford-Werke AG 2001, S. 10.
[480] Vgl. Kapitel 4.2.3.3.1.

tung der Fehlerfolgen für den Kunden" durch „Nicht-Erfüllung von Umweltzielen" ersetzt. Zur Bewertung der Umweltfolgen mit ein bis zehn Punkten wurde eine Konvertierungstabelle auf Basis der in Abbildung 4-11 enthaltenen Ziele entwickelt (siehe Tabelle 4-3).

Tabelle 4-3 Konvertierungstabelle für die Umwelt-FMEA bei Ford

Bewertungs-zahlen	Kriterien für die umweltbezogene Beurteilung von Fehlern
10	Fehler führt zur Nichteinhaltung gesetzlicher oder Ford-interner Vorschriften, etwa Verstoß gegen Umweltziele gemäß „Ford Product Development System" (FPDS) oder „Ford Production System" (FPS), Verwendung von Stoffen, die im „Restricted Substance Management Standard" verboten sind. Fehler tritt ohne Vorwarnung auf.
9	Fehler führt zur Nichteinhaltung gesetzlicher oder Ford-interner Vorschriften (etwa Verstoß gegen Umweltziele gemäß FPDS oder FPS oder Verwendung von Stoffen, die im „Restricted Substance Management Standard" verboten sind). Fehler tritt jedoch mit Vorwarnung auf.
8	FPDS-Umweltziele sowie Ford-Standards sind erfüllt, allerdings ist Kraftstoffverbrauch betroffen.
7	Umweltziele und Standards sind erfüllt, aber es werden Substanzen verwendet, die nach dem Restricted Substance Management Standard nur beschränkt verwendbar sind. Umweltziele sind erfüllt, aber energieintensive Materialien werden verwendet, ohne dass positive Auswirkungen auf den Kraftstoffverbrauch erzielt werden. Umweltziele erfüllt, aber das Recycling könnte über die FPDS-Ziele hinaus besser sein, wobei eine sehr große Menge Material betroffen ist.
6	Umweltziele sind erfüllt, aber das Recycling könnte über die FPDS-Ziele hinaus besser sein.
5	Umweltziele und Standards sind erfüllt, aber nachwachsende Rohstoffe sind entgegen der Empfehlung der bauteilespezifischen Ford-Design-für-die Umwelt Liste nicht verwendet. Umweltziele und Standards sind erfüllt, aber es werden Substanzen verwendet, die nach dem Restricted Substance Management Standard berichtspflichtig sind. Umweltziele und Standards sind erfüllt, aber das Recycling könnte über die FPDS-Ziele hinaus besser sein, wobei nur eine geringe Materialmenge betroffen ist.
4	Umweltziele und Standards sind erfüllt, aber die Belastungen im Fahrzeuginneren könnten noch geringer sein.
3	Umweltziele und Standards sind erfüllt, aber energie-intensive Materialien werden verwendet, die allerdings deutlich zur Verringerung des Kraftstoffverbrauchs beitragen.
2	Umweltziele und Standards sind erfüllt, sehr geringe Umweltfolgen.
1	Fehler hat keine negativen Folgen.

Im Vergleich zu der Konvertierungstabelle von DaimlerChrysler werden bei Ford somit teilweise andere und wesentlich detaillierter formulierte Bewertungskriterien herangezogen. Zwar bleiben die Probleme einer intersubjektiv konsensfähigen Bewertung von Umweltwirkungen bestehen; mit dieser Konvertierungstabelle ist es jedoch eher möglich, die Zuordnung von Punkten zu begründen und weniger willkürlich auszugestalten.

Wie bei DaimlerChrysler werden auch in den Umwelt-FMEAs von Ford die Auftretens- und Entdeckungswahrscheinlichkeiten entsprechend der Konvertierungstabellen aus herkömmlichen FMEAs bepunktet und die umweltorientierte Risikoprioritätszahl durch Multiplikation der drei Scores errechnet.

Inzwischen wurden solche Umwelt-FMEAs bei Ford für Sitze, Armaturenbretter, Motoren und einige Teile im Fahrzeuginnenraum durchgeführt. Optimierungsmaßnahmen, die aus diesen Projekten abgeleitet wurden, betrafen z. B. die Materialwahl und die Auswahl demontagefreundlicherer Verbindungstechniken. Inwieweit diese modifizierte FMEA zukünftig über einzelne Projekte hinausgehend flächendeckend in sämtlichen Entwicklungsprojekten angewendet wird, ist noch nicht absehbar, in jedem Fall soll es zunehmend eingesetzt werden.

Bei der Konzerntochter **Volvo** wurde zudem ein weiteres Modell, die **„Environmental-FMEA“** („E-FMEA“), entwickelt.[481] Methodisch unterscheiden sich die Verfahren: Im Unterschied zu der herkömmlichen Methodik der FMEA wird bei der E-FMEA von Volvo nicht von Fehlern, sondern von Umweltaspekten in den verschiedenen Phasen des Produktlebenszyklus ausgegangen und diese werden Umweltwirkungen (z. B. „Treibhauseffekt“) zugeordnet. Hieran schließt sich die Bewertungsphase an, in der folgende Bewertungskriterien unterschieden werden:

- „Bedeutung“ (Severety, S) der Umweltwirkungen:

  S1 = Vernachlässigbare Umweltwirkungen

  S2 = Kurzfristige negative Umweltwirkungen

  S3 = Langfristige/permanente gravierende negative Umweltwirkung

- Verstoß gegen Volvo-spezifische umweltbezogene Anforderungen und Ziele, die in „Lenkungsdokumenten“ („Steering Documents“) festgelegt sind:

  D1 = Die Umweltaspekte verstoßen gegen keine in Lenkungsdokumenten formulierten Anforderungen.

  D2 = Es gibt Prüfpläne, entsprechend derer die Umweltaspekte überwacht werden; die Ausprägungen der Umweltaspekte liegen nahe den erlaubten Grenzwerten.

481 Vgl. Volvo 1999.

D3 = In Lenkungsdokumenten sind Restriktionen bzw. Verbote enthalten (z. B. in „grauen" oder „schwarzen" Listen, Umweltzielen, Gesetzen und Verordnungen oder der Umweltpolitik von Volvo), gegen die die Umweltaspekte verstoßen.

- Reaktion der Stakeholder, insbesondere der Öffentlichkeit, auf die Umweltwirkungen:

P1 = Keine Beeinträchtigung des Images von Volvo.

P2 = Kein direkter Einfluss auf Volvos's Image, aber die allgemeine öffentliche Meinung könnte negativ beeinflusst werden.

P3 = Gravierende Beeinträchtigung des Images von Volvo in der allgemeinen Öffentlichkeit.

- Verbesserungspotenzial: von 1 (gutes Verbesserungspotenzial) bis 3 (geringes oder kein Verbesserungspotenzial).

Die Ergebnisse werden in einem Formblatt, das analog zum herkömmlichen FMEA-Formblatt aufgebaut ist, dokumentiert. Im Unterschied zur herkömmlichen FMEA werden jedoch keine Auftretens- und Entdeckungswahrscheinlichkeiten herangezogen. Zudem erfolgt keine Zusammenfassung der jeweiligen Ausprägungen der Beurteilungskriterien zu einer Risikoprioritätszahl, sondern die Entscheidungen über Verbesserungsmaßnahmen werden auf Grundlage der Einzelergebnisse getroffen. Da sich die Analysen nicht auf Fehler, sondern auf mit dem jeweiligen Produkt(teil) verbundene Umweltwirkungen insgesamt beziehen, handelt es sich weniger um ein Instrument, mit dem Fehlerrisiken vermindert werden sollen, sondern eher um eine Kombination aus LCA und FMEA. Das Instrument wird bei Volvo inzwischen in sämtlichen Projekten zur Entwicklung neuer Modelle für Teilsysteme mit großer Umweltrelevanz, z. B. für Klimaanlagen, Instrumententafeln und die Oberflächenbeschichtung, angewendet.[482]

Die Ford-Methode lehnt sich im Vergleich zu der E-FMEA von Volvo stärker an die herkömmliche FMEA an. Sie soll zukünftig verknüpft mit herkömmlichen FMEAs angewendet werden und stellt insofern einen Ansatz zu einer stärkeren **sachlichen Integration der Qualitäts- und Umweltmanagementinstrumente** im Rahmen der Entwicklung von Produkten und Prozessen dar. Insgesamt sollen die qualitäts- und umweltbezogenen Aktivitäten im Rahmen der Entwicklungsprozesse bei Ford in den kommenden Jahren weiter zeitlich und sachlich integriert werden. Hierfür wird mehrdimensionalen Informations-, Planungs- und Kontrollinstrumenten, insbesondere der Statistischen Versuchsplanung, aber auch der Umwelt- sowie – zukünftig – einer Mehrdimensionalen FMEA zentrale Bedeutung zugeordnet. Durch die Zusammensetzung der FMEA-Teams aus Mitar-

[482] Information per e-mail durch Frau E. Dahlquist, Design for Environment Specialist, Volvo Car Corporation, Schweden, vom 09.02.2002.

beitern sowohl der Qualitäts- als auch der Umweltabteilung wird zudem eine **organisatorische Integration** im Rahmen der Sekundärorganisation gewährleistet.

4.2.4.3.2 Beschaffung

Ford bezieht weltweit Komponenten und Teile von über 5.000 Zulieferern; besonders eng wird mit den etwa 20 bis 25 Systemzulieferern – z. B. für die Instrumententafeln und Sitzsysteme – zusammengearbeitet, die auch zentrale Entwicklungsaufgaben wahrnehmen. In der Regel wird hier dem Single-Sourcing-Prinzip gefolgt. Entscheidend für die Berücksichtigung von Zulieferern bei Vergabeentscheidungen ist, ob diese den "Q1 Supplier Quality Status" aufweisen können, der auf Basis folgender Beurteilungskriterien vergeben wird:[483]

- **Qualitätsmanagementsysteme** gemäß QS 9000 oder ISO/TS 16949 und (seit Juli 2003) Umweltmanagementsysteme gemäß ISO 14001;
- „Ongoing Performance", die anhand folgender Kriterien gemessen wird:
  - Erfordernis für Ford, in der Vergangenheit aufgrund von Fehlern bei dem Zulieferer zu intervenieren;
  - Erfordernis von Nacharbeit und Nachprüfungen aufgrund von Mängeln bei den zugelieferten Produktteilen;
  - Prozessfähigkeiten $C_{pk} \geq 1{,}33$,
  - Lieferzuverlässigkeit, -pünktlichkeit, Qualität der Zulieferungen und der beigefügten Dokumente,
- Zufriedenheit der vom Zulieferer belieferten Ford-Werke,
- Kontinuierliche Verbesserung.

Die Zulieferer werden regelmäßig von Ford im Hinblick auf diese Kriterien mittels eines Punktwertverfahrens beurteilt.

Die Beurteilung der Zulieferer umfasst also in erster Linie detaillierte qualitätsbezogene Vorgaben; zugleich sind aber auch zertifizierte **Umweltmanagementsysteme** obligatorisch.[484] Darüber

---

483 Vgl. Ford Motor Company 2001b.

484 Damit ist Ford der erste deutsche Automobilhersteller, der entgegen der Vereinbarung im VDA ein Umweltmanagementsystem ausdrücklich fordert.

hinaus sind folgende umweltbezogene Kriterien – unabhängig von den qualitätsbezogenen Anforderungen – festgelegt:[485]

- Einhaltung des „Restricted Substance Management Standard" der Ford Motor Company,
- Bereitstellung produkt- und prozessbezogener umweltrelevanter Informationen, sofern von Ford gefordert,
- Einhaltung der „Design for Recycling Principles" sowie Identifizierung sämtlicher verwendeter Kunststoffe und Polymere; soweit möglich, Verwendung von recycelten Materialien,
- Nutzung umweltfreundlicher Verpackungen,
- Eingabe der Informationen über sämtliche Einsatzstoffe in die IMDS-Datenbank.

Während der Serienproduktion sind die Zulieferer grundsätzlich zu einer fehlerfreien Belieferung verpflichtet, so dass Ford Annahmeprüfungen lediglich ereignisgesteuert, also nach dem Auftreten von Fehlern, durchführt. Wie die anderen Automobilhersteller erwartet Ford von Zulieferern bei Problemen eine sofortige Benachrichtigung; im Falle aufgetretener Fehler wird der 8D-Report genutzt.

Die qualitäts- und umweltbezogene Auswahl sowie Beurteilung der Zulieferer wird integriert durch einen Bereich der Beschaffung (STA = Supplier Technical Assistance) im Rahmen der „Lieferantenbetreuung" wahrgenommen; hier liegt somit eine **zeitliche, organisatorische und sachliche Integration** des Qualitäts- und Umweltmanagements vor.

4.2.4.3.3 Produktion

In der Produktion von Ford erstrecken sich die Qualitätsprüfungen sowohl auf kunden- als auch auf umweltbezogene Prozess- und Produktmerkmale; als zentrales Instrument gelten Prozessfähigkeitsstudien. Zurzeit werden verstärkt Qualitätskosten analysiert, allerdings ausschließlich Fehlerkosten; dagegen werden Übereinstimmungskosten aufgrund der Abgrenzungsproblematik nicht analysiert. Ergänzt werden die Qualitätsprüfungen durch Produktaudits gemäß VDA 6.5, Prozessaudits gemäß VDA 6.3 sowie – häufig zeitlich integriert – qualitäts- und umweltbezogene Systemaudits. Umweltbezogene Kosten werden bei Ford nicht systematisch analysiert; auch SEFR kommen zur Planung und Kontrolle der Umweltwirkungen in den Produktionsprozessen nicht zum Ein-

[485] Vgl. Ford Motor Company 2001b.

satz. Insgesamt besteht bei Ford die Einschätzung, dass die qualitäts- und umweltbezogenen Entscheidungen in den Produktionsprozessen unabhängig voneinander getroffen werden können und daher hier kein Erfordernis zu einer sachlichen oder organisatorischen Integration des Qualitäts- und Umweltmanagements besteht.

4.2.5 Porsche[486]

4.2.5.1 Unternehmen

Die Porsche AG mit Sitz im schwäbischen Zuffenhausen erzielte im Geschäftsjahr 2003/2004 einen Umsatz von 6,359 Mrd. € im Segment der Sportwagen und SUV. Vom Porsche Boxter, 911, Carrera GT und dem Cayenne wurden rund 77.000 Einheiten abgesetzt. Die Zahl der Beschäftigten betrug dabei 11.668 weltweit, wovon 7.992 auf den Produktionsstandort Deutschland mit den Werken Zuffenhausen und Leipzig entfielen. Zudem betreibt der Konzern ein Werk in Valmet, Finnland.[487]

4.2.5.2 Qualitäts- und umweltorientierte Ausgestaltung von Führungsprozessen

4.2.5.2.1 Qualitäts- und umweltorientierte Information, Planung und Kontrolle

Sämtliche Produktionsstandorte von Porsche sind gemäß ISO 9001 bzw. VDA 6.1 zertifiziert. Eine zusätzliche Ausrichtung der **Qualitätsmanagementsysteme** am EFQM-Modell wird als zweckmäßig angesehen, den Werken aber nicht vorgeschrieben. Die **Qualitätspolitik** von Porsche zielt insbesondere auf eine hohe technische Produktqualität und „Betreuungsqualität" sowie – damit verbunden – Kundenzufriedenheit. Umfassend genutzt werden entsprechend Kundenzufriedenheitsanalysen. Dabei wird auf die Zufriedenheit mit der „Betreuungsqualität" ein ebenso großes Gewicht gelegt wie auf die Zufriedenheit mit dem Produkt. Im Zusammenhang mit dem angestrebten Unternehmens- und Markenimage wird auch der sozialen Verantwortung sowie dem Umweltschutz in der Qualitätspolitik explizit ein hoher Stellenwert zugeordnet.

Die Weiterentwicklung sowohl der Qualitäts- als auch der **Umweltmanagementsysteme** in den Porsche-Werken wird von der Zentrale in Stuttgart-Zuffenhausen aus gesteuert. Dabei wird gleich-

---

486 Die Informationen dieses Kapitels stammen, soweit nicht anders ausgewiesen, aus dem Interview mit Herrn Bernd Mitschele, Leiter UnternehmensQualität, und Herrn Dr. Winfried Wittler, Leiter Services, in Stuttgart-Zuffenhausen am 03.12.2001 sowie einem weiteren – telefonischen – Interview mit Dr. Wittler am 18.09.2001.

487 Vgl. Porsche AG 2004.

zeitig auf die ISO 14001 sowie auf die EMAS-VO abgestellt. Letzteres wird gerade für das unmittelbar an ein Wohngebiet grenzende Werk in Zuffenhausen als unverzichtbar angesehen, da die validierte Umwelterklärung als wichtigster Bestandteil einer glaubwürdigen umweltbezogenen Kommunikation mit den Anliegern eingeschätzt wird.[488] Das in der **Umweltpolitik** formulierte Ziel, „bei allen Aktivitäten schädliche Einflüsse auf die Umwelt weitestgehend zu minimieren und darüber hinaus internationale Bemühungen um die Lösung globaler Umweltschutzprobleme zu unterstützen"[489], wird durch „Grundsätze", die auch in der Umwelterklärung veröffentlicht sind,[490] konkretisiert. Dabei werden das Ziel der Verminderung von Umweltwirkungen durch das Unternehmen sowie die regelmäßige Information der Öffentlichkeit über umweltrelevante Vorgänge im Unternehmen und der „offene[..] und vertrauensvolle[..] Dialog mit Behörden und zuständigen Organisationen"[491] hervorgehoben. Qualitäts- und Umweltpolitik sind bei Porsche unabhängig voneinander formuliert.

Die **Dokumentation** der Qualitäts- und Umweltmanagementsysteme wird in separaten Handbüchern vorgenommen; allerdings sind die Verfahrens- und Arbeitsanweisungen entsprechend einer einheitlichen Vorgabe strukturiert. Inzwischen sind auch einige der Verfahrensanweisungen (z. B. zur „Prüfmittelüberwachung") integriert. Die **Auditierung** der Qualitäts- und Umweltmanagementsysteme erfolgt getrennt, wobei ein besonderes Gewicht prozessorientierten Audits zukommt. Insgesamt soll bei Porsche das Umweltmanagementsystem auch langfristig getrennt vom Qualitätsmanagementsystem bestehen.

4.2.5.2.2 Organisation des Qualitäts- und Umweltmanagements

Das **Qualitätsmanagement** der **Porsche AG** ist dem Vorstandsvorsitzenden direkt zugeordnet. Die Abteilung „Unternehmens-Qualität" umfasst 40 Mitarbeiter. In den **Werken** sind neben den Qualitätsabteilungen Gruppen auf verschiedenen hierarchischen Ebenen, die regelmäßig zusammenkommen, um Qualitätsprobleme zu lösen, institutionalisiert; ein Beispiel sind Qualitätszirkel.

Am Standort Zuffenhausen ist das **Umweltmanagement** dem Vorstandsbereich Produktion zugeordnet; in den „Cost Centern" sind jeweils „Umweltsprecher" institutionalisiert. Ein „Arbeitskreis

---

[488] Zur Erhöhung der Glaubwürdigkeit des Umweltschutz-Reporting durch Prüfungen vgl. Lange/Ahsen/Daldrup 2001, S. 209-216.

[489] Porsche AG 2001.

[490] Vgl. Porsche AG 1999.

[491] Porsche AG 2001.

der Umweltsprecher" tagt quartalsweise; dabei nimmt jeweils auch ein Vertreter des Qualitätsmanagements teil. Im Entwicklungszentrum Weissach ist das Umweltmanagement dem Vorstand Entwicklung, im Vertriebszentrum Ludwigsburg dem Vorstand Vertrieb zugeordnet. Für die Weiterentwicklung des Umweltmanagementsystems ist der „Gesamtkoordinator betrieblicher Umweltschutz", der dem Ressort Personal- und Sozialwesen angegliedert ist, zuständig.

Qualitäts- und Umweltmanagement sind somit bei Porsche innerhalb der **Primärorganisation getrennt**. Aufgrund der geringen Standortgröße und Umweltrelevanz sind allerdings im Werk in Leipzig die Qualitäts- und Umweltabteilung zusammengefasst. Eine Integration in den übrigen Werken soll zumindest in den nächsten Jahren nicht erfolgen, da sich Porsche hiervon kein Verbesserungspotenzial versprechen würde. Ähnlich wie bei den anderen Automobilherstellern findet eine Integration eher in Form zusätzlicher temporärer Organisationseinheiten statt. Zudem wird durch die Teilnahme eines Mitarbeiters der Qualitätsabteilung am Umwelt-Arbeitskreis eine organisatorische Verknüpfung hergestellt, die ebenfalls nicht mit Veränderungen der primären Aufbauorganisation verbunden ist.

4.2.5.3 Qualitäts- und umweltorientierte Ausgestaltung von Leistungsprozessen

4.2.5.3.1 Produkt-/Prozessentwicklung

Im Rahmen der Entwicklung von Produkten und Prozessen werden bei Porsche die meisten bekannten **Qualitätsmanagementinstrumente** – auch Qualitäts-Portfolioanalysen, die in den anderen Unternehmen kaum realisiert werden – angewendet; aufgrund seiner hohen Komplexität wird allerdings das QFD nicht genutzt. Besonders große Bedeutung kommt in sämtlichen Entwicklungsprozessen produkt- und prozessbezogenen FMEAs (nach VDA 4.2a) zu; Porsche beansprucht, dieses Instrument wesentlich flächendeckender einzusetzen als die anderen Automobilhersteller. Dabei sind häufig auch Zulieferer in die Projekte einbezogen. Zudem wird – vermehrt ebenfalls gemeinsam mit den wichtigsten Zulieferern – die Statistische Versuchsplanung angewendet. Zukünftig sollen Ansätze einer qualitätsbezogenen Kostenanalyse genutzt werden; ein konkretes Konzept hierfür liegt allerdings noch nicht vor.

Sowohl von externen Zulieferern als auch von der eigenen Produkt-/Prozessentwicklung wird erwartet, dass **Umweltaspekte** bereits in der Konzeptphase berücksichtigt und in die Lastenhefte aufgenommen werden. Im Unterschied zu den meisten anderen Automobilherstellern in Deutschland wird mit der Begründung der langen Lebensdauer von Porsche-Fahrzeugen zurzeit der Schwerpunkt weniger auf die Entsorgungsproblematik gelegt, sondern eher auf den Benzinverbrauch sowie auf umweltfreundliche Beschichtungsprozesse. Als zentrales Umweltmanagementinstrument werden produkt- und prozessbezogene SEFR eingesetzt. Zudem werden gemeinsam mit anderen Unternehmen der Branche die Einsatzmöglichkeiten von LCAs gemäß ISO 14040 analysiert. Für die Modelle 911 und Boxster wurden solche Projekte im Jahr 2003 abgeschlossen. Im Unterschied zum Qualitätsmanagement werden mit Zulieferern bisher erst wenige gemeinsame umweltbezogene Projekte realisiert.

Bisher werden die produktbezogenen qualitäts- und umweltorientierten Planungen und Kontrollen parallel, aber nicht inhaltlich verknüpft durchgeführt. Eine stärkere Integration liegt im Hinblick auf die Prozessentwicklung vor. Die Idee einer **Verknüpfung der Qualitäts- und Umweltmanagementinstrumente** wird gerade hier als zielführend eingeschätzt. Dies gilt in besonderem Maße für eine Weiterentwicklung der FMEA, insbesondere deshalb, weil – wie dargestellt – das Instrument flächendeckend angewendet wird, so dass durch eine Mehrdimensionale FMEA auch eine umfassende Verknüpfung von qualitäts- und umweltbezogenen Risikoanalysen in den Entwicklungsprozessen erreicht werden könnte. Ein konkretes Konzept für eine solche Methode liegt allerdings noch nicht vor, da diese Möglichkeit einer Integration von qualitäts- und umweltbezogenen Aktivitäten erst seit kurzem verfolgt wird.

4.2.5.3.2 Beschaffung

Porsche bezieht Komponenten und Teile von etwa 500 Zulieferern,[492] von denen (nicht notwendigerweise zertifizierte) **Qualitätsmanagementsysteme** erwartet werden. **Umweltmanagementsysteme** werden nicht ausdrücklich gefordert, aber es wird davon ausgegangen, dass zukünftig immer mehr Lieferanten auch solche Systeme implementieren.

Die Beurteilung der Qualitätsleistung von Zulieferern erfolgt bei Porsche insbesondere anhand der Kriterien „Anlieferungsqualität“ sowie „Lebensdauer“ und „Zuverlässigkeit“ der Teile. Zudem werden Zulieferer mittel eines durch einen VDA-Arbeitskreis entwickelten Fragebogens[493] zum Stand ihres Umweltmanagements befragt.

---

[492] Im Zusammenhang mit dem geplanten Unternehmenswachstum wird sich diese Zahl zukünftig voraussichtlich – unterproportional – auf höchstens 600 erhöhen.

[493] Vgl. Kapitel 3.2.

Porsche macht seinen Zulieferern kaum Vorgaben im Hinblick darauf, welche **Umweltmanagementinstrumente** sie anwenden sollen. Allerdings wird von ihnen erwartet, dass sie Informationen über ihre Einsatzstoffe über die IMDS-Datenbank zur Verfügung stellen. Als **Qualitätsmanagementinstrumente** werden FMEAs, Prozessfähigkeitsanalysen gemäß VDA 4.2d, Statistische Prozessregelung, Prozess- und Produktaudits sowie qualitätsbezogene Zuliefererbeurteilungen vorgeschrieben. Während der Serienproduktion sind die Zulieferer zu einer fehlerfreien Belieferung verpflichtet; Annahmeprüfungen werden bei Porsche lediglich ereignisgesteuert, also nach dem Auftreten von Qualitätsmängeln, durchgeführt. Bei Problemen ist Porsche umgehend zu benachrichtigen; im Falle aufgetretener Fehler findet der 8D-Report Verwendung. Gegebenenfalls werden dann „Task Forces“ gebildet, die beim Zulieferer vor Ort zur Problemlösung beitragen sollen.

Insgesamt wird bei Porsche ein Erfordernis zur Integration des Qualitäts- und Umweltmanagements in den Beschaffungsprozessen hinsichtlich der Auswahl und Beurteilung von Zulieferern gesehen: Für die – integrierte – finanzielle sowie qualitäts- und umweltbezogene Lieferantenauswahl und -beurteilung ist der Zentrale Einkauf in Weissach zuständig.

4.2.5.3.3 Produktion

In der Produktion beziehen sich die Konformitätsprüfungen sowohl auf kunden- als auch auf umweltbezogene Prozess- und Produktmerkmale, wobei, soweit möglich (z. B. in der Motorenfertigung) auch die Statistische Prozessregelung genutzt wird. Hinzu kommen Produktaudits gemäß VDA 6.5, Prozessaudits gemäß VDA 6.3 sowie qualitäts- und umweltorientierte Systemaudits. Qualitätskosten werden bisher kaum systematisch analysiert; zurzeit wird jedoch ein Konzept hierfür erarbeitet. Auch umweltbezogene Kosten werden bisher kaum erfasst und ausgewertet; zukünftig soll hierfür ein Ansatz erarbeitet werden. In den Produktionsprozessen wird insgesamt kein Erfordernis zur Integration des Qualitäts- und Umweltmanagements gesehen; die separaten Konzeptionen werden als zielführend beurteilt.

4.2.6 Volkswagen[494]

4.2.6.1 Unternehmen

Volkswagen (VW), mit seiner Konzernzentrale in Wolfsburg, erzielte im Geschäftsjahr 2003 ein Umsatzergebnis von 76,746 Mrd. €. In den Segmenten PKW und Nutzfahrzeuge wurden dabei knapp 4,76 Mio. bzw. 257.957 Einheiten abgesetzt. Die Mitarbeiterzahl in der Fahrzeugproduktion belief sich auf 303.460 weltweit und 159.250 am Standort Deutschland. In den 44 Produktionswerken in 18 Ländern (davon sechs in Deutschland, nämlich in Wolfsburg, Braunschweig, Hannover, Kassel, Emden und Salzgitter) werden maßgeblich Fahrzeuge der Kompakt- bis Luxusklasse, Vans, Cabrios, Sportwagen sowie Geländewagen/SUV hergestellt. Diese verteilen sich auf die Markengruppe Volkswagen (Volkswagen, Skoda, Bentley und Bugatti) sowie auf die Markengruppe Audi (Audi, Lamborghini und Seat). Die Produktpalette von VW in Deutschland umfasst die Typen Lupo, Polo, Golf/Bora, Beetle, Passat, Phaeton, Touran, Sharan und Touareg.[495]

4.2.6.2 Qualitäts- und umweltorientierte Ausgestaltung von Führungsprozessen

4.2.6.2.1 Qualitäts- und umweltorientierte Information, Planung und Kontrolle

Die **Qualitätsmanagementsysteme** sämtlicher Werke des VW-Konzerns sind zertifiziert, in der Regel gemäß VDA 6.1 bzw. ISO 9001.[496] In der **Qualitätspolitik** werden die Ziele einer hohen Kundenzufriedenheit, nachhaltigen Unternehmenssicherung und Prozessorientierung hervorgehoben:[497] „Wir stellen die Erwartungen unserer externen und internen Kunden in den Mittelpunkt unseres Handelns. Maßstab für den Erfolg ist dabei die Zufriedenheit der Kunden mit unseren Leistungen und ihre Loyalität gegenüber dem Unternehmen." Regelmäßig werden Kundenzufriedenheitsanalysen realisiert. Zugleich ist der folgende Grundsatz Bestandteil der Qualitätspolitik: „Umwelt- und soziale Kompetenz schaffen Vertrauen in der Öffentlichkeit. Durch **schonenden Umgang mit Ressourcen** während des gesamten Lebenszyklus unserer Produkte steigern wir unsere Glaubwürdigkeit und Wertschätzung."[498]

---

[494] Die Informationen dieses Kapitels stammen, soweit nicht anders ausgewiesen, aus dem Interview mit Herrn Grobe, Konzern-Qualitätssicherung: Strategie und Grundsätze, sowie Herrn Mogg, Umweltplanung, beide Zentrale in Wolfsburg, am 20.08.2001.

[495] Vgl. Volkswagen AG 2004c.

[496] Die „Konzern Qualitätssicherung" in Wolfsburg koordiniert und unterstützt die Implementierung von Managementsystemen in sämtlichen VW-Standorten und entscheidet auch über die zugrunde zu legenden Zertifizierungsmodelle. Allerdings ist diese zentrale Ausrichtung in den deutschen Standorten stärker ausgeprägt als international.

[497] Volkswagen AG 2004b.

[498] Ebenda, Hervorhebung durch d. Verf.

Alle Standorte von VW in Deutschland nehmen an EMAS[499] teil. International sind die **Umweltmanagementsysteme** gemäß ISO 14001 zertifiziert. Bei zukünftigen Überarbeitungen des Umweltmanagementhandbuchs ist eine stärkere Anlehnung an die – prozessorientierte – Struktur des Qualitätsmanagementhandbuchs geplant.

Im **Nachhaltigkeitsleitbild** heißt es: „Neben dem wirtschaftlichen Erfolg sind für Volkswagen die kontinuierliche Verbesserung der Umweltverträglichkeit seiner Produkte und die Verringerung des Verbrauchs natürlicher Ressourcen wichtige Ziele der Unternehmenspolitik."[500]

Bei VW werden Qualitäts- und Umweltmanagementsysteme **getrennt auditiert**. Zwar wurde in der Vergangenheit einmal ein **integriertes Systemaudit** durchgeführt; dies soll aber nicht wiederholt werden, da es als zu komplex beurteilt wurde und aufgrund der unterschiedlichen inhaltlichen Anforderungen an die Auditoren ohnehin jeweils mehrere Personen aus beiden Bereichen beteiligt sein müssen. Auch Anfragen in den einzelnen VW-Werken haben gezeigt, dass hier getrennte Audits vorgezogen werden. Hier ist somit bei VW eine im Vergleich zu anderen Automobilherstellern, insbesondere BMW und DaimlerChrysler, die zunehmend Audits integrieren und damit Effizienzziele verfolgen, gegenläufige Entwicklung zu beobachten. Bei VW bestehen somit die **Qualitäts- und Umweltmanagementsysteme separat**; dies soll sich auch zukünftig nicht ändern.

4.2.6.2.2 Organisation des Qualitäts- und Umweltmanagements

Alle Marken und Regionen von VW haben eigene „Qualitätssicherungsorganisationen". Aufgabe der Abteilung „Konzern Qualitätssicherung" mit Sitz in Wolfsburg ist es, diese zu einem homogenen „Qualitätssicherungsnetzwerk" auszugestalten; sie besteht aus sieben Fachbereichen:

Der Fachbereich „**QS Strategie und Grundsätze**" entwickelt Ziele und Methoden zur konzernweiten Abstimmung des Qualitätsmanagements. Zweimal jährlich veranstaltet er „Info-Plattformen", an denen jeweils etwa 50 „QM-Berater" (Mitarbeiter, die eine spezielle Ausbildung im Qualitätsmanagement durchlaufen haben) als Vertreter der einzelnen Marken, Werke und Beteiligungs-

---

[499] Zukünftig sollen die im Zusammenhang mit der Teilnahme an EMAS aufgestellten Umwelterklärungen der verschiedenen Standorte in einer gemeinsamen Umwelterklärung zusammengefasst werden. Zudem werden sie noch stärker technisch ausgeprägt sein und sich damit weiter verstärkt an spezielle Interessenten, z. B. wissenschaftliche Institute, richten. Damit wird der Tatsache Rechnung getragen, dass Umwelterklärungen ohnehin von diesen Stakeholdern am stärksten nachgefragt wurden und werden. Dagegen soll sich der jährliche Umweltbericht in erster Linie an die allgemeine Öffentlichkeit richten.

[500] Volkswagen AG 2004a, S. 11; vgl. ebenda auch zu Folgendem.

gesellschaften teilnehmen. Als ein Ergebnis werden häufig temporäre Teams zur Durchführung strategischer und operativer Qualitätsmanagement-Projekte implementiert.

Aufgabe des Fachbereichs **„QS Produktentstehung/-technik“** ist es sicherzustellen, dass vom Beginn eines Entwicklungsprojektes bis zum „End-of-Production“ eine durchgängige Qualitätsverantwortung für das Produkt wahrgenommen wird. Dabei spielt die Vernetzung der produktbezogenen Qualitätsplanung vor dem Hintergrund des Entwicklungsverbundes im Konzern eine herausragende Rolle. Der Fachbereich **„QS Zentrallabor“** stimmt die einzelnen Labore der Marken und Standorte ab.

Der Fachbereich **„QS Beschaffung“** ist für konzernweit einheitliche Qualitätsstandards der Kaufteile verantwortlich; zu diesem Zweck kommen insbesondere Audits, normierte Freigabeverfahren und „Aufqualifizierungen“ von Zulieferern zur Anwendung. Die QS Beschaffung bewertet zudem die Beschaffungsaktivitäten der Fertigungsstandorte. Die Fachbereiche **„QS Fahrzeuge“** und **„QS Aggregate“** stimmen insbesondere die systematische Prävention und die Prozessoptimierung an den Fertigungsstandorten ab. Dazu werden konzernweit die prozessspezifischen Qualitätsziele definiert und ihr Erreichen durch Audits überprüft. Der Aufgabenschwerpunkt der **„QS Vermarktung“** liegt schließlich darin, Kundenzufriedenheits- und Qualitätsdaten zu erfassen und für ein Benchmarking aufzubereiten, um darauf aufbauend Verbesserungsmaßnahmen in Neuentwicklung und Serienbetreuung zu initiieren.

In den einzelnen Werken von VW sind Qualitätsabteilungen und häufig auch (temporäre) Gruppen auf verschiedenen hierarchischen Ebenen, z. B. so genannte „Verbesserungsteams“, institutionalisiert.

Das **Umweltmanagement** ist bei VW unter der Bezeichnung **„Forschung, Umwelt und Verkehr“** dem Vorstand „Forschung und Entwicklung“ zugeordnet (siehe Abbildung 4-12).

Die einzelnen **Standorte** haben zwar Umweltbeauftragte und teilweise auch – kleine – Umweltabteilungen; der größte Teil der umweltbezogenen Aufgaben ist jedoch in der Unternehmenszentrale angesiedelt. Ähnlich wie im Qualitätsmanagement ist im Umweltmanagement die Organisation in den einzelnen Werken weitgehend einheitlich ausgestaltet.

In der **Primärorganisation** sind somit Qualitäts- und Umweltmanagement bei VW vollständig **getrennt**; insbesondere aufgrund der Unternehmensgröße ist eine gemeinsame Abteilung bei VW auch für die kommenden Jahre nicht geplant.

Abbildung 4-12 Organisationsstruktur des Umweltmanagements bei VW[501]

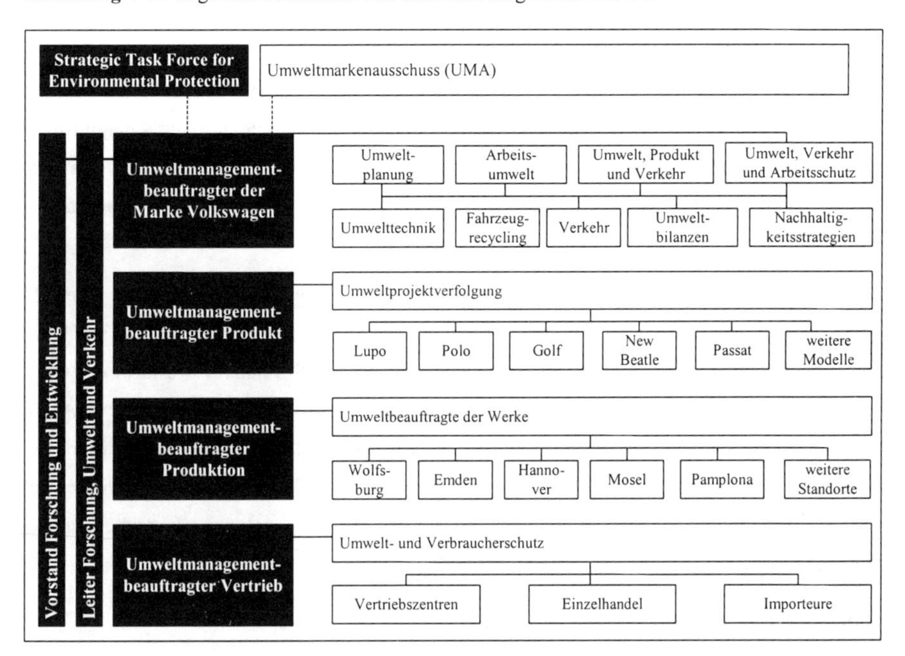

Zukünftig soll die gesamte Unternehmensstruktur noch stärker **prozessorientiert** ausgestaltet werden. Dabei werden neben den Managementprozessen drei „Hauptprozesse", nämlich „Produktentstehung", „Beschaffung und Produktion" sowie „Vermarktung", unterschieden. Dieses Prozessmodell soll auch der Ausgestaltung insbesondere der Qualitätsmanagementsysteme in sämtlichen VW-Werken zugrunde gelegt werden. An dem Umstrukturierungsprojekt sind im Rahmen von Projektteams als Bestandteil der **Sekundärorganisation** Mitarbeiter sowohl der Qualitäts- auch der Umweltmanagementabteilung beteiligt.

[501] Quelle: Volkswagen AG 2004a, S. 32.

4.2.6.3 Qualitäts- und umweltorientierte Ausgestaltung von Leistungsprozessen

4.2.6.3.1 Produkt-/Prozessentwicklung

In der „Produktentstehung" mit etwa 10.000 Mitarbeitern wird zentral die Produkt- und Prozessentwicklung von VW realisiert. Grundlage hierfür ist das Dokument „Produktentstehungsprozess" (PEP), in dem sämtliche Prozesse und Verantwortlichkeiten sowie die einzusetzenden Qualitäts- und Umweltmanagementinstrumente beschrieben sind. Die qualitäts- und umweltbezogenen Planungen sind damit in die Entwicklungsprozesse integriert.

Für sämtliche neuen Produkte und Prozesse werden FMEAs durchgeführt – sowohl unternehmensintern als auch gemeinsam mit Zulieferern. Auch die Statistische Versuchsplanung und Ursache-Wirkungs-Analysen werden in der Regel angewendet; vermehrt nutzt VW zudem das QFD. Der Anspruch, umweltfreundliche Produkte und Prozesse zu entwickeln, wird durch die in Abbildung 4-13 aufgeführten „7 Umweltziele der Technischen Entwicklung" weiter konkretisiert. Sowohl von externen Zulieferern als auch von der eigenen Produkt-/Prozessentwicklung wird erwartet, dass Umweltaspekte bereits in der Konzeptphase berücksichtigt und in die Lastenhefte aufgenommen werden.

Abbildung 4-13 Umweltziele in der technischen Entwicklung bei VW

1. **Material**: Verwendung umweltschonender Materialien unter Berücksichtigung der VW-Norm 91191.
2. **Fertigungsverfahren**: Auswahl umweltfreundlicher Fertigungsverfahren in Zusammenarbeit mit den Produktionsplanern nach dem Grundsatz der Verhältnismäßigkeit gemäß Bundesimmissionsschutzgesetz.
3. **Recycling**: Fahrzeug- und Komponentenentwicklung unter Berücksichtigung der VW-Normen 91102, 91103, 01155 und VDA 260 zur Erreichung und Übererfüllung der eingegangenen Selbstverpflichtung zur Altautoverwendung:
   - bis zum Jahr 2002: 15 % nicht verwertbare Abfälle
   - bis zum Jahr 2015: 5 % nicht verwertbare Abfälle.
4. **Kraftstoffverbrauch (inklusive CO_2)**: Verbrauchssenkung bis zum Jahre 2005 um mindestens 25 % (Basis 1990) und grundsätzlich für jede Fahrzeugklasse ein Verbrauchsleader.
5. **Abgas**: Verringerung der Schadstoffemissionen zur Erfüllung und Unterschreitung der Abgasvorschriften.
6. **Boden-/Wasserbelastung**: Entwicklung und Einsatz technisch hochwertiger Konzepte bezüglich Dichtigkeit und Trockenlegung von Fahrzeugen zur Schonung von Boden und Wasser in der Nutzungsphase und anschließendem Recycling.
7. **Akustik**: Erfüllung und Unterbietung der Akustikvorschriften um mindestens 1 dB(A) sowie bestmögliche Innengeräuschwerte.

Wichtige Informationen, um die Umwelteigenschaften zukünftiger Produkte zu verbessern, werden dabei aus **SEFR** abgeleitet. Bislang liegen für die Modelle Lupo 3L TDI, Golf A3 und Golf A4 vollständige produktbezogene SEFR vor. Zukünftig soll der Einsatz dieses Instruments weiter forciert und dabei sollen auch die Zulieferer noch stärker einbezogen werden, indem von ihnen die regelmäßige Übersendung von prozess- und produktbezogenen SEFR sowie die Eingabe entsprechender Informationen in die IMDS-Datenbank erwartet wird. Aufgrund der ungeklärten Bewertungsproblematik werden allerdings keine Wirkungsbilanzen aufgestellt.

Bisher werden die qualitäts- und umweltbezogenen Planungen und Kontrollen in der Produkt-/ Prozessentwicklung zunächst parallel, also **zeitlich integriert** durchgeführt und darauf aufbauend die Entscheidungen über die Produkt- und Prozessgestaltung getroffen. Inzwischen kommen einzelne Qualitätsmanagementinstrumente, vor allem die Ursachen-Wirkungs-Analyse, auch im Umweltmanagement zur Anwendung. Für eine **sachliche Integration der qualitäts- und umweltbezogenen Planungs- und Kontrollinstrumente** bestehen dagegen zurzeit kaum Ansätze; allerdings soll zukünftig nach Modellen gesucht werden, um bei FMEA-Projekten für Neukonstruktionen auch Umweltauswirkungen in die Analysen einzubeziehen.

4.2.6.3.2 Beschaffung

Zurzeit bezieht VW Komponenten und Teile von etwa 1.500 Zulieferern, von denen grundsätzlich zertifizierte **Qualitätsmanagementsysteme** gemäß VDA 6.1 verlangt werden; eine Zertifizierung gemäß ISO/TS 16949 wird als Alternative anerkannt, jedoch nicht gefordert. **Umweltmanagementsysteme** werden dagegen nicht ausdrücklich vorgeschrieben, aber es wird erwartet, dass immer mehr Lieferanten auch solche Systeme implementieren.

Für wichtige Produktgruppen werden zur Beurteilung der Qualitätsfähigkeit von Zulieferern – ausschließlich durch Auditierungsteams des VW-Konzerns oder der Beteiligungsgesellschaften – **Prozess- und Produktaudits** in Anlehnung an VDA 6.3 bzw. VDA 6.5 durchgeführt, wobei die in Tabelle 4-4 enthaltenen „Bewertungsblöcke“ mit entsprechenden zu analysierenden Fragen bzw. Themen unterschieden werden.[502]

Im Ergebnis werden die Zulieferer mittels eines Punktwertverfahrens in die Gruppen A, B oder C eingestuft. Eine Auftragsvergabe erfolgt nur bei einer A-Einstufung, während bei B- und C-Einstufungen entsprechende Verbesserungen, die in erneuten Auditierungen nachzuweisen sind, erforderlich sind. Die Zuliefererbeurteilung von VW unterscheidet sich von den Methoden der anderen untersuchten Automobilhersteller insofern, als hier wesentlich umfassendere und detailliertere

[502] Vgl. auch zu Folgendem Volkswagen AG 2000, S. 19-21.

Anforderungen zugrunde gelegt werden. **Umweltbezogene Kriterien** sind bisher nicht Bestandteil dieser Zuliefererbeurteilung; dies soll sich zukünftig jedoch ändern.

Tabelle 4-4 Kriterien im Rahmen von Prozessaudits bei VW

Bewertungsblöcke	Fragen / Themen
Erfüllung wichtiger Forderungen an das Bauteil (wichtige Merkmale)	- Zuverlässigkeit und Genauigkeit der Prozesse, Fähigkeitsanalysen (C_{pk}-Werte), - Produkt- und prozessbezogene Fehlermöglichkeits- und -einflussanalysen, - Versuchs-, Labor- und Messeinrichtungen, erforderliches Know-How.
Erfahrungen / Referenzen	- Erfahrungen mit gleichartigen Teilen, - Hauptanteil der Wertschöpfung und Beeinflussung der wichtigen Merkmale in eigener Fertigung, - Realisierung von Just-in-Time-Konzepten (intern/extern), - Wirksames, bewertetes Qualitätsmanagementsystem (VDA 6.1-Zertifikat, Audits durch Dritte, Selbstaudits), Bewertung der Prozessqualität (VDA 6.3 Selbst- und Fremdaudits, andere Prozessaudits).
Prozessentwicklungs-möglichkeiten/ Projektplanung	- Vorhandensein von Projektverantwortlichen und Regelung der Schnittstellen, - Adäquates Projektmanagement, - Kapazitäten vorhanden, - Kommunikationsmöglichkeiten, z. B. Datentransfer, EDV-Schnittstellen, - Absicherung der gleichen Punkte bei Unterlieferanten.
Eingesetzte Qualitäts-management-instrumente	- Vorbeugende Maßnahmen: Quality Function Deployment, Versuchsplanung, Fehlerbaum-analyse, Fehlermöglichkeits- und -einflussanalysen, - Instrumente zur Steigerung der Effizienz und Qualität: Kontinuierlicher Verbesserungs-prozess, Vorschlagswesen, Qualitätszirkel, - Laufende Maßnahmen zur Qualitätsverbesserung: Qualitätsziele, Qualitätskosten, Pro-blemanalysen, - Eigene Prüfmöglichkeiten (Labor, Messtechnik).
Vormaterial/Kaufteile (Zulieferantenqualifi-zierung)	- Lagerhaltung, - Fähigkeitsnachweise (C_{pk}), - Lieferantenbewertung: Qualitätsfähigkeit, Qualitätsleistung, logistische Leistung.
Kundenbetreuung/ Kundenzufriedenheit (Service)	- Kontinuierliche Kundenkontakte, - Not- und Ausfallstrategie, - Durchführung von Produktaudits, eigene Prüfmöglichkeiten, - Durchführung von Zuverlässigkeitsprüfungen, - Problembearbeitung, - Versandlogistik.
Produktion	Auf allen Prozessstufen: - Geeignete Maschinen / Anlagen, - Flexibilität der Fertigungs- / Prüfeinrichtungen, - Fehlerhafte Einheiten / Korrekturen, - Ergonomische Gestaltung der Arbeitsplätze, - Personalqualifikation. Prozessvorgaben/-qualität - Fertigungs- und Prüfanweisungen, Referenzteile, - Fertigungsfreigaben, - Statistische Prozessregelung. Materialfluss

Für die **Freigabe von Produktionsprozessen und Produkten** kommt der **Erstbemusterung** gemäß VDA 2 zentrale Bedeutung zu; weitere Anforderungen sind in einer Verfahrensanweisung formuliert. Zulieferer sind z. B. verpflichtet, **FMEAs** für neue Produkte und Prozesse durchzuführen. Produkt-FMEAs werden dabei in der Regel von VW-Mitarbeitern moderiert; die Ergebnisse der von Zulieferern durchgeführten FMEAs werden VW zugesendet.

Während der **Serienproduktion** sind die Zulieferer grundsätzlich zu einer fehlerfreien Belieferung verpflichtet; bei VW werden daher kaum noch Annahmeprüfungen durchgeführt. Beim Auftreten von Qualitätsproblemen mit zugelieferten Teilen wird der 8-D-Report verwendet, gegebenenfalls werden „Task Forces“ gebildet, die beim Zulieferer vor Ort zur Problemlösung beitragen sollen. Die Zulieferer werden zudem – in Abhängigkeit von ihrer Qualitätsbeurteilung – während der Produktionsphase regelmäßig auditiert. Zudem führt VW regelmäßig ein- bzw. zweitägige umweltorientierte Workshops und Lieferantenseminare mit jeweils 20 bis 30 Teilnehmern durch, z. B. zum Thema „Durchführung umweltbezogener Sachbilanzen“, „Gefahrstoffe“ und „Umweltstrategien“.

Im Rahmen der Beschaffungsprozesse bestehen bei VW noch keine Ansätze zur Integration des Qualitäts- und Umweltmanagements; insgesamt wird umweltbezogenen Aktivitäten hier eine eher geringe Bedeutung beigemessen. Zukünftig sollen (potenzielle) Zulieferer jedoch auch umweltbezogen beurteilt werden, allerdings getrennt von der finanziellen und qualitätsbezogenen Beurteilung.

4.2.6.3.3 Produktion

In der Produktion von VW sind – ähnlich wie z. B. bei DaimlerChrysler – so genannte „Qualitätsregelkreise“ eingerichtet, die jeweils durch das Erreichen von „Meilensteinen“ abgegrenzt sind (im Werk Salzgitter z. B. je zwei Meilensteine innerhalb des Rohbaus, der Lackierung sowie der Montage). Dabei werden sowohl kunden- als auch umweltbezogene Prozess- und Produktmerkmale geprüft. Diese Qualitätsregelkreise sind für das Erreichen ihrer Ziele verantwortlich und führen die Prüfungen großenteils eigenständig durch. Soweit möglich, z. B. in der Motorenfertigung, wird die Statistische Prozessregelung angewandt. Ergänzt werden diese Prüfungen durch Produktaudits gemäß VDA 6.5, Prozessaudits gemäß VDA 6.3 sowie qualitäts- und umweltbezogene Systemaudits. Im Rahmen der Produktion werden bei VW Fehlerkosten erfasst; teilweise wird in diesem Zusammenhang mit Zulieferern kooperiert. Auch Ansätze zur Analyse umweltbezogener Kosten werden zurzeit erprobt; Mitarbeiter von VW sind an einem VDA-Arbeitskreis beteiligt, der sich mit Möglichkeiten zur Weiterentwicklung dieser Ansätze beschäftigt. Insgesamt wird keine Notwendigkeit gesehen, die qualitäts- und umweltbezogenen Entscheidungen in den Produktionsprozessen zu integrieren.

4.3 Zwischenfazit

Die Fallstudien haben insgesamt deutlich werden lassen, dass die in allen untersuchten Unternehmen vorliegenden mehrdimensionalen Zielsysteme zu unterschiedlichen Konsequenzen bezüglich der Frage einer Integration des Qualitäts- und Umweltmanagements geführt haben. In der qualitativen Sozialforschung folgt auf die Analyse von Einzelfällen, wie sie in den voran stehenden Kapiteln für das Integrierte Qualitäts- und Umweltmanagement von sechs Automobilherstellern in Deutschland vorgenommen wurde, häufig der Versuch einer „**Konstruktion empirisch begründeter Typologien**".[503] Im Folgenden wird eine solche vergleichende Kontrastierung der untersuchten Fälle[504] auf Basis der Interviewthemen bzw. des der Untersuchung zugrunde liegenden Kategorienschemas vorgenommen. Die Ergebnisse der Fallstudien werden in diesem Sinne bezüglich ihrer Ähnlichkeiten und Unterschiede zusammengefasst. Sie werden dabei nicht, wie in den voran stehenden Kapiteln, in alphabetischer Reihenfolge diskutiert, sondern es werden zunächst die Ergebnisse der Fallstudien, die weniger Ansätze eines Integrierten Qualitäts- und Umweltmanagements erkennen lassen, dargestellt und dann diejenigen, bei denen weiter gehende Integrationskonzepte gefunden wurden.

- **Audi**

Bei Audi sind die zertifizierten **Qualitäts- und Umweltmanagementsysteme** unabhängig voneinander ausgestaltet und sollen, da ihre bisherige Konzeption als zielführend beurteilt wird, auch zukünftig separat weiterentwickelt werden; eine organisatorische Verknüpfung der Abteilungen im Rahmen der Primärorganisation liegt ebenfalls weder vor noch ist sie geplant; zudem bestehen kaum integrierte sekundärorganisatorische Einheiten zur Verknüpfung des Qualitäts- und Umweltmanagements.

Für die **Produkt-/Prozessentwicklung** ist in einem zentralen Dokument „Produktentstehungsprozess" detailliert festgelegt, welche qualitäts- und umweltbezogenen Aktivitäten jeweils – zeitlich integriert – bis zum Erreichen der verschiedenen Quality Gates realisiert sein sollen. Vorgeschrieben wird dabei auch, welche Qualitäts- und Umweltmanagementinstrumente einzusetzen sind; dies sind insbesondere produkt- und prozessbezogene FMEAs, Prozessfähigkeitsanalysen sowie SEFR. Ihr Einsatz wird sachlich jedoch nicht miteinander verknüpft, sondern es wird beim Auftreten konfliktärer Ergebnisse eine der Alternativen ausgewählt.

---

[503] Kelle/Kluge 1999, S. 75 (Hervorhebung durch d. Verf.); vgl. ebenda, S. 75-97 auch zu Folgendem. Siehe grundsätzlich zur Typisierung von Fallstudien Kapitel 4.1.2.2.

[504] Vgl. allgemein hierzu Becker 1968, S. 109; Gerhardt 1986, S. 91; Gerhardt 1995, S. 438.

Eine ähnliche Konzeption zeichnet sich auch für die **Beschaffungsprozesse** ab: Zwar werden für die Auswahl und Beurteilung von Zulieferern neben finanziellen und qualitätsbezogenen zunehmend auch umweltbezogene Kriterien herangezogen. Die Beurteilung (potenzieller) Zulieferer mittels Audits und Checklisten wird zeitlich abgestimmt, aber separat jeweils durch die Beschaffungs-, Qualitäts- und Umweltabteilung vorgenommen; im Anschluss an diese Prozesse wird die Entscheidung gefällt.

In der **Produktion** kommen die Qualitätsmanagementinstrumente – statistische Qualitätssicherung, Audits, Kundenzufriedenheitsanalysen und Qualitätskostenanalysen – ebenfalls unabhängig von den Umweltmanagementinstrumenten – SEFR, Audits und (ansatzweise) Umweltkostenanalysen – zum Einsatz; die qualitäts- und umweltbezogenen Entscheidungen werden nicht miteinander verknüpft.

Insgesamt besteht damit bei Audi der Ansatz, die einzelnen Ziele des mehrdimensionalen Zielsystems über inhaltlich separate Konzeptionen des Qualitäts- und Umweltmanagements, die allerdings eine zeitliche Abstimmung der interdependenten qualitäts- und umweltbezogenen Informations-, Planungs- und Kontrollprozesse gewährleisten, zu erreichen.

- **VW**

Ein ähnliches Bild wie bei Audi zeigt sich in Bezug auf die Konzernmutter VW. Auch hier sind die **Qualitäts- und Umweltmanagementsysteme** getrennt. Zwar wird in der Qualitätspolitik auf die Relevanz eines lebenszyklusumfassenden Umweltmanagements hingewiesen, aber als Maßstab für die Zielerreichung wird ausschließlich auf die Kundenzufriedenheit abgestellt. Das Umweltmanagement wird hiervon unabhängig realisiert; auch **organisatorisch** besteht zumindest im Hinblick auf die Primärorganisation eine vollständige Trennung; lediglich für Einzelfragen werden gemischt zusammengesetzte Teams im Sinne einer Sekundärorganisation gebildet.

In der **Produkt-/Prozessentwicklung** werden die Qualitäts- und Umweltmanagementinstrumente, insbesondere QFD, FMEA, Statistische Versuchsplanung, Prozessfähigkeitsanalysen und SEFR, zeitlich integriert eingesetzt; die qualitäts- und umweltbezogenen Entscheidungen werden bisher jedoch sachlich unabhängig voneinander getroffen. Ansätze einer mehrdimensionalen Ausgestaltung der Planungs- und Kontrollprozesse sowie -instrumente bestehen bisher noch nicht; zukünftig sollen jedoch in FMEA-Projekten auch umweltbezogene Bewertungskriterien eingesetzt und damit eine sachliche Integration ermöglicht werden; damit werden Innovationsziele[505] verfolgt. Ein konkretes Konzept liegt hierfür jedoch noch nicht vor.

Im Rahmen der **Beschaffung** bestehen bisher keine Integrationsansätze, da Zulieferer noch nicht umweltbezogen beurteilt werden. In den nächsten Jahren soll sich dies ändern; allerdings soll die umweltbezogene unabhängig von der finanziellen und der qualitätsbezogenen Beurteilung realisiert werden. Im Rahmen der **Produktion** werden die Statistische Qualitätssicherung, System-, Prozess- bzw. Produktaudits und – zukünftig – Qualitätskostenanalysen einerseits und SEFR sowie umweltbezogene Audits andererseits unabhängig voneinander eingesetzt; auch für die Zukunft ist hier keine Integration geplant.

- **Porsche**

Zusammenfassend kann festgestellt werden, dass auch bei Porsche die **Qualitäts- und Umweltmanagementsysteme** getrennt bestehen; langfristig ist ausschließlich eine Integration ihrer Dokumentation in einem integrierten Handbuch geplant, womit Kosteneinsparungen und somit Effizienzziele angestrebt werden. Der einzige Ansatzpunkt einer **organisatorischen Integration** besteht in der Teilnahme eines Mitarbeiters aus der Qualitätsabteilung an dem vierteljährlich tagenden „Arbeitskreis der Umweltsprecher".

Die qualitäts- und umweltbezogenen Informations-, Planungs- und Kontrollinstrumente im Rahmen der **Produkt-/Prozessentwicklung** werden zurzeit – ähnlich wie bei Audi und VW – zeitlich integriert, jedoch sachlich unabhängig voneinander angewandt. Besondere Bedeutung kommt dabei den in sämtlichen Entwicklungsprozessen angewandten FMEAs zu; die Statistische Versuchsplanung wird häufig angewendet, eher in Ausnahmefällen kommen Qualitäts-Portfolioanalysen sowie das QFD zum Einsatz. Als Umweltmanagementinstrumente werden insbesondere SEFR und Ökobilanzen herangezogen. Für die Zukunft ist geplant, in der Prozessentwicklung eine stärkere sachliche Integration des Qualitäts- und Umweltmanagements zu erreichen. Ansätze einer mehrdimensionalen Ausgestaltung der Planungs- und Kontrollprozesse sowie -instrumente bestehen zurzeit noch nicht; in den nächsten Jahren sollen jedoch insbesondere Ansatzpunkte einer Umweltorientierten und/oder Mehrdimensionalen FMEA analysiert und damit Innovationsziele erreicht werden.

---

505 Zur Unterscheidung von Innovations-, Effizienz- und Sicherungszielen des Integrierten Qualitäts- und Umweltmanagements siehe Kapitel 2.4.3.

Im Hinblick auf die Auswahl und Beurteilung von Zulieferern im Rahmen der **Beschaffungsprozesse** ist die Verknüpfung von Qualitäts- und Umweltmanagement bei Porsche wesentlich stärker ausgeprägt: Sie wird durch den Einkauf zeitlich, organisatorisch und sachlich integriert realisiert. Dabei stehen Effizienzziele im Vordergrund: Es sollen Redundanzen vermieden werden, die bei mehreren Beurteilungen durch unterschiedliche Unternehmensbereiche von Porsche entstehen würden. Im Rahmen der **Produktion** bestehen keine Ansätze zur Integration des Qualitäts- und Umweltmanagements.

- **Ford**

Bei Ford sind die **Qualitäts- und Umweltmanagementsysteme getrennt**; auch langfristig soll eine Integration auf die gemeinsame Dokumentation in einem Handbuch beschränkt bleiben. Eine **organisatorische Integration** wird ausschließlich im Rahmen der Sekundärorganisation angestrebt und auch bereits realisiert.

Die qualitäts- und umweltbezogenen Planungen und Kontrollen in der **Produkt-/Prozessentwicklung** werden zurzeit zwar noch parallel, also in erster Linie zeitlich integriert durchgeführt; inzwischen werden zudem jedoch vermehrt herkömmliche FMEAs durch eine umweltbezogene Modifikation der Methode ergänzt. Dabei werden die ökologischen Fehlerfolgen mittels einer Konvertierungstabelle mit ein bis zehn Punkten bewertet und diese Scores mit den Scores für die jeweiligen Auftretens- und Entdeckungswahrscheinlichkeiten des Fehlers multipliziert, so dass sich im Ergebnis umweltbezogene Risikoprioritätszahlen für die Fehlerursachen ergeben. Ford ist neben DaimlerChrysler damit der erste Automobilhersteller in Deutschland, der das auch in einigen anderen untersuchten Unternehmen geäußerte Erfordernis einer umweltbezogenen Erweiterung der FMEA in die Praxis umsetzt. Zukünftig sollen darüber hinaus FMEAs auch mehrdimensional ausgestaltet werden, um zugleich die kunden- und umweltbezogenen Fehlerfolgen zu bewerten. Insgesamt soll die **mehrdimensional ausgerichtete Produkt-/Prozessentwicklung** mittels entsprechend modifizierter Qualitäts- und Umweltmanagementinstrumente weiter verstärkt werden, um damit Innovationsziele zu erreichen.

In der **Beschaffung** liegt eine zeitliche, organisatorische und sachliche Integration des Qualitäts- und Umweltmanagements vor, indem die Zulieferer simultan durch den Beschaffungsbereich aus finanzieller, qualitäts- und umweltbezogener Perspektive beurteilt werden. Dabei stehen Effizienzziele im Vordergrund. In der **Produktion** werden die Audits häufig zeitlich integriert, darüber hinaus wird kein Erfordernis zur Integration gesehen.

- **BMW**

Grundsätzlich wird bei BMW davon ausgegangen, dass bei Vorliegen eines mehrdimensionalen Zielsystems die Integration von **Qualitäts- und Umweltmanagementsystemen** zweckmäßig ist. Zurzeit sind die Systeme zwar noch weitgehend separat ausgestaltet, aber ihre Auditierung und Dokumentation werden zunehmend integriert. Auch zukünftig sollen die Qualitäts- und Umweltabteilung separat bestehen bleiben. Allerdings gewinnt die **organisatorische Integration** in Form von **sekundären Organisationseinheiten** immer stärker an Bedeutung; insbesondere besteht ein gemischt zusammengesetztes Team, das Ansätze einer verstärkten sachlichen Integration des Qualitäts- und Umweltmanagements analysiert und entwickelt. Im Unterschied zu Audi, VW und Porsche wird bei BMW – wie auch bei DaimlerChrysler – davon ausgegangen, dass eine Integration der Qualitäts- und Umweltmanagementsysteme vor dem Hintergrund des mehrdimensionalen Zielsystems grundsätzlich zweckmäßig ist und damit sowohl Innovations- als auch Effizienzziele erreicht werden können.

Im Rahmen der **Produkt-/Prozessentwicklung** sind bei BMW die qualitäts- und umweltbezogenen Planungen und Kontrollen instrumentell insofern verknüpft, als QFD, FMEAs, die Statistische Versuchsplanung, Prozessfähigkeitsanalysen und SEFR kombiniert angewandt werden. Dies drückt sich darin aus, dass Konzeptveränderungen, die aus Ergebnissen etwa von FMEAs oder Anwendungen der Statistischen Versuchsplanung resultieren, in der Regel bezüglich ihrer umweltbezogenen Auswirkungen mittels SEFR überprüft werden; gegebenenfalls werden Kompromisslösungen analysiert. Darüber hinaus sollen zukünftig Ansätze einer Mehrdimensionalen FMEA, wie sie in Kapitel 5 der vorliegenden Arbeit vorgestellt wird, entwickelt und getestet werden. Angestrebt wird eine über die zeitliche Integration hinaus gehende sachliche Integration der qualitäts- und umweltbezogenen Planungen und Kontrollen. Damit soll explizit vermieden werden, dass am Ende der Entwicklungsphasen lediglich zwischen konfligierenden Konzepten ausgewählt werden kann; angestrebt wird vielmehr das Erreichen von Innovationszielen entsprechend der Gewichtungen der Ziele im mehrdimensionalen Zielsystem.

Die Integration von Qualitäts- und Umweltmanagementaufgaben ist auch in den **Beschaffungsprozessen** weit entwickelt, da hier besonders große Kosteneinsparungspotenziale gesehen werden. Insbesondere werden durch eine integrierte Lieferantenbeurteilung und -auswahl mehrere Bewertungen durch unterschiedliche Abteilungen, die möglicherweise zu widersprüchlichen Ergebnissen und damit zusätzlichem Abstimmungsbedarf führen, vermieden.

Auch in der **Produktion** finden sich solche effizienzorientierten Integrationsansätze im Hinblick auf die Planung und Kontrolle von Korrekturmaßnahmen sowie die Lenkung der Prüfmittel. Hiervon abgesehen wird bei BMW davon ausgegangen, dass der Einsatz von Qualitäts- und Umweltmanagementinstrumenten, insbesondere der Statistischen Qualitätssicherung und SEFR, in den Produktionsprozessen zielführend unabhängig voneinander erfolgt. Zukünftig sollen, je weiter die Integration des Qualitäts- und Umweltmanagementsystems fortgeschritten ist, die qualitäts- und umweltbezogenen unternehmensinternen Audits allerdings ebenfalls integriert realisiert werden.

- **DaimlerChrysler**

Im Unterschied zu den anderen Automobilherstellern in Deutschland beansprucht DaimlerChrysler, ein vollständig **Integriertes Managementsystem** im gesamten Unternehmen zu implementieren und auch die Auditierung und Dokumentation zu integrieren. Die organisatorische Integration erfolgt in Form der Bildung von Projektteams zur Realisierung interdependenter qualitäts- und umweltbezogener Informations-, Planungs- und Kontrollprozesse, im Rahmen der Primärorganisation bleiben zwei separate Abteilungen bestehen.

Das Integrationskonzept von DaimlerChrysler orientiert sich an dem in der Literatur diskutierten Ansatz einer prozessorientierten Integration.[506] Ein Schwerpunkt wird dabei auf die Entwicklung einer Datenbank gelegt, mit der das Ziel verfolgt wird, Informationen über qualitäts-, umwelt- und sicherheitsbezogene Anforderungen, die hieraus resultierenden Aufgaben sowie die jeweils betroffenen Mitarbeiter und Prozesse abzubilden. In dem Maße, indem dies gelingt, ist es möglich, Transparenz und damit z. B. auch die Voraussetzung von Rechtssicherheit und die Aufdeckung von Verbesserungspotenzialen zu schaffen.

Zugleich ist m. E. mit dieser Schwerpunktsetzung das Risiko verbunden, dass die ohnehin häufig schon kritisierte Tendenz zur Bürokratisierung durch zertifizierte Managementsysteme noch erhöht wird und die Datenbank zudem mit einem hohen Aufwand für ihre Erarbeitung und Pflege verbunden ist. Zurzeit kann letztlich noch nicht eingeschätzt werden, inwieweit mithilfe der Datenbank erreicht wird, dass das Qualitäts- und Umweltmanagement tatsächlich stärker sachlich integriert werden als bisher, indem für die Aufgaben, an die mehrdimensionale Anforderungen gestellt werden, entsprechende Lösungswege erarbeitet werden.

Allerdings gibt es bereits einige Ansatzpunkte hierfür. Vermehrt werden Umweltkriterien in die verschiedenen Quality Gates im Rahmen der **Entwicklungsprozesse** integriert und die qualitäts- und umweltbezogenen Informations-, Planungs- und Kontrollinstrumente so kombiniert bzw. modi-

[506] Vgl. Kapitel 2.4.4.

fiziert angewendet, dass qualitäts- und umweltbezogene Entscheidungskriterien simultan berücksichtigt werden, um damit Innovationsziele zu erreichen. So ist DaimlerChrysler neben Ford das erste Unternehmen, das eine umweltorientierte FMEA in Pilotprojekten anwendet. Zudem sind in die Produktentwicklungsteams „Öko-Teams“ organisatorisch integriert, die während der gesamten Entwicklungsphasen eine Ökologieorientierung forcieren sollen. Auch im Rahmen der **Beschaffungsprozesse** werden bei DaimlerChrysler die finanzielle sowie die qualitäts- und umweltbezogene Auswahl und Beurteilung von Zulieferern durch Projektteams als Elemente der Sekundärorganisation integriert realisiert. Im Rahmen der **Produktionsprozesse** werden qualitäts- und umweltbezogene Audits integriert durchgeführt; hiervon abgesehen sind das Qualitäts- und Umweltmanagement getrennt.

Auf Basis dieser Einschätzungen der einzelnen Fallstudien kann nun die Unterscheidung verschiedener **„Typen des Integrierten Qualitäts- und Umweltmanagements“** vorgenommen werden. Dies ist vor dem Hintergrund der Ergebnisse der vorliegenden Fallstudien unter verschiedenen Gesichtspunkten möglich.

Stellt man die (zertifizierten) **Qualitäts- und Umweltmanagementsysteme** in den Vordergrund, so lassen sich die Unternehmen zwei Gruppen zuordnen: Während DaimlerChrysler und BMW grundsätzlich eine Integration der Managementsysteme bei Vorliegen eines mehrdimensionalen Zielsystems für zweckmäßig halten (allerdings zurzeit in unterschiedlichem Maße umgesetzt haben), sind und bleiben die Managementsysteme bei Audi und VW sowie Porsche und Ford separat. Im Rahmen der Primärorganisation behalten alle Unternehmen separate Qualitäts- und Umweltabteilungen bei; zugleich werden Einheiten der Sekundärorganisation, insbesondere Projektteams, zur **organisatorischen Integration** eingesetzt.

Eine zweite Typenbildung kann im Hinblick auf die Frage erfolgen, inwieweit die Informations-, Planungs- und Kontrollprozesse, die den interdependenten qualitäts- und umweltbezogenen Entscheidungen im Rahmen der **Leistungsprozesse** Produkt-/Prozessentwicklung, Beschaffung und Produktion zugrunde liegen, **zeitlich, sachlich und/oder organisatorisch integriert** sind. Dabei zeigt sich das in Tabelle 4-5 zusammengefasste Bild.

Bei Audi und VW sowie – zumindest zurzeit noch – bei Porsche besteht in erster Linie eine zeitliche Integration qualitäts- und umweltbezogener Aktivitäten, die dazu führt, dass die Entscheidungen unter Berücksichtigung sowohl qualitäts- als auch umweltbezogener Informationen getroffen werden; allerdings muss bei Vorliegen widersprüchlicher Konzeptionen (Festlegung der Produktbzw. Prozessmerkmale sowie Auswahl und Beurteilung von Zulieferern) eine Entscheidung zwischen den Alternativen getroffen werden, anstatt Kompromisse zu entwickeln.

Tabelle 4-5 Überblick über die Integrationsansätze bei den untersuchten Automobilherstellern

Leistungsprozesse Unternehmen	Produkt-/Prozessentwicklung	Beschaffung	Produktion
Audi	Grundsätzlich **zeitlich** integrierter Einsatz der Qualitäts- und Umweltmanagementinstrumente, keine sachliche und organisatorische Integration.	Keine Integrationsansätze.	Keine Integrationsansätze.
BMW	Grundsätzlich **zeitlich** integrierter Einsatz der Qualitäts- und Umweltmanagementinstrumente. **Sachliche** Integration durch i. d. R. kombinierten Instrumenteneinsatz. **Organisatorische** Integration durch Teams (Sekundärorganisation).	Grundsätzlich **zeitliche** und **sachliche** Integration der Auswahl und Beurteilung von Zulieferern. **Organisatorische** Integration im Rahmen der Primärorganisation: Einkaufsabteilung.	**Zeitliche**, **sachliche** und **organisatorische** Integration der Planung und Kontrolle von Korrekturmaßnahmen sowie der Lenkung von Prüfmitteln. Zukünftig zeitlich, sachliche und organisatorisch integrierte interne Audits.
Daimler-Chrysler	Grundsätzlich **zeitlich** integrierter Einsatz der Qualitäts- und Umweltmanagementinstrumente. **Sachliche** Integration durch i. d. R. kombinierten Instrumenteneinsatz sowie Pilotprojekte mit umweltbezogener FMEA. **Organisatorische** Integration durch Teams (Sekundärorganisation).	Grundsätzlich **zeitliche** und **sachliche** Integration der Auswahl und Beurteilung von Zulieferern. **Organisatorische** Integration im Rahmen der Sekundärorganisation durch gemischt zusammen gesetzte Teams.	**Zeitlich**, **sachlich** und **organisatorisch** integrierte interne Audits.
Ford	Grundsätzlich **zeitlich** integrierter Einsatz der Qualitäts- und Umweltmanagementinstrumente. Außerdem wird umweltbezogene FMEA bereits häufig eingesetzt. **Sachliche** Integration geplant in Form der Statistischen Versuchsplanung sowie einer Mehrdimensionalen FMEA. **Organisatorische** Integration durch Teams (Sekundärorganisation).	Grundsätzlich **zeitliche** und **sachliche** Integration der Auswahl und Beurteilung von Zulieferern. **Organisatorische** Integration im Rahmen der Primärorganisation: Bereich Beschaffung.	Häufig zeitliche Integration von Qualitäts- und Umweltaudits.
Porsche	Grundsätzlich **zeitlich** integrierter Einsatz der Qualitäts- und Umweltmanagementinstrumente. **Sachliche** Integration durch Integration umweltbezogener Bewertungskriterien in FMEA geplant. **Organisatorische** Integration durch Teams (Sekundärorganisation).	Grundsätzlich **zeitliche** und **sachliche** Integration der Auswahl und Beurteilung von Zulieferern. **Organisatorische** Integration im Rahmen der Primärorganisation: Einkaufsabteilung.	Keine Integrationsansätze.
Volkswagen	Grundsätzlich **zeitlich** integrierter Einsatz der Qualitäts- und Umweltmanagementinstrumente. **Sachliche** Integration durch Einbeziehung umweltbezogener Bewertungskriterien in FMEA geplant, dann auch **organisatorische** Integration durch Teams (Sekundärorganisation).	Keine Integrationsansätze.	Keine Integrationsansätze.

Dagegen wird bei DaimlerChrysler, Ford und (insbesondere bezogen auf die Beschaffungsprozesse) bei BMW sowie (zukünftig) Porsche zusätzlich eine sachliche und (im Rahmen der Sekundärorganisation) auch organisatorische Integration angestrebt; die instrumentellen Voraussetzungen hierfür werden zurzeit entwickelt bzw. ist dies für die kommenden Jahre geplant.

Bei DaimlerChrysler wurde inzwischen ein Pilotprojekt durchgeführt, in dem die **FMEA** umweltorientiert modifiziert wurde. Bei Ford und dessen schwedischer Tochter Volvo werden sogar zwei verschiedene umweltbezogene Ausprägungen der FMEA eingesetzt; zudem sollen zukünftig Möglichkeiten einer mehrdimensionalen, zugleich qualitäts- und umweltbezogenen FMEA analysiert werden. Sowohl die Interviewpartner von Porsche als auch von BMW halten eine solche Weiterentwicklung der Instrumente ebenfalls für zweckmäßig, ohne bisher allerdings konkrete Projekte hierzu durchzuführen. Im Hinblick auf das **QFD** bestehen in den Unternehmen keine solchen Ansatzpunkte, zudem wird das Instrument aufgrund seiner hohen Komplexität eher selten angewendet. Deutlich wird aber insgesamt eine stärkere sachliche Integration des Qualitäts- und Umweltmanagements in der Produkt-/Prozessentwicklung angestrebt und hierzu werden gerade auf der instrumentellen Ebene Ansatzpunkte gesucht.

Eine pauschale vergleichende Beurteilung der Vorteilhaftigkeit der in den Unternehmen vorzufindenden Konzeptionen ist schon aufgrund der zahlreichen Einzelaspekte und der komplexen Zusammenhänge kaum möglich. Allerdings folgt m. E. aus den Diskussionen in Kapitel 3.3, dass bei Vorliegen eines mehrdimensionalen Zielsystems, das qualitäts- und umweltorientierte Ziele umfasst, eine zeitliche, organisatorische und sachliche Integration der interdependenten qualitäts- und umweltorientierten Informations-, Planungs- und Kontrollprozesse eher zielsystemadäquat ist als eine ausschließlich zeitliche und (im Rahmen der Primär- oder Sekundärorganisation) organisatorische Integration, die dazu führen kann, dass bei Vorliegen widersprüchlicher Konzeptionen eine Auswahl zwischen den Alternativen getroffen werden muss, ohne dass Kompromisse getroffen werden, die dem mehrdimensionalen Zielsystem eher entsprechen.

Im folgenden Kapitel soll mit der Weiterentwicklung des QFD und der FMEA ein Beitrag zu einer stärkeren sachlichen Verknüpfung interdependenter qualitäts- und umweltbezogener Entscheidungen im Rahmen der Produkt-/Prozessentwicklung geleistet werden.

5. Modellierung und Anwendung von Instrumenten zur mehrdimensionalen Information, Planung und Kontrolle

5.1 Kombination und mehrdimensionale Modellierung von Qualitäts- und Umweltmanagementinstrumenten

Wie in Kapitel 3 theoretisch und in Kapitel 4 am Beispiel der Automobilhersteller in Deutschland untersucht wurde, erfordern zahlreiche Entscheidungen im Rahmen der Geschäftsprozesse von Unternehmen und Supply Chains zugleich Informationen, die mittels Qualitäts- und Umweltmanagementinstrumenten, einschließlich entsprechender Kostenanalysen, ermittelt werden können. Grundsätzlich besteht dabei zum einen die Möglichkeit eines kombinierten Einsatzes von Qualitäts- und Umweltmanagementinstrumenten; zum anderen können herkömmliche Methoden aber auch modifiziert und zu mehrdimensionalen Informations-, Planungs- und Kontrollinstrumenten weiterentwickelt werden.

Im Vordergrund der Diskussion steht dabei bisher ein **kombinierter Instrumenteneinsatz**. Ein Beispiel hierfür ist die **parallele, zeitlich integrierte**[506] Realisierung von qualitäts- und umweltbezogenen Audits; im Anschluss an die sachlich jeweils separat durchgeführten Projekte werden die Ergebnisse im Hinblick auf Interdependenzen analysiert. Zudem können mehrere Instrumente **sukzessiv** angewandt werden, indem etwa auf Basis der Ergebnisse eines QFD- oder FMEA-Projektes entwickelte bzw. modifizierte Produkt-/Prozesskonzeptionen mittels SEFR und Ökobilanzen aus ökologischer Perspektive beurteilt und gegebenenfalls weiter verändert werden. Ein kombinierter Instrumenteneinsatz ermöglicht es, die Entscheidungen auf Basis sämtlicher relevanter mehrdimensionaler Informationen zu treffen.

Allerdings implizieren sowohl ein paralleles als auch ein sukzessives Vorgehen die Möglichkeit **konfliktärer Ergebnisse**. Dann sind – mit einem entsprechenden Zeitbedarf – **zusätzliche Abstimmungsprozesse** zu realisieren, oder aber entweder Qualitäts- oder Umweltaspekte müssen vernachlässigt werden. In diesem Fall wird jedoch keine **sachliche Integration** qualitäts- und umweltbezogener Informations-, Planungs- und Kontrollprozesse gewährleistet.

Vor diesem Hintergrund stellt sich die Frage, inwieweit Qualitäts- bzw. Umweltmanagementinstrumente zu mehrdimensionalen Informations-, Planungs- und Kontrollinstrumenten weiterentwickelt werden können, mit denen es möglich ist, **Multi-Attribut-Entscheidungen** („Multi Attribute

[506] Zur Abgrenzung der sachlichen, zeitlichen und organisatorischen Integration von Qualitäts- und Umweltmanagement siehe Kapitel 2.4.2.

Decision Making“, **MADM**)[507] so zu treffen, dass die mehrdimensionalen Zielkriterien simultan berücksichtigt werden. Im Hinblick auf die Unterstützung einzelner Entscheidungen finden sich hierzu bereits Konzepte: Insbesondere mehrdimensionale qualitäts- und umweltbezogene Audits werden in der wissenschaftlichen Literatur diskutiert und teilweise auch in der Unternehmenspraxis angewandt.[508] Das Gleiche gilt für Nutzwertanalysen zur mehrdimensionalen, zugleich finanziellen, qualitäts- und umweltbezogenen Lieferantenauswahl und -beurteilung.[509]

Dagegen befinden sich Ansätze für mehrdimensionale Informations-, Planungs- und Kontrollinstrumente im Zusammenhang mit der Produkt-/Prozessentwicklung erst am Anfang der Entwicklung, obwohl sowohl die theoretischen wie auch empirischen Analysen gezeigt haben, dass ein Bedarf hierzu besteht. So gibt es in der Literatur zwar Hinweise darauf, dass **QFD**-Projekte auch Umweltaspekte berücksichtigen sollten.[510] Diese Ansätze sind jedoch sehr allgemein formuliert und vernachlässigen zudem Kostenanalysen. Auch für die integrierte Analyse von qualitäts- und umweltbezogenen Fehlerrisiken sind die herkömmlichen Instrumente m. E. als unzureichend einzuschätzen: Mit der **FMEA** werden Fehler ausschließlich im Hinblick auf ihre Bewertung durch Kunden beurteilt, nicht aber bezüglich ihrer Umweltwirkungen. Zwar werden in der Literatur inzwischen auch umweltorientierte FMEAs vorgeschlagen. Hierbei handelt es sich allerdings – wie in Kapitel 3.4.1.2.4 gezeigt – nicht um ein Instrument zur Analyse und Vermeidung potenzieller Fehler, sondern zur Verminderung der Umweltwirkungen von Produkten bzw. Prozessen insgesamt. Insofern können die Ergebnisse auch nicht direkt mit denen der herkömmlichen, kundenorientierten FMEA verknüpft werden.

Sowohl für das QFD als auch für die FMEA sollen daher Ansätze einer **mehrdimensionalen Modellierung** konzipiert werden, bei denen sich die ermittelten Entscheidungswerte zugleich an Qualitäts- und Umweltzielen ausrichten und dabei auch Kostenanalysen berücksichtigen. Dabei wird die FMEA fokussiert, für die sich in der Literatur noch weniger Ansätze zur Modifikation finden und die in der Praxis zugleich besonders weit verbreitet angewendet wird.

Damit wird im Folgenden die Betrachtungsperspektive gegenüber den voran stehenden Kapiteln verengt: Fokussiert werden nicht mehr die qualitäts- und umweltorientierte Ausgestaltung der Ge-

---

[507] Vgl. grundsätzlich sowie anhand von Beispielen zu den Verfahren zur Unterstützung von Multi-Attribut-Entscheidungen ausführlich Hwang/Yoon 1981; Saaty 1990; Zimmermann/Gutsche 1991; Stewart 1992; Weber 1995; Goetze/Bloech 2002, S. 172-229; Peters/Zelewski 2002; Peters/Zelewski 2004; Zelewski/Peters 2003.

[508] Siehe Kapitel 3.4.2.2.1 sowie zu integrierten Audits z. B. bei DaimlerChrysler Kapitel 4.2.3.2.1.

[509] Vgl. hierzu Kapitel 3.4.2.2 der vorliegenden Arbeit sowie die dort zitierte Literatur. Die NWA wird zudem im Zusammenhang mit der Einbeziehung qualitativer, auch umweltbezogener Kriterien in die Investitionsrechnung seit längerem intensiv diskutiert, vgl. etwa Lange/Ukena 1996; Köhrmann/Schimmelpfeng 1997; Spengler/Geldermann/Rentz 1997b; Götze/Bloech 2004, S. 173-188.

[510] Vgl. Hansen/Pollmann 1997; Kamiske et al. 1999, S. 165-174; Tammler 1999.

schäftsprozesse insgesamt, sondern zwei Qualitätsmanagementinstrumente, die zu mehrdimensionalen Informations-, Planungs- und Kontrollinstrumenten weiterentwickelt werden.

5.2 Mehrdimensionales Quality Function Deployment

5.2.1 Weiterentwicklungen des Quality Function Deployment in der Literatur

Das QFD ermöglicht eine durchgängige Ableitung von Konstruktions-, Teile-, Prozess- und Prüfmerkmalen aus den Kundenanforderungen an ein Produkt und trägt damit zu einer kundenorientierten Produkt- und Prozessentwicklung bei.[511] Dabei werden umweltbezogene Produktziele in dem Maße verfolgt, in dem sie durch Kunden gefordert werden: Die entsprechenden Forderungen werden zusammen mit anderen in die erste Matrix des Verfahrens aufgenommen. Seit einigen Jahren werden in der Literatur Weiterentwicklungen des QFD diskutiert. Wie bereits in Kapitel 3.4.1.2.2 angesprochen, handelt es sich dabei zunächst um Ansätze einer zugleich **kunden- und umweltbezogenen Ausgestaltung** des Instrumentes. Allerdings wird dabei nur recht allgemein vorgeschlagen, zusätzlich zu den Kundenanforderungen auch Umweltanforderungen an Produkte und Prozesse in das QFD einzubeziehen.

Ausführlicher werden in der Literatur **kostenorientierte Erweiterungen** des QFD diskutiert. Im Rahmen der herkömmlichen Methodik werden Kosten kaum explizit berücksichtigt: Es wird meist lediglich darauf hingewiesen, dass die Analyse der Interdependenzen zwischen den Konstruktionsmerkmalen im „Dach" der Matrix in Phase 1 des QFD auch dazu genutzt werden kann, die kostengünstigste Alternative zum Erreichen der Kundenanforderungen auszuwählen.[512] Weiterentwicklungen des QFD zielen darauf ab, das Instrument mit dem **Target Costing**[513] zu verknüpfen; dies wird im Folgenden anhand des Beispiels der Entwicklung von Leuchtdioden für Automobile erläutert.[514] Abbildung 5-1 zeigt die ersten beiden Phasen des QFD für eine Leuchtdiode (LED) an einem Automobil; auf diesen Planungsprozessen aufbauend kann ein Target Costing realisiert werden.

---

511 In Kapitel 3 der vorliegenden Arbeit wurden Ziele, Methodik und Probleme der Qualitäts- und Umweltmanagementinstrumente erläutert, wobei auch auf Weiterentwicklungen in der Literatur hingewiesen wurde. An diese Ausführungen wird hier angeschlossen, um darauf aufbauend eigene Weiterentwicklungen des QFD darzustellen und zu diskutieren. Analoges gilt für die Ausführungen zur FMEA in Kapitel 5.3.

512 Siehe Kapitel 3.4.1.2.2.

513 Auf die Methodik des Target Costing soll in dieser Arbeit nicht näher eingegangen werden, vgl. ausführlich hierzu z. B. Horváth/Niemand/Wolbold 1993; Seidenschwarz 1993; Niemand 1996; Riegler 2000; Lange 2002, Sp. 623 f.

514 Vgl. zu diesem Beispiel Saatweber 1997, S. 200-203. Allgemein zu der Verknüpfung von QFD und Target Costing vgl. ähnlich Coenenberg/Fischer/Schmitz 1997; Burkert 1998; Coenenberg 1999, S. 494-497; Monden/Hoque 1999; Weigand 1999, insb. S. 109-207; Gandhinathan/Raviswaran/Suthakar 2004.

Abbildung 5-1: Phasen 1 und 2 des QFD für eine Leuchtdiode[515]

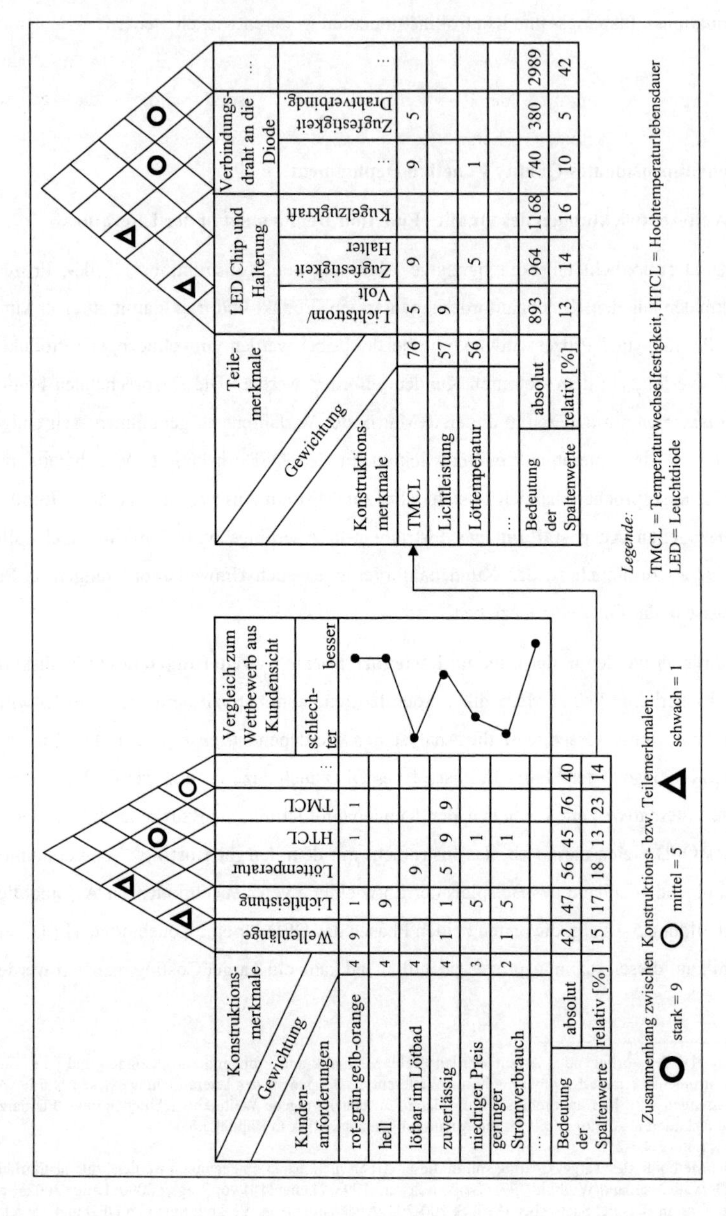

515 Quelle: Modifiziert nach Saatweber 1997, S. 201 f.

Den im Rahmen der ersten Phase des QFD-Projektes auf Basis der Kundenforderungen gewichteten Konstruktionsmerkmale, z. B. „Temperaturwechselfestigkeit" („TMCL"), „Lichtleistung" und „Löttemperatur", werden in der zweiten Phase die Teilemerkmale, etwa „Kugelzugkraft" und „Zugfestigkeit der Drahtverbindung" der Komponente „Verbindungsdraht an die Diode", gegenübergestellt. Für die Teilemerkmale ergeben sich aus diesen Zusammenhängen entsprechend der Methodik des QFD Gewichtungen.

Um eine Verknüpfung mit dem Target Costing[516] herzustellen, sind allerdings nicht nur die Gewichte der einzelnen Teilemerkmale erforderlich, sondern diese müssen zu Gewichtungen der Komponenten zusammengefasst werden; in diesem Beispiel ergibt sich für den „Verbindungsdraht an die Diode" z. B. ein relatives Gewicht von 15 % (10 % + 5 %). Diese (in Prozenten ausgedrückten) Gewichtungen der Produktkomponenten werden zu den Kostenanteilen, die mit der Herstellung dieser Komponenten anfallen, in Relation gesetzt. Damit erhält man eine für die Zielkostenanalyse und die Bestimmung der notwendigen Maßnahmen erforderliche „Zielkostenkennzahl".[517] Tabelle 5-1 zeigt ein Zielkostendiagramm für das betrachtete Beispiel.[518]

Tabelle 5-1 Zielkostendiagramm

Komponenten der Leuchtdiode	Teilgewicht (%)	Kostenanteile (%)	„Zielkostenkennzahl"
Chip und Halterung	43	40	1,075
Verbindungsdraht an die Diode	15	21	0,714
...	...	...	...

Die Idee des Target Costing besteht nun darin, dass der Idealwert der „Zielkostenkennzahl" jeder Produktkomponente bei eins liegt, da dann der Anteil der Kosten, den die Komponente verursacht, genau seiner relativen Bedeutung aus Kundenperspektive entspricht.[519] Ist der Wert kleiner als eins, verursacht die Komponente gemessen an ihrer Bedeutung aus Kundenperspektive zu hohe Kosten; als Handlungsempfehlung wird in der Regel die Analyse von Einsparungspotenzialen abgeleitet.

---

[516] In der Literatur werden verschiedene Konzepte des Target Costing unterschieden, die als „Market into Company", „Out of Company", „Into and Out of Company" und „Out of Competition" bezeichnet werden, vgl. Horváth/Niemand/Wolbold 1993, S. 55-63 sowie ausführlich Seidenschwarz 1993, S. 115-137. Im Folgenden wird auf die Ausprägung „Market into Company" abgestellt. Vgl. auch Weigand 1999, S. 98.

[517] Vgl. grundsätzlich hierzu z. B. Horváth/Niemand 1993, S. 14; im Zusammenhang mit der Verknüpfung von Target Costing und QFD Weigand 1999, S. 176-180. In der Literatur wird für diese Größe i. d. R. der Begriff „Zielkostenindex" verwendet. Dieser Begriff ist jedoch missverständlich, da als Index eine Maßzahl bezeichnet wird, mit der zum einen eine zeitliche Entwicklung wiedergegeben wird und für die zum anderen nicht Einzelgrößen, sondern Aggregate herangezogen werden (vgl. z. B. Lippe 2002, S. 44-50; Assenmacher 2003, S. 228-242). Daher wird in der vorliegenden Arbeit der Terminus „Zielkostenkennzahl" genutzt.

[518] Die Kostenanteile wurden, um die Ermittlung der Zielkostenindizes zu ermöglichen, fiktiv gebildet.

[519] Vgl. Flik et al. 1998, S. 300. Auch zu den Problemen des Target Costing vgl. grundsätzlich Ewert/Wagenhofer 2003, S. 322-325.

Für den Fall, dass der Wert größer als eins ist, besteht „ein willkommener Spielraum, um unvermeidbare Zielkostenüberschreitungen bei anderen Komponenten zu kompensieren."[520]

In dem Beispiel weist die Produktkomponente „Verbindungsdraht an die Diode" eine „Zielkostenkennzahl" von 0,714 auf. Zu prüfen ist daher, ob eine „Übererfüllung" von Kundenanforderungen vorliegt oder ob die Gewährleistung der geforderten Kundenanforderungen zu hohe Kosten verursacht. Um hierzu eine Einschätzung vorzunehmen, wird der Wettbewerbervergleich aus der Phase 1 des QFD herangezogen. Dabei wird deutlich, dass die Kundenanforderung „lötbar im Lötbad", deren Erfüllung durch das Konstruktionsmerkmal Löttemperatur, und damit entsprechend die Komponente „Verbindungsdraht an die Diode", stark beeinflusst wird, im Konkurrenzvergleich sogar schlechter abschneidet (siehe oben, Abbildung 5-1). Als Konsequenz muss davon ausgegangen werden, dass keine „Abstriche" an diesem Qualitätsmerkmal gemacht werden können; daher sind – entsprechend der Idee des Target Costing – Kosteneinsparungspotenziale zu analysieren. Der weitere Ablauf des QFD-Projektes erfolgt nach den Kostenanalysen wie in Kapitel 3.4.1.2.2 beschrieben.

Die dargestellte Verknüpfung mit dem Target Costing stellt m. E. eine zielführende Ergänzung der Methodik des QFD dar, wobei allerdings die Probleme des Target Costing teilweise auch für diese Anwendung gelten. Insbesondere wird in der Literatur darauf hingewiesen, dass sich die Erfüllung so genannter „Basis-", „Leistungs-" und „Begeisterungsanforderungen" in unterschiedlichem Ausmaß auf die Kundenzufriedenheit auswirken kann und die pauschale Forderung nach einer Entsprechung von Nutzen- und Kostenanteilen von Produktkomponenten daher eher als „heuristische Regel interpretiert werden"[521] sollte. Als ein weiteres zentrales Problem des Target Costing wird meist die Gewichtung von Produktkomponenten und ihrer Funktionen aus Kundenperspektive genannt. Der Grund besteht darin, dass in der Regel Kunden eher ihre Präferenzen für bestimmte Produkteigenschaften bzw. das gesamte Produkt formulieren können als für einzelne Produktkomponenten.[522] Allerdings wird gerade für diesen Punkt die Verknüpfung mit dem QFD als Ansatz zur Problemlösung eingeschätzt, da hier die Bedeutung der Komponenten aus den Interdependenzen zwischen einerseits den Teilemerkmalen und andererseits den auf Basis der Kundenanforderungen gewichteten technischen Konstruktionsmerkmalen abgeleitet wird.[523] Insofern kann die Verknüpfung beider Instrumente dieses Problem verringern.

---

[520] Niemand 1996, S. 65; vgl. auch Graf 1998, S. 244 f.
[521] Götze 2004, S. 283, vgl. auch die hier angegebene Literatur.
[522] Vgl. Götze 2004, S. 282.
[523] Vgl. Monden/Hoque 1999.

5.2.2 Mehrdimensionale Weiterentwicklung des Quality Function Deployment

5.2.2.1 Darstellung

Aufbauend auf den in der Literatur diskutierten QFD-Ausprägungen wird im Folgenden ein „Mehrdimensionales QFD“ (MQFD) entwickelt. Die Methodik, sowohl die Abfolge der vier Phasen Produkt-, Teile-, Prozess- sowie Produktionsplanung als auch das nutzwertanalytische Procedere innerhalb der vier Phasen, entspricht dabei dem Vorgehen in herkömmlichen QFD-Projekten. Die grundsätzliche Erweiterung besteht darin, dass neben Kundenanforderungen zusätzliche Umweltziele berücksichtigt und zudem auch Kostenanalysen Bestandteil des Instrumentes sind.[524] Dies führt zu folgenden **Modifikationen des QFD** in den einzelnen Phasen:

- In der **ersten Phase** des MQFD werden neben Qualitätskriterien **zusätzliche Umweltziele** einschließlich entsprechender Gewichtungen festgelegt, auf denen die folgenden Analysen basieren.
- Im Anschluss an die **zweite Phase** wird **auf dieser mehrdimensionalen Basis** eine Kostenanalyse im Sinne des **Target Costing** durchgeführt.
- Die **dritte Phase** des MQFD unterscheidet sich insofern vom herkömmlichen QFD, als die **Produktionsprozesse** zusätzlich im Hinblick auf die mit ihnen verbundenen **Umweltwirkungen** analysiert und einzelne Prozessmerkmale gegebenenfalls modifiziert bzw. neu in die Prozessplanungsphase einbezogen werden. Auf dieser Basis erfolgt dann die Auswahl der Prozessmerkmale, die in die vierte Phase übernommen werden. Um die Zielausprägungen der Prozessmerkmale zu bestimmen, werden neben Qualitätsmanagementinstrumenten, wie die FMEA und die Statistische Versuchsplanung, auch die **Umweltmanagementinstrumente** SEFR und prozessbezogene Ökobilanzen angewendet.
- Als Konsequenz dieser Modifikationen des QFD in den ersten drei Phasen werden sich die in der **vierten Phase** festzulegenden Produktions- und Prüfmerkmale unterscheiden; das methodische Vorgehen unterscheidet sich hier insofern, als **zusätzliche SEFR** durchgeführt werden, um die Ist-Ausprägungen der relevanten Stoff- und Energieflüsse mit den Soll-Ausprägungen zu vergleichen und gegebenenfalls Verbesserungsmaßnahmen zu entwickeln.

Insgesamt ermöglicht die systematische Einbeziehung von Umweltaspekten in die vier Phasen des QFD eine sachliche Integration der qualitäts- und umweltbezogenen Entscheidungen einschließlich entsprechender Kostenanalysen im Rahmen der Produkt-/Prozessentwicklung. Wie bereits in Kapitel 3.4.1.2.2 dargestellt, kann das QFD als ein methodischer Rahmen betrachtet werden, inner-

---

[524] Zum Mehrdimensionalen QFD und einer Anwendung am Beispiel der Entwicklung eines Fernsehergehäuses vgl. Ahsen 1999a; vgl. zu einem qualitäts- und umweltorientierten QFD auch Kamiske et al. 1999, S. 165-171.

halb dessen eine Vielzahl Qualitätsmanagementinstrumente einsetzbar ist. Beim MQFD ist das Spektrum dieser Informations-, Planungs- und Kontrollinstrumente entsprechend um Umweltmanagementinstrumente und Kostenanalysen erweitert. Im Folgenden wird zunächst auf methodische Aspekte eingegangen, bevor die Vorgehensweise anhand eines Beispiels verdeutlicht wird.

Da das Procedere innerhalb der einzelnen Phasen des QFD auf der NWA beruht, erfolgt in der ersten Phase des MQFD zunächst die umfassende Ermittlung und Gewichtung der kundenbezogenen sowie der darüber hinaus gehenden umweltbezogenen Kriterien zur Beurteilung von Produktkonzeptionen. Im Anschluss wird die Stärke des Zusammenhangs zwischen diesen Kriterien und den Konstruktionsmerkmalen des Produktes auf kardinalem Messniveau ausgedrückt[525] und die Bedeutung der einzelnen Konstruktionsmerkmale – ebenso wie in herkömmlichen QFD-Projekten – als gewichtete Punktsumme berechnet.[526] Durch die zusätzliche Einbeziehung umweltbezogener Kriterien verstärken sich zwei methodische Probleme des QFD.

Eine zentrale entscheidungstheoretische Annahme der NWA[527] besteht darin, dass die **Zielkriterien überschneidungsfrei** sind. Auch bei herkömmlichen QFD-Projekten stellt es häufig ein Problem dar, die Kundenanforderungen so zu formulieren, dass sie keine Überschneidungen aufweisen.[528] Das Problem verschärft sich beim MQFD insbesondere in dem Fall, wenn die Kunden auch umweltbezogene Produktanforderungen formuliert haben. Bei der Festlegung des Kriterienkatalogs ist dann insbesondere darauf zu achten, dass ein trennscharfes Aggregationsniveau für die Kriterien gewählt wird: Insofern ist es etwa erforderlich, keine pauschale Anforderung „umweltfreundlich" aufzunehmen, wenn Kunden bereits „geringe Schadstoffemissionen" als Anforderung formuliert haben.

Ein **Gewichtungsproblem** entsteht in QFD-Projekten insbesondere dann, wenn die Informationen über Kundenanforderungen aus verschiedenen Quellen stammen: Welche Bedeutung kommt den Anforderungen an ein Produkt, die aus der Beschwerdestatistik abgeleitet werden, im Vergleich zu solchen, die mittels direkter Befragung ermittelt werden, zu? Lediglich die einzelnen in einer Befragung gewonnenen Anforderungen können unmittelbar von den befragten Personen selbst ge-

[525] Diesem Schritt entspricht in herkömmlichen Nutzwertanalysen die Transformation der kriterienspezifischen Ausprägungen in eine einheitliche Dimension, den Erfüllungsgrad. Vgl. grundsätzlich etwa Lackes 1988, S. 387 sowie, auch zu den Problemen einer solchen Transformation, Spengler/Geldermann/Rentz 1997b, S. 65.

[526] Siehe ausführlich Kapitel 3.4.1.2.2. Allgemein zur Verwendung von gewichteten Punktsummen im Rahmen von NWAs vgl. Danek 1995, S. 119. Allerdings stehen auch weitere Formen der Amalgation von Einzelwerten zur Verfügung, vgl. etwa Keeney/Raiffa 1976; Winterfeldt/Edwards 1986. Zudem kann alternativ zur Nutzwertanalyse das Verfahren des Analytical Hierarchy Process (AHP) herangezogen werden. Vgl. zu der Methodik grundsätzlich z. B. Weber 1995; Peters/Zelewski 2004; zur Anwendung des AHP im Rahmen des QFD vgl. z. B. Armacost et al. 1994.

[527] Vgl. ausführlich zu den entscheidungstheoretischen Annahmen der NWA Zimmermann/Gutsche 1991; Nitzsch 1993.

[528] Vgl. Schmidt 1996.

wichtet werden.[529] Das Gewichtungsproblem verschärft sich, wenn weitere umweltbezogene Produktanforderungen einbezogen werden. Allerdings handelt es sich dabei nicht um ein grundsätzlich anderes Problem als beim herkömmlichen QFD, so dass die in der Literatur diskutierten Instrumente zur Kriteriengewichtung allgemein in NWAs und auch speziell im Zusammenhang mit dem QFD analog auch im MQFD anzuwenden sind.[530]

Das MQFD wird im Folgenden anhand des in Kapitel 5.2.1 dargestellten Beispiels einer Leuchtdiode für ein Automobil verdeutlicht. Abbildung 5-2 zeigt eine entsprechende Erweiterung der ersten beiden Phasen des QFD für die Leuchtdiode aus Abbildung 5-1.

Neben den kundenorientierten Anforderungen sei exemplarisch als umweltbezogene Anforderung festgelegt, dass eine hohe Recycelfähigkeit gewährleistet sein soll; entsprechend wird als Anforderung an die Konstruktionsmerkmale der Leuchtdiode eine gute „Demontagefähigkeit" abgeleitet. Hieraus folgt in dem Beispiel wiederum, dass in der zweiten Phase des MQFD eine leicht trennbare Verbindungstechnik als Merkmal für die Komponente „Verbindungsdraht an die Diode" festgelegt wird. Allerdings kann diese Verbindungstechnik z. B. im Widerspruch stehen zu den Anforderungen an die „Kugelzugkraft" des Verbindungsdrahtes. Kommt es zu solchen antagonistischen Zielausprägungen, muss auf Basis entsprechender Gewichtungen eine Entscheidung gefällt werden. Da auch verschiedene Kundenanforderungen an Produkte zu widersprüchlichen Anforderungen an Konstruktions-, Teile- und Prozessmerkmale führen können, handelt es sich hierbei jedoch um kein grundsätzlich neues Problem des MQFD. Allerdings führen die zusätzlichen Umweltanforderungen zu einer Erhöhung der Anzahl zu berücksichtigender Kriterien und damit der Komplexität des gesamten Projektes.

Im Ergebnis können sich die relativen Gewichte der Produktkomponenten verändern: Während sich in dem Beispiel der Leuchtdiode beim herkömmlichen QFD für die Komponente „Verbindungsdraht an die Diode" ein relatives Gewicht von 15 % ergibt (siehe oben, Abbildung 5-1), kommt ihr im MQFD ein höheres Gewicht von 32 % (8 % + 12 % + 12 %) zu. Der Grund hierfür liegt in den starken Zusammenhängen zwischen der zusätzlichen umweltbezogenen Produktanforderung „recycelfreundlich" und dem technischen Konstruktionsmerkmal „Demontagefähigkeit", die ihrerseits in hohem Maße von den Teilemerkmalen „Zugfestigkeit Drahtverbindung" und „leicht trennbare Verbindungstechnik" des Verbindungsdrahtes abhängig ist.

---

[529] Auch dies ist allerdings mit Problemen verbunden; entsprechend äußerten Anwender des QFD im Rahmen einer empirischen Studie gerade mit dieser Phase des QFD Unzufriedenheit (vgl. Specht/Schmelzer 1991, S. 74 f.). Zur Gewichtungsproblematik in herkömmlichen QFD-Projekten vgl. ausführlich Schmidt 1996, S. 318-321.

[530] Vgl. zu verschiedenen Gewichtungsverfahren im Rahmen von NWA allgemein Zimmermann/Gutsche 1991, S. 54-64; Utermarck 1996, S. 46-74. Speziell im Zusammenhang mit dem QFD vgl. Armacost et al. 1994; Franceschini/Rupil 1999; Fung/Law/Ip 1999; Bouchereau/Rowlands 2000.

Abbildung 5-2 Phasen 1 und 2 des Mehrdimensionalen QFD

Kundenanforderungen (Gewichtung) \ Konstruktionsmerkmale	Gewichtung	Wellenlänge	Lichtleistung	Löttemperatur	HTCL	TMCL	Demontagefähigkeit	...
rot-grün-gelb-orange	4	9	1		1	1	1	
hell	4		9				1	
lötbar im Lötbad	4			9				
zuverlässig	4	1	1	5	9	9		
niedriger Preis	3		5		1		9	
geringer Stromverbrauch	2	1	5		1		1	
recycelfähig	4						9	
...								
Bedeutung der Spaltenwerte	absolut	42	57	56	45	76	73	58
	relativ [%]	10	14	14	11	19	18	14

Vergleich zum Wettbewerb aus Kundensicht: schlechter – besser

Konstruktionsmerkmale (Gewichtung) \ Teilemerkmale	Gewichtung	LED Chip und Halterung: Lichtstrom/Volt	LED Chip und Halterung: Zugfestigkeit Halter	LED Chip und Halterung: Kugelzugkraft	LED Chip und Halterung: ...	Verbindungsdraht an die Diode: Zugfestigkeit Drahtverbind.	Verbindungsdraht an die Diode: leicht trennbare Verbindungstechnik	...
TMCL	76	5	9		9	5	5	
Lichtleistung	57	9						
Löttemperatur	56		5		1			
Demontagefähigkeit	73					9	9	
...								
Bedeutung der Spaltenwerte	absolut	893	964	1168	740	1037	1037	2989
	relativ [%]	10	11	13	8	12	12	34

Zusammenhang zwischen Konstruktions- bzw. Teilemerkmalen: stark = 9, mittel = 5, schwach = 1

Legende:

TMCL = Temperaturwechselfestigkeit, HTCL = Hochtemperaturlebensdauer, LED = Leuchtdiode

Um eine zusätzliche **kostenbezogene Analyse** vorzunehmen, umfasst das MQFD eine Verknüpfung mit dem Target Costing, wie sie in Kapitel 5.2.1 für das herkömmliche QFD dargestellt wurde. Im Unterschied hierzu werden die Produktkomponenten jetzt aber nicht ausschließlich auf Basis der Kundenanforderungen, sondern zusätzlich auf Basis der in die erste Phase des QFD einbezogenen Umweltziele gewichtet; dies wirkt sich – wie dargestellt – entsprechend auch auf die Gewichtung der Produktkomponenten und damit auf die Ausprägungen der Zielkostenkennzahlen aus. Liegt die Zielkostenkennzahl einer Produktkomponente nun bei genau „eins", so bedeutet dies beim MQFD, dass der Anteil der Kosten, den diese Komponente verursacht, genau seiner relativen Bedeutung entsprechend des dem QFD zugrunde gelegten mehrdimensionalen Kriterienkatalogs entspricht.

Durch die Analyseschritte der ersten beiden Phasen des QFD wird die Abhängigkeit der Erfüllung der (kunden- und umweltbezogenen) Produkt(teile-)anforderungen von den Ausprägungen der Konstruktionsmerkmale transparent; daraus lassen sich Ansatzpunkte einer Optimierung ableiten. Durch dieses Vorgehen kann es allerdings nur gelingen, solche Aspekte zu berücksichtigen, die in unmittelbarem Zusammenhang mit konkreten **Produktmerkmalen** stehen. Aus umweltbezogener Perspektive sind aber auch die Umweltwirkungen der Produktionsprozesse zu berücksichtigen. Das bedeutet, sämtliche **Produktionsprozesse** sind in der **dritten Phase des MQFD** nicht ausschließlich im Hinblick darauf zu analysieren, inwieweit sie es ermöglichen, die Anforderungen an die Teilemerkmale zu erfüllen, sondern – hiervon unabhängig – auch bezüglich der mit ihnen verbundenen Umweltwirkungen. Entsprechende Ziele bzw. Anforderungen werden in der dritten Phase des QFD als zusätzliche – umweltbezogene – Spalten aufgenommen.[531] Dies bedeutet für das Beispiel der Leuchtdiode, dass die Prozesse zur Herstellung etwa des LED Chips oder des Verbindungsdrahtes an die Diode im Hinblick auf ihre Umweltwirkungen zu beurteilen sind.

Die umweltbezogene Beurteilung von Prozessen erfordert eine entsprechende Erfassung der Input- und Outputströme mittels einer SEFR sowie den anschließenden Einsatz von Bewertungsverfahren.[532] Zeigt sich dabei, dass bestimmte Prozesse mit nicht akzeptablen Umweltwirkungen verbunden sind – gemessen z. B. an gesetzlichen Grenzwerten oder aber unternehmensspezifischen Beurteilungskriterien –, kann es erforderlich sein, eine modifizierte Teileplanung vorzunehmen, also eine „Schleife" zurück zur zweiten Phase des QFD zu realisieren.

Die **vierte Phase des MQFD** unterscheidet sich nicht grundsätzlich von der im herkömmlichen QFD. Da jedoch auch die Prüfung der Einhaltung umweltbezogener Prozessmerkmale zu gewährleisten ist, wird häufig z. B. die Durchführung von SEFR erforderlich sein, um Abweichungsanaly-

---

531 Vgl. ähnlich Kamiske et al. 1999, S. 168 f.
532 Vgl. zur Methodik sowie zu Problemen hierbei Kapitel 3.4.1.2.3.

sen bezüglich der Ist- und Soll-Ausprägungen der Stoff- und Energieströme von aus Umweltperspektive zentralen Prozessen zu realisieren.

5.2.2.2 Kritische Diskussion

Mehrdimensionale QFD-Projekte ermöglichen es, **simultan qualitäts- und umweltbezogene Anforderungen** in die Produkt-/Prozessentwicklung sowie entsprechende **Kostenanalysen** einzubeziehen und auf dieser Basis die Konstruktions-, Teile-, Prozess- und Prüfmerkmale konsistent abzuleiten. Damit leistet das Instrument einen Beitrag zur **sachlichen Integration** des Qualitäts- und Umweltmanagements im Rahmen der Produkt-/Prozessentwicklung.

Im Rahmen der Erarbeitung der in Kapitel 4 dargestellten Fallstudien wurde den Mitarbeitern der Automobilhersteller auch der Ansatz des MQFD vorgestellt. Ziel dabei war es, mögliche Vorteile sowie Probleme einer solchen Modifikation des Instrumentes sowie die Frage der Praktikabilität mit Vertretern der Unternehmenspraxis zu diskutieren und zu prüfen, ob bei den Automobilherstellern möglicherweise eigene Ansätze zu einer Einbeziehung von Umweltaspekten und/oder Kosten in QFD-Projekte geplant oder auch schon realisiert werden. Dabei wurde deutlich, dass eine mehrdimensionale Modifikation, wie sie im voran stehenden Kapitel entwickelt wurde, bisher in keinem der Unternehmen geplant wird. Die Interviewpartner von Audi und Volkswagen halten es zudem für unwahrscheinlich, dass in ihren Unternehmen zukünftig ein MQFD eingesetzt wird, da die qualitäts- und umweltbezogene Produkt-/Prozessplanung hier insgesamt sachlich weitgehend separat durchgeführt werden. Bei Porsche wird das QFD insgesamt nicht eingesetzt, daher bestehen auch keine Planungen für eine mehrdimensionale Modifikation.

Dagegen besteht bei den Interviewpartnern von BMW und Ford sowie von DaimlerChrysler die Einschätzung, dass ein herkömmliches, ausschließlich kundenorientiertes QFD – wie es in diesen Unternehmen zunehmend angewendet wird – bei Vorliegen eines mehrdimensionalen Zielsystems nicht ausreicht und die mehrdimensionale Modellierung daher eine konsequente Weiterentwicklung des Instrumentes darstellt, mit der die sachliche Integration von Qualitäts- und Umweltmanagement im Rahmen der Produkt-/Prozessentwicklung verbessert werden kann.

Aus den Beurteilungen des MQFD durch Mitarbeiter der Automobilhersteller in Deutschland wird deutlich, dass als Hauptproblem des Instrumentes im Hinblick auf seine Umsetzung in der Unternehmenspraxis die durch die zusätzliche Einbeziehung von Umweltkriterien und durch die Ergänzung des methodischen Procederes um Kostenanalysen verursachte **Komplexitätssteigerung** des Projektes angesehen wird: Je mehr Kriterien in die erste Planungsphase einbezogen werden, desto mehr Konstruktionsmerkmale sind möglicherweise betroffen, was sich auf die Prozessplanung auswirkt usw. Zudem erhöhen die zusätzlichen Abstimmungsprozesse aufgrund der umweltorientierten Anforderungen an die Produktionsprozesse den Umfang des QFD-Projektes.

Dem ist allerdings m. E. entgegenzuhalten, dass die Produkt- bzw. Prozessgestaltung letztlich dadurch komplexer wird, dass aufgrund einer entsprechenden Ausgestaltung des unternehmerischen Zielsystems die Entscheidung getroffen wurde, auch über Kundenanforderungen hinausgehende umweltbezogene Anforderungen einzubeziehen; dieses Komplexitätsproblem besteht somit unabhängig vom Einsatz des QFD. Vielmehr kann das MQFD ermöglichen, diese Komplexität der Entscheidungen im Rahmen von Produkt-/Prozessentwicklungsprozessen abzubilden und durch die größere Transparenz besser zu bewältigen.

5.3 Mehrdimensionale Fehlermöglichkeits- und -einflussanalyse

5.3.1 Weiterentwicklungen der Fehlermöglichkeits- und -einflussanalyse in der Literatur

Die FMEA stellt ein Qualitätsmanagementinstrument dar, mit dem potenzielle Fehler an Produkten bzw. Prozessen analysiert und im Hinblick auf Fehlerursachen und -folgen sowie mögliche Optimierungsmaßnahmen untersucht werden.

Wie in Kapitel 3.4.1.2.4 dargestellt und anhand eines Beispiels erläutert, wird in der Literatur eine **umweltbezogene Modifikationen** der FMEA diskutiert, bei der das Beurteilungskriterium „Fehlerart“ ersetzt wird durch die „Umwelteinwirkung“ und die Beurteilungsgröße „Fehlerfolgen aus Sicht der Kunden“ durch „Bedeutung der Umweltwirkung“, die mit Hilfe einer ABC/XYZ-Analyse eingeschätzt wird. Schließlich wird das Kriterium „Entdeckungswahrscheinlichkeit“ durch „Beeinflussbarkeit“ ersetzt. Bei dieser Umweltorientierten FMEA handelt es sich somit nicht – wie bei der herkömmlichen FMEA – um ein Instrument zur Analyse und Vermeidung potenzieller Fehler, sondern zur Verminderung der Umweltfolgen der Produkt- bzw. Prozesskonzepte insgesamt.

Eine weitere in der Literatur diskutierte Modifikation des Instrumentes betrifft das Kriterium „Bedeutung der Fehlerfolgen aus Sicht der Kunden“.[533] *Gilchrist* schlägt vor, diese Größe nicht

[533] Als weitere inhaltliche Modifikation diskutiert Braglia (2000) eine arbeitssicherheitsorientierte FMEA, bei der nicht die Bedeutung von Fehlerfolgen aus Sicht der Kunden, sondern (ausschließlich) die potenziellen Gesundheitsrisiken für Mitarbeiter, gemessen insb. an den Kriterien der Häufigkeit von Arbeitsunfällen und der hieraus resultierenden Krankheitstage, in Verbindung mit der Auftretens- und Entdeckungswahrscheinlichkeit herangezogen werden.

mithilfe von einem bis zehn Punkten, sondern als **Kosten** auszudrücken.[534] Er unterscheidet dabei zwei Fälle: Zum einen die Möglichkeit, dass der Kunde den Fehler bei der Annahme bemerkt und reklamiert, so dass Garantiekosten entstehen, und zum anderen, dass der Kunde den Fehler zunächst nicht bemerkt und es daraufhin zu Störungen in seiner Produktion mit entsprechenden Folgekosten kommt. Die Berechnung der durch beim Kunden auftretende Fehler verursachten Kosten erfolgt dann gemäß (5):[535]

$$K^e = p_Y \cdot K^W + (1 - p_y) \cdot K^A \tag{5}$$

wobei

K^e = Kosten als Folge eines beim Kunden festgestellten Fehlers,[536]

K^W = Garantiekosten,

K^A = Fehlerfolgekosten beim Kunden,

p_Y = Wahrscheinlichkeit, dass der Kunde den Fehler bei Produktannahme entdeckt.

Bei der Interpretation der Ergebnisse ist zu berücksichtigen, dass durch das Abstellen auf Wahrscheinlichkeiten sowie auf Kosten die möglichen Ausprägungen der RPZ nicht mehr auf den Bereich von eins bis 1.000 normiert sind. Der Vorschlag *Gilchrist's* zur Kostenorientierung der FMEA stellt einen interessanten Ansatz zur Verknüpfung von technischen Produkt-/Prozessoptimierungen mit Qualitätskostenanalysen dar. Meines Erachtens ist es jedoch zielführend, diese Konzeption noch auszuweiten. Hierauf sowie auf eine modifizierte Umweltorientierung und eine mehrdimensionale Ausgestaltung der FMEA wird in Kapitel 5.3.2 eingegangen.

---

[534] Vgl. auch zu Folgendem Gilchrist 1993, S. 21-23.

[535] Es ist davon auszugehen, dass bei Nicht-Entdeckung von Fehlern bei der Annahme der Produkte im Falle von Störungen in der Produktion des Kunden die Garantiekosten zusätzlich zu Fehlerfolgekosten anfallen; insofern umfasst K^A auch K^W. Bei Gilchrist werden zum Teil andere Symbole verwendet; diese wurden an die in der vorliegenden Arbeit verwendeten Symbole angepasst.

[536] Im Folgenden werden die Formulierungen „beim Kunden festgestellte Fehler" und „unternehmensextern festgestellte Fehler" synonym verwendet. Damit wird die Möglichkeit, dass der Fehler z. B. während der Lieferung durch einen Spediteur entdeckt wird, nicht explizit berücksichtigt. Die Folgen bei der Lieferung festgestellter Fehler werden in Abhängigkeit von der organisatorischen Ausgestaltung dieser Logistikprozesse entweder als Kosten unternehmensintern oder -extern festgestellter Fehler einbezogen.

5.3.2 Mehrdimensionale Weiterentwicklung der Fehlermöglichkeits- und -einflussanalyse

Aufbauend auf den bisher in der Literatur diskutierten FMEA-Ausprägungen wird eine „Mehrdimensionale FMEA“ (MFMEA) entwickelt. Dabei werden folgende **Modifikationen** vorgenommen:

- Es wird ein breiteres **Spektrum möglicher Kundenreaktionen** auf Fehler berücksichtigt und außerdem in die Analyse die Möglichkeit einbezogen, dass **verschiedene Kunden** unterschiedlich auf Fehler reagieren können. Grundsätzlich werden die Folgen durch bei Kunden festgestellte Fehler in **Kosten** ausgedrückt. Zusätzlich zu diesen qualitätsbezogenen Kosten extern entdeckter Fehler werden auch die **Kosten, die durch unternehmensintern entdeckte Fehler** entstehen, in die Analyse einbezogen.
- Potenzielle Fehler werden im Rahmen der MFMEA darüber hinaus im Hinblick auf ihre **Umweltwirkungen** beurteilt.

Im Folgenden wird auf die methodischen Implikationen dieser Erweiterungen im Einzelnen eingegangen.[537]

5.3.2.1 Erweiterung der Kostenorientierung

Der im voran stehenden Kapitel dargestellte Vorschlag *Gilchrist's* zur Kostenorientierung der FMEA wird zunächst erweitert. Dabei geht es darum, ein breiteres **Spektrum möglicher Reaktionen der Kunden** explizit einzubeziehen: Diese können z. B. ausschließlich den Fehler reklamieren oder aber zusätzlich bei der nächsten Kaufentscheidung zu einem anderen Hersteller wechseln. Gerade die entgehenden erwarteten Deckungsbeiträge aufgrund von Imageverlusten nach Qualitätsmängeln sind im Einzelfall nur schwer monetär zu quantifizieren.[538] Trotzdem ist es m. E. erforderlich, sie in die Analyse einzubeziehen, da sie eine beträchtliche Höhe annehmen können. Zudem müssen in der Regel die **Reaktionen unterschiedlicher Kunden** prognostiziert werden.[539]

Im Folgenden wird angenommen, dass das Unternehmen m Kunden hat und dass es mehrere Kundenreaktionen auf einen aufgetretenen Fehler gibt, die mit unterschiedlichen Kosten für das

[537] Vgl. auch zu Folgendem Ahsen/Lange 2004.
[538] Möglichkeiten hierzu diskutiert Fröhling 1993, S. 546-563.
[539] Vgl. Romberg 1999, S. 127.

Unternehmen, das ein fehlerhaftes Produkt verkauft hat, verbunden sein können. Der Erwartungswert[540] der Kosten extern entdeckter Fehler kann dann wie folgt ermittelt werden:[541]

$$E[K^e] = \sum_{r=1}^{n} \sum_{s=1}^{m} p_{rs} \cdot K_{rs}^e \qquad (6)$$

wobei $\sum_{r=1}^{n} p_{rs} = 1 \qquad \forall s$, mit $s = 1,...,m$

$E[K^e]$ = Erwartungswert der Kosten als Folge eines beim Kunden festgestellten Fehlers,

K_{rs}^e = Kosten als Folge von Kundenreaktion r durch den Kunden s,

r = Kundenreaktionen auf einen Fehler, mit $r = 1,...,n$,

s = Kunden, mit $s = 1,...,m$,

p_{rs} = Wahrscheinlichkeit, dass sich Kunde s gemäß Reaktion r verhält.

Durch Multiplikation von $E[K^e]$ mit dem Produkt aus der Auftretenswahrscheinlichkeit und der Wahrscheinlichkeit, dass ein aufgetretener Fehler nicht unternehmensintern entdeckt wird, erhält man eine kostenorientierte Risikoprioritätszahl auf Basis der Abweichungskosten durch beim Kunden festgestellte Fehler (RPZ_{K^e}):[542]

$$RPZ_{K^e} = P(O) \cdot P(\overline{D} \mid O) \cdot E[K^e] \qquad (7)$$

mit

$P(O)$ = Auftretenswahrscheinlichkeit von Fehlerursachen,

$P(\overline{D} \mid O)$ = Bedingte Wahrscheinlichkeit, dass ein aufgetretener Fehler nicht unternehmensintern entdeckt wird.

---

540 Im Folgenden wird von rationalen Entscheidungsträgern ausgegangen, die sich bei ihren Entscheidungen am Bernoulli-Prinzip orientieren, d. h. ihren Erwartungsnutzen maximieren. Aus Vereinfachungsgründen wird zudem unterstellt, dass die Risikonutzenfunktion der Entscheidungsträger linear ist, diese sich somit durch Risikoneutralität auszeichnen. Der Erwartungswert des Nutzens stimmt in diesem Fall mit dem Erwartungswert eines unsicheren Ergebnisses überein. Bei Risikoneutralität des Entscheidungsträgers ist eine Orientierung an der μ-Regel folglich mit dem Bernoulli-Prinzip vereinbar. Bei der Entscheidung spielt daher lediglich der Erwartungswert des unsicheren Ergebnisses eine Rolle, während dessen Risiko – etwa gemessen durch die Standardabweichung – unberücksichtigt bleibt. Vgl. z. B. Laux 2003, S. 200 f. u. S. 217; Franke/Hax 2003, S. 302 f. u. S. 306.

541 Dabei ist zu berücksichtigen, dass ein Kunde mehrere Konsequenzen aus einem entdeckten Fehler zugelieferter Leistungen ziehen kann, z. B. kann er sowohl Garantieleistungen fordern als auch für zukünftige Aufträge den Zulieferer wechseln. Insofern sind als Kundenreaktionen r jeweils auch sämtliche Kombinationsmöglichkeiten der Reaktionen zu bestimmen und in Bezug auf ihre monetären Konsequenzen zu quantifizieren.

542 Die Kosten bzw. entgehenden Deckungsbeiträge für das Unternehmen aufgrund von Fehlerfolgen können in Abhängigkeit von der Dauer des Produktlebenszyklus und der Möglichkeit des Auftretens von Fehlern während der einzelnen Lebenszyklusphasen mit erheblicher zeitlicher Verzögerung zu ihrer Verursachung auftreten. Um diese zeitlichen Unterschiede des Kostenanfalls zu berücksichtigen, ist die einperiodige Betrachtungsweise in (7) zu erweitern und auf den *Barwert der Zahlungsgrößen* abzustellen. Bewertungsgröße ist dann der Erwartungswert der Barwerte der durch die Fehler verursachten Auszahlungen für die Jahre des Produktlebenszyklus.

Das Erfordernis zur Verwendung bedingter Wahrscheinlichkeiten ergibt sich dadurch, dass die Auftretens- und Entdeckungswahrscheinlichkeiten nicht unabhängig voneinander sind.[543] In der dargestellten Form wird im Modell davon ausgegangen, dass solche Fehler, die beim Kunden auftreten, von diesem auch entdeckt werden. Diese Annahme kann aufgehoben werden; dann muss eine bedingte Wahrscheinlichkeit eingeführt werden, mit der die Möglichkeit, dass der Kunde bei ihm auftretende Fehler nicht bemerkt, berücksichtigt wird.

Die FMEA bewertet – wie dargestellt – die Fehlerfolgen aus Sicht der Kunden. Allerdings wird damit nur ein Teil der so genannten **qualitätsbezogenen Abweichungskosten** berücksichtigt, nämlich die Kosten als Folge unternehmensextern festgestellter Fehler (siehe Abbildung 5-3)[544].

Abbildung 5-3 Berücksichtigung von Abweichungskosten in der FMEA

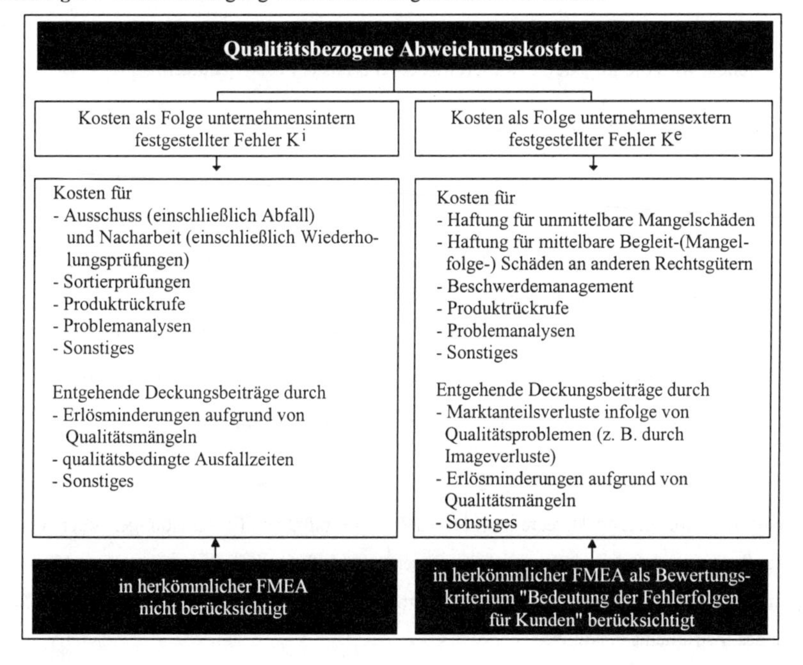

Die FMEA kann nun dahingehend erweitert werden, dass nicht nur die qualitätsbezogenen Abweichungskosten unternehmensextern entdeckter Fehler, sondern auch die Kosten intern entdeckter Fehler einbezogen werden. Die betriebswirtschaftliche Relevanz dieser Modifikation ergibt sich aus

543 Vgl. zum Konzept bedingter Wahrscheinlichkeiten grundsätzlich z. B. Assenmacher 2000, S. 30-40; Lippe 2004, S. 24-26.

544 Siehe zu einer umfassenderen Systematik der Qualitätskosten insgesamt bereits Abbildung 3-9 in Kapitel 3.4.3.2.4 der vorliegenden Arbeit.

folgendem Zusammenhang: Eine hohe interne Entdeckungswahrscheinlichkeit aufgetretener Fehler vermindert zwar die Ausprägung der RPZ, ist aber möglicherweise mit hohen Kosten, z. B. für Ausschuss, Nacharbeit und Problemanalysen, verbunden.[545] Insofern werden in der herkömmlichen FMEA die Fehlerfolgen aus ökonomischer Perspektive nur unvollständig beurteilt.

Hinzu kommt, dass bei der Entwicklung von Verbesserungsmaßnahmen nicht berücksichtigt wird, dass (zusätzliche) Entdeckungsmaßnahmen zwar die Kosten unternehmensextern entdeckter Fehler vermindern, aber gleichzeitig gegebenenfalls zu erhöhten Kosten für intern entdeckte Fehler führen. Der Erwartungswert der Kosten als Folge unternehmensintern entdeckter Fehler ergibt sich aus den Wahrscheinlichkeiten, mit denen die Fehler zu unterschiedlichen Zeitpunkten im Unternehmen entdeckt werden,[546] und den jeweils daraus resultierenden internen Abweichungskosten.

Um sowohl die Kosten für extern als auch die Kosten für intern entdeckte Fehler in die FMEA einzubeziehen, wird die folgende Erweiterung der RPZ aus (7) vorgeschlagen:[547]

$$RPZ_K = P(O) \cdot \{P(\overline{D} \mid O) \cdot E[K^e] + P(D \mid O) \cdot E[K^i]\} + P(D \mid \overline{O}) \cdot E[K^c] \qquad (8)$$

mit

RPZ_K = Risikoprioritätszahl auf Basis der qualitätsbezogenen Abweichungskosten,

$E[K^i]$ = Erwartungswert der qualitätsbezogenen Abweichungskosten eines unternehmensintern entdeckten Fehlers,

$E[K^c]$ = Erwartungswert der Kosten als Folge falsch positiver Prüfergebnisse,

$P(D \mid O)$ = Wahrscheinlichkeit, dass ein aufgetretener Fehler unternehmensintern entdeckt wird.

$P(D \mid \overline{O})$ = Wahrscheinlichkeit eines falsch positiven Prüfergebnisses.

Durch die modifizierte Berechnung der RPZ ist es möglich, Entscheidungen über Verbesserungsmaßnahmen auf einer wesentlich umfassenderen Informationsbasis zu treffen. Nach dieser kostenbezogenen Erweiterung der FMEA wird im folgenden Kapitel eine umweltbezogene Modifikation des Instruments diskutiert.

---

545 Ausführlich zur Ermittlung von Folgekosten aufgrund von Qualitätsmängeln unter Berücksichtigung von Auftretens- und Entdeckungswahrscheinlichkeiten von Fehlern vgl. bereits Fröhling 1993, S. 551-554.

546 Der Zeitpunkt der unternehmensinternen Entdeckung ist dabei als Anhaltspunkt dafür zu verstehen, welche Folgen mit dem Fehler verbunden sind: In dem Maße, in dem ein fehlerhaftes Teil bereits „verbaut" ist, entstehen i. d. R. höhere Kosten für Ausschuss bzw. Nacharbeit.

547 Die Einbeziehung der Kosten falsch positiver Prüfergebnisse stellt die Entscheidung über die Erarbeitung von Verbesserungsmaßnahmen auf eine vollständigere Basis, da berücksichtigt wird, dass ggf. mit einem potenziellen Fehler aufgrund der Notwendigkeit, auf unzuverlässige Prüfverfahren zurückgreifen zu müssen, Kosten für falsch positive Prüfergebnisse verbunden sind.

5.3.2.2 Modifizierte Umweltorientierung

Bei der in Kapitel 3.4.1.2.4 angesprochenen Umwelt-FMEA handelt es sich nicht – wie bei der herkömmlichen FMEA – um ein Instrument zur Analyse und Vermeidung potenzieller Fehler, sondern zur Verminderung der Umweltfolgen der Produkt- bzw. Prozesskonzepte insgesamt. Dagegen liegt es m. E. nahe, Fehler im Rahmen von FMEA-Projekten nicht nur kundenorientiert, sondern auch im Hinblick auf potenzielle Umweltwirkungen zu beurteilen. In diesem Sinne können FMEA-Projekte im Rahmen des Umweltmanagements der Bereitstellung von Informationen zu ökologischen Auswirkungen von Fehlern im Produktionsprozess bzw. am Produkt und zu möglichen Verbesserungsmaßnahmen dienen. Um dies zu ermöglichen, ist die Risikobewertung im Vergleich zur herkömmlichen FMEA zu modifizieren: Die umweltbezogene RPZ (RPZ_{K^u}) wird errechnet, indem das Kriterium „Bedeutung der Fehlerfolgen aus Sicht der Kunden“ durch die „umweltbezogene Fehlerauswirkung“ ersetzt wird.[548]

Dies erfordert eine Bewertung der umweltbezogenen Fehlerfolgen. Aus betriebswirtschaftlicher Perspektive ist dabei eine **monetäre Bewertung der Umweltwirkungen** anzustreben. Hierbei sind internalisierte Umweltkosten, die dem Unternehmen tatsächlich entstehen, und externe Effekte[549] – etwa Lärm oder Emissionen, soweit hierdurch für das Unternehmen keine Kosten entstehen – zu unterscheiden. In Abhängigkeit von der Ausprägung des unternehmerischen Zielsystems ist zu entscheiden, ob über die internalisierten Umweltkosten hinausgehend auch externe Effekte in die Analyse einbezogen werden sollen. Hierbei sind dann soweit möglich nicht nur die einzelnen Umweltwirkungen, sondern auch ihre Wirkungsbeziehungen (etwa die Wirkungsbeziehungen zwischen verschiedenen Emissionsströmen) und die verschiedenen Auswirkungen vor dem Hintergrund der Umweltbelastung am Standort des Auftretens der Umweltwirkung (monetär) zu quantifizieren.[550] Diese Zusammenhänge werden im Folgenden als „Umweltkonstellationen“ bezeichnet. Analog zur Bewertung der Folgen bei Kunden aufgetretener Fehler sind den Umweltkonstellationen (subjektive) Wahrscheinlichkeiten zuzuordnen und die jeweiligen Kosten zu schätzen.

Folgende Erwartungswerte für umweltbezogene Fehlerkosten können dann unterschieden werden:

---

[548] Vgl. ähnlich Pfeifer/Greshake 2004.

[549] Wenn im Folgenden von „externen Effekten“ gesprochen ist, sind immer ökologische externe Effekte gemeint. Grundsätzlich zu externen Effekten sowie auch zu den Möglichkeiten ihrer Bewertung vgl. grundlegend Bishop/Champ/Mullarkey 1995.

[550] Vgl. z. B. Haasis 1996b, S. 195 f. Bei prozessbezogenen FMEAs wird eine solche Bewertung leichter möglich sein, da hier die Umweltzustände des Produktionsstandortes besser bekannt sind.

$E[K^g]$ = Erwartungswert der internalisierten Umweltkosten eines unternehmensintern entdeckten Fehlers,

$E[K^b]$ = Erwartungswert der monetär bewerteten externen Effekte eines unternehmensintern entdeckten Fehlers,

$E[K^d]$ = Erwartungswert der internalisierten Umweltkosten eines unternehmensextern aufgetretenen Fehlers,

$E[K^x]$ = Erwartungswert der monetär bewerteten externen Effekte eines unternehmensextern aufgetretenen Fehlers,

$E[K^h]$ = Erwartungswert der internalisierten Umweltkosten als Folge falsch positiver Prüfergebnisse,

$E[K^f]$ = Erwartungswert der monetär bewerteten externen Effekte als Folge falsch positiver Prüfergebnisse.

Die Berechnung dieser Erwartungswerte sei exemplarisch an den internalisierten Umweltkosten eines unternehmensextern aufgetretenen Fehlers, also an $E[K^d]$, erklärt:

$$E[K^d] = \sum_{k=1}^{q} p_k \cdot K_k^d \tag{9}$$

mit

K_k^d = Internalisierte Umweltkosten eines unternehmensextern aufgetretenen Fehlers als Folge von Umweltkonstellation k,

k = Umweltkonstellationen, mit $k = 1,...,q$,

p_k = Wahrscheinlichkeit, dass Umweltkonstellation k eintritt,

wobei $\sum_{k=1}^{q} p_k = 1$

Im Folgenden sei die Möglichkeit einer monetären Quantifizierung externer Effekte angenommen. Dann errechnet sich die umweltbezogene Risikoprioritätszahl RPZ_{K^u} aus:

$$RPZ_{K^u} = P(O) \cdot \{P(D \mid O) \cdot E[K^{ui}] + P(\overline{D} \mid O) \cdot E[K^{ue}]\} + P(D \mid \overline{O}) \cdot E[K^{uc}] \tag{10}$$

mit

RPZ_{K^u} = Risikoprioritätszahl auf Basis der Umweltwirkungen von Fehlern,

$$E[K^{ui}] = E[K^g] + \delta \cdot E[K^b] \tag{11}$$

$$E[K^{ue}] = E[K^d] + \delta \cdot E[K^x] \tag{12}$$

$$E[K^{uc}] = E[K^h] + \delta \cdot E[K^f] \tag{13}$$

δ = Binärvariable, die im Fall der Berücksichtigung externer Effekte den Wert 1 und anderenfalls den Wert 0 annimmt

Durch die Einbeziehung der Binärvariable δ besteht die Möglichkeit, in Abhängigkeit von der Umweltpolitik des Unternehmens sowie der Einschätzung, ob die methodische Möglichkeit hierzu besteht, externe Effekte einzubeziehen oder – für den Fall, dass sie nicht berücksichtigt werden sollen bzw. können – durch Setzung von $\delta = 0$ von der Betrachtung auszuschließen.

Bei den Automobilherstellern DaimlerChrysler, Ford und Volvo werden inzwischen erste „Umwelt-FMEAs“ durchgeführt.[551] Hier wird allerdings keine monetäre Quantifizierung der mit einem Fehler verbundenen Umweltwirkungen, sondern eine nicht-monetäre Bewertung vorgenommen. Die Ermittlung einer umweltorientierten Risikoprioritätszahl erfordert dabei eine Bewertung der mit Fehlern verbundenen Umweltwirkungen auf kardinalem Skalenniveau. In der Literatur werden hierzu verschiedene Ansätze diskutiert,[552] die allerdings die Probleme bislang nicht vollständig lösen können, so dass die ökologische Beurteilung von Fehlerfolgen auch bei diesem Vorgehen mit einem hohen Subjektivitätsgrad verbunden bleibt. Bei einer Integration des Umweltschutzes in das unternehmerische Zielsystem ist es jedoch erforderlich, die Entscheidungen im Rahmen der Konzipierung von Produkten und Prozessen auch auf Basis einer Bewertung der ökologischen Auswirkungen zu treffen. Hierfür stellt die umweltorientierte FMEA eine Möglichkeit dar.

5.3.2.3 Verknüpfung zur Mehrdimensionalen Fehlermöglichkeits- und -einflussanalyse

5.3.2.3.1 Konzeption

Ziel der Mehrdimensionalen FMEA (MFMEA) ist es, bei der Produkt- und Prozessentwicklung qualitätsbezogene Abweichungskosten durch unternehmensintern und -extern entdeckte Fehler sowie internalisierte Umweltkosten und gegebenenfalls externe Effekte simultan zu berücksichtigen. Hierzu wird eine modifizierte Berechnung der Risikoprioritätszahl vorgeschlagen.

Im Folgenden wird der Ausdruck $E[K^{mi}]$ für den Erwartungswert der monetär bewerteten mehrdimensionalen Folgen unternehmensintern entdeckter Fehlern verwendet; entsprechend drückt $E[K^{me}]$ den Erwartungswert der monetär bewerteten mehrdimensionalen Folgen beim Kunden

551 Vgl. Volvo 1999; Schmidt 2001; Ahsen/Lange 2004 sowie Kapitel 4.2.3.3.1 und 4.2.4.3.1 der vorliegenden Arbeit.

552 Vgl. auch Kapitel 3.4.1.2.3 der vorliegenden Arbeit sowie die hier angegebene Literatur.

aufgetretener Fehler und $E[K^{mc}]$ den Erwartungswert der monetär bewerteten mehrdimensionalen Folgen falsch positiver Prüfergebnisse aus. Die Binärvariable δ nimmt in dem Fall, dass aufgrund einer entsprechenden Unternehmenspolitik externe Effekte berücksichtigt werden sollen und hierzu auch die methodische Möglichkeit gesehen wird, den Wert 1, im anderen Fall den Wert 0 an.[553]

$$E[K^{me}] = E[K^{e}] + E[K^{d}] + \delta \cdot E[K^{x}] \quad (14)$$

$$E[K^{mi}] = E[K^{i}] + E[K^{g}] + \delta \cdot E[K^{b}] \quad (15)$$

$$E[K^{mc}] = E[K^{c}] + E[K^{h}] + \delta \cdot E[K^{f}] \quad (16)$$

Abbildung 5-4 zeigt für das Beispiel „poröse Autoreifen" potenzielle Abweichungs- und Umweltkosten.

Abbildung 5-4 Abweichungskosten, internalisierte Umweltkosten und externe Effekte als Folge des Fehlers „poröser Autoreifen"[554]

	Qualitätsbezogene Abweichungskosten	Internalisierte Umweltkosten	Externe Effekte
Kosten durch unternehmensextern aufgetretene Fehler	Abweichungskosten als Folge von Kundenreaktionen auf aufgetretene Fehler K^{e} z. B. Kosten für Gewährleistung, Garantie, Kulanz, Sortierprüfungen	Internalisierte Umweltkosten als Folge unternehmensextern aufgetretener Fehler K^{d} z. B. Energieverbrauch durch Wiedereinschmelzen des Gummis, Beseitigungskosten	Externe Effekte als Folge unternehmensextern aufgetretener Fehler K^{x} z. B. Emissionen durch Wiedereinschmelzen des Gummis
Kosten durch unternehmensintern entdeckte Fehler	Abweichungskosten (exkl. Umweltkosten) als Folge unternehmensintern entdeckter Fehler K^{i} z. B. Personalkosten für Sortierprüfungen, Ausschuss	Internalisierte Umweltkosten als Folge unternehmensintern entdeckter Fehler K^{g} z. B. Energieverbrauch durch Wiedereinschmelzen des Gummis, Beseitigungkosten	Externe Effekte als Folge unternehmensintern entdeckter Fehler K^{b} z. B. Emissionen durch Wiedereinschmelzen des Gummis
Kosten durch falsch positive Prüfergebnisse	Abweichungskosten (exkl. Umweltkosten) als Folge falsch positiver Prüfergebnisse K^{c} z. B. Personalkosten für Sortierprüfungen, Ausschuss	Internalisierte Umweltkosten als Folge falsch positiver Prüfergebnisse K^{h} z. B. Energieverbrauch durch Wiedereinschmelzen des Gummis, Beseitigungskosten	Externe Effekte als Folge falsch positiver Prüfergebnisse K^{f} z. B. Emissionen durch Wiedereinschmelzen des Gummis

[553] Das Modell unterstellt dabei die Unabhängigkeit der aus Kundenreaktionen auf Fehler resultierenden Kosten, der internalisierten Umweltkosten und der externen Effekte. Dies ist als eine erste Approximation zu verstehen, die möglicherweise vorhandene Interdependenzbeziehungen zwischen den potenziellen Fehlerfolgen vernachlässigt. Die Methode kann in einem weiteren Schritt verfeinert werden, indem Interaktionseffekte modelliert werden.

[554] Die Unterscheidung zwischen Abweichungskosten und internalisierten Umweltkosten erfolgt im Hinblick auf unternehmensintern entdeckte Fehler ausschließlich aus systematischen Gründen; in der Unternehmenspraxis umfassen die Abweichungskosten die internalisierten Umweltkosten.

Insgesamt errechnet sich die mehrdimensionale Risikoprioritätszahl RPZ_M aus:[555]

$$RPZ_M = P(O) \cdot \{P(\overline{D} \mid O) \cdot E[K^{me}] + P(D \mid O) \cdot E[K^{mi}]\} + P(D \mid \overline{O}) \cdot E[K^{mc}] \quad (17)$$

Wird eine monetäre Quantifizierung der Umweltwirkungen von Fehlern nicht für möglich gehalten, können diese – wie in Kapitel 3.4.1.2.3 dargestellt – nicht-monetär beurteilt werden. Dann erfordert die MFMEA eine Definition von Konvertierungstabellen sowohl für die Umweltwirkungen als auch für die erwarteten Kosten unternehmensintern und -extern entdeckter Fehler: Um beide Größen in die Berechnung der RPZ einzubeziehen, wird bei der MFMEA ausschließlich mittels Scores bewertet, um die Aggregation zu einem Entscheidungswert zu ermöglichen. Die Risikoprioritätszahl ergibt sich dann gemäß (18):

$$RPZ_M = P(O) \cdot \{P(\overline{D} \mid O) \cdot S^{me} + P(D \mid O) \cdot S^{mi}\} + P(D \mid \overline{O}) \cdot S^{me} \quad (18)$$

mit

S^{me} = Score für die mehrdimensionalen Folgen eines beim Kunden aufgetretenen Fehlers

S^{mi} = Score für die mehrdimensionalen Folgen eines unternehmensintern entdeckten Fehlers

S^{mc} = Score für die mehrdimensionalen Folgen als Folge falsch positiver Prüfergebnisse

Im Folgenden wird die etwas vereinfachte Anwendung einer solchen MFMEA in einem Pilotprojekt beschrieben.

5.3.2.3.2 Anwendung der Mehrdimensionalen Fehlermöglichkeits- und -einflussanalyse in einem Pilotprojekt

Das Projekt „MFMEA für einen Hauptscheinwerfer“ wurde bei einem Automobilzulieferer für Kfz-Beleuchtung, Elektronik und komplette Fahrzeugmodule durchgeführt.[556] Ziel war es, potenzielle Fehler in der Konstruktion, die sich auf die Recycelfähigkeit des Hauptscheinwerfers auswirken, im Hinblick auf die Abweichungskosten durch unternehmensintern und -extern entdeckte Fehler sowie auch internalisierte Umweltkosten und externe Effekte zu analysieren und Verbesse-

[555] Die RPZ_M ist dabei als eine aggregierte Größe zu verstehen, die mehrere Dimensionen des betrachteten Problems mittels einer einheitlichen Maßzahl zum Ausdruck bringt.

[556] Ich bedanke mich herzlich bei dem Unternehmen Hella KG Hueck & Co. und den Mitgliedern des FMEA-Teams, insb. Herrn Harald Theisling, für die Zusammenarbeit in dem Projekt. Das FMEA-Team setzte sich zusammen aus je einem Mitarbeiter des Qualitäts- und des Umweltmanagements des Unternehmens sowie drei Mitarbeitern des Bereichs „Konstruktion“ und der Verfasserin der vorliegenden Arbeit. Die Durchführung des Projektes wurde durch die FMEA-Software „IQ-RM“ unterstützt.

rungsmaßnahmen abzuleiten. **Potenzielle Fehlerarten** des Scheinwerfers mit Umweltwirkungen sind beispielsweise die Nichtbeachtung von Materialverboten bzw. Grenzwerten für Stoffmengen (etwa Einsatz von Blei, Cadmium etc.) sowie eine schlechte Demontagefähigkeit mit entsprechenden Folgen für das Recycling.

Sämtliche **Fehlerfolgen** wurden aus Vereinfachungsgründen in dem Projekt nicht als **erwartete Kosten**, sondern mittels Scores ausgedrückt; ebenso wurden die Auftretens- und Entdeckungswahrscheinlichkeit in Scores ausgedrückt. Die kundenorientierte Beurteilung der Folgen **unternehmensextern entdeckter Fehler** sowie der Auftretens- und Entdeckungswahrscheinlichkeiten wurden basierend auf der vom Verband der Automobilindustrie (VDA) entwickelten Konvertierungstabelle[557] vorgenommen. Für die **ökologische Beurteilung** der Fehlerfolgen wurde eine auf Basis einer ABC-XYZ-Analyse erstellte Konvertierungstabelle definiert (siehe Tabelle 5-2), wobei als Beurteilungskriterien zum einen die Mengen und zum anderen die ökologische Schädlichkeit der mit den Fehlern verbundenen Stoff- und Energieströme herangezogen wurden.[558]

Tabelle 5-2 Konvertierungstabelle zur Bestimmung der Scores für die Umweltwirkungen von Fehlern[559]

Beurteilung der Umweltwirkungen von Fehlern S_u	
1	Geringe Umweltrelevanz; tolerierbar; kein Störfallrisiko; geringe Mengen
2	Geringe Umweltrelevanz; kaum Störfallrisiko; geringe Mengen
...	...
9	Große Umweltrelevanz; starkes Gefährdungspotential; starkes Störfallrisiko; große Mengen
10	Sehr große Umweltrelevanz; sehr starkes Gefährdungspotential; nicht mehr tolerierbar; sehr starkes Störfallrisiko; sehr große Mengen

Die Berechnung einer Risikoprioritätszahl erfordert – wie oben dargestellt – die Gewichtung und Verknüpfung der einerseits kundenbezogenen und andererseits ökologischen Beurteilung der Fehlerfolgen. In dem Projekt wurde ein Gewichtungsfaktor von x = 0,8 angenommen, das heißt,

557 Vgl. VDA 4.2.

558 Zur Anwendung der ABC-XYZ-Analyse für eine Beurteilung von Umweltwirkungen vgl. Steven/Schwarz/Letmathe 1997, S. 36-39 sowie Kapitel 3.4.1.2.3 der vorliegenden Arbeit.

559 Da in dem Unternehmen noch wenig Erfahrungen mit der Beurteilung von Umweltwirkungen vorlagen, wurden die Formulierungen – ähnlich wie in dem Kapitel 4.2.3.3.1 der vorliegenden Arbeit beschriebenen Beispiel einer umweltbezogenen FMEA bei DaimlerChrysler – bewusst allgemein gewählt, obwohl dies aus theoretischer Perspektive als problematisch zu bewerten ist. Aus dem gleichen Grund werden die Folgen falsch positiver Prüfergebnisse nicht berücksichtigt.

kundenbezogene Folgen wurden deutlich höher als die Folgen für die Umwelt bewertet.[560] Tabelle 5-3 zeigt einen Ausschnitt der Bewertungen der Folgen unternehmensextern entdeckter Fehler in Form einer Ergebnistabelle.

Tabelle 5-3 Auszug der Ergebnistabelle der Bewertung von Fehlerfolgen aus Kundensicht sowie aus ökologischer Perspektive

Folgen potenzieller Fehler am Hauptscheinwerfer	S_B	S_U	S^{me}
Gewichtungsfaktor x = [0; 1]	0,8	0,2	
Stoffverbote nach Altfahrzeug-Gesetz nicht berücksichtigt	9	8	8,8
Anforderungen an Demontagefähigkeit von Schad- und Störstoffen für Verwertungsbetriebe nach Altfahrzeug-Gesetz Anhang I 3.3 nicht erfüllt	3	6	3,6
Stoffverbote entsprechend der Kundenanforderungen bezogen auf Altfahrzeug-Gesetz nicht berücksichtigt	6	6	6
Kundenspezifische Stofflisten (Kundennorm) nicht eingehalten	6	6	6
Kundenspezifische Demontageanforderungen nicht eingehalten	2	4	2,4
Kundenspezifische Vorgaben zur Werkstoffauswahl nicht eingehalten	6	6	6
...	...	...	...

Im Ergebnis zeigte sich, dass einige Fehlerfolgen aus Umweltperspektive problematischer sind, als sie von den Kunden eingeschätzt werden: Dies betrifft z. B. den Fehler „Anforderung an Demontagefähigkeit von Schad- und Störstoffen für Verwertungsbetriebe nach Altfahrzeug-Gesetz Anhang I 3.3 nicht erfüllt". Hier wird eine durchschnittlich eher geringfügige Einschätzung des Fehlers durch die Kunden angenommen, die potenziellen Umweltfolgen werden dagegen als mäßig bis hoch beurteilt.

Um die **Kosten intern entdeckter Fehler** einzubeziehen, wurde zunächst eine entsprechende Konvertierungstabelle entwickelt; diese basiert auf der Annahme, dass die Höhe der Kosten insbesondere von dem Zeitpunkt innerhalb der Konstruktion, zu dem der Fehler entdeckt wird, sowie von der Frage, ob veränderte oder sogar Neuentwicklungen durch den Fehler erforderlich sind bzw. ob Ausschuss produziert wird, abhängt. Tabelle 5-4 zeigt die Konvertierungstabelle zur Bestimmung der Scores für die Abweichungskosten unternehmensintern entdeckter Fehler.

[560] Abweichend von den in Kapitel 5.3.2.3.1 vorgeschlagenen Methodik wurde in diesem Pilotprojekt nicht eine Binärvariable eingeführt, mit der die Berücksichtigung externer Effekte ausgedrückt wird, sondern es wurden einerseits die Umweltwirkungen insgesamt und andererseits die kundenbezogene Beurteilung von Fehlern gewichtet. Dies erfolgte vor dem Hintergrund, dass mit dem Projekt im Unternehmen gezeigt werden sollte, ob und ggf. inwiefern die Fehlerbeurteilungen durch eine Einbeziehung von Umweltfolgen insgesamt verändert wird.

Tabelle 5-4 Konvertierungstabelle zur Bestimmung der Scores für die Abweichungskosten unternehmensintern entdeckter Fehler

	Abweichungskosten unternehmensintern entdeckter Fehler (K_i)
1	Fehler wird bis zur Konzeptphase (Gate 3) erkannt, ohne Ausschuss zu erzeugen und ohne Änderungskosten in der Entwicklung zu erzeugen.
2	Fehler wird spätestens an den ersten Modellen (Funktionsmuster, Simulationen) (Gate 4) erkannt, Änderungskosten in der Entwicklung sind im Projektbudget abgedeckt.
...	...
9	Fehler wird in der Vorserie (Gate 8) erkannt, eine Modifikation der Entwicklung ist erforderlich.
10	Fehler wird nach dem „Start of Production" (Gate 9) erkannt. Es wird Ausschuss erzeugt; eine Neuentwicklung ist erforderlich.

Im Anschluss wurde eine Gewichtung und Verknüpfung der kostenbezogenen und der ökologischen Beurteilung der unternehmensintern entdeckten Fehler vorgenommen. Tabelle 5-5 zeigt einen Ausschnitt des ausgefüllten Formblattes, das die Ergebnisse der MFMEA enthält.

Ein Vergleich der Ergebnisse der MFMEA mit denen der herkömmlichen FMEA zeigt deutliche Unterschiede, wie etwa am Beispiel der Fehlerursache „nicht lösbare, geschlossene Produktbauweise (z. B. KAS-Gehäuse)" deutlich wird: Die Bewertungen im Rahmen der herkömmlichen FMEA führen zu $RPZ = (10 \cdot 5 \cdot 3) = 150$. Dagegen ordnet die MFMEA dieser Fehlerursache eine wesentlich höhere Priorität zu: $RPZ_M = 10(5 \cdot 5 + 5 \cdot 3{,}6) = 430$. Die höhere Bewertung resultiert zum einen daraus, dass zusätzlich die ökologischen Fehlerfolgen berücksichtigt werden. Noch größere Differenzen ergeben sich in diesem Fall dadurch, dass aufgrund der Kombination aus sehr hoher Auftretenswahrscheinlichkeit und mittlerer Entdeckungswahrscheinlichkeit hohe Kosten für intern entdeckte Fehler entstehen, die bei der herkömmlichen FMEA nicht berücksichtigt werden. Diese Einbeziehung der Kosten unternehmensintern entdeckter Fehler wirkt sich besonders stark bezüglich des Fehlers „hohes Gewicht von Einzelteilen/Baugruppen vorhanden" aus. Wie in Kapitel 5.3.1.2 beschrieben, sind die Ausprägungen der RPZ bei der MFMEA nicht auf eins bis 1.000 normiert. Insofern ist weniger der Vergleich der Absolutwerte für die RPZ als Ergebnis einer FMEA bzw. MFMEA relevant als vielmehr die gegebenenfalls veränderten Rangfolgen der RPZ und damit der Entscheidungsgrundlagen für die Festlegung von Handlungsalternativen zur Verbesserung der Produkt- bzw. Prozesskonzeption.

Tabelle 5-5 Auszug der Ergebnisse der MFMEA

MFMEA für einen recyclingoptimierten Hauptscheinwerfer											
Mögliche Fehlerfolgen	S_B	S^{me}	**Mögliche Fehler**	**Mögliche Fehlerursachen**	S^{mi}	**Vermeidungs-maßnahmen**	S_A	**Entdeckungs-maßnahmen**	S_E	**RPZ**	**RPZ_M**
						Maßnahmenstand -Anfang: 01.03.04					
Kundenspez. Vorgaben zur Werkstoffauswahl nicht eingehalten	6	5,4	hohes Gewicht von Einzelteilen / Baugruppen vorhanden	ungünstige Werkstoffauswahl hinsichtlich des Gewichtes ausgewählt	2	keine	10	Scheinwerfergewicht prüfen im Gate 3 / 4	2	120	260
						Maßnahmenstand -Anfang: 01.03.04					
Kundenspez. Vorgaben zur Werkstoffauswahl nicht eingehalten	6	5,4	Recyclate nicht eingesetzt	Einsatz von Recyclaten bei Einzelteilen / Baugruppen nicht geprüft	1	Berücksichtigung der Hella-Norm HN 20100-1; Punkt 4	5	Konzeptfreigabe im Produktentstehungs-prozess Gate 3 unter 3.3.2	4	120	138
Anforderung an Demontagefähigkeit von Schad- und Störstoffen für Verwertungsbetriebe nicht erfüllt	3	3,6	Verbindungselement / Bauteile / Schad- und Störstoffe nicht oder schwer zugänglich	nicht lösbare, geschlossene Produktbauweise (z.B. KAS-Gehäuse)	5	keine	10	Konzeptfreigabe (Gate 3), unsicher, da nicht expliziter Bestandteil	5	150	430
...	...	...	...	...	...	...	...	...	...	...	...

5.3.2.4 Kritische Diskussion

Mit der FMEA sollen Produkt- und Prozesskonzeptionen durch eine Verminderung der mit potenziellen Fehlern verbundenen Risiken verbessert werden. Ein zentrales Problem der herkömmlichen FMEA besteht darin, dass sie potenzielle Fehlerfolgen nur unvollständig in die Analyse einbezieht: Es werden ausschließlich die Folgen unternehmensextern aufgetretener Fehler aus der Kundenperspektive beurteilt. Nicht berücksichtigt werden dagegen **Kosten unternehmensintern entdeckter Fehler**. Durch die vorgeschlagene Modifikation der Risikoprioritätszahl kann dieses Problem gelöst und damit eine Produkt- bzw. Prozessentwicklung unterstützt werden, die sämtliche aus Qualitätsmängeln resultierenden Abweichungskosten berücksichtigt. Indem die Folgen **unternehmensintern und -extern entdeckter Fehler** als erwartete **Kosten bzw. Auszahlungen** ausgewiesen werden, können sie vollständig in ökonomische Entscheidungskalküle mit dem Ziel der Auswahl zwischen verschiedenen Handlungsalternativen zur Verbesserung von Produkt- bzw. Prozesskonzeptionen einbezogen werden.

Mit einer **umweltbezogenen FMEA** wird es ermöglicht, die ökologischen Fehlerrisiken zu analysieren und zu vermindern. Dabei können sowohl einzelwirtschaftliche Ansätze einer monetären Bewertung externer Effekte als auch Ansätze einer nicht-monetären Bewertung ökologischer Fehlerfolgen zugrunde gelegt werden.

Ziel der **Mehrdimensionalen FMEA** ist es, sämtliche Folgen möglicher unternehmensintern und -extern entdeckter Fehler zu bewerten. Hierzu werden die potenziellen Fehler im Hinblick auf die Kosten, die in Folge ihrer unternehmensinternen oder -externen Entdeckung entstehen, sowie die (monetär bewerteten) ökologischen Auswirkungen von Fehlern analysiert.

Die **Diskussionen mit Mitarbeitern der Automobilhersteller** in Deutschland haben gezeigt, dass bei Ford und DaimlerChrysler bereits modifizierte Ausprägungen der FMEA angewendet werden, um die Umweltfolgen von Fehlern zu beurteilen. Bei Ford ist zudem geplant, zukünftig eine Mehrdimensionale FMEA zu konzipieren und zu realisieren; allerdings liegt hierzu noch kein konkretes Konzept vor. Die im Rahmen der vorliegenden Arbeit entwickelte MFMEA wird hier jedoch als zielführende Möglichkeit eingeschätzt, der eine umso größere Bedeutung zukommt, als die FMEA im Rahmen von Produkt-/Prozessentwicklungen regelmäßig eingesetzt wird. Unterschiedliche Ansichten bestehen zu folgenden Aspekten:[561]

- Grundsätzlich wird bei Ford die Einbeziehung von Kosten in FMEA-Projekte als problematisch beurteilt, da es sich um ein technisches Instrument handele. Diesem Argument ist m. E. entge-

[561] Interview mit Herrn Schmidt, Ford, am 04.10.2001 sowie Meinungsaustausch per email am 09.10.2003 und 16.10.2003.

genzuhalten, dass das Qualitätsmanagement insgesamt auf das Erreichen des unternehmerischen Zielsystems ausgerichtet sein muss und es insofern unumgänglich ist, eine kostenbezogene Beurteilung von Fehlern vorzunehmen.

- Die Monetarisierung externer Effekte wird als unrealistisch eingeschätzt, so dass einer Bewertung der Umweltfolgen von Fehlern mittels Scores der Vorrang eingeräumt wird. Tatsächlich ist eine Monetarisierung externer Effekte in vielen Fällen kaum möglich; dann ist eine entsprechende Beurteilung von Umweltwirkungen mittels Scores vorzuziehen und wird sich vermutlich auch in der Unternehmenspraxis eher durchsetzen.

Sowohl die Diskussionen mit den Mitarbeitern des Automobilzulieferers, bei dem das Pilotprojekt durchgeführt wurde, als auch mit den Mitarbeitern der Automobilhersteller im Rahmen der Fallstudien zeigen, dass hier die MFMEA als ein Instrument eingeschätzt wird, das in der Lage ist, die Entscheidungen im Rahmen der Produkt-/Prozessentwicklungen dem mehrdimensionalen Zielsystem adäquat zu unterstützen.

Insgesamt werden allerdings die Ergebnisse von FMEA-Projekten, in denen auch die umweltbezogenen Fehlerfolgen berücksichtigt werden, mit einem höheren Grad an Unsicherheit und Subjektivität verbunden sein als herkömmliche FMEA-Projekte. Zur Einschätzung solcher Unsicherheiten können insbesondere **Sensitivitätsanalysen** herangezogen werden, mit denen untersucht wird, wie sich die Ausprägungen der Risikoprioritätszahlen und damit die hieraus abgeleiteten Handlungsempfehlungen im Hinblick auf Verbesserungsmaßnahmen bei unterschiedlichen Bewertungen umstrittener Umweltwirkungen verändern.[562]

Die vorgeschlagenen Modifikationen der FMEA erhöhen einerseits die **Komplexität** des Instruments.[563] Sie unterstützen jedoch andererseits eine Konzipierung von Produkten und Prozessen, die **am mehrdimensionalen unternehmerischen Zielsystem orientiert** sind und ermöglichen eine **sachliche Integration** des Qualitäts- und Umweltmanagements in der Produkt-/Prozessentwicklung.

---

562 Vgl. ausführlich zur Sensitivitätsanalyse im Rahmen von multikriteriellen Entscheidungen Ríos Insuna 1990.

563 In diesem Zusammenhang kommt Ansätzen zur Verbindung der FMEA mit Konzepten des Wissensmanagements eine wichtige Bedeutung zu, um die Informationen aus früheren FMEA-Projekten in aktuellen Projekten nutzen zu können. Vgl. zu einer solchen Konzeption Wirth et al. 1996; Lee 2001; Dittmann/Rademacher/Zelewski 2004. Strunk (2000) zeigt für das Beispiel eines Automobilzulieferers, wie die Komplexität von FMEA-Projekten durch eine IT-Unterstützung bewältigt werden kann.

5.4 Zwischenfazit

Das **QFD** stellt ein komplexes Instrument dar, mit dem die qualitätsbezogenen Informations-, Planungs- und Kontrollprozesse im Rahmen der Produktentwicklung aufeinander aufbauend an den Qualitätszielen ausgerichtet werden. In der herkömmlichen Ausprägung wird allerdings ausschließlich auf kundenbezogene Anforderungen an Produkte abgestellt, aus denen letztlich die Prozessmerkmale und Qualitätsprüfungen abgeleitet werden. In Kapitel 5.2 wurde eine mehrdimensionale Weiterentwicklung des Instrumentes vorgeschlagen, mit der die Produktentwicklung auf ein mehrdimensionales Zielsystem ausgerichtet wird.

- Die grundsätzliche Modifikation des Instrumentes besteht darin, dass die Anforderungen an Produkte und Prozesse erweitert werden: In der ersten Phase des MQFD werden **kunden- und umweltbezogene Produktanforderungen** festgelegt, auf denen alle weiteren Analysen basieren. Aus der Gewichtung von Teilemerkmalen in der zweiten Phase des MQFD werden die Gewichte der Komponenten ermittelt. Auf dieser Basis kann ein **Target Costing** realisiert werden, indem die prozentualen Gewichte der Komponenten den durch sie verursachten Kostenanteilen gegenübergestellt werden. Im Ergebnis werden Handlungsbedarfe in Form von Produktverbesserungen und/oder Kosteneinsparungen abgeleitet, die auf dem mehrdimensionalen Kriterienkatalog des MQFD basieren. In der dritten Phase werden dann die aus den Anforderungen an die Produkte abgeleiteten **Prozessmerkmale um zusätzliche umweltbezogene Zielkriterien erweitert**. Aufgrund des nutzwertanalytischen Vorgehens innerhalb der Phasen zur Auswahl der wichtigsten Konstruktions- und Prozessmerkmale ist bei diesen Modifikationen des QFD zu gewährleisten, dass die zusätzlichen Anforderungen trennscharf von den kundenorientierten Anforderungen formuliert werden.

- Die vorgeschlagenen Modifikationen erhöhen die **Komplexität** der Methodenanwendung. Dies ist umso problematischer, als das QFD bereits in seiner herkömmlichen Ausprägung in der Unternehmenspraxis relativ wenig Anwendung findet, da es hier häufig als zu komplex eingeschätzt wird. Andererseits eröffnet das MQFD jedoch m. E. die Möglichkeit, die **Produkt-/Prozessentwicklung simultan an Qualitäts-, Umwelt- und Kostenzielen auszurichten** und trägt damit zu einer sachlichen Integration des Qualitäts- und Umweltmanagements, einschließlich entsprechender Kostenanalysen, bei.

Mit der **FMEA** sollen Produkt- und Prozesskonzeptionen verbessert werden. In Kapitel 5.3 wurde eine mehrdimensionale Weiterentwicklung des Instrumentes vorgeschlagen, mit der die Produktentwicklung auf ein mehrdimensionales Zielsystem ausgerichtet wird:

- Ziel der **Mehrdimensionalen FMEA** ist es, die Folgen möglicher Fehler an Produkten bzw. Prozessen mehrdimensional zu beurteilen, um auf dieser Basis Optimierungsmaßnahmen abzuleiten. Dabei werden die potenziellen Fehlerursachen im Hinblick auf drei Kriterien – monetär oder nicht-monetär – bewertet: (1) die **Kosten, die durch unternehmensintern entdeckte Fehler** entstehen, (2) die **Kosten, die aus bei Kunden aufgetretenen Fehlern** resultieren, und (3) die **ökologischen Auswirkungen** von Fehlern. Um die Unsicherheiten, die mit einer (monetären) Bewertung der umweltbezogenen Fehlerfolgen sowie auch mit der Beurteilung der aus Qualitätsmängeln resultierenden Abweichungskosten verbunden sind, einzubeziehen, können **Sensitivitätsanalysen** herangezogen werden.
- Die vorgeschlagenen Modifikationen der FMEA erhöhen einerseits die **Komplexität** des Instruments. Sie unterstützen jedoch andererseits eine Konzipierung von Produkten und Prozessen, die im Sinne eines sachlich integrierten Qualitäts- und Umweltmanagements **am mehrdimensionalen unternehmerischen Zielsystem orientiert** sind.

6. Resümee

Den Ausgangspunkt der vorliegenden Habilitationsschrift bilden Interdependenzen zwischen qualitäts- und umweltbezogenen Entscheidungen in Unternehmen. Diese haben in der wissenschaftlichen Literatur wie in der Unternehmenspraxis zu einer intensiven Diskussion um Möglichkeiten und Probleme einer Weiterentwicklung der jeweils eindimensionalen Ausrichtung des Qualitäts- und Umweltmanagements hin zu einer **mehrdimensionalen Modellierung** eines Integrierten Managements geführt.

Bisher werden dabei schwerpunktmäßig Ansätze zur Integration von (zertifizierfähigen) Qualitäts- und Umweltmanagementsystemen diskutiert. Wesentlich weniger umfassend sind die Beiträge zur zugleich qualitäts- und umweltbezogenen Ausgestaltung der Leistungsprozesse in Unternehmen. Das **erste Ziel** der vorliegenden Arbeit besteht daher in der systematischen Analyse von **Interdependenzen zwischen qualitäts- und umweltbezogenen Entscheidungen** im Rahmen von Geschäftsprozessen, insbesondere im Rahmen der Produkt-/Prozessentwicklung, Beschaffung sowie Produktion, und Möglichkeiten zur **Ausrichtung der Entscheidungen auf das mehrdimensionale Zielsystem**.

Auf den theoretischen Überlegungen aufbauend wurde diese Thematik **empirisch** bei den Automobilherstellern in Deutschland untersucht: Das **zweite Ziel** der Arbeit besteht in neuen Erkenntnissen über Konsequenzen, die Unternehmen aus den – potenziell auch konfliktären – Interdependenzen zwischen Qualitäts- und Umweltzielen ziehen. Die Entscheidung für Fallstudien als Untersuchungsdesigns ermöglicht dabei Ergebnisse, die über die Resultate in der Literatur vorliegender quantitativer Studien hinausgehen. Als Untersuchungsobjekte wurden die **Automobilhersteller** Audi, BMW, DaimlerChrysler, Ford, Porsche und VW ausgewählt.

Das **dritte Ziel** der vorliegenden Arbeit besteht in der Entwicklung von **Gestaltungsempfehlungen für das Integrierte Qualitäts- und Umweltmanagement**: Zwei Qualitätsmanagementinstrumente, die **FMEA** und das **QFD**, werden zu **mehrdimensionalen Informations-, Planungs- und Kontrollinstrumenten** weiterentwickelt, die neben qualitätsorientierten auch umweltorientierte und finanzielle Kriterien berücksichtigen. Damit wird eine Voraussetzung geschaffen, um Entscheidungen im Rahmen der Produkt-/Prozessentwicklung besser entsprechend des mehrdimensionalen unternehmerischen Zielsystems treffen zu können.

Im Folgenden werden die Ergebnisse der Untersuchung im Hinblick auf diese drei Ziele thesenförmig zusammengefasst:

1. Thesen zur Integration des Qualitäts- und Umweltmanagements in Leistungsprozessen

- Im Rahmen der **Produkt-/Prozessentwicklung** sind interdependente qualitäts- und umweltorientierte Entscheidungen vor allem bei der Festlegung der Produkt- und Prozessmerkmale zu treffen. Dabei können durch eine **zeitliche Integration** qualitäts- und umweltbezogener Informations-, Planungs- und Kontrollprozesse die Produktentwicklungszeiten verkürzt werden. Allerdings muss bei Vorliegen konfliktärer Ergebnisse aus der Qualitäts- und Umweltperspektive zwischen den verschiedenen Konzepten ausgewählt werden. Um Möglichkeiten einer simultanen Berücksichtigung von Qualitäts- und Umweltzielen zu nutzen, ist eine **sachliche** und – als Voraussetzung hierfür – **organisatorische Integration** des Qualitäts- und Umweltmanagements erforderlich. In der vorliegenden Arbeit wurde gezeigt, welche **Qualitäts- und Umweltmanagementinstrumente**, einschließlich entsprechender **Kostenanalysen**, zu diesem Zweck **kombiniert** eingesetzt werden können. Dabei wurde auch deutlich, dass insbesondere im Zusammenhang mit der Ableitung konkreter Produkt- und Prozessmerkmale aus den Qualitäts- und Umweltzielen sowie bezüglich der Analyse von Fehlerrisiken noch **instrumentelle Lücken** zu einer Realisierung mehrdimensionaler Informations-, Planungs- und Kontrollprozesse bestehen.

- Für die **Beschaffungsprozesse** wurde gezeigt, dass eine **zeitliche, organisatorische und sachliche Integration** der an Qualitäts- und Umweltzielen sowie an finanziellen Kriterien ausgerichteten Zuliefererauswahl und -bewertung zweckmäßig ist. Dabei werden in der wissenschaftlichen Literatur neben einem kombinierten Instrumenteneinsatz inzwischen vermehrt **mehrdimensionale Ansätze** diskutiert und auch in der Praxis angewendet.

- Im Hinblick auf die **Produktion** stellt sich die Frage einer **sachlichen und damit auch zeitlichen und organisatorischen Integration** des Qualitäts- und Umweltmanagements zunächst im Hinblick auf die Auswahl der Fertigungsprozesse und -anlagen; zudem ist eine Verknüpfung der qualitäts- und umweltorientierten Termin- und Kapazitätsplanung erforderlich. Für die qualitäts- und umweltbezogene Ausgestaltung der Produktionsprozesse spielen die Anforderungen in ISO 9001 sowie ISO 14001 und Möglichkeiten einer integrierten Umsetzung dieser Vorgaben eine wichtige Rolle; dies gilt insbesondere im Zusammenhang mit der Gewährleistung der Einhaltung qualitäts- und umweltorientierter Produkt- und Prozessmerkmale.

2. Thesen zu den Ergebnissen der empirischen Untersuchung des Integrierten Qualitäts- und Umweltmanagements bei Automobilherstellern in Deutschland

In allen untersuchten Unternehmen liegen mehrdimensionale Zielsysteme vor. Die Konsequenzen, die daraus jeweils für die Frage einer Integration des Qualitäts- und Umweltmanagements gezogen werden, sind jedoch durchaus unterschiedlich. Eine **vergleichende Kontrastierung der untersuchten Fälle** auf Basis des der Untersuchung zugrunde liegenden Kategorienschemas führt zu folgenden Ergebnissen:

- Stellt man die (zertifizierten) **Qualitäts- und Umweltmanagementsysteme** in den Vordergrund, so lassen sich die Unternehmen zwei Gruppen zuordnen: Während DaimlerChrysler und BMW bei Vorliegen eines mehrdimensionalen Zielsystems eine Integration der Managementsysteme grundsätzlich für zweckmäßig halten (allerdings zurzeit in unterschiedlichem Maße umgesetzt haben), sind und bleiben die Managementsysteme bei Audi und VW sowie Porsche und Ford getrennt. Im Rahmen der Primärorganisation behalten sogar alle Unternehmen separate Qualitäts- und Umweltabteilungen bei; zugleich werden in unterschiedlichem Ausmaß Einheiten der Sekundärorganisation, insbesondere Projektteams, zur organisatorischen Integration eingesetzt.
- Eine zweite Typenbildung kann im Hinblick auf die Frage erfolgen, inwieweit die **interdependenten qualitäts- und umweltbezogenen Entscheidungen im Rahmen der Leistungsprozesse** Produkt-/Prozessentwicklung, Beschaffung und Produktion zeitlich, sachlich und/oder organisatorisch integriert getroffen werden. Hier zeigt sich folgendes Bild:
  - Bei Audi und VW sowie – zumindest zurzeit noch – bei Porsche besteht ausschließlich eine **zeitliche Integration** qualitäts- und umweltbezogener Aktivitäten, die dazu führt, dass die Entscheidungen unter Berücksichtigung sowohl qualitäts- als auch umweltbezogener Informationen getroffen werden. Die ausschließlich zeitliche Integration impliziert allerdings, dass bei Vorliegen widersprüchlicher Konzeptionen eine Entscheidung zwischen den qualitäts- bzw. umweltorientierten Alternativen getroffen werden muss.
  - Dagegen wird bei DaimlerChrysler, Ford, BMW sowie (zukünftig) Porsche zusätzlich eine **sachliche** und auch **sekundärorganisatorische Integration** angestrebt:
    - In den **Entwicklungsprozessen** kommt dabei dem kombinierten Einsatz von Qualitäts- und Umweltmanagementinstrumenten eine zentrale Rolle zu; so werden bei BMW auf Basis des Einsatzes von Qualitätsmanagementinstrumenten geplante bzw. modifizierte Produkt-/Prozesskonzeptionen in der Regel mittels einer SEFR auf ihre umweltbezogenen Auswirkungen hin analysiert. In allen untersuchten Unternehmen wird in besonderem Um-

fang die **FMEA** angewendet. Insofern überrascht es nicht, dass gerade hier auch umweltbezogene Weiterentwicklungen diskutiert und teilweise bereits realisiert werden: Bei DaimlerChrysler und bei Ford wurden verschiedene umweltbezogene Ausprägungen der FMEA entwickelt; sie werden zunehmend für die Produktentwicklung eingesetzt. Darüber hinaus sollen zukünftig Möglichkeiten einer mehrdimensionalen, zugleich qualitäts- und umweltbezogenen FMEA analysiert werden. Im Hinblick auf das **QFD** bestehen in den Unternehmen keine solchen Entwicklungen, zudem wird das Instrument aufgrund seiner hohen Komplexität eher selten angewendet. Insgesamt wird aber eine **zunehmende sachliche Integration** des Qualitäts- und Umweltmanagements in der Produkt-/Prozessentwicklung angestrebt und hierzu werden auf der instrumentellen Ebene Ansatzpunkte gesucht.

- In den **Beschaffungsprozessen** ist die zeitliche, sachliche und organisatorische Integration in den untersuchten Unternehmen unterschiedlich ausgeprägt. Bei BMW, Ford und Porsche werden die qualitäts- und umweltbezogenen Beurteilungen zunächst ausschließlich zeitlich abgestimmt, also parallel durchgeführt. Dies gilt sowohl für die Durchführung der ABC- bzw. Nutzwertanalysen als auch für die Audits. DaimlerChrysler setzt dagegen integrierte Audits ein, um (potenzielle) Zulieferer zu beurteilen.
- Bezüglich der **Produktionsprozesse** wird die Thematik eines integrierten Qualitäts- und Umweltmanagements in den untersuchten Unternehmen insgesamt deutlich weniger diskutiert. Die vorhandenen Integrationsansätze betreffen die Zusammenführung der Arbeits- und Verfahrensanweisungen sowie der Qualitäts- und Umweltmanagementhandbücher: Hier werden DaimlerChrysler, BMW und Ford in den nächsten Jahren die entsprechenden Integrationsprojekte abgeschlossen haben. Die internen qualitäts- und umweltbezogenen Audits werden in den untersuchten Unternehmen jeweils analog zu den Audits der Zulieferer durchgeführt. Hiervon abgesehen werden die Qualitäts- und Umweltmanagementinstrumente, insbesondere die statistische Qualitätssicherung und SEFR, weitgehend unabhängig voneinander eingesetzt.

Eine pauschale vergleichende Beurteilung der **Vorteilhaftigkeit** der bei den Automobilherstellern in Deutschland vorzufindenden Konzeptionen ist schon aufgrund der zahlreichen Einzelaspekte und der komplexen Zusammenhänge kaum möglich. Allerdings folgt m. E. aus den Diskussionen in der vorliegenden Arbeit, dass interdependente qualitäts- und umweltorientierte Entscheidungen nicht nur zeitlich, sondern auch organisatorisch und sachlich integriert getroffen werden sollten. Hierzu Möglichkeiten zu schaffen, ist das Ziel der Weiterentwicklung von mehrdimensionalen Informations-, Planungs- und Kontrollinstrumenten in der vorliegenden Arbeit.

3. Thesen zu den Gestaltungsempfehlungen für ein Mehrdimensionales Quality Function Deployment sowie eine Mehrdimensionale Fehlermöglichkeits- und -einflussanalyse

Mit dem **QFD** werden die qualitätsbezogenen Informations-, Planungs- und Kontrollprozesse im Rahmen der Produktentwicklung aufeinander aufbauend an den Qualitätszielen ausgerichtet. In der vorliegenden Arbeit wurden Ansätze einer mehrdimensionalen Modifikation des Instrumentes, mit denen die Produktentwicklung auf ein mehrdimensionales Zielsystem ausgerichtet wird, aufgegriffen und weiterentwickelt:

- Sämtliche Planungs- und Kontrollprozesse im Rahmen des QFD basieren auf den Produktanforderungen, die in der ersten Phase festgelegt werden. Die grundsätzliche Modifikation bei einem MQFD besteht nun darin, hier neben **kunden-** auch zusätzliche **umweltbezogene Produktanforderungen** festzulegen und zu gewichten. Durch eine Verknüpfung mit dem **Target Costing** im Anschluss an die zweite Phase des QFD können Handlungsbedarfe in Form von Produktverbesserungen und/oder Kosteneinsparungen abgeleitet werden, die auf dem mehrdimensionalen Kriterienkatalog des MQFD basieren. Schließlich werden in der dritten Phase des QFD die aus den Anforderungen an die Produkte abgeleiteten **Prozessmerkmale um zusätzliche umweltbezogene Zielkriterien erweitert**.
- Ein zentrales Problem des QFD, das seinen Einsatz in der Unternehmenspraxis einschränkt, ist die **Komplexität** der Methodenanwendung. Diese wird durch die vorgeschlagenen Modifikationen noch weiter erhöht. Andererseits eröffnet das MQFD jedoch m. E. die Möglichkeit, die **Produkt-/Prozessentwicklung simultan an Qualitäts-, Umwelt- und Kostenzielen auszurichten** und trägt damit zu einer sachlichen Integration des Qualitäts- und Umweltmanagements bei.

Mit der **FMEA** sollen Produkt- und Prozesskonzeptionen verbessert werden. Folgende Weiterentwicklungen des Instrumentes wurden im Rahmen der vorliegenden Arbeit vorgeschlagen:

- Ein zentrales Problem der herkömmlichen FMEA besteht darin, dass sie die **Kosten unternehmensintern entdeckter Fehler** nicht einbezieht. Durch die vorgeschlagene Modifikation der Risikoprioritätszahl wird dieses Problem gelöst und damit eine Produkt- bzw. Prozessentwicklung unterstützt, die aus Qualitätsmängeln resultierende Abweichungskosten sowohl unternehmensextern aufgetretener als auch unternehmensintern entdeckter Fehlern berücksichtigt. Zweckmäßig ist es dabei, sämtliche Folgen durch **unternehmensintern und -extern entdeckte Fehler** als erwartete **Kosten bzw. Auszahlungen** auszuweisen.
- Durch **umweltbezogene FMEAs**, mit denen die ökologischen Fehlerrisiken analysiert und vermindert werden, können qualitätsbezogene FMEAs zielsystemadäquat ergänzt werden.

- Ziel der in der vorliegenden Arbeit entwickelten **Mehrdimensionalen FMEA** ist es, die Folgen möglicher Fehler an Produkten bzw. Prozessen mehrdimensional zu bewerten. Hierzu werden die potenziellen Fehlerursachen im Hinblick auf drei Kriterien bewertet: (1) die Kosten, die durch unternehmensintern entdeckte Fehler entstehen, (2) die Kosten, die aus bei Kunden aufgetretenen Fehlern resultieren, und (3) die ökologischen Auswirkungen von Fehlern, wobei sowohl monetäre als auch nicht-monetäre Ansätze einer Bewertung zugrunde gelegt werden können.
- Ähnlich wie beim QFD erhöhen die vorgeschlagenen Modifikationen der FMEA einerseits die **Komplexität** des Instruments. Sie unterstützen jedoch andererseits eine Konzipierung von Produkten und Prozessen, die im Sinne eines **sachlich integrierten** Qualitäts- und Umweltmanagements am mehrdimensionalen unternehmerischen Zielsystem orientiert sind.

Unternehmen sehen sich zunehmend mit umweltbezogenen Ansprüchen strategisch relevanter Stakeholder konfrontiert. Für die Betriebswirtschaftslehre als anwendungsorientierte Wissenschaft entsteht hieraus das Erfordernis, theoretisch sowie empirisch potenzielle Interdependenzen zwischen qualitäts- und umweltbezogenen Informations-, Planungs- und Kontrollprozessen zu analysieren und Modelle für eine mehrdimensionale Entscheidungsunterstützung zu entwickeln. Mit der vorliegenden Arbeit soll hierzu ein Beitrag geleistet werden.

Literaturverzeichnis

- **Monographien, Beiträge in Zeitschriften und Sammelwerken, Internet-Quellen**

Achleitner, Ann-Kristin; Bassen, Alexander (2002): Entwicklungsstand des Shareholder-Value-Ansatzes in Deutschland – Empirische Befunde, in: Siegwart, Hans; Mahari, Julian (Hrsg.): Corporate Governance, Shareholder Value & Finance, Basel, Genf, München 2002, S. 611-635.

Adam, Dietrich (1969): Koordinationsprobleme bei dezentralen Entscheidungen, in: ZfB, 39. Jg., S. 615-632.

Adam, Dietrich (1996): Planung und Entscheidung: Modelle – Ziele – Methoden, 4. Aufl., Wiesbaden.

Adam, Dietrich; Backhaus, Klaus; Thonemann, Ulrich (2003): Allgemeine Betriebswirtschaftslehre. Koordination betrieblicher Entscheidungen, Berlin.

Adams, Heinz W. (1995): Integriertes Management System für Sicherheit und Umweltschutz. Generic Management System, München, Wien.

Adams, Heinz W.; Rademacher, Helmut (1994): Qualitätsmanagement – Strategie, Struktur, Systeme, Frankfurt am Main.

Ahire, Sanjay L.; O'Shaughnessy, K. C. (1998): The role of top management commitment in quality management: An empirical analysis of the auto parts industry, in: IJQRM, 15. Jg., S. 5-37.

Ahlert, Dieter; Schröder, Hendrik (1996): Rechtliche Grundlagen des Marketing, 2. Aufl., Stuttgart, Berlin, Köln.

Ahsen, Anette von (1996a): Total Quality Management. Komponenten und organisatorische Umsetzung einer unternehmensweiten Qualitätskonzeption, Frankfurt am Main.

Ahsen, Anette von (1996b): Marketing und Total Quality Management – Schnittstellen und Konflikte, in: Ahsen, Anette von; Czenskowsky, Torsten (Hrsg.): Marketing und Marktforschung. Entwicklungen, Erweiterungen und Schnittstellen im nationalen und internationalen Kontext, Festschrift zum 66. Geburtstag von Prof. Dr. Manfred Hüttner, Hamburg 1996, S. 175-190.

Ahsen, Anette von (1999a): Qualitäts- und Umweltschutz-Controllinginstrumente. Integrationsmöglichkeiten und Synergien am Beispiel des Quality Function Deployment, in: DBW, 59. Jg., S. 748-762.

Ahsen, Anette von (1999b): Lieferantenbeurteilung und -auswahl mit Qualitäts-Audits, in: Pepels, Werner (Hrsg.): Business-to-Business-Marketing, Neuwied, Kriftel/Ts. 1999, S. 404-417.

Ahsen, Anette von (2001a): Empirische Analysen der Berichtspraxis in Umwelterklärungen – Kritischer Vergleich zentraler Ergebnisse, in: ZfB, 71. Jg., S. 121-141.

Ahsen, Anette von (2001b): Integriertes Qualitäts- und Umweltschutzmanagement, in: Haasis, Hans Dietrich; Kriwald, Torsten (Hrsg.): Wissensmanagement in Produktion und Umweltschutz, Berlin 2001, S. 89-107.

Ahsen, Anette von (2001c): Umwelterklärungen als Modul des Umweltschutz-Reporting – Entwicklungstendenzen und Implikationen für das Umweltinformationsmanagement, in: Zeitschrift für Angewandte Umweltforschung, 14. Jg., S. 428-442.

Ahsen, Anette von; Buxmann, Peter, Martín Díaz, Luís (2003): Economic Evaluation of Cooperation in Supply Chains – Models and Results from an Empirical Study, Working Paper, Freiberg.

Ahsen, Anette von; Funck, Dirk (2001): Integrated Management Systems – Opportunities and Risks for Corporate Environmental Protection, in: Corporate Environmental Strategy, 8. Jg., Nr. 2, S. 165-175.

Ahsen, Anette von; Herzig, Christian; Pianowski, Mathias (2006): Nachhaltigkeitsberichterstattung der DAX-30 Unternehmen im Internet, in: UWF, 14. Jg., Nr. 1, in Druck.

Ahsen, Anette von; Lange, Christoph (2004): Mehrdimensionale Fehlermöglichkeits- und -einflussanalyse als Instrument des Integrierten Qualitätsmanagements, in: ZfB, 74. Jg., S. 441-460.

Ahsen, Anette von; Lange, Christoph; Pianowski, Mathias (2004): Corporate Environmental Reporting: Survey and Empirical Evidence, in: International Journal of Environment and Sustainable Development, 3. Jg., Nr. 1, S. 5-17.

Albach, Horst (1992): Strategische Allianzen, strategische Gruppen und strategische Familien, in: ZfB, 62. Jg., S. 663-670.

Alemann, Heinz von; Ortlieb, Peter (1975): Die Einzelfallstudie, in: Koolwijk, Jürgen von; Wieken-Mayser, Maria (Hrsg.): Techniken der empirischen Sozialforschung, Bd. 2, München 1975, S. 157-177.

Al-Laham, Andreas (1997): Strategieprozesse in deutschen Unternehmungen: Verlauf, Struktur und Effizienz, Wiesbaden.

Andersen, Mary; Sohal, Amrik S. (1999): A Study of the Relationship Between Quality Management Practices and Performance in Small Business, in: IJQRM, 16. Jg., S. 859-877.

Ansoff, Harry Igore (1984): Implanting Strategic Management, Englewood Cliffs.

Antes, Ralf (2003): Ökologieorientierte Personalarbeit, in: Kramer, Matthias; Strebel, Heinz; Kayser, Gernot (Hrsg.): Internationales Umweltmanagement Band III: Operatives Umweltmanagement im internationalen und interdisziplinären Kontext, Wiesbaden 2003, S. 523-553.

Antes, Ralf; Siebenhüner, Bernd (2001): Trendwende zur Nachhaltigkeit? Eine Sammelrezension neuerer Studien zu ökologisch verträglichem Verhalten, in: DBW, 61. Jg., S. 97-120.

Antony, Jiju; Balbontin, Alejandro; Taner, Tolga (2000): Key ingredients for the effective implementation of statistical process control, in: Work Study, 49. Jg., S. 242-247.

Armacost, Robert L.; Componation, Paul J.; Mullens, Michael A.; Swart, William W. (1994): An AHP Framework for Prioritizing Customer Requirements in QFD: An Industrial Housing Application, in: Industrial Engineering Research & Development, 26. Jg., Nr. 4, S. 72-79.

Assenmacher, Walter (2000): Induktive Statistik, Berlin, Heidelberg.

Assenmacher, Walter (2003): Deskriptive Statistik, 3. Aufl., Berlin, Heidelberg.

Atkinson, Anthony A.; Waterhouse, John H.; Wells, Robert B. (1997): A Stakeholder Approach to Strategic Performance Measurement, in: Sloan Management Review, 38. Jg., Nr. 3, S. 25-37.

Audi AG (2003): Umwelterklärung 2003 für den Audi Standort Ingolstadt, Ingolstadt.

Audi AG (2004): Geschäftsbericht 2003. http://www.audi.com/cf/rich_media/de/de/unternehmen/finanzinformationen/geschaeftsjahr_2003/geschaeftsbericht/geschaeftsbericht/109091838503950857.pdf, Abruf am 08.12.2004.

Azzone, Giovanni; Bianchi, Raffaella; Mauri, Renato; Noci, Giuliano (1997): Defining operational environmental strategies: programs and plans within Italian industries, in: Environmental Management and Health, 8. Jg., Nr. 1, S. 4-19.

Azzone, Giovanni; Noci, Giuliano (1998a): Seeing ecology and „green" innovations as a source of change, in: Journal of Organizational Change Management, 11. Jg., Nr. 2, S. 94-111.

Azzone, Giovanni; Noci, Giuliano (1998b): Identifying effective PMSs for the deployment of „green" manufacturing strategies, in: International Journal of Operations & Production Management, 18. Jg., S. 308-335.

Baiman, Stanley; Fischer, Paul E.; Rajan, Madhav V. (2000): Information, Contracting, and Quality Costs, in: Management Science, 46. Jg., S. 776-789.

Bal, Jay; Gundry, John (1999): Virtual teaming in the automotive supply chain, in: Team Performance Management: An International Journal, 5. Jg., Nr. 6, S. 174-193.

Balderjahn, Ingo (2004): Nachhaltiges Marketing-Management: Möglichkeiten einer umwelt- und sozialverträglichen Unternehmenspolitik, Stuttgart.

Ballou, Ronald H. (1998): Business Logistics Management, 4. Aufl., Upper Saddle River, New Jersey.

Ballwieser, Wolfgang (2000): Wertorientierte Unternehmensführung: Grundlagen, in: zfbf, 52. Jg., S. 160-166.

Ballwieser, Wolfgang (2002): Wertorientierung in der Betriebswirtschaftslehre: Von Schmalenbach bis heute, in: Macharzina, Klaus (Hrsg.): Wertorientierte Unternehmensführung. Strategien – Strukturen – Controlling. Kongress-Dokumentation 55. Deutscher Betriebswirtschafter-Tag 2001, Stuttgart 2002, S. 69-98.

Bamberg, Günter; Coenenberg, Adolf G. (2002): Betriebswirtschaftliche Entscheidungslehre, 11. Aufl., München.

Bamberger, Ingolf; Cappallo, Stephan (2003): Problembereiche und Ansätze der Strategischen Prozessforschung, in: Ringlstetter, Max J.; Henzler, Herbert A.; Mirow, Michael (Hrsg.): Perspektiven der Strategischen Unternehmensführung, Wiesbaden 2003, S. 93-120.

Bamberger, Ingolf; Wrona, Thomas (1996): Der Ressourcenansatz und seine Bedeutung für die Strategische Unternehmensführung, in: zfbf, 48. Jg., S. 130-153.

Bamberger, Ingolf; Wrona, Thomas (2004): Strategische Unternehmensführung. Strategien, Systeme, Prozesse, München.

Barnard, Chester I. (1938): The Functions of the Executive, Cambridge, Massachusetts.

Barrett, Peter (2000): Systems and relationships for constructing quality, in: IJQRM, 17. Jg., S. 377-392.

Bauer, Markus (1998): Prozeßorientierte Beschaffungslogistik an Beispielen der Automobilfertigung, Frankfurt am Main.

Baumgarten, Helmut; Stabenau, Hanspeter; Steger, Ulrich; Zentes, Joachim (1998): Qualitäts- und Umweltmanagement logistischer Prozessketten, Bern, Stuttgart, Wien.

Bayo-Moriones, Alberto; Merino-Díaz de Cerio, Javier (2003): The status of quality departments. Empirical evidence for the Spanish manufacturing industry, in: IJQRM, 20. Jg., S. 569-584.

Bea, Franz X. (2000): Entscheidungen des Unternehmens, in: Bea, Franz X.; Dichtl, Erwin; Schweitzer, Marcell (Hrsg.): Allgemeine Betriebswirtschaftslehre, Bd. 1: Grundfragen, 8. Aufl., Stuttgart 2000, S. 302-410.

Bea, Franz X.; Haas, Jürgen (2001): Strategisches Management, 3. Aufl., Stuttgart.

Beamon, Benita M. (1999): Designing the green supply chain, in: Logistics Information Management, 12. Jg., S. 332-342.

Beck, Nikolaus; Walgenbach, Peter (2003): ISO 9000 and Formalization – How Organizational Contingencies Affect Organizational Responses to Institutional Forces, in: Schmalenbach Business Review, 55. Jg., S. 294-320.

Becker, Howard S. (1968): Through Values to Social Interpretation. Essays on Social Context, Actions, Types, and Prospects, New York.

Bellmann, Klaus (1999): Betriebliches Umweltmanagement im Spannungsfeld von Politik, Wissenschaft und unternehmerischer Praxis, in: Bellmann, Klaus (Hrsg.): Betriebliches Umweltmanagement in Deutschland. Eine Positionsbestimmung aus Sicht von Politik, Wissenschaft und Praxis. Vortragsband zur Herbsttagung der „Wissenschaftlichen Kommission Umweltwirtschaft" im Verband der Hochschullehrer für Betriebswirtschaft e. V., Johannes Gutenberg-Universität Mainz, 12.-14. November 1998, Wiesbaden 1999, S. 3-18.

Bellmann, Klaus; Himpel, Frank (2002): Management von Beschaffungsnetzwerken, in: Hahn, Dietger; Kaufmann, Lutz (Hrsg.): Handbuch Industrielles Beschaffungsmanagement. Internationale Konzepte – Innovative Instrumente – Aktuelle Anwendungsbeispiele, 2. Aufl., Wiesbaden 2002, S. 859-882.

Belz, Frank-Martin (1999): Stand und Perspektiven des Öko-Marketing, in: DBW, 59. Jg., S. 809-829.

Belz, Frank-Martin (2002): Nachhaltige Produkt- und Leistungsinnovationen im Mobilitätsbereich, in: UWF, 10. Jg., Nr. 4, S. 18-23.

Belz, Frank-Martin (2003a): Nachhaltigkeits-Marketing, in: DBW, 63. Jg., S. 352-355.

Belz, Frank-Martin (2003b): Öko-Marketing in Europa. Ausprägungsformen und Einflussfaktoren, in: Marketing ZFP, 25. Jg., Nr. 3, S. 169-182.

Ben-Daya, Mohamed; Duffuaa, Salih O. (2003): Integration of Taguchi's loss function approach in the economic design of *x*-chart, in: IJQRM, 20. Jg., S. 607-619.

Ben-Daya, Mohamed; Raouf, Abdul (1996): A revised failure mode and effects analysis model, in: IJQRM, 13. Jg., S. 43-47.

Berekoven, Ludwig; Eckert, Werner; Ellenrieder, Peter (2001): Marktforschung – methodische Grundlagen und praktische Anwendungen, 9. Aufl., Wiesbaden.

Berman, Shawn L.; Wicks, Andrew C.; Suresh, Kotha; Jones, Thomas M. (1999): Does Stakeholder Orientation Matter? The Relationship between Stakeholder Management Models and Firm Financial Performance, in: Academy of Management Journal, 42. Jg., S. 488-506.

Beuermann, Günter; Halfmann, Marion (1998): Zwischenbetriebliche Entsorgungskooperationen aus transaktionskostentheoretischer Sicht, in: UWF, 6. Jg., Nr. 1, S. 72-77.

Beutin, Nikolas (2001): Verfahren zur Messung der Kundenzufriedenheit, in: Homburg, Christian (Hrsg.): Kundenzufriedenheit. Konzepte – Methoden – Erfahrungen, 4. Aufl., Wiesbaden 2001, S. 87-122.

Bidlingmaier, Johannes (1964): Unternehmerziele und Unternehmerstrategien, Wiesbaden.

Bishop, Richard C.; Champ, Patricia A.; Mullarkey, Daniel J. (1995): Contingent Valuation, in: Bromley, Daniel W. (Hrsg.): Handbook of Environmental Economics, Cambridge, Massachusetts 1995, S. 629-654.

Bitz, Michael (1981): Entscheidungstheorie, München.

Bläsing, Jürgen P. (1999): Organisation des Qualitätsmanagements im Unternehmen, in: Masing, Walter (Hrsg.): Handbuch Qualitätsmanagement, 4. Aufl., München, Wien 1999, S. 127-154.

Bleicher, Knut (1999): Das Konzept Integriertes Management. Visionen – Missionen – Programme, 5. Aufl., Frankfurt am Main, New York.

Bliemel, Friedhelm W.; Eggert, Andreas (1998): Kundenbindung – die neue Sollstrategie?, in: Marketing ZFP, 20. Jg., Nr. 1, S. 37-46.

Blohm, Hans (1980): Kooperation, in: Grochla, Erwin (Hrsg.): Handwörterbuch der Organisation, 2. Aufl., Stuttgart 1980, Sp. 1112-1118.

Blume, Verena; Haasis, Hans-Dietrich (2000): Unternehmensübergreifendes Umweltinformationscontrolling, in: Hilty, Lorenz M.; Schulthess, Daniel; Ruddy, Thomas F. (Hrsg.): Strategische und branchenübergreifende Anwendungen betrieblicher Umweltinformationssysteme, Marburg 2000, S. 143-156.

BMW AG (2001): Internationale Einkaufsbedingungen der BMW Group für Produktionsmaterial und Kraftfahrzeugteile (Status 24.09.2001), http://zulieferer.bmw.de/qualitaet/, Abruf am 30.01.2002.

BMW AG (2002): BMW Group News. Corporate News. 2001 erfolgreichstes Jahr der BMW Group, http://www.bmwgroup.com/d/index2.shtml?s50&/newstool/de/NewsInformation/news/overvie w.jsp&, Abruf am 29.01.2002.

BMW Group (2000): Qualitätsmanagement-Handbuch der BMW-Group. Kurzfassung, München.

BMW Group (2001a): Produktions- und Entwicklungsverbund der BMW Group, http://www.bmwgroup.com/d/0_0_www_bmwgroup_com/4_news/4_4_aktuelles_lexikon/pdf/7 produktion.pdf, Abruf am 09.04.2002.

BMW Group (2001b): BMW Group und seine Lieferanten – der neue Weg zur Partnerschaft, http://zulieferer.bmw.de/lieferantenbeziehungen/broschüre/, Stand: 18.07.2000, Abruf: 26.01.2001.

BMW Group (2004a): Sustainable Value Report 2003/2004. Innovation. Leistung. Verantwortung, München.

BMW Group (2004b): Geschäftsbericht 2003 – Vollständige Fassung. http://www.bmwgroup.com/d/0_0_www_bmwgroup_com/2_investor_relations/2_2_publikationen/2_2_1_geschaeftsbericht_03/2_2_1_3_downloadbereich/pdfs/gb2003_gesamt.pdf, Abruf am 08.12.2004.

Bochum, Ulrich; Meißner, Heinz-Rudolf (1988): Logistik und Produktion auf Abruf: neue Rationalisierungsstrategien und ihre Herausforderungen. Eine Dokumentation, Düsseldorf.

Bode, Jürgen; Zelewski, Stephan (1998): Die Produktion von Dienstleistungen – Ansätze zu einer Produktionswirtschaftslehre der Dienstleistungsunternehmen?, in: BFuP, 50. Jg., S. 594-607.

Böhi, Daniel M. (1995): Wettbewerbsvorteile durch die Berücksichtigung der strategisch relevanten gesellschaftlichen Anspruchsgruppen. Integration strategischer Managementansätze zur Erzielung überdurchschnittlicher Unternehmungsrenten unter spezieller Berücksichtigung der gesellschaftlichen Umwelt der Unternehmung, Bern, Stuttgart, Wien.

Böhler, Andrea; Kottmann, Heinz (1996): Ökobilanzen – Beurteilung von Bewertungsverfahren –, in: Umweltwissenschaften und Schadstoffforschung, 8. Jg., Nr. 2, S. 107-112.

Böning, Janette (2001): Betriebliche Ökobilanzen, in: Lutz, Ulrich; Nehls-Sahabandu, Martina (Hrsg): Praxishandbuch Integriertes Produktmanagement, Düsseldorf 2001, S. 217-246.

Bogaschewski, Ronald; Rollberg, Roland (1998): Prozessorientiertes Management, Berlin, Heidelberg, New York.

Bogaschewski, Ronald; Rollberg, Roland (2002): Produktionssynchrone Zulieferungskonzepte, in: Hahn, Dietger; Kaufmann, Lutz (Hrsg.): Handbuch Industrielles Beschaffungsmanagement. Internationale Konzepte – Innovative Instrumente – Aktuelle Anwendungsbeispiele, 2. Aufl., Wiesbaden 2002, S. 281-300.

Bohnsack, Ralf (2000): Rekonstruktive Sozialforschung. Einführung in Methodologie und Praxis qualitativer Forschung, 4. Aufl., Opladen.

Bonoma, Thomas von (1985): Case Research in Marketing: Opportunities, Problems, and a Process, in: Journal of marketing research, 21. Jg., S. 199-208.

Bortz, Jürgen; Döring, Nicola (1995): Forschungsmethoden und Evaluation für Sozialwissenschaftler, 2. Aufl., Berlin, Heidelberg, New York.

Bos, Wilfried; Koller, Hans-Chr. (2002): Triangulation. Methodologische Überlegungen zur Kombination qualitativer und quantitativer Methoden am Beispiel einer empirischen Studie aus der Hochschuldidaktik, in: König, Eckard; Zedler, Peter (Hrsg.): Qualitative Forschung. Grundlagen und Methoden, 2. Aufl., Weinheim, Basel 2002, S. 271-285.

Bouchereau, Vivianne; Rowlands, Hefin (2000): Methods and techniques to help quality function deployment (QFD), in: Benchmarking. An International Journal, 7. Jg., Nr. 1, S. 8-19.

Braess, Hans-Hermann (1999): Das Automobil von der Produkt- zur Systemoptimierung. Ziele und Aufgaben eines Life-Cycle-Managements, in: Automobiltechnische Zeitschrift, 101. Jg., S. 984-990.

Bräunig, Dietmar (2002): Externe Effekte, in: Küpper, Hans-Ulrich; Wagenhofer, Alfred (Hrsg.): Handwörterbuch der Unternehmensrechnung und Controlling, 4. Aufl., Stuttgart 2002, Sp. 513-521.

Braglia, Marcello (2000): MAFMA: multi-attribute failure mode analysis, in: IJQRM, 17. Jg., S. 1017-1033.

Braglia, Marcello; Frosolini, Marco; Montanari, Roberto (2003): Fuzzy criticality assessment model for failure modes and effects analysis, in: IJQRM, 20. Jg., S. 503-524.

Brauer, Heinz (Hrsg.) (1996a): Handbuch des Umweltschutzes und der Umweltschutztechnik, Bd. 2: Produktions- und Produktintegrierter Umweltschutz, Berlin, Heidelberg.

Brauer, Heinz (Hrsg.) (1996b): Handbuch des Umweltschutzes und der Umweltschutztechnik, Bd. 3: Additiver Umweltschutz: Behandlung von Abluft und Abgasen, Berlin, Heidelberg.

Brauer, Heinz (Hrsg.) (1996c): Handbuch des Umweltschutzes und der Umweltschutztechnik, Bd. 4: Additiver Umweltschutz: Behandlung von Abwässern, Berlin, Heidelberg.

Brauer, Heinz (Hrsg.) (1997): Handbuch des Umweltschutzes und der Umweltschutztechnik, Bd. 1: Emissionen und ihre Wirkungen, Berlin, Heidelberg.

Brealey, Richard A.; Myers, Stewart C. (2000): Principles of Corporate Finance, 6. Aufl., Boston et al.

Bretzke, W.-R. (1980): Der Problembezug von Entscheidungsmodellen, Tübingen.

Brink, Alexander (2002): VBR. Value-Based-Responsibility. Teil 1: Theoretischer Ansatz zur Integration ethischer Aspekte in die wertorientierte Unternehmensführung, München, Mering.

Brookshaw, Terry; Terziovski, Mile (1997): The relationship between strategic purchasing and customer satisfaction within a total quality management environment, in: Benchmarking for Quality Management & Technology, 4. Jg., S. 244-258.

Brüsemeister, Thomas (2000): Qualitative Forschung. Ein Überblick, Wiesbaden.

Bruhn, Manfred (1998): Wirtschaftlichkeit des Qualitätsmanagements. Qualitätscontrolling für Dienstleistungen, Berlin, Heidelberg.

Bruns, Kerstin (1997): Analyse und Beurteilung von Entsorgungslogistiksystemen. Ökonomische, ökologische und gesellschaftliche Aspekte, Wiesbaden.

Bryde, David J.; Slocock, Brian (1998): Quality management systems certification: A survey, in: IJQRM, 15. Jg., S. 467-480.

Bund, Martina (2000): F&E-Outsourcing. Planung – Kontrolle – Integration, Wiesbaden.

Bundesumweltministerium/Umweltbundesamt (2001): Handbuch Umweltcontrolling, 2. Aufl., München.

Bundesverwaltungsamt (2004): Zur Novelle der ISO-Norm 14001 aus umweltpolitischer Sicht (Info 1793, Januar 2004), http://www.bva.bund.de/aufgaben/win/beitraege/00278/, Abruf am 07.07.2004.

Burkert, Wolf-Dieter (1998): Target Costing (Cost Deployment) – ein Beitrag zur Kostenplanung bei der Produktentwicklung, in: Verein Deutscher Ingenieure (Hrsg.): QFD. Produkte und Dienstleistungen marktgerecht gestalten, Tagung Düsseldorf, 29. u. 30.10.1998, VDI-Berichte Nr. 1413, Düsseldorf 1998, S. 89-111.

Burmann, Christoph (1991): Konsumentenzufriedenheit als Determinante der Marken- und Händlerloyalität. Das Beispiel der Automobilindustrie, in: Marketing ZFP, 13. Jg., S. 249-258.

Butterbrodt, Detlef (1997): Integration von Qualitäts- und Umweltmanagementsystemen und ihre betriebliche Umsetzung, Berlin.

Butterbrodt, Detlef; Gogoll, Alexander; Tammler, Ulrich (1995): Qualitätstechniken – Einsatzmöglichkeiten im Umweltmanagement, in: Petrick, Klaus; Eggert, Renate (Hrsg.): Umwelt- und Qualitätsmanagementsysteme, München, Wien 1995, S. 103-131.

Buttle, Francis (1997): ISO 9000: marketing motivations and benefits, in: IJQRM, 14. Jg., S. 936-947.

Buxmann, Peter; Ahsen, Anette von; Martín Díaz, Luís; Wolf, Kristina (2004): Usage and Evaluation of Supply Chain Management Software – Results of an Empirical Study in the European Automotive Industry, in: Information Systems Journal, 14. Jg., S. 295-309.

Buxmann, Peter; Dirks, Carsten; Heintz, Susanne (1998): Zwischenbetriebliche Prozesse in der Automobilindustrie, in: HMD Theorie und Praxis der Wirtschaftsinformatik, Nr. 200, S. 93-109.

Buxmann, Peter; König, Wolfgang; Fricke, Markus; Hollich, Franz; Martín, Luis; Weber, Sascha (2003): Zwischenbetriebliche Kooperationen mit mySAP – Aufbau und Betrieb von Logistiknetzwerken, 2. Aufl., Berlin.

Buxmann, Peter; Martín, Luis; Ahsen, Anette von (2003): Lohnen sich Kooperationen in Supply-Chains? Ökonomische Bewertungsansätze und Anwendung eines Simulationsmodells, in: Wirtschaftsinformatik, 45. Jg., S. 509-514.

Cachon, Gérard P.; Fisher, Marshall (2000): Supply Chain Inventory Management and the Value of Shared Information, in: Management Science, 46. Jg., S. 1032-1048.

Cachon, Gérard P.; Lariviere, Martin A. (2001): Contracting to Assure Supply: How to Share Demand Forecasts in a Supply Chain, in: Management Science, 47. Jg., S. 629-646.

Calingo, Luis Maria R. (1996): The evolution of strategic quality management, in: IJQRM, 13. Jg., S. 19-37.

Cansier, Dieter (1996): Umweltökonomie, 2. Aufl., Stuttgart.

Carpinetti, Luiz C. R.; Gerólamo, Mateus C.; Dorta, Marcelo (2000): A conceptual framework for deployment of strategy-related continuous improvements, in: The TQM Magazine, 12. Jg., S. 340-349.

Carter, Adrian (1999): Integrating Quality, Environment, Health and Safety Systems with Customers and Contractors, in: Greener Management International (GMI), 28. Jg., Winter, S. 59-68.

Çetinkaya, Sila; Lee, Chung-Yee (2000): Stock Replenishment and Shipment Scheduling for Vendor Managed Inventory Systems, in: Management Science, 46. Jg., S. 217-232.

Chandra, Charu; Kumar, Sameer (2000): Supply chain management in theory and practice: a passing fad or a fundamental change?, in: Industrial Management & Data Systems, 100. Jg., Nr. 3, S. 100-113.

Chang, Ching-Liang; Wei, Chiu-Chi; Lee, Yeong-Hoang (1999): Failure mode and effect analysis using fuzzy method and grey theory, in: Kybernetes, 28. Jg., S. 1072-1080.

Chao, Lawrence, P.; Ishii, Kosuke (2004): Project quality function deployment, in: IJQRM, 21. Jg., S. 938-958.

Chapman, Ross L.; Murray, Peter Ch.; Mellor, Robert (1997): Strategic quality management and financial performance indicators, in: IJQRM, 14. Jg., S. 432-448.

Christopher, Martin; Jüttner, Uta (2000): Supply Chain Relationships: Making the Transition to Closer Integration, in: International Journal of Logistics: Research and Applications, 3. Jg., Nr. 1, S. 5-23.

Coenenberg, Adolf G. (1999): Kostenrechnung und Kostenanalyse, 4. Aufl., Landsberg am Lech.

Coenenberg, Adolf G. (2001): Jahresabschluss und Jahresabschlussanalyse. Aufgaben und Lösungen, 10. Aufl., Landsberg am Lech.

Coenenberg, Adolf G.; Baum, Heinz-G.; Günther, Edeltraud; Wittmann, Robert (1994): Unternehmenspolitik und Umweltschutz, in: zfbf, 46. Jg., S. 81-100.

Coenenberg, Adolf G.; Fischer, Thomas M.; Schmitz, Jochen (1997): Marktorientiertes Kostenmanagement durch Target Costing und Product Life Cycle Costing, in: Bruhn, Manfred; Steffenhagen, Hartwig (Hrsg.): Marktorientierte Unternehmensführung. Reflexionen – Denkanstöße – Perspektiven, Festschrift für Heribert Meffert zum 60. Geburtstag, Wiesbaden 1997, S. 371-402.

Corsten, Hans (1998): Simultaneous Engineering als Managementkonzept für Produktentwicklungsprozesse, in: Horváth, Péter; Fleig, Günther (Hrsg.): Integrationsmanagement für neue Produkte, Stuttgart 1998, S. 123-165.

Corsten, Hans (2000): Produktionswirtschaft. Einführung in das industrielle Produktionsmanagement, 9. Aufl., München, Wien.

Corsten, Hans (2001a): Grundlagen der Koordination in Unternehmungsnetzwerken, in: Corsten, Hans (Hrsg.): Unternehmungsnetzwerke. Formen unternehmungsübergreifender Zusammenarbeit, München, Wien 2001, S. 1-57.

Corsten, Hans (2001b): Supply Chain Management – Grundlagen und Konzept –, in: Corsten, Hans (Hrsg.): Unternehmungsnetzwerke. Formen unternehmungsübergreifender Zusammenarbeit, München, Wien 2001, S. 189-215.

Corsten, Hans; Gössinger, Ralf (2001): Einführung in das Supply-Chain-Management, München.

Crémer, Jacques (1995): Towards an economic theory of incentives in just-in-time manufacturing, in: European Economic Review, 39. Jg., S. 432-439.

Crosby, Philip B. (1986): Qualität ist machbar, Hamburg et al.

Crowe, Thomas J. (1992): Integration is Not Synonymous with Flexibility, in: International Journal of Operations & Production Management, 12. Jg., Nr. 10, S. 26-33.

Cuhls, Kerstin (1993): Qualitätszirkel in japanischen und deutschen Unternehmen, Heidelberg.

Culley, C. William (1998): Environmental and Quality Systems Integration, Boca Raton et al.

Curcovic, Sime (1998): Investigating the Linkage between Total Quality Management and Environmentally Responsible Manufacturing, Dissertation, Michigan State University, Michigan.

Curcovic, Sime; Vickery, Shawnee; Droge, Cornelia (2000): An empirical analysis of the competitive dimensions of quality performance in the automotive supply industry, in: International Journal of Operations & Production Management, 20. Jg., S. 386-403.

Cyert, Richard M.; March, James G. (1963): A Behavioral Theory of the Firm, Englewood Cliffs.

DaimlerChrysler (2004): Geschäftsbericht 2003. http://www.daimlerchrysler.com/Projects/c2c/channel/documents/228295_dcag_gb_hv_2003.pdf, Abruf am 08.12.2004.

DaimlerChrysler AG (1998): Rahmen für das operative Qualitätskonzept Montage, Bremen.

DaimlerChrysler AG (1999a): DaimlerChrysler Prozeßaudit. Fragenkatalog, Stuttgart.

DaimlerChrysler AG (1999b): Qualitätssicherungsvereinbarung, Stuttgart.

DaimlerChrysler AG (2001): Mercedes-Benz Special Terms 2001. Extended Enterprise®, Stuttgart.

DaimlerChrysler AG (2004): Umwelt-Leitlinien. http://www.daimlerchrysler.com/dccom/0,,0-5-74514-49-74895-1-0-0-0-0-0-36-7166-0-0-0-0-0-0-0,00.html, Abruf am 01.03.2004.

Daldrup, Herbert (1999): Publizität umweltschutzbezogener Informationen in Geschäftsberichten. Ergebnisse einer empirischen Analyse der Berichtspraxis, in: Die Wirtschaftsprüfung, 52. Jg., S. 734-748.

Daldrup, Herbert (2002): Externes Umweltschutz-Reporting im Rahmen eines stakeholderorientierten Controlling, Frankfurt am Main.

Daldrup, Herbert; Ahsen, Anette von (2000): Berichtspraxis in revalidierten Umwelterklärungen. Ergebnisse einer empirischen Studie zeigen positive Entwicklungstendenzen, in: UWF, 8. Jg., Nr. 4, S. 33-37.

Dale, Barrie G.; Plunkett, James J. (1991): Quality Costing, London.

Danek, Simone (1995): Konsequenzen der Einbeziehung des Umweltschutzes in das Zielsystem einer Unternehmung bei der Bewertung betrieblicher Prozesse, Frankfurt am Main.

Danner, Helmut (1994): Methoden geisteswissenschaftlicher Pädagogik. Einführung in die Hermeneutik, Phänomenologie und Dialektik, 3. Aufl., München, Basel.

Delfmann, Werner (Hrsg.) (1989): Der Integrationsgedanke in der Betriebswirtschaftslehre. Festschrift für Helmut Koch zum 70. Geburtstag, Wiesbaden.

Dellmann, Klaus (1993): Ziele der Unternehmung, in: Chmielewicz, Klaus; Schweitzer, Marcel (Hrsg.): Handwörterbuch des Rechnungswesens, 3. Aufl., Stuttgart 1993, Sp. 2245-2252.

Deming, Walter E. (1986): Out of the Crisis, 2. Aufl., Cambridge, Massachusetts.

Dessler, Gary (1992): Organization Theory: Integrating Structure and Behaviour, 2. Aufl., London.

Deutsche Gesellschaft für Qualität (DGQ) (Hrsg.) (1985): Qualitätskosten: Rahmenempfehlungen zu ihrer Definition, Erfassung, Beurteilung, 5. Aufl., Berlin.

Deutsche Gesellschaft für Qualität (DGQ) (Hrsg.) (2001): FMEA – Fehlermöglichkeits- und Einflussanalyse, 2. Aufl., Berlin.

Deutsches EFQM Center (DEC) (2004): Das EFQM-Modell für Excellence, http://www.deutsche-efqm.de/, Abruf am 26.02.2004.

Deutsches Institut für Normung (DIN) (1994): Grundsätze produktbezogener Ökobilanzen, in: DIN-Mitteilungen, 73. Jg., Nr. 3, S. 208-212.

Devadasan, S. R; Muthu, S. (2003): Design of total failure mode and effects analysis programme, in: IJQRM, 20. Jg., S. 551-568.

Dinkelbach, Werner; Piro, Andrea (1989): Entsorgung und Recycling in der betriebswirtschaftlichen Produktions- und Kostentheorie: LEONTIEF-Technologien (I) und (II), in: WISU, 18. Jg., S. 399-405 u. 475-480.

Dinkelbach, Werner; Rosenberg, Otto (2004): Erfolgs- und umweltorientierte Produktionstheorie, 5. Aufl., Berlin et al.

Dittmann, Lars; Rademacher, Tim; Zelewski, Stephan (2004): Combining Knowledge Management and Quality Management Systems, in: European Organization for Quality (Hrsg.): 48th EOQ Congress "Quality and Innovations: the Path to higher Standards of Living" am 07.-09.09.2004 in Moskau, Congress Materials (CD-ROM).

Dittmar, Matthias (2000): Profitabilität durch das Management von Kundentreue. Theoretische Diskussion, Methodik und empirische Ergebnisse am Beispiel der Automobilindustrie, Wiesbaden.

Dögl, Rudolf (1986): Strategisches Qualitätsmanagement im Industriebetrieb. Pragmatischer Ansatz zur Erklärung und methodischen Handhabung des Qualitätsphänomens, Göttingen.

Dold, Georg (1996): Computerunterstützung der produktbezogenen Ökobilanzierung, Wiesbaden.

Donaldson, Thomas (1999): Making Stakeholder Theory Whole, in: Academy of Management Review, 24. Jg., S. 237-241.

Donaldson, Thomas; Preston, Lee E. (1995): The Stakeholder Theory of the Corporation: Concepts, Evidence, and Implications, in: Academy of Management, 20. Jg., S. 65-91.

Dorloff, Frank-Dieter; Möller, Eckhard (2001): Suche nach dem optimalen Betriebspunkt – Kennzahlen für den Einkauf in der Prozessindustrie, in: Beschaffung Aktuell, 48. Jg., Nr. 5, S. 40-42.

Dowell, Glen; Hart, Stuart; Yeung, Bernard (2000): Do Corporate Environmental Standards Create or Destroy Market Value?, in: Management Science, 46. Jg., S. 1059-1074.

Dresbach, Stefan (1996): Modeling by Construction. Entwurf einer allgemeinen Modellierungsmethodologie für betriebswirtschaftliche Entscheidungen, Aachen.

Drumm, Hans Jürgen (1996): Das Paradigma der Neuen Dezentralisation, in: DBW, 56. Jg., S. 7-20.

Dudenhöffer, Ferdinand (2000): Plattform-Effekte in der Fahrzeugindustrie, in: Controlling, 12. Jg., S. 145-151.

Dudenhöffer, Ferdinand (2001): Konzentrationsprozesse in der Automobilindustrie: Stellgrößen für die Rest-Player, in: ZfB, 71. Jg., S. 393-412.

Dudenhöffer, Ferdinand; Nagel, Peter; Havermann, Christoph (2002): Automobilzulieferer. Stellschrauben für vitales Wachstum, in: Absatzwirtschaft, 42. Jg., Nr. 3, S. 26-30.

Duttenhofer, Joachim (1985): Differenzierung und Integration, Frankfurt am Main.

Dyckhoff, Harald (1991): Berücksichtigung des Umweltschutzes in der betriebswirtschaftlichen Produktionstheorie, in: Ordelheide, Dieter; Rudolph, Bernd; Büsselmann, Elke (Hrsg.): Betriebswirtschaftslehre und Ökonomische Theorie, 52. Wissenschaftliche Jahrestagung des Verbandes der Hochschullehrer für Betriebswirtschaft e. V., 05.-09.06.1990 in Frankfurt, Stuttgart 1991, S. 275-309.

Dyckhoff, Harald (1994): Betriebliche Produktion – Theoretische Grundlagen einer umweltorientierten Produktionswirtschaft, 2. Aufl., Heidelberg, Berlin, New York.

Dyckhoff, Harald (2003): Neukonzeption der Produktionstheorie, in: ZfB, 73. Jg., S. 705-732.

Dyckhoff, Harald; Souren, Rainer; Keilen, Jens (2004): The Expansion of Supply Chains to Closed Loop Systems, in: Dyckhoff, Harald; Lackes, Richard; Reese, Joachim (Hrsg.): Supply Chain Management and Reverse Logistics, Berlin et al. 2004, S. 13-34.

Dyer, Jeffrey H.; Cho, Dong S.; Chu, Wujin (1998): Strategic Supplier Segmentation: The Next "Best Practice" in Supply Chain Management, in: California Management Review, 40. Jg., Nr. 2, S. 57-77.

Dyllick, Thomas (1997): Von der Debatte EMAS vs. ISO 14001 zur Integration von Managementsystemen. Themenwechsel in der Umweltmanagementsystem-Diskussion, in: UWF, 5. Jg., Nr. 1, S. 3-5.

Dyllick, Thomas (1999): Wirkungen und Weiterentwicklungen von Umweltmanagementsystemen, in: Seidel, Eberhard (Hrsg.): Betriebliches Umweltmanagement im 21. Jahrhundert. Aspekte, Aufgaben, Perspektiven, Berlin, Heidelberg 1999, S. 117-130.

Dyllick, Thomas (2000): Strategischer Einsatz von Umweltmanagementsystemen, in: UWF, 8. Jg., Nr. 3, S. 117-130.

Dyllick, Thomas; Hamschmidt, Jost (2000): Wirksamkeit und Leistung von Umweltmanagementsystemen – Eine Untersuchung von ISO 14001-zertifizierten Unternehmen in der Schweiz, Zürich.

Dyllick, Thomas; Hamschmidt, Jost (2002): Beschaffung und Umweltmanagement, in: Hahn, Dietger; Kaufmann, Lutz (Hrsg.): Handbuch Industrielles Beschaffungsmanagement. Internationale Konzepte – Innovative Instrumente – Aktuelle Anwendungsbeispiele, 2. Aufl., Wiesbaden 2002, S. 475-488.

Edgerton, Jerry (2002): What is an American car? In: CNN/ Money, http://money.cnn.com/2002/06/18/pf/autos/americancars_whatis/ 2002-06-18, Abruf am 23.08.2002.

EDS Operations Services GmbH (o. J.): Materialdatensystem, http://www.mdsystem.com/html/de/home_de.htm, Abruf am 27.02.2004.

Eisenbarth, Marc (2003): Erfolgsfaktoren des Supply Chain Managements in der Automobilindustrie, Frankfurt am Main.

Eisenbarth, Marc; Zelewski, Stephan (2000): Supply Chain Management: „Gläserne Pipelines“ im BMW-Konzern, in: Burchert, Heiko; Hering, Thomas; Rollberg, Peter (Hrsg.): Logistik. Aufgaben und Lösungen, München, Wien 2000, S. 325-337.

Ellram, Lisa (1995): Partnering Pitfalls and Success Factors, in: International Journal of Purchasing and Materials Management, 31. Jg., S. 35-44.

Elschen, Rainer (1983): Führungslehre als betriebswirtschaftliche Führungskonzeption?, in: Fischer-Winkelmann, Wolf F. (Hrsg.): Paradigmawechsel in der Betriebswirtschaftslehre?, Spardorf 1983, S. 238-262.

Elschen, Rainer (1984): Bietet eine verhaltenswissenschaftlich fundierte Marketingwissenschaft eine Lehre von den Absatzentscheidungen der Unternehmung?, in: Marketing ZFP, 6. Jg., Nr. 1, S. 59-63.

Elschen, Rainer (1993): Rückstellungen bei Umweltschutzmaßnahmen als Maßnahmen gegen den Umweltschutz?, in: Der Betrieb, 46. Jg., S. 1097-1100.

Elschen, Rainer (1997): Subventionen umweltschützender Vorsorgemaßnahmen zum Ausgleich bilanzieller Nachsorgebegünstigungen?, in: Weber, Jürgen (Hrsg.): Umweltmanagement. Aspekte einer umweltbezogenen Unternehmensführung, Stuttgart 1997, S. 125-266.

Endres, Alfred; Holm-Müller, Karin (1998): Die Bewertung von Umweltschäden. Theorie und Praxis sozioökonomischer Verfahren, Stuttgart, Berlin, Köln.

Engelhardt, Werner H.; Freiling, Jörg (1997): Marktorientierte Qualitätsplanung: Probleme des Quality Function Deployment aus Marketing-Sicht, in: DBW, 57. Jg., S. 7-19.

Engelhardt, Werner H.; Schütz, Peter (1991): Total Quality Management, in: WiSt, 20. Jg., S. 394-399.

Enríquez, Francisco T.; Osuna, Alejandro J.; Bosch, Veronica G. (2004): Prioritising customer needs at spectator events. Obtaining accuracy at a difficult QFD arena, in: IJQRM, 21. Jg., S. 948-990.

Enzler, Stefan (1999): Integriertes prozeßorientiertes Managementsystem, in: UWF, 7. Jg., Nr. 4, S. 45.

Enzler, Stefan (2000): Integriertes Prozeßorientiertes Management. Die Verbindung von Umwelt, Qualität und Arbeitssicherheit in einem Managementsystem anhand der betrieblichen Prozesse, Berlin.

Esser, Werner-Michael (1989): Die Wertkette als Instrument der strategischen Analyse, in: Riekhof, Hans-Christian (Hrsg.): Strategieentwicklung, Stuttgart 1989, S. 191-211.

European Communities (2004): Eco-Management and Audit Scheme, http://europa.eu.int/comm/environment/emas/about/participate/sites_en.htm, Abruf am 26.02.2004.

Evan, William M.; Freeman, R. Edward (1988): A Stakeholder Theory of the Modern Corporation: Kantian Capitalism, in: Beauchamp, Tom L.; Bowie, Norman E. (Hrsg.): Ethical Theory and Business, Englewood Cliffs, New Jersey 1988, S. 97-106.

Ewert, Ralf; Wagenhofer, Alfred (2003): Interne Unternehmensrechnung, 5. Aufl., Berlin, Heidelberg, New York.

Fandel, Günter; Spronk, Jaap (1985): Introduction: MCDM on Its Way to Maturity, in: Fandel, Günter; Matarazzo, Benedetto; Spronk, Jaap (Hrsg.): Multiple Criteria Decision. Methods and Applications, Berlin et al. 1985, S. 1-8.

Faust, Michael; Jauch, Peter; Brünnecke, Karin; Deutschmann, Christoph (1999): Dezentralisierung von Unternehmen. Bürokratie- und Hierarchieabbau und die Rolle betrieblicher Arbeitspolitik, 3. Aufl., München, Mering.

Feigenbaum, Armand V. (1956): Management of the Quality Control Function, in: Industrial Quality Control, o. J., Nr. 5, S. 22-25.

Feigenbaum, Armand V. (1991): Total Quality Control, 3. Aufl., New York et al.

Feigenbaum, Armand V. (1999): The new quality for the twenty-first century, in: The TQM Magazine, 11. Jg., S. 376-383.

Felix, Reto; Pischon, Alexander; Riemenschneider, Frank; Schwerdtle, Hartwig (1997): Integrierte Managementsysteme: Ansätze zur Integration von Qualitäts-, Umwelt- und Arbeitssicherheitsmanagementsystemen, Diskussionsbeitrag Nr. 41 des IWÖ-HSG, St. Gallen.

Ferstl, Jürgen (2000): Managementvergütung und Shareholder Value. Konzeption einer wertorientierten Vergütung für das Top-Management, Wiesbaden.

Fischer, Hartmut (2001): Reststoffcontrolling. Ein neues Tool zur Steigerung der Material- und Energieeffizienz, Berlin, Heidelberg, New York.

Fischer, Jens-Uwe (1995): Umweltmanagement in dezentralen Unternehmensstrukturen, in: Zeitschrift für wirtschaftlichen Fabrikbetrieb, 90. Jg., S. 278-282.

Fischer, Thomas M. (2000): Qualitätskosten, in: Fischer, Thomas M. (Hrsg.): Kosten-Controlling. Neue Methoden und Inhalte, Stuttgart 2000, S. 555-589.

Fleig, Jürgen; Kinkel, Steffen (1999): Total Quality Management (TQM): Eine Chiffre für jede Art unternehmerischer Reorganisation?, in: DBW, 59. Jg., S. 240-260.

Flick, Uwe (1995): Triangulation, in: Flick, Uwe; Kardoff, Ernst v.; Keupp, Heiner; Rosenstiel, Lutz v.; Wolff, Stefan (Hrsg.): Handbuch Qualitative Sozialforschung. Grundlagen, Konzepte, Methoden und Anwendungen, 2. Aufl., Weinheim 1995, S. 432-439.

Flick, Uwe (2000a): Design und Prozess qualitativer Forschung, in: Flick, Uwe; Kardoff, Ernst von; Steinke, Ines (Hrsg.): Qualitative Forschung. Ein Handbuch, Reinbek bei Hamburg 2000, S. 252-265.

Flick, Uwe (2000b): Triangulation in der qualitativen Forschung, in: Flick, Uwe; Kardoff, Ernst von; Steinke, Ines (Hrsg.): Qualitative Forschung. Ein Handbuch, Reinbek bei Hamburg 2000, S. 309-318.

Flick, Uwe (2002): Qualitative Sozialforschung. Eine Einführung, 2. Aufl., Reinbek bei Hamburg.

Flik, Markus; Heering, Christoph; Kampf, Hans; Staengel, Dorothee (1998): Neugestaltung des Entwicklungsprozesses bei einem Automobilzulieferer: Prozeßorientierte Reorganisation, Quality Function Deployment und Target Costing, in: zfbf, 50. Jg., S. 289-305.

Ford Motor Company (2001a): Q1 2002. Setting the Standard, Dearborn, Michigan.

Ford Motor Company (2001b): Partnering with Suppliers to Achieve our Environmental Goals, wysi-wyg://318/http://www.ford.com/serv...ormance&LEVEL5=partneringWithSuppliers, Abruf am 12.10.2001.

Ford Motor Company (2004): Ford Motor Company 2003 Report. http://www.ford.-com/NR/rdonlyres/ejxygjpahwomelqsa5oyna6ovwnl3au4x6vqqazcti4nncayc27ax3l4ym3ebnl3nh34l6i7-tzdcxigagq3ewhxjwxe/2003_annual_report.pdf, Abruf am 08.12.2004.

Ford-Werke AG (2001): Ford-Umweltschutz, Köln.

Ford-Werke AG (2002): Umwelterklärung 2002 für den Standort Köln, Köln.

Franceschini, Fiorenzo; Rupil, Alessandro (1999): Rating scales and priorization in QFD, in: IJQRM, 16. Jg., S. 85-97.

Franck, Egon; Bagschik, Thorsten (1998): Ökonomische Überlegungen zur Produktverantwortung, in: ZfB, 68. Jg., S. 663-681.

Frank, Ulrich (2000): Modelle als Evaluationsobjekt: Einführung und Grundlegung, in: Häntschel, Irene; Heinrich, Lutz J. (Hrsg.): Evaluation und Evaluationsforschung in der Wirtschaftsinformatik, München, Wien 2000, S. 339-352.

Frank, Ulrich (2003): Einige Gründe für eine Wiederbelebung der Wissenschaftstheorie, in: DBW, 63. Jg., S. 278-292.

Franke, Günter; Hax, Herbert (2004): Finanzwirtschaft des Unternehmens und Kapitalmarkt, 5. Aufl., Berlin et al.

Franke, Hinrich (1999): Qualitätsmanagement bei Zulieferungen, in: Masing, Walter (Hrsg.): Handbuch Qualitätsmanagement, 4. Aufl., München, Wien 1999, S. 425-446.

Franke, Iris (1996): Umwelt-Zirkel als Instrument einer umweltbewußten Unternehmensführung, in: UWF, 4. Jg., Nr. 3, S. 43-49.

Franke, Stephan; Tuma, Axel (1999): Diskussion methodischer Ansätze im Rahmen einer umweltschutzorientierten Produktionssteuerung, in: Tuma, Axel; Franke, Stephan; Haasis, Hans-Dietrich (Hrsg.): Innovation in der Produktionssteuerung. Umwelt-Informatik aktuell, hrsg. von GI-Fachausschuß 4.6 „Informatik und Umweltschutz“, Bd. 20, Marburg 1999, S. 81-131.

Franke, Stephan; Tuma, Axel; Haasis, Hans-Dietrich (1998): Entwicklung umweltschutzorientierter Produktionsleitstände auf der Basis eines belastungsorientierten Kaskadenreglers, in: Bullinger, Hans-Jörg; Hilty, Lorenz M.; Rautenstrauch, Claus; Rey, Uwe; Weller, Andreas (Hrsg.): Betriebliche Umweltinformationssysteme in Produktion und Logistik, Marburg 1998, S. 153-169.

Franke, Stephan; Tuma, Axel; Haasis, Hans-Dietrich (2001): Nachhaltiges Wirtschaften auf Ebene der Produktionsdurchführung, in: Sebastian, Hans-Jürgen; Grünert, Tore (Hrsg.): Logistik Management – Supply Chain Management und e-Business, Stuttgart, Leipzig, Wiesbaden, 2001, S. 183-196.

Freeman, Robert Edward (1984): Strategic management: a stakeholder approach, Boston et al.

Freeman, Robert Edward (1994): The politics of stakeholder theory: some future directions, in: Business Ethics Quarterly, 4. Jg., S. 409-421.

Frehr, Hans-Ulrich (1999): Total-Quality-Management, in: Masing, Walter (Hrsg.): Handbuch Qualitätsmanagement, 4. Aufl., München, Wien 1999, S. 31-48.

Freimann, Jürgen (1996): Betriebliche Umweltpolitik. Praxis – Theorie – Instrumente, Bern, Stuttgart, Wien.

Freimann, Jürgen (1999): Jenseits von EMAS. Umweltmanagementsysteme – Erfahrungen und Perspektiven, in: Seidel, Eberhard (Hrsg.): Betriebliches Umweltmanagement im 21. Jahrhundert. Aspekte, Aufgaben, Perspektiven, Berlin, Heidelberg 1999, S. 131-145.

Freimann, Jürgen; Walther, Michael (2003): Umweltmanagement in deutschen Unternehmen – Empirische Befunde und analytische Verortung in: Brentel, Helmut; Klemisch, Herbert; Rohn, Holger (Hrsg.): Lernendes Unternehmen, Wiesbaden 2003, S. 1-18.

Frese, Erich (1998): Dezentralisierung um jeden Preis? Aktuelle Anmerkungen zu einem Schmalenbach-Thema, in: BFuP, 50. Jg., Nr. 2, S. 169-188.

Frese, Erich (2004): Grundlagen der Organisation. Konzept – Prinzipien – Strukturen, 9. Aufl., Wiesbaden.

Frese, Erich; Schmidt, Goetz; Hahn, Dietger; Horváth, Péter (1999): Organisationsstrukturen und Managementsysteme, in: Eversheim, Walter; Schuh, Günther (Hrsg.): Produktion und Management 1: Integriertes Management, Berlin et al. 1999, S. 3-1 - 3-93.

Friedrich, Stephan A.; Hinterhuber, Hans A. (1999): Wettbewerbsvorteile durch Wertschöpfungspartnerschaft – Paradigmenwechsel in der Hersteller/Handels-Beziehung, in: WiSt, 28. Jg., Nr. 1, S. 2-8.

Friedrichs, Jürgen (1990): Methoden empirischer Sozialforschung, 14. Aufl., Opladen.

Fröhling, Oliver (1993): Zur Ermittlung von Folgekosten aufgrund von Qualitätsmängeln, in: ZfB, 63. Jg., S. 543-468.

Frooman, Jeff (1999): Stakeholder Influence Strategies, in: Academy of Management Review, 24. Jg., S. 191-205.

Fuller, Donald A. (1999): Sustainable Marketing: Managerial-Ecological Issues, London, New Delhi.

Funck, Dirk (2002): Konzeptionelle Anforderungen an Integrierte Managementsysteme, in: Schwendt, Stefanie; Funck, Dirk (Hrsg.): Integrierte Managementsysteme. Konzepte, Werkzeuge, Erfahrungen, Heidelberg 2002, S. 25-44.

Funck, Dirk; Alvermann, Anke; Mayer, Markus; Schwendt, Stefanie (2001): Integrierte Managementsysteme im Spiegel einer internationalen Expertenbefragung. Stand und Entwicklung im Handels- und Dienstleistungssektor, Göttinger Handelswissenschaftliche Schriften e. V., IMS-Forschungsberichte Nr. 3, Universität Göttingen, Göttingen.

Funck, Dirk; Alvermann, Anke; Schwendt, Stefanie (2000): Managementzertifikate in KMU – Marketingstrategische Konsequenzen und kommunikative Nutzung, in: Meyer, Jörn-Axel (Hrsg.): Jahrbuch der KMU-Forschung 2000. Marketing in kleinen und mittleren Unternehmen, München 2000, S. 235-252.

Fung, Richard; Law, Dave S. T.; Ip, Wai Lam (1999): Design targets determination for interdependent product attributes in QFD using fuzzy inference, in: Integrated Manufacturing Systems, 10. Jg., S. 376-383.

Gandhinathan, R.; Raviswaran, N.; Suthakar, M. (2004): QFD- and VE-enabled target Costing: a fuzzy approach, in: IJQRM, 21. Jg., S. 1003-1011.

Garvin, David A. (1984a): Product Quality: An Important Strategic Weapon, in: Business Horizons, 27. Jg., Nr. 3, S. 40-43.

Garvin, David A. (1984b): What does „Product Quality" really mean?, in: Sloan Management Review, 26. Jg., Nr. 1, S. 25-43.

Garvin, David A. (1988): Managing Quality. The Strategic and Competitive Edge, New York.

Gay, Jürgen (1998): Stoff- und Energieflusskostenrechnung, Köln.

Geisel, Roland (2000): Strategien der einsatzsynchronen Beschaffung, Wiesbaden.

Geldermann, Jutta; Spengler, Thomas; Rentz, Otto (1998): Multikriterielle Entscheidungsunterstützung bei der Auswahl produktionsintegrierter Umweltschutzmaßnahmen, in: Bullinger, Hans-Jörg; Hilty, Lorenz M.; Rautenstrauch, Claus; Rey, Uwe; Weller, Andreas: Betriebliche Umweltinformationssysteme in Produktion und Logistik, Marburg 1998.

Gerhardt, Uta (1986): Patientenkarrieren. Eine medizinsoziologische Studie, Frankfurt am Main.

Gerhardt, Uta (1995): Typenbildung, in: Flick, Uwe; Kardorff, Ernst von; Keupp, Heiner; Rosenstiel, Lutz von; Wolff, Stephan (Hrsg.): Handbuch qualitative Sozialforschung. Grundlagen, Konzepte, Methoden und Anwendungen, 2. Aufl., Weinheim 1995, S. 435-439.

Gerpott, Torsten J. (1993): Integrationsgestaltung und Erfolg von Unternehmensakquisitionen, Stuttgart.

Gerpott, Torsten J. (1996): Simultaneous Engineering, in: Kern, Werner; Schröder, Hans-Horst; Weber, Jürgen (Hrsg.): Handwörterbuch der Produktionswirtschaft, 2. Aufl., Stuttgart 1996, Sp. 1852-1861.

Gerpott, Torsten J.; Rams, Wolfgang (2000): Kundenbindung, -loyalität und -zufriedenheit im deutschen Mobilfunkmarkt. Ergebnisse einer empirischen Studie, in: DBW, 60. Jg., S. 738-755.

Gierl, Heribert; Stich, Armin (1999): Sicherheitswert und Vorhersagewert von Qualitätssignalen, in: zfbf, 51. Jg., S. 5-32.

Gilchrist, Warren (1993): Modelling Failure Mode and Effects Analysis, in: IJQRM, 10. Jg., Nr. 5, S. 16-23.

Ginn, D. M.; Jones, D. V.; Rahnejat, Homer; Zairi, Mohamed (1998): The „QFD/ FMEA interface“, in: European Journal of Innovation Management, 1. Jg., Nr. 1, S. 7-20.

Ginn, D. M.; Zairi, Mohamed (2005): Best Practice QFD application: an internal/external benchmarking approach based on Ford Motor's experience, in: IJQRM, 22. Jg., Nr. 1, S. 38-58.

Glantschnig, Elisabeth (1994): Merkmalsgestützte Lieferantenbewertung, Köln.

Glatzner, Ludwig (2001): ISO 14001 in Deutschland. Erfahrungsbericht, hrsg. vom Bundesumweltministerium (BMU); Umweltbundesamt (UBA), Berlin, http://www.14001news.de/Projekt/Ergebnisse/ISO14001_de_II.pdf, Abruf am 07.07.2004.

Godt, Christine (1997): Haftung für Ökologische Schäden. Verantwortung für Beeinträchtigungen des Allgemeingutes Umwelt durch individualisierbare Verletzungshandlungen, Berlin.

Göbel, Elisabeth (1995): Der Stakeholderansatz im Dienste der strategischen Früherkennung, in: ZfP, 6. Jg., S. 55-67.

Göbel, Stefan (1998): Risikoorientierte Abschlussprüfung, Vortrag für das Symposium „Theorie und Praxis der Wirtschaftsprüfung“ in Potsdam am 04.10.1996, http://www-urb.wiwi.uni-rostock.de/~gos01363/papers/potsdam/potsdam.html, Abruf am 26.06.2002.

Götze, Uwe (2000): Lebenszykluskosten, in: Fischer, Thomas M. (Hrsg.): Kosten-Controlling. Neue Methoden und Inhalte, Stuttgart 2000, S. 265-289.

Götze, Uwe (2004): Kostenrechnung und Kostenmanagement, 3. Aufl., Berlin, Heidelberg.

Götze, Uwe; Bloech, Jürgen (2004): Investitionsrechnung. Modelle und Analysen zur Beurteilung von Investitionsvorhaben, Berlin, Heidelberg, New York.

Goh, T. N. (2000): Operating frameworks for statistical quality engineering, in: IJQRM, 17. Jg., S. 180-188.

Goode, William J.; Hatt, Paul K. (1972): Die Einzelfallstudie, in: König, René (Hrsg.): Beobachtung und Experiment in der Sozialforschung, 8. Aufl., Köln 1972, S. 299-313.

Graf, Gerald (1998): Nutzenorientierte Qualitätskostenrechnung. Ansätze zur Erfassung und marktorientierten Schätzung von Qualitätskosten auf Basis der Prozeßkostenrechnung, Frankfurt am Main.

Graves, Samuel B.; Murphy, David C.; Ringuest, Jeffrey (1999): Acceptance sampling versus redundancy as alternative means to achieving goals for system reliability, in: IJQRM, 16. Jg., S. 362-370.

Green, Ken; Morton, Barbara; New, Steve (1998): Green purchasing and supply policies: do they improve companies' environmental performance?, in: Supply Chain Management, 3. Jg., Nr. 2, S. 89-95.

Greenley, Gordon E.; Foxall, Gordon R. (1997): Multiple Stakeholder Orientation in UK Companies and the Implications for Company Performance, in: Journal of Management Studies, 34. Jg., S. 259-284.

Griem, Niels (2000): Produktionsintegrierter Umweltschutz. Förderung eines geringeren Stoff- und Energieverbrauchs im Produktionsverfahren durch das Recht – dargestellt am Beispiel der immissionsschutzrechtlich genehmigungsbedürftigen Anlagen, Berlin.

Grochla, Erwin (1969): Modelle als Instrumente der Unternehmensführung, in: ZfB, 21. Jg., S. 382-397.

Grochla, Erwin (1975): Betriebliche Informations- und Planungssysteme, Reinbek bei Hamburg.

Groeben, Norbert; Rustemeyer, Ruth (2002): Inhaltsanalyse, in: König, Eckard; Zedler, Peter (Hrsg.): Qualitative Forschung. Grundlagen und Methoden, 2. Aufl., Weinheim, Basel 2002, S. 233-258.

Gruden, Dusan (2000): Stuttgarter Forum Auto und Umwelt, in: UWF, 8. Jg., Nr. 2, S. 25-27.

Grünig, Rudolf; Kühn, Richard (2005): Successful Decision-making. A Systematic Approach to Complex Problems, Berlin, Heidelberg, New York.

Günter GmbH & Co. (1995): Umwelterklärung 1995 für den Standort Lengerich, Lengerich.

Günther, Edeltraud (1994): Ökologieorientiertes Controlling. Konzeption eines Systems zur ökologieorientierten Steuerung und empirische Validierung, München.

Günther, Edeltraud; Schill, Oliver; Schuh, Heiko (2000): Berücksichtigung von Ökologiekosten im Target Costing, in: UWF, 8. Jg., Nr. 1, S. 65-71.

Günther, Klaus (1994): Erfolg durch Umweltmanagement: Reportagen aus mittelständischen Unternehmen, Neuwied et al.

Günther, Thomas (1997): Unternehmenswertorientiertes Controlling, München.

Guerrero-Cusumano, José-Luis; Selen, Willem J. (1997): A comparison of international quality standards: divergence and agreement, in: Business Process Management, 3. Jg., S. 205-217.

Guinée, Jeroen B. (Hrsg.) (2002): Handbook on life cycle assessment. Operational guide to the ISO standards, Dordrecht et al.

Guinée, Jeroen B.; Gorrée, Marieke; Heijungs, Reinout (2001): Life cycle assessment – An operational guide to the ISO-Standards, Final Report, May 2001, Leiden.

Gunasekaran, Angappa; Goyal, Suresh K.; Martikainen, Teppo; Yli-Olli, Paavo (1998): Total quality management: a new perspective for improving quality and productivity, in: IJQRM, 15. Jg., S. 947-968.

Gutenberg, Erich (1951): Grundlagen der Betriebswirtschaftslehre. Erster Band: Die Produktion, Heidelberg.

Haasis, Hans-Dietrich (1994): Planung und Steuerung emissionsarm zu betreibender industrieller Produktionssysteme, Heidelberg.

Haasis, Hans-Dietrich (1996a): Operatives Produktionsmanagement und Umweltschutz, in: WISU, 25. Jg., S. 468-475.

Haasis, Hans-Dietrich (1996b): Betriebliche Umweltökonomie. Bewerten – Optimieren – Entscheiden, Heidelberg.

Haasis, Hans-Dietrich (1996c): Kreislaufwirtschaftsorientierte Produktionsplanung und -steuerung, in: Ahsen, Anette von; Czenskowsky, Torsten (Hrsg.): Marketing und Marktforschung. Entwicklungen, Erweiterungen und Schnittstellen im nationalen und internationalen Kontext, Festschrift zum 66. Geburtstag von Prof. Dr. Manfred Hüttner, Hamburg 1996, S. 175-190.

Haasis, Hans-Dietrich (1997): Ein Überblick über Betriebliche Umweltinformationssysteme, in: UWF, 5. Jg., Nr. 3, S. 4-6.

Haasis, Hans-Dietrich (1998): Umweltorientierte Produktionsplanung und -steuerung (UPPS), in: Wildemann, Horst (Hrsg.): Innovationen in der Produktionswirtschaft – Produkte, Prozesse, Planung und Steuerung, München 1998, S. 115-132.

Haasis, Hans-Dietrich (1999): Koordinationskonzepte und Informationssysteme für das Umweltmanagement, in: Corsten, Hans; Friedl, Birgit (Hrsg.): Einführung in das Produktionscontrolling, München 1999, S. 415-445.

Haasis, Hans-Dietrich (2001): Wissensmanagement und dessen Bedeutung für ein nachhaltiges Wirtschaften, in: Griesche, Detlef, Meyer, Helga; Dörrenberg, Florian (Hrsg.): Innovative Managementaufgaben in der nationalen und internationalen Praxis. Festschrift anlässlich des 60. Geburtstages von Sebastian Dworatschek, Wiesbaden 2001, S. 141-156.

Haasis, Hans-Dietrich; Müller, Wilfried; Winter, Gerd; Feseker, Klaus; Spiecker, Carola (Hrsg.) (2000): Produktionsintegrierter Umweltschutz und Eigenverantwortung der Unternehmen, Frankfurt am Main.

Haasis, Hans-Dietrich; Spengler, Thomas (Hrsg.) (2004): Produktion und Umwelt. Festschrift für Otto Rentz, Berlin, Heidelberg.

Hadi, Fathi A. (1979): Entscheidungskriterien und Nutzenfunktionen, Frankfurt am Main.

Hage, Jerald (1974): Communication and Organizational Control, New York.

Hahn, Dietger (1989): Integrierte Planung, in: Szyperski, Norbert; Winand, Udo (Hrsg.): Handwörterbuch der Planung, Stuttgart 1989, Sp. 770-788.

Hahn, Dietger (1999a): Unternehmungsziele im Wandel, in: Hahn, Dietger; Taylor, Bernard (Hrsg.): Strategische Unternehmungsplanung – Strategische Unternehmungsführung: Stand und Entwicklungstendenzen, 8. Aufl., Heidelberg 1999, S. 303-323.

Hahn, Dietger (1999b): Zweck und Entwicklung der Portfolio-Konzepte, in: Hahn, Dietger; Taylor, Bernard (Hrsg.): Strategische Unternehmungsplanung – Strategische Unternehmungsführung: Stand und Entwicklungstendenzen, 8. Aufl., Heidelberg 1999, S. 403-439.

Hahn, Dietger; Hintze, Martin (1999): Konzepte wertorientierter Unternehmungsführung, in: Hahn, Dietger; Taylor, Bernard (Hrsg.): Strategische Unternehmungsplanung – Strategische Unternehmungsführung: Stand und Entwicklungstendenzen, 8. Aufl., Heidelberg 1999, S. 325-353.

Hahn, Dietger; Hungenberg, Harald (2001): PuK. Planung und Kontrolle. Planungs- und Kontrollsysteme. Planungs- und Kontrollrechnung. Wertorientierte Controllingkonzepte, 6. Aufl., Wiesbaden.

Hahn, Dietger; Oppenländer, Karl H. (1999): Stand und Entwicklungstendenzen der strategischen Unternehmungsplanung und Unternehmungsführung in der Bundesrepublik Deutschland – Ergebnisse eines empirischen Forschungsprojektes, in: Hahn, Dietger; Taylor, Bernard (Hrsg.): Strategische Unternehmungsplanung – Strategische Unternehmungsführung: Stand und Entwicklungstendenzen, 8. Aufl., Heidelberg 1999, S. 1095-1136.

Hallay, Hendric; Pfriem, Reinhard (1992): Öko-Controlling. Umweltschutz in mittelständischen Unternehmen, Frankfurt am Main.

Halog, A.; Schultmann, Frank; Rentz, Otto (2001): Using quality function deployment for technique selection for optimum environmental performance improvement, in: Journal of Cleaner Production, 9. Jg., S. 387-394.

Hamel, Gary; Prahalad, Coimbatore K. (1994): Competing for the Future, Boston, Massachusetts.

Hamschmidt, Jost (1998): Auswirkungen von Umweltmanagementsystemen nach EMAS und ISO 14001 in Unternehmen. Eine Bestandsaufnahme empirischer Studien, Diskussionsbeitrag Nr. 65 des IWÖ-HSG, St. Gallen.

Handfield, Robert B.; Nicols, Ernest L. (1999): Introduction to Supply Chain Management, Englewood Cliffs, New Jersey.

Hansen, Ursula; Pollmann, Birgit (1997): Marktorientierte Qualitätsplanung – Probleme des Quality Function Deployment aus Marketing-Sicht, in: DBW, 57. Jg., S. 280-282.

Hax, Arnoldo S.; Majluf, Nicolas S. (1991): Strategisches Management. Ein integratives Konzept aus dem MIT, Frankfurt am Main, New York.

Hax, Herbert (1965): Die Koordination von Entscheidungen. Ein Beitrag zur betriebswirtschaftlichen Organisationslehre, Köln et al.

Haytin, Daniel L. (1988): The Validity of the Case Study, New York et al.

Heilmann, Joachim; Flake, Michael (2001): Teil V: Bewertung landwirtschaftlicher-industrieller Stoffströme, in: Umweltwissenschaften und Schadstoff-Forschung, 13. Jg., S. 301-309.

Heinen, Edmund (1969): Zum Wissenschaftsprogramm der entscheidungsorientierten Betriebswirtschaftslehre, in: ZfB, 39. Jg., S. 207-220.

Heinen, Edmund (1970): Zielanalyse als Grundlage rationaler Unternehmungspolitik, in: Jacob, Herbert (Hrsg.): Schriften zur Unternehmensführung, Bd. 11: Zielprogramm und Entscheidungsprozeß in der Unternehmung, Wiesbaden 1970, S. 7-26.

Heinen, Edmund (1971): Der entscheidungsorientierte Ansatz der Betriebswirtschaftslehre, in: ZfB, 41. Jg., S. 429-444.

Heinen, Edmund (1976a): Grundlagen betriebswirtschaftlicher Entscheidungen. Das Zielsystem der Unternehmung, 3. Aufl., Wiesbaden.

Heinen, Edmund (1976b): Grundfragen der entscheidungsorientierten Betriebswirtschaftslehre, München.

Heinen, Edmund (1991): Industriebetriebslehre als entscheidungsorientierte Unternehmensführung, in: Heinen, Edmund (Hrsg.): Industriebetriebslehre. Entscheidungen im Industriebetrieb, 9. Aufl., Wiesbaden 1991, S. 1-71.

Heinen, Edmund (1992): Einführung in die Betriebswirtschaftslehre, Nachdruck der 9. Aufl., Wiesbaden.

Heinen, Edmund (1993): Zur entscheidungsorientierten Unternehmensführung, in: Krulis-Randa, Jan S. (Hrsg.): Führen von Organisationen: Konzepte und praktische Beispiele aus privaten und öffentlichen Unternehmen. Festschrift für Edwin Rühli zum 60. Geburtstag, Bern 1993, S. 9-35.

Heinze, Thomas (2001): Qualitative Sozialforschung. Einführung, Methodologie und Forschungspraxis, München, Wien.

Helber, Joachim; Kuchenbuch, André; Lange, Christoph; Rebhahn, Andreas; Schroll, Markus (2004): Integriertes Controlling: Stoff-/Energieflussanalyse und prozessorientierte Kostenrechnung in Gießereien, in: Institut der deutschen Wirtschaft Köln (Hrsg.): Betriebliche Instrumente für nachhaltiges Wirtschaften. Konzepte für die Paxis, Köln 2004, S. 129-138.

Hellsten, Ulrika; Klefsjö, Bengt (2000): TQM as a management system consisting of values, techniques and tools, in: The TQM Magazine, 12. Jg., S. 238-244.

Henseling, Karl O. (1999): Stoffstrommanagement aus gesamtwirtschaftlicher Sicht – Umwelthandlungsziele als Orientierungspunkte, in: Brickwedde, Fritz (Hrsg.): Stoffstrommanagement – Herausforderungen für eine nachhaltige Entwicklung, Osnabrück 1999, S. 49-59.

Herrmann, Andreas; Huber, Frank (2000): Determinanten des Erfolgs von quality function deployment-Projekten, in: ZfB, 70. Jg., S. 27-53.

Herrmann, Andreas; Johnson, Michael D. (1999): Die Kundenzufriedenheit als Bestimmungsfaktor der Kundenbindung, in: zfbf, 69. Jg., S. 579-598.

Herrmann, Joachim (1999): Qualitätsaudit, in: Masing, Walter (Hrsg.): Handbuch Qualitätsmanagement, 4. Aufl., München, Wien 1999, S. 175-192.

Hertz, Harry S. (1997): A Looking Glass to American' Understanding of Quality, in: Quality Progress, 30. Jg., Nr. 6, S. 46-48.

Hinterhuber, Hans H. (1996): Strategische Unternehmungsführung. Bd. I: Strategisches Denken: Vision, Unternehmenspolitik, Strategie, 6. Aufl., Berlin, New York.

Hirschsteiner, Günther (2002): Einkaufs- und Beschaffungsmanagement. Strategien, Verfahren und moderne Konzepte, Ludwigshafen am Rhein.

Hodgetts, Richard; Altmann, Steven (1979): Organizational Behavior, Philadelphia.

Hoek, Remko I. van (1999): From reversed logistics to green supply chains, in: Supply Chain Management, 4. Jg., Nr. 3, S. 129-134.

Hoffmann, Esther; Ankele, Kathrin; Nill, Jan (2003): Innovationswirkungen und Lerneffekte durch EMAS, in: UWF, 11. Jg., Nr. 1, S. 32-38.

Hoffmann, Jens (2002): Automobilmarketing im Spannungsfeld von gesellschaftlichen Umweltzielen und Kundennutzen, Frankfurt am Main.

Hofstetter, Patrick; Braunschweig, Arthur (1994): Bewertungsmethoden in Ökobilanzen – ein Überblick, in: GAIA: ökologische Perspektiven in Natur-, Geistes- und Wirtschaftswissenschaften, 3. Jg., S. 227-236.

Hoitsch, Hans-Jörg (1993): Produktionswirtschaft, 2. Aufl., München.

Holze, Beate (2003): Umweltkostenrechnung, in: Baumast, Annette; Pape, Jens (Hrsg.): Betriebliches Umweltmanagement, 2. Aufl., Stuttgart 2003, S. 203-217.

Homburg, Christian (1994): Das industrielle Beschaffungsverhalten in Deutschland, in: Beschaffung aktuell, o. Jg., S. 9-13.

Homburg, Christian (2002): Bestimmung der optimalen Lieferantenzahl für Beschaffungsobjekte. Konzeptionelle Überlegungen und empirische Befunde, in: Hahn, Dietger; Kaufmann, Lutz (Hrsg.): Handbuch Industrielles Beschaffungsmanagement. Internationale Konzepte – Innovative Instrumente – Aktuelle Anwendungsbeispiele, 2. Aufl., Wiesbaden 2002, S. 181-199.

Homburg, Christian; Bucerius, Matthias (2001): Kundenzufriedenheit als Managementherausforderung, in: Homburg, Christian (Hrsg.): Kundenzufriedenheit. Konzepte – Methoden – Erfahrungen, 4. Aufl., Wiesbaden 2001, S. 51-83.

Homburg, Christian; Stock, Ruth (2001): Theoretische Perspektiven zur Kundenzufriedenheit, in: Homburg, Christian (Hrsg.): Kundenzufriedenheit. Konzepte – Methoden – Erfahrungen, 4. Aufl., Wiesbaden 2001, S. 17-50.

Hopf, Christel (2000): Qualitative Interviews – ein Überblick, in: Flick, Uwe; Kardoff, Ernst von; Steinke, Ines (Hrsg.): Qualitative Forschung. Ein Handbuch, Reinbek bei Hamburg 2000, S. 349-360.

Horváth, Péter (2003): Controlling, 9. Aufl., München.

Horváth, Péter; Niemand, Stefan; Wolbold, Markus (1993): Target Costing – State of the Art, in: Horváth, Péter (Hrsg.): Target Costing. Marktorientierte Zielkosten in der deutschen Praxis, Stuttgart 1993, S. 1-27.

Hüttner, Manfred; Ahsen, Anette von; Schwarting, Ulf (1999): Marketing-Management. Allgemein, Sektoral, International, 2. Aufl., München.

Hüttner, Manfred; Schwarting, Ulf (2002): Grundzüge der Marktforschung, 7. Aufl., München.

Hummel, Johannes; Schmidt, Johannes (1997): Shareholder Value und Ökologie, Diskussionsbeitrag Nr. 44 des IWÖ-HSG, St. Gallen.

Hungenberg, Harald (1995): Zentralisation und Dezentralisation. Strategische Entscheidungsverteilung in Konzernen, Wiesbaden.

Hunt, Robert A. (2005): Best practice QFD application: an internal/external benchmarking approach based on Ford Motor's experience, in: IJQRM, 22. Jg., Nr. 1, S. 38-58.

Hwang, Ching-Lai; Yoon, Kwangsun (1981): Multiple Attribute Decision Making. Methods and Applications. A State-of-the-Art Survey, Berlin, Heidelberg, New York.

IHK für München und Oberbayern; Bayerisches Staatsministerium für Landesentwicklung und Umweltfragen (Hrsg.) (2001): IPP. Integrierte Produktpolitik. Instrumente aus der Praxis am Beispiel Automobil, München.

ISO WORLD (Hrsg.) (2004): The number of ISO14001 certification of the world, http://www.ecology.or.jp/isoworld/english/analy14k.htm, Abruf am 26.02.2004.

Jackson, Matthew O.; Wolinsky, Asher (1996): A Strategic Model of Social and Economic Networks, in: Journal of Economic Theory, 71. Jg., S. 44-74.

Janisch, Monika (1993): Das strategische Anspruchsgruppenmanagement. Vom Shareholder Value zum Stakeholder Value, Bern et al.

Janzen, Henrik (1996): Ökologisches Controlling im Dienste von Umwelt- und Risikomanagement, Stuttgart.

Janzen, Henrik (1997): Erscheinungsformen und Trends des Lebenszyklusdenkens aus der Perspektive umweltorientierter Unternehmensplanung, in: Zeitschrift für Angewandte Umweltforschung, 10. Jg., S. 313-326.

Jasch, Christine M. (2001): Environmental Management Accounting. Procedures and Principles, "Guidance Document" der United Nations Division for Sustainable Development, New York. Download unter http://www.un.org/esa/sustdev/proceduresandprinciples.pdf, Abruf am 15.07.2002.

Jensen, Christian J.; Töpfer, Armin (2001): Automobilvertrieb im Zeitalter des Internets: Implikationen für den Wettbewerb und die Hersteller-Händler-Zusammenarbeit, in: Trommsdorff, Volker (Hrsg.): Handelsforschung 2000/2001. Kooperations- und Wettbewerbsverhalten des Handels, Köln 2001, S. 79-98.

Johann, Hubert P.; Werner, Wolfgang (1994): Managementsysteme für Umweltschutz und Qualität. Ist ein gemeinschaftliches System zweckmäßig?, in: UWF, 2. Jg., Nr. 6, S. 53-57.

Johnson, Michael D.; Herrmann, Andreas; Huber, Frank; Gustafsson, Anders (Hrsg.) (1997): Customer Retention in the Automotive Industry. Quality, Satisfaction and Loyalty, Wiesbaden.

Jost, Peter-J. (2000): Organisation und Koordination. Eine ökonomische Einführung, Wiesbaden.

Kaas, Klaus P. (1992): Marketing für umweltfreundliche Produkte, in: DBW, 52. Jg., S. 473-487.

Kaas, Klaus P.; Busch, Anita (1996): Inspektions-, Erfahrungs- und Vertrauenseigenschaften von Produkten. Theoretische Konzeption und empirische Validierung, in: Marketing ZFP, 18. Jg., S. 243-252.

Kärst, Heiko; Winkelbauer, Wolfgang (2000): Das Abfallwirtschaftskonzept Rastatt. Auswahl und Zusammenarbeit mit externen und internen Partnern im Rahmen des Abfallwirtschaftskonzeptes Rastatt, in: UWF, 8. Jg., Nr. 2, S. 16-20.

Kaluza, Bernd; Ostendorf, Ralf J. (2002): Die zukünftige Bedeutung der Ökologie in der deutschen Automobilindustrie – eine kritische Analyse mit Hilfe der Szenario-Technik, Diskussionsbeiträge des Instituts für Wirtschaftswissenschaften der Universität Klagenfurt Nr. 2002/03, Klagenfurt.

Kamiske Gerd F.; Butterbrodt, Detlef; Juhre, Dirk; Tammler, Ulrich (1999): Management des betrieblichen Umweltschutzes, München.

Kamiske Gerd F.; Hummel, Thomas G. C.; Malorny, Christoph; Zoschke, Manfred (1994): Quality Function Deployment – oder das systematische Überbringen der Kundenwünsche, in: Marketing ZFP, 16. Jg., Nr. 3, S. 181-190.

Kandaouroff, Anna (1994): Qualitätskosten. Eine theoretisch-empirische Analyse, in: ZfB, 64. Jg., S. 765-786.

Kaplan, Robert S.; Norton, David P. (1996): Linking the Balanced Scorecard to Strategy, in: California Management Review, 39. Jg., Fall, S. 53-79.

Karapetrovic, Stanislav; Willborn, Walter (1998a): Integration of quality and environmental management systems, in: The TQM Magazine, 10. Jg., S. 204-213.

Karapetrovic, Stanislav; Willborn, Walter (1998b): The system's view for clarification of quality vocabulary, in: IJQRM, 15. Jg., S. 99-120.

Karapetrovic, Stanislav; Willborn, Walter (1998c): Integrated audit of management systems, in: IJQRM, 15. Jg., S. 694-711.

Karapetrovic, Stanislav; Willborn, Walter (2000): Quality assurance and effectiveness of audit systems, in: IJQRM, 17. Jg., S. 679-703.

Kardorff, Ernst von (2000): Zur Verwendung qualitativer Forschung, in: Flick, Uwe; Kardoff, Ernst von; Steinke, Ines (Hrsg.): Qualitative Forschung. Ein Handbuch, Reinbek bei Hamburg 2000, S. 615-623.

Kaufmann, Lutz (2001): Internationales Beschaffungsmanagement, Wiesbaden.

Kawlath, Arnold (1969): Theoretische Grundlagen der Qualitätspolitik, Wiesbaden.

Keeney, Ralph L.; Raiffa, Howard (1976): Decision with Multiple Objectives: Preferences and Value Tradeoffs, New York.

Kelle, Udo; Kluge, Susann (1999): Vom Einzelfall zum Typus. Fallvergleich und Fallkontrastierung in der qualitativen Sozialforschung, Opladen.

Kerschbaummayr, Günter; Alber, Sebastian (1996): Module eines Qualitäts- und Umweltmanagementsystems. Integrationskonzept einer entscheidungs- und prozeßorientierten Vorgangsweise unter Berücksichtigung der Richtlinien aus ISO 9000, EU-EMAS-Verordnung, ISO 14000 und des ArbeitnehmerInnenschutzgesetzes, Wien.

Kersten, Werner (1996): FMEA (Fehler-Möglichkeits- und -Einfluß-Analyse), in: Kern, Werner; Schröder, Hans-Horst; Weber, Jürgen (Hrsg.): Handwörterbuch der Produktionswirtschaft, 2. Aufl., Stuttgart 1996, Sp. 512-525.

Kersten, Werner (1998): Reduzierung von Entwicklungszeiten: Ansatzpunkte und Grenzen im industriellen Produktentstehungsprozeß, in: Wildemann, Horst (Hrsg.): Innovationen in der Produktionswirtschaft – Produkte, Prozesse, Planung und Steuerung, München 1998, S. 413-436.

Ketting, Michael (1999): Geschichte des Qualitätsmanagements, in: Masing, Walter (Hrsg.): Handbuch Qualitätsmanagement, 4. Aufl., München, Wien 1999, S. 17-30.

Key, Susan (1999): Toward a new theory of the firm: a critique of stakeholder „theory", in: Management Decision, 37. Jg., S. 317-328.

Kieser, Alfred (1999): Organisationstheorien, 3. Aufl., Stuttgart, Berlin, Köln.

Kieser, Alfred; Spindler, Gerald; Walgenbach, Peter (2002): Mehr Rechtssicherheit durch normative Managementkonzepte und Organisationsnormung?, in: zfbf, 54. Jg., S. 395-425.

Kilger, Wolfgang; Pampel, Jochen R.; Vikas, Kurt (2002): Flexible Plankostenrechnung und Deckungsbeitragsrechnung, 11. Aufl., Wiesbaden.

Kirchgeorg, Manfred (2002): Nachhaltigkeits-Marketing – Integration bestehender Erkenntnisse oder konzeptionelle Erweiterung?, in: UWF, 10. Jg., Nr. 4, S. 4-11.

Kirchgeorg, Manfred (2003): Nachhaltigkeits-Marketing – Eine internationale Perspektive, in: Belz, Frank-Martin; Bilharz, Michael (Hrsg.): Nachhaltigkeits-Marketing: Grundlagen und Potenziale, Diskussionsbeitrag Nr. 107 des IWÖ-HSG, St. Gallen 2003, S. 21-32.

Kirk, Jerome; Miller, Marc L. (1996): Reliability and Validity in Qualitative Research, 14. Aufl., Beverly Hills et al.

Kirsch, Werner (1991): Unternehmenspolitik und strategische Unternehmensführung, 2. Aufl., München.

Kirschling, Günter (1999): Statistische Methoden, in: Masing, Walter (Hrsg.): Handbuch Qualitätsmanagement, 4. Aufl., München, Wien 1999, S. 617-668.

Klein, Stefan (1996): Interorganisationssysteme und Unternehmensnetzwerke, Wiesbaden.

Kleinaltenkamp, Michael; Wolters, Heiko (1997): Die Gestaltung von Systempartnerschaften zwischen Automobilherstellern und ihren Zulieferern – eine spieltheoretische Analyse, in: Schreyögg, Georg; Sydow, Jörg (Hrsg.): Managementforschung 7. Gestaltung von Organisationsgrenzen, Berlin, New York 1997, S. 45-77.

Kleining, Gerhard (1982): Umriss zu einer Methodologie qualitativer Sozialforschung, in: Kölner Zeitschrift für Soziologie und Sozialpsychologie, 34. Jg., S. 224-253.

Klimova, Elena; Kolanowski, Krzystof (2004): Betriebliches Umweltmanagement und Wertsteigerung im Unternehmen, in: UWF, 12. Jg., Nr. 3, S. 44-48.

Köhrmann, Carsten; Schimmelpfeng, Katja (1997): Anwendung der Nutzwertanalyse im Bereich von Investitionsentscheidungen für Produktionssysteme unter besonderer Berücksichtigung der Verfügbarkeitssicherung, in: ZfP, 8. Jg., S. 395-406.

Köller, Henning von (1997): Einführung in die grundsätzlichen Veränderungen durch das Kreislaufwirtschafts- und Abfallgesetz, in: Schimmelpfeng, Lutz; Gessenich, Stefan (Hrsg.): Das Kreislaufwirtschafts- und Abfallgesetz. Neue Regelungen und Anforderungen, Berlin, Heidelberg 1997, S. 1-36.

König, Wolfgang; Buxmann, Peter (1999): Vernetzung als Wettbewerbsfaktor, in: Wagner, Gerd Rainer (Hrsg.): Unternehmungsführung, Ethik und Umwelt, Festschrift zum 65. Geburtstag von Hartmut Kreikebaum, Wiesbaden 1999, S. 303-320.

Koller, Hans (1998): Chancen, Probleme und Ausgestaltung der Unternehmensdezentralisierung, in: Lutz, Burkart (Hrsg.): Zukunftsperspektiven industrieller Produktion. Ergebnisse des Expertenkreises „Zukunftsstrategien" Band IV, München 1998, S. 45-98.

Konar, Ahameek; Cohen, Mark A. (2001): Does the Market Value Environmental Performance?, in: The Review of Economics and Statistics, 83. Jg., S. 281-289.

Konda, R.; Rajurkar, K. P.; Bishu, R. R.; Guha, A.; Parson, M. (1999): Design of experiments to study and optimize process performance, in: IJQRM, 16. Jg., S. 56-71.

Kosiol, Erich (1961): Erkenntnisstand und methodischer Stand der Betriebswirtschaftslehre, in: ZfB, 31. Jg., S. 129-136.

Kosiol, Erich (1962): Organisation der Unternehmung, Wiesbaden.

Kouvelis, Panagiotis; Lariviere, Martin A. (2000): Decentralized Cross-Functional Decisions: Coordination Through Internal Markets, in: Management Science, 46. Jg., S. 1049-1059.

KPMG (1998): Qualitäts- und Umweltmanagementsysteme bei Dienstleistern und in der Industrie, Berlin.

Kraimer, Klaus (2002): Einzelfallstudien, in: König, Eckard; Zedler, Peter (Hrsg.): Qualitative Forschung. Grundlagen und Methoden, 2. Aufl., Weinheim, Basel 2002, S. 213-232.

Krcal, Hans-Christian (1999): Industrielle Umweltschutzkooperationen. Ein Weg zur Verbesserung der Umweltverträglichkeit von Produkten, Berlin, Heidelberg.

Krcal, Hans-Christian (2000): Umweltschutzkooperationen in der Automobilindustrie – ein Überblick, in: UWF, 8. Jg., Nr. 2, S. 5-9.

Krcmar, Helmut (1991): Integration in der Wirtschaftsinformatik – Aspekte und Tendenzen, in: Jacob, Herbert; Becker, Jörg; Krcmar, Helmut (Hrsg.): Integrierte Informationssysteme, Schriften zur Unternehmensführung, Wiesbaden 1991, S. 3-18.

Kreikebaum, Hartmut (1997): Strategische Unternehmensplanung, 6. Aufl., Stuttgart et al.

Krelle, Wilhelm (1961): Preistheorie, Zürich.

Krelle, Wilhelm (1968): Präferenz- und Entscheidungstheorie, Tübingen.

Krems, Burkhardt (2004): EFQM, EFQM-Modell (für Excellence), http://www.olev.de/e/efqm-modellgrund.htm, Abruf am 27.02.2004.

Krieg, Robert (2004): Impact of structured product definition on market success, in: IJQRM, 21. Jg., S. 991-1002.

Kromrey, Helmut (2002): Empirische Sozialforschung, 10. Aufl., Opladen.

Kroppmann, Annette; Schreiber, Stefan (1996): Kopplung von Qualitäts- und Umweltmanagement. Auswertung einer Befragung von 3000 Unternehmen in Nordrhein-Westfalen, Dortmund.

Kruschwitz, Lutz (2003): Investitionsrechnung, 9. Aufl., München, Wien.

Kubicek, Herbert (1981): Unternehmungsziele, Zielkonflikte und Zielbildungsprozesse, in: WiSt, 10. Jg., S. 458-466.

Kuchenbuch, André (2006): Environmental Performance Measurement. Entwicklung einer prozessorientierten Konzeption zur integrierten betrieblichen Leistungsmessung auf der Basis von Stoffstrom- und Kosteninformationen in Gießereiunternehmen, Hamburg.

Kuchenbuch, André; Lange, Christoph; Hafkesbrink, Joachim (2004): Kennzahlengestützte Informationsbereitstellung im Rahmen eines Integrierten Controlling, in: UWF, 12. Jg., Nr. 2, S. 24-29.

Küpper, Hans-Ulrich (2001): Controlling: Konzeption, Aufgaben und Instrumente, 3. Aufl., Stuttgart.

Kuhl, Matthias (1999): Wettbewerbsvorteile durch kundenorientiertes Supply Management, Wiesbaden.

Kummer, Sebastian (1996): Umwelt und Unternehmenswert – Aufgaben und Instrumente eines wertorientierten Umweltmanagements, Habilitationsschrift, Vallendar.

Kvale, Steinar (1995): Validierung: Von der Beobachtung zu Kommunikation und Handeln, in: Flick, Uwe; Kardoff, Ernst von; Keupp, Heiner; Rosenstiel, Lutz von; Wolff, Stefan (Hrsg.): Handbuch Qualitative Sozialforschung. Grundlagen, Konzepte, Methoden und Anwendungen, 2. Aufl., Weinheim 1995, S. 427-431.

Lackes, Richard (1988): Die Nutzwertanalyse zur Beurteilung qualitativer Investitionseigenschaften, in: WISU, 17. Jg., S. 385-390.

Lam, Simon S. K. (1997): Quality planning performance. The relationship between objectives and process, in: IJQRM, 14. Jg., S. 10-23.

Lambert, Alfred J. D.; Jansen, Monique H.; Splinter, M. A. M. (2000): Environmental information systems based on enterprise resource planning, in: Integrated Manufacturing Systems, 11. Jg., S. 105-112.

Lambert, Douglas M.; Cooper, Martha C.; Pagh, Janus D. (1998): Supply Chain Management: Implementation Issues and Research Opportunities, in: The International Journal of Logistics Management, 9. Jg., Nr. 1, S. 1-19.

Lamming, Richard; Johnsen, Thomas; Zheng, Jurong; Harland, Christine (2000): An initial classification of supply networks, in: International Journal of Operations & Production Management, 20. Jg., S. 675-691.

Lamnek, Siegfried (1995a): Qualitative Sozialforschung. Band 1: Methodologie, 3. Aufl., Weinheim.

Lamnek, Siegfried (1995b): Qualitative Sozialforschung. Band 2: Methoden und Techniken, 3. Aufl., Weinheim.

Landeros, Robert; Monczka, Robert (1989): Cooperative Buyer/Seller Relationships and a Firm's Competitive Posture, in: Journal of Purchasing and Materials Management, 25. Jg., Nr. 3, S. 9-18.

Lange, Christoph (1978): Umweltschutz und Unternehmensplanung. Die betriebliche Anpassung an den Einsatz umweltpolitischer Instrumente, Wiesbaden.

Lange, Christoph (1989): Jahresabschlussinformationen und Unternehmensbeurteilung, Stuttgart.

Lange, Christoph (1997): Notwendigkeit und Konzeption des betrieblichen Umweltschutz-Controlling, in: Universität GH Essen (Hrsg.): Fortschrittsberichte VDI: Wirtschaft, Wissenschaft und Umwelt, Reihe 15: Umwelttechnik, Nr. 181, Düsseldorf 1997, S. 1-17.

Lange, Christoph (2002): Gemeinkostenmanagement, in: Küpper, Hans-Ulrich; Wagenhofer, Alfred (Hrsg.): Handwörterbuch Unternehmensrechnung und Controlling, 4. Aufl., Stuttgart 2002, Sp. 617-625.

Lange, Christoph; Ahsen, Anette von (2002): Externes Umweltschutz-Reporting (DBW-Stichwort), in: DBW, 62. Jg., S. 447-450.

Lange, Christoph; Ahsen, Anette von; Daldrup, Herbert (1998): Berichtsinhalte und Adressatenorientierung von Umwelterklärungen – Möglichkeiten zur Ausgestaltung gem. EMAS-VO, in: Die Wirtschaftsprüfung, 51. Jg., S. 636-647.

Lange, Christoph; Ahsen, Anette von; Daldrup, Herbert (1999): Ausgestaltung von Umwelterklärungen in der Berichtspraxis – Ergebnisse einer empirischen Analyse, in: BFuP, 51. Jg., S. 200-212.

Lange, Christoph; Ahsen von, Anette; Daldrup, Herbert (2001): Umweltschutz-Reporting. Umwelterklärungen und -berichte als Module eines Reportingsystems, München, Wien.

Lange, Christoph; Daldrup, Herbert (2000): Umweltschutz-Reporting und Prüfung. Bereitstellung vertrauenswürdiger Informationen über die umweltschutzbezogene Lage eines Unternehmens an Investoren, in: Lachnit, Laurenz; Freidank, Carl-Christian (Hrsg.): Investororientierte Unternehmenspublizität. Neuere Entwicklungen von Rechnungslegung, Prüfung und Jahresabschlussanalyse, Wiesbaden 2000, S. 215-253.

Lange, Christoph; Daldrup, Herbert (2002): Grundsätze ordnungsmäßiger Umweltschutz-Publizität – Vertrauenswürdige Berichterstattung über die ökologische Lage in Umwelterklärungen und Umweltberichten, in: Die Wirtschaftsprüfung, 55. Jg., S. 657-668.

Lange, Christoph; Fischer, Regina (1998): Umweltschutzbezogene Kostenrechnung auf Basis der Einzelkosten- und Deckungsbeitragsrechnung als Instrument des Controlling, in: ZfB, 68. Jg., Ergänzungsheft 1: Betriebliches Umweltmanagement, S. 107-123.

Lange, Christoph; Kuchenbuch, André (2003a): Integrierte Kosten- und Stoffflussrechnung in Gießereien. Teil 1: Umsetzung eines Integrierten Controlling, in: Giesserei, 90. Jg., Nr. 9, S. 26-33.

Lange, Christoph; Kuchenbuch, André (2003b): Integrierte Kosten- und Stoffflussrechnung in Gießereien. Teil 3: Prozessorientierte Kostenrechnung im Rahmen eines Integrierten Controlling, in: Giesserei, 90. Jg., Nr. 11, S. 24-33.

Lange, Christoph; Kuchenbuch, André (2005): Integrated Controlling Based on Material- and Energy-Flow-Analysis – A Case Study in Foundry Industries –, in: Wagner, Bernd; Enzler, Stefan (Hrsg.): Material Flow Management – Improving Cost Efficiency and Environmental Performance, Heidelberg, New York, S. 91-129.

Lange, Christoph; Kuchenbuch, André; Marzian, Willi (2003): Integrierte Kosten- und Stoffflussrechnung in Gießereien, in: Giesserei, 90. Jg., Nr. 12, S. 32-37.

Lange, Christoph; Krull, Devid (2006): Wertschöpfungsanalyse, in: Freidank, Carl-Christian; Lachnit, Laurenz; Tesch, Jörg (Hrsg.): Vahlens Großes Auditing Lexikon, München, in Druck.

Lange, Christoph; Martensen, Ove (2003): Wertorientierung des Kostenmanagements, in: Zeitschrift für Controlling und Management (zfcm), 47. Jg., S. 259-263.

Lange, Christoph; Martensen, Ove (2004): Environmental Management Accounting – Von der Umweltkostenrechnung zu einem integrierenden Kostenmanagement, Beiträge zur Umweltwirtschaft und zum Controlling Nr. 30, Universität Duisburg-Essen, Campus Essen.

Lange, Christoph; Pianowski, Mathias (2006): Nachhaltigkeitsberichtserstattung und Integriertes Controlling, in: Isenmann, Ralf; Gomez, Jorge Marx (Hrsg.): Internetgestützte Nachhaltigkeitsberichtserstattung – Stakeholder, Trends, Technologien, Berlin, in Druck.

Lange, Christoph; Schaefer, Sigrid (1998): Umweltschutz-Controlling mit Kennzahlen: Modellierung und Bereitstellung umweltschutzbezogener Informationen, in: Lachnit, Laurenz; Lange, Christoph; Palloks, Monika (Hrsg.): Zukunftsfähiges Controlling. Konzeptionen, Umsetzungen, Praxiserfahrungen. Festschrift zum 60. Geburtstag von Prof. Dr. Thomas Reichmann, München 1998, S. 295-319.

Lange, Christoph; Schaefer, Sigrid (2003): Perspektiven der Controllingforschung: Weiterentwicklung des informationsorientierten Controllingansatzes, in: Controlling, 15. Jg., S. 399-404.

Lange, Christoph; Schaefer, Sigrid (2006): Umweltbezogenes Controlling, in: Freidank, Carl-Christian; Lachnit, Laurenz; Tesch, Jörg (Hrsg.): Vahlens Großes Auditing Lexikon, München, in Druck.

Lange, Christoph; Schaefer, Sigrid; Daldrup, Herbert (2001): Integriertes Controlling in Strategischen Unternehmensnetzwerken, in: Controlling, 13. Jg., S. 75-83.

Lange, Christoph; Ukena, Harald (1996): Integrierte Investitionsplanung und -kontrolle im Rahmen eines betrieblichen Umweltschutz-Controllingsystems, in: Zeitschrift für Angewandte Umweltforschung, 9. Jg., S. 67-85.

Large, Rudolf (1999): Partnerschaftliche Lieferanten-Abnehmer-Beziehungen und Reduktion von Unsicherheit, in: Logistikmanagement, 1. Jg., S. 253-263.

Laux, Helmut (2003): Entscheidungstheorie, 5. Aufl., Berlin, Heidelberg, New York.

Laux, Helmut; Liermann, Felix (2003): Grundlagen der Organisation. Die Steuerung von Entscheidungen als Grundproblem der Betriebswirtschaftslehre, 5. Aufl., Berlin, Heidelberg, New York.

Lawrence, Reel R.; Lorsch, Jay W. (1967): Organization and Environment, Cambridge, Massachusetts.

Lee, Burton H. (2001): Using FMEA models and ontologies to build diagnostic models, in: Artificial Intelligence for Engineering Design, Analysis and Manufacturing, 15. Jg., S. 281-293.

Lee, Hau L.; Billington, Corey (1992): Managing Supply Chain Inventory: Pitfalls and Opportunities, in: Sloan Management Review, 33. Jg., Nr. 3, S. 65-73.

Lee, Hau L.; Padmanabhan, V.; Whang, Seungjin (1997): Information Distortion in a Supply Chain: The Bullwhip Effect, in: Management Science, 43. Jg., S. 546-558.

Lee, Hau L.; So, Kut C.; Tang Christopher S. (2000): The Value of Information Sharing in a Two-Level Supply Chain, in: Management Science, 46. Jg., S. 626-643.

Lehr, Petra (2000): Integrierter Umweltschutz im Innovationsprozeß industrieller Unternehmen, Frankfurt am Main.

Lentrodt, Andreas (2002): Blind- und Fehlleistungsermittlung in Gemeinkostenbereichen, in: Hansen, Wolfgang; Kamiske, Gerd F. (Hrsg.): Qualität und Wirtschaftlichkeit. QM-Controlling: Grundlagen und Methoden, Düsseldorf 2002, S. 117-142.

Letmathe, Peter (1998): Umweltschutzbezogene Kostenrechnung, München.

Letmathe, Peter (1999): Prozessoptimierung mit Hilfe der umweltbezogenen Kostenrechnung, in: Betriebliche Umweltinformationssysteme in der Praxis, Tagungsband zum Management-Symposium, IAO, 1999, S. 161-186.

Letmathe, Peter (2001a): Umweltorientierte Investitionsrechnung, in: Bundesumweltministerium/ Umweltbundesamt (Hrsg.): Handbuch Umweltcontrolling, 2. Aufl., München 2001, S. 537-555.

Letmathe, Peter (2001b): Operative Netzwerke aus der Sicht der Theorie der Unternehmung, in: ZfB, 71. Jg., S. 551-570.

Letmathe, Peter; Balakrishnan, Nagraj (2000): Impact of environmental constraints on the optimal product mix, in: Forrester, Paul L.; Bennett, David (Hrsg.): Responsive Production and the Agile Enterprise, Aston University, Birmingham 2000, S. 389-298.

Letmathe, Peter; Doost, Roger K. (2000): Environmental cost accounting and auditing, in: Managerial Auditing Journal, 15. Jg., S. 424-430.

Letmathe, Peter; Steven, Marion (1999): Bewertung von Umweltwirkungen im Rahmen der Umweltberichterstattung, in: Der Betrieb, 52. Jg., S. 541-547.

Letmathe, Peter; Steven, Marion (2002): Umweltbezogene Produktions- und Kostentheorie, in: Wagner, Sandra; Kupp, Martin; Matzel, Manfred (Hrsg.): Quantitative Modelle und nachhaltige Ansätze der Unternehmensführung. Festschrift für Günter Beuermann zum 65. Geburtstag, Heidelberg 2002, S. 119-132.

Letmathe, Peter; Stürznickel, Berndt; Tschesche, Julia (2002): Ressourcenkostenrechnung, in: UWF, 10. Jg., Nr. 4, S. 52-57.

Letmathe, Peter; Wagner, Gerd R. (2002): Umweltkostenrechnung, in: Küpper, Hans-U.; Wagenhofer, Alfred (Hrsg.): Handwörterbuch Unternehmensrechnung und Controlling, 4. Aufl., Stuttgart 2002, Sp. 1988-1996.

Leung, Hareton K. N.; Chan, Keith C. C.; Lee, R. Y. (1999): Costs and benefits of ISO 9000 series: a practical study, in: IJQRM, 16. Jg., S. 675-690.

Liebold, Renate; Trinczek, Rainer (2002): Experteninterview, in: Strodtholz, Petra; Kühl, Stefan (Hrsg.): Methoden der Organisationsforschung. Ein Handbuch, Reinbek bei Hamburg 2002, S. 33-71.

Liebscher, Christoph; Petsche, Alexander (2003): Die neue Kfz-Gruppenfreistellungsverordnung. Neue Kartellregeln im Bereich Kfz, Wien.

Lienert, Gustav A. (1998): Testaufbau und Testanalyse, 6. Aufl., Weinheim et al.

Liesegang, Dietfried G. (1999): Das Konzept der Reproduktionswirtschaft als Herausforderung für das Umweltmanagement, in: Seidel, Eberhard (Hrsg.): Betriebliches Umweltmanagement im 21. Jahrhundert. Aspekte, Aufgaben, Perspektiven, Berlin, Heidelberg 1999, S. 181-191.

Liker, Jeffrey K.; Kamath, Ryan R.; Wasti, S. Nazli (1998): Supplier involvement in design: a comparative survey of automotive suppliers in the USA, UK and Japan, in: International Journal of Quality Science, 3. Jg., S. 214-238.

Lingenfelder, Michael; Schneider, Willy (1991): Die Kundenzufriedenheit – Bedeutung, Meßkonzepte und empirische Befunde, in: Marketing ZFP, 13. Jg., Nr. 2, S. 109-119.

Linneweber, Volker (1999): Nutzung von Umweltressourcen: Facetten des Benachteiligungssyndroms, in: Linneweber, Volker; Kals, Elisabeth (Hrsg.): Umweltgerechtes Handeln: Barrieren und Brücken, Berlin et al. 1999, S. 118-139.

Lippe, Peter von der (2002): Deskriptive Statistik, 6. Aufl., München.

Lippe, Peter von der (2004): Induktive Statistik, 6. Aufl., München.

Lippe, Peter von der; Kladroba, Andreas (2004): Messung komplexer Variablen als Summe von Punktzahlen. Eine beliebte Methode des measurement without theory, in: Jahrbücher für Nationalökonomie und Statistik, 224. Jg., Nr. 1+2, S. 115-134.

Loch, Hans-J.; Hiltensperger, Siegfried; Rötzer, Michael; Sikora, Stefan (1999): Occupational Health- and Risk-Managementsystem (OHRIS), Bd. 1: Grundlagen und Systemelemente, 2. Aufl., München.

Lofthouse, Thomas (1999): The Taguchi loss function, in: Work Study, 48. Jg., S. 218-222.

Logothetis, Nicholas (1992): Managing for Total Quality. From Deming to Taguchi and SPC, New York.

Maani, Kambiz; Putterill, M. S.; Sluti, D. G. (1994): Empirical Analysis of Quality Improvement in Manufacturing, in: IJQRM, 11. Jg., Nr. 7, S. 19-37.

Macharzina, Klaus (2003): Unternehmensführung: Das internationale Managementwissen. Konzepte – Methoden – Praxis, 4. Aufl., Wiesbaden.

Madauss, Bernd (2000): Handbuch Projektmanagement, 6. Aufl., Stuttgart.

Madu, Christian (1998): An empirical assessment of quality: research considerations, in: International Journal of Quality Science, 3. Jg., S. 348-355.

Männel, Bettina (1996): Netzwerke in der Zulieferindustrie. Konzepte – Gestaltungsmerkmale – Betriebswirtschaftliche Wirkungen, Wiesbaden.

Malorny, Christian (1996): TQM umsetzen. Der Weg zur Business Excellence, Stuttgart.

Mann, Robin; Voss, Michael (2000): An innovative process improvement approach that integrates ISO 9000 with the Baldrige framework, in: Benchmarking: An International Journal, 7. Jg., Nr. 2, S. 128-145.

March, James G.; Simon, Herbert A. (1958): Organizations, New York.

Marggraf, Rainer; Streb, Sabine (1997): Ökonomische Bewertung der natürlichen Umwelt. Theorie, politische Bedeutung, ethische Diskussion, Heidelberg, Berlin.

Martínez-Lorente, Angel; Dewhurst, Frank; Dale, Barrie G. (1998): Total quality management: origins and evolution of the term, in: The TQM Magazine, 10. Jg., S. 378-386.

Masing, Walter (Hrsg.) (1999): Handbuch Qualitätsmanagement, 4. Aufl., München, Wien.

Masing, Walter (1999): Das Unternehmen im Wettbewerb, in: Masing, Walter (Hrsg.): Handbuch Qualitätsmanagement, 4. Aufl., München, Wien 1999, S. 3-16.

Mathisson-Öjmertz, Birgitta; Johansson, Mats I. (2000): Influences of Process Location on Materials Handling: Cases from the Automotive Industry, in: International Journal of Logistics: Research and Applications, 3. Jg., Nr. 1, S. 25-39.

Matten Dirk (1998): Sustainable Development als betriebswirtschaftliches Leitbild. Hintergründe, Abgrenzungen, Perspektiven, in: ZfB, 68. Jg., Ergänzungsheft 1: Betriebliches Umweltmanagement, S. 107-123.

Matten Dirk; Wagner, Gerd R. (1998): Konzeptionelle Fundierung und Perspektiven des Sustainable Development-Leitbildes, in: Steinmann, Horst; Wagner, Gerd R. (Hrsg.): Umwelt und Wirtschaftsethik, Stuttgart 1998, S. 51-92.

Matthews, Jason; Pellow, Leah; Phua, Florence; Rowlinson, Steve (2000): Quality relationships: partnering in the construction supply chain, in: IJQRM, 17. Jg., S. 493-510.

Matzler, Kurt; Bailom, Franz (2002): Messung von Kundenzufriedenheit, in: Hinterhuber, Hans H.; Matzler, Kurt (Hrsg.): Kundenorientierte Unternehmensführung. Kundenorientierung – Kundenzufriedenheit – Kundenbindung, 3. Aufl., Wiesbaden 2002, S. 213-244.

Matzler, Kurt; Stahl, Heinz K. (2000): Kundenzufriedenheit und Unternehmenswertsteigerung, in: DBW, 60. Jg., S. 626-641.

Mayring, Philipp (2002): Einführung in die qualitative Sozialforschung. Eine Anleitung zum qualitativen Denken, 5. Aufl., Weinheim.

Mayring, Philipp (2003): Qualitative Inhaltsanalyse. Grundlagen und Techniken, 8. Aufl., Weinheim, Basel.

McIvor, Ronan T.; Humphreys, Paul K.; McAleer, W. Eddie (1998): European car makers and their suppliers: changes at the interface, in: European Business Review, 98. Jg., Nr. 2, S. 87-99.

Meffert, Heribert (1997): Der Integrationsgedanke in der Betriebswirtschaftslehre – Leitbild für die Handelshochschule Leipzig (HHL), in: Meffert, Heribert; Gisholt, Odd (Hrsg.): Managementperspektiven und Managementausbildung, Tagung Leipzig, 15.01.1997, Leipzig 1997, S. 4-21.

Meffert, Heribert; Bruhn, Manfred; Schubert, Frank; Walther, Thomas (1986): Marketing und Ökologie – Chancen und Risiken umweltorientierter Absatzstrategien der Unternehmungen, in: DBW, 46. Jg., S. 140-159.

Meffert, Heribert; Kirchgeorg, Manfred (1998): Marktorientiertes Umweltmanagement. Konzeption, Strategie, Implementierung mit Praxisfällen, 3. Aufl., Stuttgart.

Meinig, Wolfgang; Mallad, Heike (2000): Umweltorientierte Zusammenarbeit in der Wertschöpfungskette der Automobilwirtschaft, in: UWF, 8. Jg., Nr. 2, S. 10-14.

Merle, Uwe (1998): Total Quality Management? – Anspruch und Wirklichkeit eines ‚unternehmensweiten' Qualitätsmanagements. Hintergründe und Handlungsempfehlungen, Regensburg.

Mertens, Peter (1995): Supply Chain Management (SCM), in: Wirtschaftsinformatik, 37. Jg., Nr. 2, S. 177-179.

Mertens, Peter (2000): Integrierte Informationsverarbeitung, Band 1: Administrations- und Dispositionssysteme in der Industrie, 12. Aufl., Wiesbaden.

Metters, Richard (1997): Quantifying the bullwhip effect in supply chains, in: Journal of Operations Management, 15. Jg., S. 80-100.

Meuser, Thomas (1994): Der Umweltschutz im Zielsystem von Unternehmen, in: ZfP, 5. Jg., Nr. 5, S. 49-62.

Meyer, Michael (1994): Ziele in Organisationen. Funktionen und Äquivalente von Zielentscheidungen, Wiesbaden.

Miles, Matthew B.; Huberman, A. Michael (1994): Qualitative Data Analysis. An Expanded Sourcebook, 2. Aufl., London, New Delhi.

Mintzberg, Henry (1983): Power in and around organizations, Englewood Cliffs, New Jersey.

Mohr, Ernst; Schneidewind, Uwe (1996): Brent Spar und Greenpeace: Ökonomische Autopsie eines Einzelfalls mit Zukunft, in: Zeitschrift für Umweltpolitik und Umweltrecht, 19. Jg., S. 141-160.

Moncka, Robert; Trent, Robert; Handfield, Robert (2002): Purchasing and supply chain management, 2. Aufl., Mason, Ohio.

Monden, Yasuhiro; Hoque, Mahfuzul (1999): Target Costing based on QFD, in: Controlling, 11. Jg., S. 525-534.

Müller-Christ, Georg (2001): Umweltmanagement. Umweltschutz und nachhaltige Entwicklung, München.

Müller-Christ, Georg; Remer, Andreas (1995): Organisation und Umwelt, in: Junkernheinrich, Martin; Klemmer, Paul; Wagner, Gerd R. (Hrsg.): Handbuch zur Umweltökonomie, Berlin 1995, S. 198-204.

Müller-Ötvös, Thorsten; Diederichs, Henning (1997): The BMW Customer Report – Dealer Satisfaction as a Strategic Success Factor for High Brand Loyalty, in: Johnson, Michael D.; Herrmann, Andreas; Huber, Frank, Gustafsson, Anders (Hrsg.): Customer Retention in the Automotive Industry. Quality, Satisfaction and Loyalty, Wiesbaden 1997, S. 279-292.

Nagel, Bernhard (2002): Produkthaftung im Produktionsverbund. Neue faktische und rechtliche Produkthaftungsrisiken, in: Hahn, Dietger; Kaufmann, Lutz (Hrsg.): Handbuch Industrielles Beschaffungsmanagement. Internationale Konzepte – Innovative Instrumente – Aktuelle Anwendungsbeispiele, 2. Aufl., Wiesbaden 2002, S. 447-473.

Najmi, Manoochehr; Kehoe, Dennis F. (2000): An integrated framework for post-ISO 9000 quality development, in: IJQRM, 17. Jg., S. 226-258.

Nantke, Hans-J. (2002): Nachhaltige Entwicklung in Deutschland, Berlin.

Neely, Andy (1999): The performance measurement revolution: why now and what next?, in: International Journal of Operations & Production Management, 19. Jg., S. 205-228.

Nibbrig, Bernhard (1997): Betriebliche Umweltökonomie. Ein Handbuch und Ratgeber für Wirtschaftspädagogen, hrsg. von der Zentralstelle für Umwelterziehung (ZUE) der Universität-GH Essen, Essen.

Nibbrig, Bernhard (2000): Innovationen in der deutschen Automobilindustrie zur Herstellung und Absatzförderung umweltfreundlicher Personenkraftwagen, Münster, Hamburg, London.

Nicolai, Christina (1994): Die Nutzwertanalyse, in: WISU, 23. Jg., S. 423-425.

Nicolai, Alexander; Kieser, Alfred (2002): Trotz eklatanter Erfolglosigkeit: Die Erfolgsfaktorenforschung weiter auf Erfolgskurs, in: DBW, 62. Jg., S. 579-596.

Niemand, Stefan (1996): Target Costing für Industrielle Dienstleistungen, München.

Nienhüser, Werner (1993a): Die Leistungsfähigkeit unterschiedlicher Methoden zur Erforschung von Entscheidungsprozessen, in: Becker, Fred G.; Martin, Albert (Hrsg.): Empirische Personalforschung: Methoden und Beispiele, München, Mering 1993, S. 69-92.

Nienhüser, Werner (1993b): Probleme der Entwicklung organisationstheoretisch begründeter Gestaltungsvorschläge, in: DBW, 53. Jg., S. 235-253.

Nienhüser, Werner (1998): Die Nutzung personal- und organisationswissenschaftlicher Erkenntnisse in Unternehmen. Eine Analyse der Bestimmungsgründe und Formen auf der Grundlage theoretischer und empirischer Befunde, in: ZfP, 9. Jg., Nr. 1, S. 21-49.

Nienhüser, Werner (1999): Zentrale Personalarbeit – Lob der Zentrale, in: Scholz, Christian (Hrsg.): Innovative Personalarbeit. Center-Modelle für Wertschöpfung, Strategie, Intelligenz und Virtualisierung, Neuwied, Kriftel, Berlin, S. 158-167.

Nienhüser, Werner (2004): Die Ressource Dependence-Theorie – Wie (gut) erklärt sie das Unternehmensverhalten?, in: Festing, Marion; Martin, Albert; Mayrhofer, Wolfgang; Nienhüser, Werner (Hrsg.): Personaltheorie als Beitrag zur Theorie der Unternehmung. Festschrift für Prof. Dr. Wolfgang Weber zum 65. Geburtstag, München, Mering 2004, S. 87-119.

Nitzsch, Rüdiger von (1993): Analytical Hierarchy Process und Multiattributive Werttheorie im Vergleich, in: WiSt, 22. Jg., S. 111-116.

Nollau, Hans-Georg; Duscher, Stephan; Ziegler, Oliver (2003): Entsorgungslogistik in der Automobilindustrie, Köln.

Noori, Hamid; Lee, W. B. (2000): Fractal manufacturing partnership: exploring a new form of strategic alliance between OEMs and suppliers, in: Logistics Information Management, 13. Jg., S. 301-311.

Oertel, Cordula (2000): Stakeholder Orientierung als Prinzip der Unternehmensführung, Arbeitspapier zur Schriftenreihe Marketing der LMU München, Bd. 108, München.

Oess, Attila (1993): Total Quality Management. Die Praxis des Qualitätsmanagements, 3. Aufl., Wiesbaden.

Oliver, R. Keith; Webber, Michael D. (1992): Supply-chain management: logistics catches up with strategy, Outlook 1982 (abgedruckt in: Christopher, Martin (Hrsg.): Logistics: The Strategic Issues, London 1992, S. 63-75).

Ortmann, Günther; Sydow, Jörg (1999): Grenzmanagement in Unternehmungsnetzwerken: Theoretische Zugänge, in: DBW, 59. Jg., S. 205-220.

Ossadnik, Wolfgang (1998): Mehrzielorientiertes strategisches Controlling. Methodische Grundlagen und Fallstudien zum führungsunterstützenden Einsatz des Analytischen Hierarchie-Prozesses, Heidelberg.

Ostendorf, Ralf J. (2003): Ökologische Wettbewerbsausrichtung in der Automobilindustrie, Sternenfels.

Ostendorf, Ralf J.; Wolter, Frank (2004): Ökologie als Wettbewerbsfaktor in der Automobilindustrie, in: UWF, 12. Jg., Nr. 1, S. 63-68.

O. V. (2003): Reklamationsmanagement mit 8D-Methode, in: QZ, 48. Jg., S. 1091.

Pappi, Franz U. (1987): Die Fallstudie in der empirischen Sozialforschung, in: Ohe, Werner von der (Hrsg.): Kulturanthropologie. Beiträge zum Neubeginn einer Disziplin, Berlin 1987, S. 365-378.

Park, Hee-Sok; Noh, Seung J. (2002): Enhancement of web design quality through the QFD approach, in: Total Quality Management, 13. Jg., S. 393-401.

Peemöller, Volker (2002): Zielsystem, in: Küpper, Hans Ulrich; Wagenhofer, Alfred (Hrsg.): Handwörterbuch Controlling und Unternehmensrechnung, 4. Aufl., Stuttgart 2002, Sp. 2168-2178.

Perona, Marco (1998): Manufacturing conformity assessment through Taguchi's quality loss function, in: IJQRM, 15. Jg., S. 931-946.

Peter, Sibylle Isabelle (1997): Kundenbindung als Marketingziel. Identifikation und Analyse zentraler Determinanten, Wiesbaden.

Peters, A. J.; Rooney, E. M.; Rogerson, John H.; McQuater, R. E.; Spring, M.; Dale, Barrie G. (1999): New product design and development: a generic model, in: The TQM Magazine, 11. Jg., S. 172-179.

Peters, Malte L.; Zelewski, Stephan (2002): Analytical Hierarchy Process (AHP) – dargestellt am Beispiel der Auswahl von Projektmanagement-Software zum Multiprojektmanagement, Arbeitsbericht Nr. 14 des Instituts für Produktion und Industrielles Informationsmanagement der Universität Essen, Essen.

Peters, Malte L.; Zelewski, Stephan (2004): Möglichkeiten und Grenzen des „Analytic Hierarchy Process" (AHP) als Verfahren zur Wirtschaftlichkeitsanalyse, in: ZfP, 15. Jg., S. 295-324.

Petrick, Klaus; Eggert, Renate (1994): Synthese von Qualitätsmanagement und Umweltmanagement, in: UWF, 2. Jg., Nr. 6, S. 44-46.

Pfaff, Dieter (1995): Kostenrechnung, Verhaltenssteuerung und Controlling, in: Die Unternehmung, 49. Jg., S. 437-455.

Pfeifer, Tilo (2001): Qualitätsmanagement. Strategien, Methoden, Techniken, 3. Aufl., München, Wien.

Pfeifer, Tilo; Greshake, Thilo (2004): Präventum. Strategien zur lebenszyklusweiten umweltgerechten Produkt- und Prozessbetrachtung, in: UWF, 12. Jg., Nr. 1, S. 71-75.

Pfeifer, Tilo; Lorenzi, Peter (2003): Wettstreit der Systeme. Studie: QM ist in der produzierenden Industrie hoffähig geworden, in: QZ, 48. Jg., S. 31-35.

Pfohl, Hans-Christian (1997): Informationsfluß in der Logistikkette, in: Pfohl, Hans-Christian (Hrsg.): Informationsfluß in der Logistikkette – EDI – Prozessgestaltung – Vernetzung, Berlin 1997, S. 1-45.

Pfohl, Markus Chr. (2002): Prototypgestützte Lebenszyklusrechnung. Dargestellt an einem Beispiel aus der Antriebstechnik, München.

Pfriem, Reinhard (1999): Vom Umweltmanagement zur auch ökologischen Entwicklungsfähigkeit von Unternehmen, in: Bellmann, Klaus (Hrsg.): Umweltmanagement, Wiesbaden 1999.

Pianowski, Mathias (2003): Nachhaltigkeitsberichterstattung, in: Baumast, Annett; Pape, Jens (Hrsg.): Betriebliches Umweltmanagement. Theoretische Grundlagen. Praxisbeispiele, 2. Aufl., Stuttgart 2003, S. 109-123.

Piber, Martin (2000): Die integrierte Organisation. Ein dreidimensionales Modell zum Management kooperativer Unternehmensnetzwerke, Frankfurt am Main.

Pick, Erich; Gürzenich, Dirk; Langer, Andreas (1999): Vergleich ausgewählter Methoden zur Wirkungsbilanzierung als Teil der Ökobilanz, Arbeitsbericht Universität Essen, FB 12, Lehrstuhl für Ökologisch verträgliche Energiewirtschaft, Essen.

Pick, Erich; Marquardt, Roland (1999): Methodik zur Bewertung von Stoffströmen mit schlecht quantifizierbaren Umweltauswirkungen (Nutzwert-ABC-Analyse), Arbeitsbericht Universität Essen, FB 12, Lehrstuhl für Ökologisch verträgliche Energiewirtschaft, Essen.

Picot, Arnold; Dietl, Helmut; Franck, Egon (2002): Organisation. Eine ökonomische Perspektive, 3. Aufl., Stuttgart.

Picot, Arnold; Reichwald, Ralf; Wigand, Rolf T. (2003): Die grenzenlose Unternehmung. Information, Organisation und Management. Lehrbuch zur Unternehmensführung im Informationszeitalter, 5. Aufl., Wiesbaden.

Pieper, Joachim (2000): Vertrauen in Wertschöpfungspartnerschaften. Eine Analyse aus Sicht der Neuen Institutionenökonomie, Wiesbaden.

Pischon, Alexander (1999): Integrierte Managementsysteme für Qualität, Umweltschutz und Arbeitssicherheit, Berlin, Heidelberg.

Pischon, Alexander; Liesegang, Dietfried G. (1997): Arbeitssicherheit als Bestandteil eines umfassenden Managementsystems. Bestandsaufnahme, Modellbildung, Lösungsansätze, Heidelberg.

Pohl, Indre (2001): Investitionsentscheidungen unter Berücksichtigung des Einflusses ökologischer Anspruchsgruppen, Frankfurt.

Porsche AG (1999): Umwelterklärung 1999, Stuttgart.

Porsche AG (2001): Umweltpolitik, wysiwygg://22/http://www.porsche.com/ge…rnehmen/philosophie/umwelt/default.htm, Abruf am 01.12.2001.

Porsche AG (2004): Geschäftsbericht 2002/2003 http://www3.porsche.de/german/deu/ company/annualreport/download/texts/pdf/porsche_geschaeftsbericht_04.pdf, Abruf am 08.12.2004.

Porter, Michael E. (1999): Nationale Wettbewerbsvorteile. Erfolgreich Konkurrieren auf dem Weltmarkt, Wien.

Porter, Michael E. (2000): Wettbewerbsvorteile. Spitzenleistungen erreichen und behaupten, 6. Aufl., Frankfurt am Main.

Portisch, Wolfgang (1997): Überwachung und Berichterstattung des Aufsichtsrats im Stakeholder-Agency-Modell, Frankfurt am Main et al.

Prammer, Heinz K. (1996): Einsatzgebiete und Leistungsfähigkeit ökobilanzieller Bewertungsverfahren, in: Malinsky, Adolf H. (Hrsg.): Betriebliche Umweltwirtschaft: Grundzüge und Schwerpunkte, Wiesbaden 1996, S. 211-243.

Prasad, Biren (1998): A method for measuring total value towards designing goods and services, in: The TQM Magazine, 10. Jg., S. 258-275.

Puay, S. Ho; Tan, Kay Chuan; Xie, Min; Goh, Thong Ngee (1998): A comparative study of nine national quality awards, in: The TQM Magazine, 10. Jg., S. 30-39.

Pullman, Madeleine E.; Moore, William L.; Wardell, Don G. (2002): A comparison of quality function deployment and conjoint analysis in new product design, in: The Journal of Product Innovation Management, 19. Jg., S. 354-364.

Pun, Kit-Fai; Chin, Kwai-Sang; Lau, Henry (1999): A self-assessed quality management system based on integration of MBNQA/ISO 9000/ISO 14000, in: IJQRM, 16. Jg., S. 606-629.

Punch, Keith F. (1998): Introduction to Social Research. Quantitative and Qualitative Approaches, London, Thousand Oaks, New Delhi.

Quella, Ferdinand; Schmidt, Wulf-Peter (2003): Integrating Environmental Aspects into Product Design and Development. The new ISO TR 14062 – Part 2: Contents and Practical Solutions, http://www.scientificJournals.com/sj/db/pdf/ehs/2003.03/ehs2003.03.006.pdf, Abruf am 16.04.2003.

Radder, Laetitia (1998): Stakeholder delight: the next step in TQM, in: The TQM Magazine, 10. Jg., S. 276-280.

Raffée, Hans; Förster, Friedrich; Fritz, Wolfgang (1992): Umweltschutz im Zielsystem von Unternehmen, in: Steger, Ulrich (Hrsg.): Handbuch des Umweltmanagements: Anforderungen und Leistungsprofile von Unternehmen und Gesellschaft, München 1992, S. 241-256.

Ramasamy, N. Rajam; Selladurai, V. (2004): Fuzzy logic approach to prioritise engineering characteristics in quality function deployment (FL-QFD), in: IJQRM, 21. Jg., S. 1012-1023.

Ramasesh, Ranga V. (1998): Baldrige Award announcement and sharehoder wealth, in: International Journal of Quality Science, 3. Jg., S. 114-125.

Rappaport, Alfred (1999): Shareholder-Value. Ein Handbuch für Manager und Investoren, 2. Aufl., Stuttgart.

Rau, Joachim (1999): Umweltaspekte eines umfassenden Qualitätsmanagements, Frankfurt am Main.

Reese, Joachim (1999): Produktion, in: Corsten, Hans; Reiß, Michael (Hrsg.): Betriebswirtschaftslehre, 3. Aufl., München, Wien 1999, S. 723-807.

Reese, Joachim; Petersen, Kerstin (2000): Qualitätsmanagement – Eine empirische Studie im Werkzeugmaschinenbau, in: ZfB, 70. Jg., S. 5-25.

Rehbehn, Rolf; Yurdakul, Zafer B. (2003): Mit Six Sigma zu Business Excellence. Strategien, Methoden, Praxisbeispiele, Erlangen.

Rehbinder, Eckard (2001): Umweltsichernde Unternehmensorganisation, in: Zeitschrift für das gesamte Handelsrecht und Wirtschaftsrecht, 165. Jg., S. 1-29.

Reichertz, Jo (1999): Über das Problem der Gültigkeit von Qualitativer Sozialforschung, in: Hitzler, Ronald (Hrsg.): Hermeneutische Wissenssoziologie: Standpunkte zur Theorie der Interpretation, Konstanz 1999, S. 319-346.

Reichmann, Thomas (2001): Controlling mit Kennzahlen und Managementberichten, 6. Aufl., München.

Reuter, Anne Y. (2003): Ganzheitliche Integration themenspezifischer Managementsysteme. Entwicklung eines Modells zur Gestaltung und Bewertung integrierter Managementsysteme, München, Mering.

Riegler, Christian (2000): Zielkosten, in: Fischer, Thomas M. (Hrsg.): Kosten-Controlling. Neue Methoden und Inhalte, Stuttgart 2000, S. 237-263.

Rieper, Bernd (1973): Entscheidungsmodelle zur integrierten Absatz- und Produktionsprogrammplanung für ein Mehrprodukt-Unternehmen, Wiesbaden.

Riezler, Stephan (1996): Lebenszyklusrechnung. Instrument des Controlling strategischer Projekte, Wiesbaden.

Rinne, Horst; Mittag, Hans-Joachim (1995): Statistische Methoden der Qualitätssicherung, 3. Aufl., München, Wien.

Rinne, Horst; Mittag, Hans-Joachim (1999): Prozeßfähigkeitsmessung für die industrielle Praxis, München, Wien.

Ríos Insuna, David (1990): Sensitivity analysis in multi-objective decision making, Berlin et al.

Ritter, Albert; Langhoff, Thomas (1998): Arbeitsschutzmanagementsysteme. Vergleich ausgewählter Standards, 2. Aufl., Dortmund, Berlin.

Roden, S.; Dale, Barrie D. (2000): Understanding the language of quality costing, in: The TQM Magazine, 12. Jg., S. 179-185.

Rogler, Silvia (2000): Industrielle Umweltkostenrechnung, in: Kostenrechnungspraxis, 44. Jg., S. 171-179.

Romberg, Stefan (1999): Die Berücksichtigung von Fehlerkosten im Rahmen eines Qualitätskostenmanagements, Frankfurt am Main.

Rommel Gunter (1996): Quality Pays: Reaching Worldclass Ranking by Nuturing a High-performance Culture and Meeting Customer Needs, New York.

Ross, Stephen A.; Westerfield, Randolph W.; Jaffe, Jeffrey (2002): Corporate Finance, 6. Aufl., Boston et al.

Roth, Ursula (1992): Umweltkostenrechnung. Grundlagen und Konzeption aus betriebswirtschaftlicher Sicht, Wiesbaden.

Rustemeyer, Ruth (1992): Praktisch-methodische Schritte der Inhaltsanalyse, Münster.

Saatweber, Jutta (1997): Kundenorientierung durch Quality Function Deployment, München, Wien.

Saaty, Thomas L. (1990): How to make a decision: The Analytical Hierarchy Process, in: European Journal of Operational Research, 48. Jg., S. 9-26.

Sankar, Nune Ravi; Prabhu, Bantwal S. (2001): Modified approach for prioritization of failures in a system failure mode and effects analysis, in: IJQRM, 18. Jg., S. 324-335.

Sarkis, Joseph (1998): Evaluating environmentally conscious business practices, in: European Journal of Operational Research, 107. Jg., S. 159-174.

Sasse, Alexander (2000): Systematisierung der Qualitätskosten und der Abweichungskosten für das Qualitätskostenmanagement, in: Kostenrechnungspraxis, 44. Jg., Sonderheft 1/2000: Qualitätscontrolling, S. 43-55.

Sasse, Alexander (2002): Ganzheitliches Qualitätskostenmanagement. Ein Konzept zur wirtschaftlichen Planung, Steuerung und Umsetzung, Wiebaden.

Savage, Grant T.; Timothy W. Nix, Carlton J. Whitehead; John D. Blair (1991): Strategies for assessing and managing organizational stakeholders, in: Academy of Management Executive, 5. Jg., Nr. 2, S. 61-75.

Schaefer, Sigrid (1999): Integriertes Controlling. Entwicklung einer stakeholderorientiert ausgestalteten Controllingkonzeption mit Kennzahlen, Forschungsbericht: Beiträge zur Umweltwirtschaft und zum Controlling Nr. 16, Universität Essen.

Schaefer, Sigrid (2004): Controlling und Nachhaltigkeit in der Wasserwirtschaft, in: UWF, 12. Jg., Nr. 4, S. 4-9.

Schaefer, Sigrid; Lange, Christoph (2004): Informationsorientierte Controllingkonzeptionen – Ein Überblick und Ansatzpunkte der Weiterentwicklung, in: Scherm, Ewald; Pietsch, Gotthard (Hrsg.): Controlling. Theorien und Konzeptionen, München 2004, S. 104-123.

Schaltegger, Stefan (1999): Bildung und Durchsetzung von Interessen zwischen Stakeholdern der Unternehmung, in: DBW, 53. Jg., S. 3-20.

Schaltegger, Stefan; Burritt, Roger; Petersen, Holger (2003): An Introduction to Corporate Environmental Management: Striving for Sustainability, Sheffield.

Schaltegger, Stefan; Sturm, Anke (1992): Ökologieorientierte Entscheidungen in Unternehmen – Ökologisches Rechnungswesen statt Ökobilanzierung: Notwendigkeit, Kriterien, Konzepte, Bern, Stuttgart, Wien.

Schanz, Günther (2000): Wissenschaftsprogramme der Betriebswirtschaftslehre, in: Bea, Franz X.; Dichtl, Erwin; Schweitzer, Marcell (Hrsg.): Allgemeine Betriebswirtschaftslehre, Band 1: Grundfragen, 8. Aufl., Stuttgart 2000, S. 80-158.

Scharnbacher, Kurt; Kiefer, Guido (1998): Kundenzufriedenheit. Analyse, Messbarkeit und Zertifizierung, 2. Aufl., München, Wien.

Schenk, Martin (1998): Altautomobilrecycling. Technisch-ökonomische Zusammenhänge und wirtschaftspolitische Implikationen, Wiesbaden.

Schierenbeck, Henner (2000): Grundzüge der Betriebswirtschaftslehre, 15. Aufl., München, Wien.

Schildknecht, Rolf (1992): Total Quality Management. Konzeption und State of the Art, Frankfurt am Main, New York.

Schmid, Stefan (1998): Shareholder-Value-Orientierung als oberste Maxime der Unternehmensführung? Kritische Überlegungen aus der Perspektive des Strategischen Managements, in: ZfP, 9. Jg., S. 219-238.

Schmidt, Ralf (1996): Marktorientierte Konzeptfindung für langlebige Gebrauchsgüter: Messung und QFD-gestützte Umsetzung von Kundenforderungen und Kundenurteilen, Wiesbaden.

Schmidt, Reinhard H.; Terberger, Eva (1997): Grundzüge der Investitions- und Finanzierungstheorie, 4. Aufl., Wiesbaden.

Schmidt, Wulf-Peter (2001): Umwelt-Fehlermöglichkeiten- und Einfluss-Analyse (Umwelt-FMEA), in: DIN Deutsches Institut für Normung e. V. (Hrsg.): Umweltgerechte Produktentwicklung – Ein Leitfaden für Entwicklung und Konstruktion, Berlin, Wien, Zürich 2001, Kapitel 3.3.9.

Schmitt, Dieter (1998): Sustainable Development und Unternehmensführung – unternehmerische Verantwortung in der Folge von Rio, in: Steinmann, Horst; Wagner, Gerd R. (Hrsg.): Umwelt- und Wirtschaftsethik, Stuttgart 1998, S. 80-92.

Schmitz, Jochen (1996): Qualitätscontrolling und Unternehmensperformance. Eine theoretische und empirische Analyse, München.

Schneeweiß, Christoph (1984): Elemente einer Theorie betriebswirtschaftlicher Modellbildung, in: ZfB, 54. Jg., S. 480-504.

Schneidewind, Uwe (1995): Ökologisch orientierte Kooperationen aus betriebswirtschaftlicher Sicht, in: UWF, 3. Jg., Nr. 4, S. 16-21.

Schneidewind, Uwe (1998): Die Unternehmung als strukturpolitischer Akteur. Kooperatives Schnittstellenmanagement im ökologischen Kontext, Marburg.

Schneidewind, Uwe; Dyllick, Thomas (1997): Ökologisches Benchmarking. DBW-Stichwort, in: DBW, 57. Jg., S. 569-575.

Schneidewind, Uwe; Seuring, Stefan (2000): Produktionsintegrierter Umweltschutz in Wertschöpfungsketten – Erweiterung eines Entscheidungszusammenhangs, in: Haasis, Hans-Dietrich; Müller, Wilfried; Winter, Gerd; Feseker, Klaus; Griem, Niels; Spiecker, Carola (Hrsg.): Produktionsintegrierter Umweltschutz und Eigenverantwortung der Unternehmen, Frankfurt 2000, S. 55-72.

Scholles, Frank (1997): Abschätzen, Einschätzen und Bewerten in der UVP, Dortmund.

Schrader, Ulf; Hansen, Ursula (2002): Nachhaltiger Konsum, in: UWF, 10. Jg., Nr. 4, S. 12-17.

Schreiner, Manfred (1996): Umweltmanagement in 22 Lektionen. Ein ökonomischer Weg in eine ökologische Wirtschaft, 4. Aufl., Wiesbaden.

Schröder, Hans-Horst; Zenz, Andreas; Schymetzki, Guenter (1997): Strategische Qualitätsplanung, in: Eversheim, Walter (Hrsg.): Prozeßorientiertes Qualitätscontrolling. Qualität meßbar machen, Berlin, Heidelberg 1997, S. 11-45.

Schröder, Hendrik (1997): Benchmarking – Konzept, Probleme und Erfolgsvoraussetzungen, in: Weber, René (Hrsg.): Handbuch Service-Management, Landsberg am Lech 1997, Kap. II 4.3.

Schröder, Hendrik (2001): Benchmarking, in: Zollondz, Hans-D. (Hrsg.): Lexikon des Qualitätsmanagements, München, Wien 2001, S. 45-51.

Schröder, Hendrik (2005): Multichannel-Retailing. Marketing in Mehrkanalsystemen des Einzelhandels, Berlin, Heidelberg.

Schröder, Hendrik; Brinkschmidt, Uta (1992): Vorsicht bei Gesundheits- und Umweltaussagen, in: Absatzwirtschaft, 32. Jg., Nr. 2, S. 72-84.

Schröder, Hendrik; Tenberg, Ingo (1997): Zufriedenheit interner Kunden in mehrstufigen Handelssystemen, in: Trommsdorff, Volker (Hrsg.): Handelsforschung 1997/98, Wiesbaden 1997, S. 155-177.

Schröder, Hendrik; Wojazcek, B. (1992): Qualitätssicherung bei der Fremdvergabe logistischer Dienstleistungen, in: Weber, René (Hrsg.): Service-Management, Landsberg am Lech 1992.

Schütze, Roland (1992): Kundenzufriedenheit: After-Sales-Marketing auf industriellen Märkten, Wiesbaden.

Schulte-Zurhausen, Manfred (2002): Organisation, 3. Aufl., München.

Schultmann, Frank (2003): Stoffstrombasiertes Produktionsmanagement – Betriebswirtschaftliche Planung und Steuerung industrieller Kreislaufwirtschaftssysteme, Berlin.

Schulze, Alfred (1999): Statistische Versuchsplanung, in: Masing, Walter (Hrsg.): Handbuch Qualitätsmanagement, 4. Aufl., München, Wien 1999, S. 389-424.

Schumacher, Jens (1994): Qualitätserfolgsrechnung, Bergisch Gladbach, Köln.

Schuppisser, Stefan W. (2002): Stakeholder Management. Beziehungen zwischen Unternehmungen und nicht-marktlichen Stakeholder-Organisationen – Entwicklung und Einflussfaktoren, Bern, Stuttgart, Wien.

Schwarz, Erich J.; Strebel, Heinz (1999): Produktlinienanalyse und Wertkettenmanagement als Grundlage für das Management von Verwertungsnetzen, in: Seidel, Eberhard (Hrsg.): Betriebliches Umweltmanagement im 21. Jahrhundert. Aspekte, Aufgaben, Perspektiven, Berlin, Heidelberg 1999, S. 205-217.

Schweim, Joachim (1969): Integrierte Unternehmungsplanung, Bielefeld.

Schweitzer, Marcell (2000): Gegenstand und Methoden der Betriebswirtschaftslehre, in: Bea, Franz X.; Dichtl, Erwin; Schweitzer, Marcell (Hrsg.): Allgemeine Betriebswirtschaftslehre, Band 1: Grundfragen, 8. Aufl., Stuttgart 2000, S. 23-79.

Schweitzer, Walter; Baumgartner, C. (1992): Off-Line-Qualitätskontrolle und Statistische Versuchsplanung. Die Taguchi-Methode, in: ZfB, 62. Jg., S. 75-100.

Schwerdtle, Hartwig (1999): Prozessintegriertes Management – PIM. Ein Modell für effizientes Qualitäts-, Umwelt- und Arbeitsschutzmanagement, Berlin, Heidelberg.

Schwerdtle, Hartwig; Bräunlein, Ralph (1996): Qualität und Umweltschutz aus der Perspektive eines integrierten Managementsystems, in: UWF, 4. Jg., Nr. 4, S. 77-82.

Seidenschwarz, Werner (1993): Target Costing. Marktorientiertes Zielkostenmanagement, München.

Shahin, Arash (2004): Integration of FMEA and the Kano model. An exploratory examination, in: IJQRM, 21. Jg., S. 731-746.

Shen, X. X.; Tan, K. C.; Xie, M. (2000a): An integrated approach to innovative product development using Kano's model and QFD, in: European Journal of Innovation Management, 3. Jg., Nr. 2, S. 91-99.

Shen, X. X.; Tan, K. C.; Xie, M. (2000b): Benchmarking in QFD for quality improvement, in: Benchmarking: An International Journal, 7. Jg., S. 282-291.

Siegwart, Hans; Senti, Richard (1995): Product Life Cycle Management. Die Gestaltung eines integrierten Produktlebenszyklus, Stuttgart.

Siestrup, Guido; Haasis, Hans-Dietrich (1997): Strategische Planung von Produktkreislaufsystemen, in: ZfP, 8. Jg., S. 149-167.

Simchi-Levi, David; Kaminsky, P.; Simchi-Levi, E.: (2000): Designing and Managing the Supply Chain. Concepts, Strategies, and Case Studies, Boston et al.

Simmons, David A. (1970): practical quality control, Reading, Massachusetts.

Society of Environmental Toxicology and Chemistry (SETAC) (1998): Life-Cycle Impact Assessment: The State-of-the-Art, 2. Aufl., Pensacola, Florida.

Sondermann, Jochen P. (1999): Interne Qualitätsforderungen und Forderungsbewertung, in: Masing, Walter (Hrsg.): Handbuch Qualitätsmanagement, 4. Aufl., München, Wien 1999, S. 253-270.

Souren, Rainer (2004): Material flow analysis in closed-loop supply chains: modelling of packaging waste recycling at different hierarchical level, in: International Journal of Integrated Supply Management, 1. Jg., Nr. 2, S. 117-138.

Souren, Rainer; Dyckhoff, Harald; Ahn, Heinz (2002): Systematisierung vermeidungsorientierter Produktnutzungskonzepte, in: ZfB, 72. Jg., S. 359-382.

Specht, Dieter (2001): Produkt- und Prozessentwicklung, integrierte (PPE), in: Diller, Hermann (Hrsg.): Vahlens Großes Marketinglexikon, 2. Aufl., München 2001, Sp. 1419-1422.

Specht, Dieter; Beckmann, Christoph; Amelingmeyer, Jenny (2002): F&E-Management. Kompetenz im Innovationsmanagement, 2. Aufl., Stuttgart.

Specht, Dieter; Schmelzer, Herrmann J. (1991): Qualitätsmanagement in der Produktentwicklung, Stuttgart.

Specht, Dieter; Siegler, Oliver; Kahmann, Joachim (1998): Innovationspotentiale im Kooperationsverbund, in: Wildemann, Horst (Hrsg.): Innovationen in der Produktionswirtschaft – Produkte, Prozesse, Planung und Steuerung, München 1998, S. 393-411.

Spengler, Thomas; Geldermann, Jutta; Rentz, Otto (1997a): Ganzheitliche Bewertung von Produktionsprozessen durch multikriterielle Entscheidungsunterstützung, in: Zimmermann, Uwe; Derigs, Ulrich; Gaul, Wolfgang; Möhrig, Rolf H. (Hrsg.): Selected Papers on the Symposium on Operations Research, Braunschweig, 3.-6.9.1996, Berlin, Heidelberg 1997, S. 415-420.

Spengler, Thomas; Geldermann, Jutta; Rentz, Otto (1997b): Multikriterielle Entscheidungsverfahren zur ganzheitlichen Bewertung von Investitionsalternativen – dargestellt am Beispiel von Oberflächenreinigungssystemen, in: ZfP, 8. Jg., Nr. 8, S. 55-79.

Spengler, Thomas; Hähre, Stephan; Sieverdingbeck, Andreas; Rentz, Otto (1998): Stofflussbasierte Umweltkostenrechnung zur Bewertung industrieller Kreislaufwirtschaftskonzepte. Dargestellt am Beispiel der Eisen- und Stahlindustrie, in: ZfB, 68. Jg., S. 147-174.

Splett-Henning, Christian (2004): Key-Account-Management im Automobilhandel. Entwicklung und Evaluierung eines adaptiven und innovativen Key-Account-Management-Konzeptes für den Großkundenvertrieb im deutschen Automobilhandel, München, Mering.

Spöhring, Walter (1995): Qualitative Sozialforschung, 2. Aufl., Wiesbaden.

Staehle, Wolfgang H. (1999): Management. Eine verhaltenswissenschaftliche Perspektive, überarbeitet von Peter Conrad und Jörg Sydow, 8. Aufl., München.

Stagl, Sigrid (2004): Valuation for Sustainable Development – The Role of Multicriteria Evaluation, in: Vierteljahreshefte zur Wirtschaftsforschung, 73. Jg., Nr. 1, S. 53-62.

Stahl, Heinz K.; Hinterhuber, Hans H.; Friedrich von den Eichen, Stephan A.; Matzler, Kurt (2002): Kundenzufriedenheit und Kundenwert, in: Hinterhuber, Hans H.; Matzler, Kurt (Hrsg.): Kundenorientierte Unternehmensführung. Kundenorientierung – Kundenzufriedenheit – Kundenbindung, 3. Aufl., Wiesbaden 2002, S. 193-211.

Stamatis, D. H. (2003): Failure Mode and Effect Analysis. FMEA from Theory to Execution, 2. Aufl., Milwaukee, Wisconsin.

Standop, Dirk (1999): Side Effects of Product Recalls: Image-Shifts Due to a Recall of Potentially Dabgerous Products?, in: Zeitschrift für Automobilwirtschaft, 2. Jg., Nr. 3, S. 28-33.

Stegmüller, Wolfgang (1983): Probleme und Resultate der Wissenschaftstheorie und analytischen Philosophie, Band 1: Erklärung – Begründung – Kausalität. Studienausgabe, Teil C, 2. Aufl., Berlin, Heidelberg, New York.

Steinke, Ines (1999): Kriterien qualitativer Forschung. Ansätze zur Bewertung qualitativ-empirischer Sozialforschung, Weinheim, München.

Stelzer, Volker (1997): Bewertungen in Umweltschutz und Umweltrecht, Berlin et al.

Stemplewski, Jochen; Lange, Christoph; Schaefer, Sigrid (2005): Balanced Scorecard als Führungsinstrument in der Wasserwirtschaft, in: KA Abwasser, Abfall, 52. Jg., Nr. 8, S. 924-926.

Steven, Marion (1992): Umweltschutz im Produktionsbereich, in: WISU, 21. Jg., S. 35-39 u. 105-111.

Steven, Marion (1994): Produktion im Umweltschutz – Ansatzpunkte für die Integration von Umweltschutzmaßnahmen in die Produktionstheorie, Habilitationsschrift, Universität Bielefeld 1992, Wiesbaden.

Steven, Marion (2002): Integration der Planung, in: Küpper, Hans-Ulrich; Wagenhofer, Alfred (Hrsg.): Handwörterbuch Unternehmensrechnung und Controlling, 4. Aufl., Stuttgart 2002, Sp. 750-758.

Steven, Marion (2004): Networks in Reverse Logistics, in: Dyckhoff, Harald; Lackes, Richard; Reese, Joachim (Hrsg.): Supply Chain Management and Reverse Logistics, Heidelberg 2004, S. 163-180.

Steven, Marion; Letmathe, Peter (1996): Umweltstücklisten für umweltorientierte PPS-Systeme, in: ZfB, 66. Jg., Ergänzungsheft 2: Betriebliches Umweltmanagement, S. 165-183.

Steven, Marion; Schwarz, Johann; Letmathe, Peter (1997): Umweltberichterstattung und Umwelterklärungen nach der EG-Audit-Verordnung, Berlin.

Stewart, Theo J. (1992): A Critical Survey on the Status of Multiple Criteria Decision Making Theory and Practice, in: Omega. International Journal of Management Science, 20. Jg., S. 569-586.

Stölzle, Wolfgang; Gareis, Karin (2002): Konzepte der Beschaffungslogistik – Anforderungen und Gestaltungsalternativen, in: Hahn, Dietger; Kaufmann, Lutz (Hrsg.): Handbuch Industrielles Beschaffungsmanagement. Internationale Konzepte, innovative Instrumente, aktuelle Praxisbeispiele, 2. Aufl., Wiesbaden 2002, S. 401-423.

Strebel, Heinz (1980): Umwelt und Betriebwirtschaft – die natürliche Umwelt als Gegenstand der Unternehmenspolitik, Berlin.

Strobel, Markus; Wagner, Friederike (1999): Flusskostenrechnung als Instrument des Materialflussmanagement, in: UWF, 7. Jg., Nr. 4, S. 26-28.

Strodtholz, Petra; Kühl, Stefan (2002): Qualitative Methoden in der Sozialforschung – ein Überblick, in: Strodtholz, Petra; Kühl, Stefan (Hrsg.): Methoden der Organisationsforschung. Ein Handbuch, Reinbek bei Hamburg 2002, S. 11-29.

Strunk, Hans-Martin (2000): Lektion gelernt. Automobilzulieferer nutzt softwaregestützt FMEA-Wissen für Folgeprojekte, in: QZ, 45. Jg., S. 574-578.

Sundmacher, Torsten (2002): Das Umweltinformationsinstrument Ökobilanz (LCA). Anwendungsbezug und instrumentelle Ausgestaltungsmöglichkeiten, Frankfurt am Main.

Svensson, Göran (2000): A conceptual framework for the analysis of vulnerability in supply chains, in: International Journal of Physical Distribution & Logistics Management, 30. Jg., S. 731-749.

Sydow, Jörg (1993): Strategische Netzwerke – Evolution und Organisation, Wiesbaden.

Sydow, Jörg (2001): Zwischenbetriebliche Kooperationen, in: Jost, Peter-J. (Hrsg.): Der Transaktionskostenansatz in der Betriebswirtschaftslehre, Stuttgart 2001, S. 241-271.

Taguchi, Genichi (1989): Einführung in das Quality Engineering, New York.

Taguchi, Genichi; Clausing, Don (1990): Radikale Ideen zur Qualitätssicherung, in: Harvard Manager, 11. Jg., Nr. 4, S. 35-48.

Tamm Hallström, Kristina (2004): Organizing International Standardization. ISO and the IASC in Quest of Authority, Northampton, Massachusetts.

Tammler, Ulrich (1999): Methoden der Q-Technik im betrieblichen Umweltschutz, in: Masing, Walter (Hrsg.): Handbuch Qualitätsmanagement, 4. Aufl., München, Wien 1999, S. 1031-1045.

Tammler, Ulrich; Eschborn, Siegfried (1998): Umweltschutz im Betrieb verbessern, in: QZ, 43. Jg., S. 304-307.

Tarara, Joachim (1997): Ökologieorientierte Informationsinstrumente in Unternehmen. Einflußfaktoren und Erfolgsbedingungen, Wiesbaden.

Terhart, Ewald (1995): Kontrolle von Interpretationen: Validierungsprobleme, in: König, Eckard; Zedler, Peter (Hrsg.): Bilanz qualitativer Forschung, Bd. 1: Grundlagen qualitativer Forschung, Weinheim 1995, S. 373-397.

Thiagarajan, T.; Zairi, Mohamed (1997a): A review of total quality management in practice: understanding the fundamentals through examples of best practice applications – Part I, in: The TQM Magazine, 9. Jg., S. 270-286.

Thiagarajan, T.; Zairi, Mohamed (1997b): A review of total quality management in practice: understanding the fundamentals through examples of best practice applications – Part II, in: The TQM Magazine, 9. Jg., S. 344-356.

Thiagarajan, T.; Zairi, Mohamed (1997c): A review of total quality management in practice: understanding the fundamentals through examples of best practice applications – Part III, in: The TQM Magazine, 9. Jg., S. 414-417.

Thonemann, Ulrich W. (2002): Improving supply-chain performance by sharing advance demand information, in: European Journal of Operational Research, 142. Jg., S. 81-107.

Töpfer, Armin (2002): Qualitätsmanagement-Konzepte bei veränderten Beschaffungsstrategien, in: Hahn, Dietger; Kaufmann, Lutz (Hrsg.): Handbuch Industrielles Beschaffungsmanagement. Internationale Konzepte – Innovative Instrumente – Aktuelle Anwendungsbeispiele, 2. Aufl., Wiesbaden 2002, S. 425-445.

Töpfer, Armin; Beck, Petra (1997): Die Umsetzung einer Customer-Focus-Strategie in vertraglichen Vertriebssystemen, in: Trommsdorff, Volker (Hrsg.): Handelsforschung 1997/98 – Kundenorientierung im Handel – Jahrbuch der Forschungsstelle für Handel (FfH) e. V., Wiesbaden 1997, S. 179-206.

Toomey, John W. (2000): Inventory Management. Principles, Concepts and Techniques, Norwell, Massachusetts.

Tröndle, Dirk (1987): Kooperationsmanagement: Steuerung interaktioneller Prozesse bei Unternehmungskooperationen, Bergisch Gladbach et al.

Tsai, Wen-Hsien (1998): Quality cost measures under activity-based costing, in: IJQRM, 15. Jg., S. 719-752.

Türck, Rainer (1999): Forschungs- und Entwicklungskooperationen, in: Engelhard, Johann; Sinz, Elmar J. (Hrsg.): Kooperation im Wettbewerb. Neue Formen und Gestaltungskonzepte im Zeichen von Globalisierung und Informationstechnologie, 61. Wissenschaftliche Jahrestagung des Verbandes der Hochschullehrer für Betriebswirtschaft e. V. 1999 in Bamberg, Wiesbaden 1999, S. 60-87.

Tuma, Axel; Franke, Stephan; Haasis, Hans-Dietrich (1999): Gestaltungsanforderungen an eine zukunftsorientierte Produktionssteuerung, in: Tuma, Axel; Franke, Stephan; Haasis, Hans-Dietrich (Hrsg.): Innovation in der Produktionssteuerung. Umwelt-Informatik aktuell, hrsg. von GI-Fachausschuß 4.6 „Informatik und Umweltschutz", Bd. 20, Marburg 1999, S. 9-17.

Tuma, Axel; Friedl, Jürgen; Franke, Stephan (2002): Environmental Coordination of Supply Chain Networks Based on a Multi-Agent System, in: Leopold-Wildburger, Ulrike; Rendl, Franz; Wäscher, Gerhard (Hrsg.): Operations Research Proceedings 2002, Heidelberg 2002, S. 290-295.

Tuma, Axel; Friedl, Jürgen; Franke, Stephan (2004): Environmental-Oriented Coordination of Supply Networks, in: Dyckhoff, Harald; Lackes, Richard; Reese, Joachim (Hrsg.): Supply Chain Management and Reverse Logistics, Heidelberg 2004, S. 181-200.

Tummala, V. M Rao; Tang, C. L. (1996): Strategic quality management, Malcolm Baldrige and European quality awards and ISO 9000 certification. Core concepts and comparative analysis, in: IJQRM, 13. Jg., Nr. 4, S. 8-38.

Ulrich, Hans (1989): Integrative Unternehmensführung, in: Kirsch, Werner; Picot, Arnold (Hrsg.): Die Betriebswirtschaftslehre im Spannungsfeld zwischen Generalisierung und Spezialisierung, Wiesbaden 1989, S. 183-189.

Ulrich, Hans; Krieg, Walter (1972): Das St. Galler Management-Modell, Bern.

Umweltbundesamt (Hrsg.) (1999): Leitfaden Betriebliche Umweltwirkungen – Ihre Erfassung und Bewertung im Rahmen des Umweltmanagements –, Berlin.

Utermarck, Jan (1996): Anwendung der Nutzwertanalyse im Beschaffungsbereich des Industriebetriebs, Northeim.

Vahs, Dietmar (2003): Organisation. Einführung in die Organisationstheorie und -praxis, 4. Aufl., Stuttgart.

Verband der Automobilindustrie e. V. (VDA) (2004): Arbeitskreise, http://www.vda.de/de/vda/intern/arbeitskreise/, Abruf am 27.02.2004.

Verband der Automobilindustrie e. V. (VDA)/Qualitäts Management Center (QMC) (2004): IATF (International Automotive Task Force), http://www.vda-qmc.de/de/index.php?catalog=1053&changecat=1070&lang=de&changelang=en, Abruf am 27.02.2004.

Verbeck, Alexander (1998): TQM versus QM. Wie Unternehmen sich richtig entscheiden, Zürich.

Verein zur Förderung der Arbeitssicherheit in Europa e. V. (Hrsg.) (1997): Zur Problematik der Normung von Arbeitsschutzmanagementsystemen – Materialsammlung, KAN-Bericht 11, 2. Aufl., Sankt Augustin.

Vinten, Gerald (2000): The stakeholder manager, in: Management Decision, 38. Jg., S. 377-383.

Voigt, Kai-I.; Wettengel, Steffen (1999): Innovationskooperationen im Zeitwettbewerb, in: Engelhard, Johann; Sinz, Elmar J. (Hrsg.): Kooperation im Wettbewerb. Neue Formen und Gestaltungskonzepte im Zeichen von Globalisierung und Informationstechnologie, Wiesbaden 1999, S. 413-443.

Volkswagen AG (1999): Umwelterklärung Werk Braunschweig 1999, Wolfsburg.

Volkswagen AG (2000): Qualitätsfähigkeit Lieferanten. Beurteilungsrichtlinie, 4. Aufl., Wolfsburg.

Volkswagen AG (2004a): Volkswagen AG: Umweltbericht 2003/2004, Wolfsburg.

Volkswagen AG (2004b): Unser Ziel sind zufriedene Kunden. Die neue Qualitätspolitik von Volkswagen, Wolfsburg, http://www.volkswagen-umwelt.de/, Abruf am 23.06.2004.

Volkswagen AG (2004c): Geschäftsbericht 2003. http://www.volkswagen-ir.de/fileadmin/vw-ir2/dokumente/berichte/2003/20040309_gb2003_d.pdf, Abruf am 08.12.2004.

Volvo (1999): Environmental impact analysis, E-FMEA, Corporate Standard STD 5034,5, Ebbe Östebo 1999; http://www.tech.volvo.se/standard/eng/e-fmea/, Abruf am 29.01.2002.

Vonderembse, Mark A.; Raghunathan, T. S. (1997): Quality function deployment's impact on product development, in: International Journal of Quality Science, 2. Jg., S. 253-271.

Waddock, Sandra; Bodwell, Charles (2002): From TQM to TRM. Total Responsibility Management Approaches, in: The Journal of Corporate Citizenship, 8. Jg., S. 113-126.

Wadsworth, Harrison M.; Stephens, Kenneth S.; Godfrey, A. Blanton (1986): Modern Methods For Quality Control And Improvement, New York.

Wagner, Gerd R. (1995): Marketing und Umwelt, in: Tietz, Bruno; Köhler, Richard; Zentes, Joachim (Hrsg.): Handwörterbuch des Marketing, 2. Aufl., Stuttgart 1995, Sp. 1490-1508.

Wagner, Gerd R. (1996): „Umwelt-Auditing – Konzeptionelle Wende für das unternehmerische Umweltmanagement?, in: Elschen, Rainer (Hrsg.): Unternehmenssicherung und Unternehmensentwicklung, Stuttgart.

Wagner, Gerd R. (1997a): Betriebswirtschaftliche Umweltökonomie, Stuttgart.

Wagner, Gerd R. (1997b): Das Marketing in umweltökonomischer Perspektive, in: Backhaus, Klaus; Günter, Bernd; Klainaltenkamp, Michael (Hrsg.): Marktleistung und Wettbewerb – Strategische und operative Perspektiven der marktorientierten Leistungsgestaltung. Festschrift für W. H. Engelhardt zum 65. Geburtstag, Wiesbaden 1997, S. 143-171.

Wagner, Gerd R. (1999a): Zur Überwindung des Theoriedefizits der Betriebswirtschaftlichen Umweltökonomie, in: Zeitschrift für Angewandte Umweltforschung, 12. Jg., S. 461-464.

Wagner, Gerd R. (1999b): Umweltmanagement, in: Bitz, Michael; Dellmann, Klaus; Domsch, Michel; Wagner, Franz W. (Hrsg.): Vahlens Kompendium der Betriebswirtschaftslehre, Bd. 2, 4. Aufl., München 1999, S. 339-391.

Wagner, Gerd R.; Janzen, Henrik (1991): Ökologisches Controlling. Mehr als ein Schlagwort?, in: Controlling, 3. Jg., S. 120-129.

Wagner, Gerd R.; Janzen, Henrik (1994): Umwelt-Auditing als Teil des betrieblichen Umwelt- und Risikomanagements, in: BFuP, 46. Jg., S. 573-604.

Wagner, Gerd R.; Matten, Dirk (1995): Betriebswirtschaftliche Konsequenzen des Kreislaufwirtschaftsgesetzes, in: Zeitschrift für Angewandte Umweltforschung, 8. Jg., Nr. 1, S. 45-57.

Wagner, Marcus (2001): A review of empirical studies concerning the relationship between environmental and economic performance. What does the evidence tell us?, Working Paper, Center for Sustainability Management e. V., University of Lueneburg, Chair of Corporate Sustainability Management, Lüneburg.

Wagner, Marcus (2003): The Influence of ISO 14001 and EMAS Certification on Environment and Economic Performance of Firms. An Empirical Analysis, in: Bennet, Martin; Rikkhardson, Pall M.; Schaltegger, Stefan (Hrsg.): Environmental Management Accounting. Purpose and Progress, Dordrecht 2003, S. 21-35.

Wahren, Heinz-Kurt E. (1998): Erfolgsfaktor KVP, München.

Waller, Derek L. (1999): Operations Management. A Supply Chain Approach, London et al.

Walters, David; Lancaster, Geoff (2000): Implementing value strategy through value chain, in: Management Decision, 38. Jg., S. 160-178.

Wang, H.; Xie, M.; Goh, T. N. (1998): A comparative study of the prioritization matrix method and the analytical hierarchy process technique in quality function deployment, in: Total Quality Management, 9. Jg., S. 421-430.

Wangenheim, Sascha von (1998): Integrationsbedarf im Serienanlauf dargestellt am Beispiel der Automobilindustrie, in: Horváth, Péter; Fleig, Günther (Hrsg.): Integrationsmanagement für neue Produkte, Stuttgart 1998, S. 59-86.

Weber, Gaby (1996): VW-Werk in Resende: Neue industrielle Revolution. http://www.labournet.de/branchen/auto/vw/vwresend.html 1996-12-16, Abruf am 23.08.2002.

Weber, Jürgen; Schäffer, Utz (1998): Balanced Scorecard. Gedanken zur Einordnung des Konzepts in das bisherige Controlling-Instrumentarium, in: ZfP, 9. Jg., S. 341-365.

Weber, Karl (1995): AHP-Analyse, in: ZfP, 6. Jg., S. 185-195.

Weigand, Andreas (1999): Integrierte Qualitäts- und Kostenplanung am Beispiel der Konzeptphase in der Automobilindustrie, Frankfurt am Main.

Weisenfeld-Schenk, Ursula (1997): Die Nutzung von Zertifikaten als Signal für Produktqualität. Eine informationsökonomische Betrachtung, in: ZfB, 67. Jg., S. 21-39.

Welge, Martin K.; Al-Laham, Andreas (2001): Strategisches Management: Grundlagen – Prozess – Implementierung, 3. Aufl., Wiesbaden.

Wentges, Paul (2000): Eine Stakeholder-orientierte Analyse der Berücksichtigung des Risikos im Rahmen des Shareholder Value-Konzeptes, in: DBW, 60. Jg., S. 199-209.

Wertz, Boris (2000): Management von Lieferanten-Produzenten-Beziehungen. Eine Analyse von Unternehmensnetzwerken in der deutschen Automobilindustrie, Wiesbaden.

Wiele, A. van der; Dale, Barne C.; Williams, A. Roger T. (1997): ISO 9000 series registration to total quality management: the transformation journey, in: International Journal of Quality Science, 2. Jg., S. 236-252.

Wiele, A. van der; Williams, A. Roger T.; Dale, Barne C. (2000): ISO 9000 series registration to business excellence: the migratory path, in: Business Process Management Journal, 6. Jg., S. 417-427.

Wielenberg, Stefan (1999): Die Absicherung von Kooperationen in Zulieferbeziehungen, in: Engelhard, Johann; Sinz, Elmar J. (Hrsg.): Kooperation im Wettbewerb. Neue Formen und Gestaltungskonzepte im Zeichen von Globalisierung und Informationstechnologie. 61. Wissenschaftliche Jahrestagung des Verbandes der Hochschullehrer für Betriebswirtschaft e. V. 1999 in Bamberg, Wiesbaden 1999, S. 301-324.

Wiese, Harald; Zelewski, Stephan (1998): Müllentsorgung und Müllvermeidung. Theoretische und heuristische Ansätze, in: ZfB, 68. Jg., Ergänzungsheft 1: Betriebliches Umweltmanagement, S. 145-176.

Wiese, Harald; Zelewski, Stephan (2002): Waste disposal and waste avoidance, in: International Journal of Production Research, 40. Jg., S. 3391-3400.

Wietschel, Martin (2004): Energetische Bewertung von PKW-Leichtbaustrategien, in: UWF, 12. Jg., Nr. 3, S. 29-35.

Wildemann, Horst (1995): Kosten- und Leistungsrechnung für präventive Qualitätssicherungssysteme, München.

Wildemann, Horst (1999): Entwicklungsnetze als strategischer Erfolgfaktor, in: Wagner, Gerd R. (Hrsg.): Unternehmungsführung, Ethik und Umwelt. Festschrift für Hartmut Kreikebaum zum 65. Geburtstag, Wiesbaden 1999, S. 252-270.

Wildemann, Horst (2001): Supply Chain Management mit E-Technologien, Institut für Wirtschaftswissenschaften der Universität Klagenfurt, Abteilung Produktions-, Logistik- und Umweltmanagement, Reihe BWL aktuell, Klagenfurt.

Wilkinson, G.; Dale, B. G. (1998): System integration: the views and activities of certification bodies, in: The TQM Magazine, 10. Jg., S. 288-292.

Wilkinson, G.; Dale, B. G. (1999): Integrated management systems: an examination of the concept and theory, in: The TQM Magazine, 11. Jg., S. 95-104.

Williamson, A.; Rogerson, J. H.; Vella, A. D. (1996): Quality system auditors' attitudes and methods: a survey, in: IJQRM, 13. Jg., Nr. 8, S. 39-52.

Wimmer, Frank (2001): Forschungsüberlegungen und empirische Ergebnisse zum nachhaltigen Konsum, in Schrader, Ulf; Hansen, Ursula (Hrsg.): Nachhaltiger Konsum, Forschung und Praxis im Dialog, Frankfurt am Main 2001, S. 77-102.

Winterfeldt, Detlef von; Edwards, Ward (1986): Decision Analysis and Behavioral Research, Cambridge.

Winzer, Petra (2002): Das Kombinationsaudit. Ein Instrument zur Verbesserung von Integrierten Managementsystemen, in: Schwendt, Stefanie; Funck, Dirk (Hrsg.): Integrierte Managementsysteme. Konzepte, Werkzeuge, Erfahrungen, Heidelberg 2002, S. 45-65.

Wirth, Rüdiger; Berthold, Bernd; Krämer, Anita; Peter, Gerhard (1996): Knowledge-based Support of System Analysis for the Analysis of Failure Modes and Effects, in: Engineering Applications of Artificial Intelligence, 9. Jg., S. 219-229.

Wissenschaftlicher Rat der Dudenredaktion (Hrsg.) (1990): Duden Fremdwörterbuch, 5. Aufl., Mannheim et al.

Witzel, Andreas (1989): Das problemzentrierte Interview, in: Jüttemann, Gerd (Hrsg.): Qualitative Forschung in der Psychologie. Grundfragen, Verfahrensweisen, Anwendungsfelder, Heidelberg 1989, S. 227-255.

Wöhrl, Stefan; Schenk, Martin (2000): Die ökologische Neuordnung der Altautoentsorgung. Die Umsetzung der deutschen Altautoverordnung und der Freiwilligen Selbstverpflichtung sowie die Darstellung der geplanten EU Altautorichtlinie, in: UWF, 8. Jg., Nr. 2, S. 36-40.

Wolters, Peter (2002): Forward Sourcing – Entwicklungsbegleitende Lieferantenauswahl, in: Hahn, Dietger; Kaufmann, Lutz (Hrsg.): Handbuch Industrielles Beschaffungsmanagement. Internationale Konzepte – Innovative Instrumente – Aktuelle Anwendungsbeispiele, 2. Aufl., Wiesbaden 2002, S. 337-348.

Wrona, Thomas (1999): Globalisierung und Strategien der vertikalen Integration. Analyse, Gestaltungsoptionen, empirische Befunde, Wiesbaden.

Yamin, Shahid; Gunasekaran, Angappa (1999): Organisational quality – a cognitive approach to quality management, in: The TQM Magazine, 11. Jg., S. 180-187.

Yin, Robert K. (1985): Case Study Research. Design and Methods, Berverly Hills.

Zabel, Hans-Ulrich (Hrsg.) (2002): Betriebliches Umweltmanagement – nachhaltig und interdisziplinär, Berlin.

Zanger, Cornelia (2003): Grundlagen zur Weiterentwicklung der Umweltkommunikation vor dem Hintergrund des Nachhaltigkeitsleitbildes – dargestellt am Beispiel der Entwicklung einer Kommunikationskonzeption für das Umweltzeichen Blauer Engel, in: Zabel, Hans-Ulrich (Hrsg.): Theoretische Grundlagen und Ansätze einer nachhaltigen Umweltwirtschaft, Halle an der Saale 2003, S. 163-176.

Zanger, Cornelia (2004): Wertesysteme und Automobilkauf: eine empirische Untersuchung, in: Wiedmann, Klaus-P. (Hrsg.): Fundierung des Marketing. Verhaltenswissenschaftliche Erkenntnisse als Grundlage einer angewandten Marketingforschung, Wiesbaden 2004, S. 205-230.

Zehbold, Cornelia (1996): Lebenszykluskostenrechnung, Wiesbaden.

Zelewski, Stephan (1993): Umweltschutz als Herausforderung an die produktionswirtschaftliche Theorienbildung, in: ZfB, 63. Jg., S. 323-350.

Zelewski, Stephan (1994): Integration von Umweltschutzaspekten in aktivitätsanalytischen Produktionstheorien, in: Fischer-Winkelmann, Wolf F. (Hrsg.): Das Theorie-Praxis-Problem der Betriebswirtschaftslehre. Tagung der Kommission Wissenschaftstheorie, Wiesbaden 1994, S. 241-271.

Zelewski, Stephan (1998): Flexibilitätsorientierte Produktionsplanung und -steuerung, in: Corsten, Hans; Gössinger, Ralf (Hrsg.): Dezentrale Produktionsplanungs- und -steuerungs-Systeme. Eine Einführung in zehn Lektionen, Stuttgart, Berlin, Köln 1998, S. 233-257.

Zelewski, Stephan (1999): Grundlagen, in: Corsten, Hans; Reiß, Michael (Hrsg.): Betriebswirtschaftslehre, 3. Aufl., München, Wien 1999, S. 5-125.

Zelewski, Stephan (2004): Forschungsprogramme in der Produktionstheorie. Stellungnahme zum ZfB-Beitrag von Herrn Univ.-Prof. Dr. Harald Dyckhoff: „Neukonzeption der Produktionstheorie", in: ZfB, 74. Jg., S. 487-497.

Zelewski, Stephan; Peters, Malte L. (2003): Lösung multikriterieller Entscheidungsprobleme mit Hilfe des Analytical Hierarchy Process, in: WISU, 32. Jg., S. 1210-1218.

Zenz, Andreas (1999): Strategisches Qualitätscontrolling. Konzeption als Metaführungsfunktion, Wiesbaden.

Zhang, Zhihai (1998): Application of experimental design in new product development, in: The TQM Magazine, 10. Jg., S. 432-437.

Ziegler, Andreas; Rennings, Klaus; Schröder, Michael (2002): Der Einfluss ökologischer und sozialer Nachhaltigkeit auf den Shareholder Value europäischer Aktiengesellschaften, Discussion Paper 02-32, Zentrum für Europäische Wirtschaftsforschung GmbH, o. O.

Zimmermann, Hans-Jürgen; Gutsche, Lothar (1991): Multi-Criteria Analyse. Einführung in die Theorie der Entscheidungen bei Mehrfachzielsetzungen, Berlin et al.

Zink, Klaus J.; Schildknecht, Rolf (1992): Total Quality Konzepte – Entwicklungslinien und Überblick, in: Zink, Klaus J. (Hrsg.): Qualität als Managementaufgabe = Total Quality Management, 2. Aufl., Landsberg am Lech 1992, S. 73-107.

Zink, Klaus J.; Voss, Wolfgang (1998): Qualitätspreise in Europa. Nationale Ansätze zur Förderung der Wettbewerbsfähigkeit, in: Westkämper, Engelbert; Mai, Christoph (Hrsg.): Q-Jahrbuch 98/99. Qualitätsmanagement in Industrie und Dienstleistung – Trends und Adressen, München, Wien 1998, S. 21-39.

Zischka, Stefan (1998): Verbreitung und Anwendung des Quality Function Deployment (QFD) in der deutschen Automobilzulieferindustrie, in: VDI (Hrsg.): VDI-Berichte Nr. 1413: QFD: Produkte und Dienstleitungen marktgerecht gestalten, Tagung Düsseldorf, 29. u. 30.10.1998, Düsseldorf 1998, S. 179-199.

Zischka, Stefan (2000): Zielgerichtete Qualitätsplanung in der Produktentwicklung. Projektspezifisches Quality Deployment, Hannover.

Zöller, W.; Ziegler, A. (1992): Qualität auf dem Prüfstand. Studie zur Erfassung des Stellenwertes und der Umsetzung von Total Quality Management in Deutschland, Studie der PA Consulting Group, Fachbereich Total Quality Management in Zusammenarbeit mit Karriere/Handelsblatt, Frankfurt am Main.

Zotter, Karl-Andreas (2001): Nachhaltige Produktgestaltung im Automobilbau, in: UWF, 9. Jg., Nr. 3, S. 47-51.

- **Rechtsvorschriften, Normen, VDA-Bände und Leitlinien**

Baldrige National Quality Program 2004: National Institute of Standards and Technology (NIST). Technology Administration. United States Department of Commerce: Baldrige National Quality Program, administered by the American Society for Quality under contract to NIST, http://www.quality.nist.gov/PDF_files/2004_Business_Criteria.pdf, Abruf am 26.07.2004.

BImSchG: Gesetz zum Schutz vor schädlichen Umwelteinwirkungen, durch Luftverunreinigungen, Geräusche, Erschütterungen und ähnliche Vorgänge (Bundes-Immissionsschutzgesetz), vom 14. Mai 1990 (BGBl. I S. 880), zuletzt geändert durch Art. 2 Gesetz vom 8.7.2004 (BGBl. I 1578).

DIN EN ISO 8402: 1995-08: Qualitätsmanagement Begriffe, Berlin 1995.

DIN EN ISO 9001: Deutsches Institut für Normung e.V., Qualitätsmanagementsysteme. Modell zur Qualitätssicherung/QM-Darlegung in Design, Entwicklung, Produktion, Montage und Wartung, Berlin 1994.

DIN EN ISO 14001: Deutsches Institut für Normung e.V., Umweltmanagementsysteme. Spezifikation mit Anleitung zur Anwendung, Berlin 2005.

DIN EN ISO 14031: Deutsches Institut für Normung e.V., Umweltmanagement. Umweltleistungsbewertung – Leitlinien, Berlin 2000.

DIN EN ISO 14040: Deutsches Institut für Normung e.V., Umweltmanagement. Ökobilanz – Prinzipien und Allgemeine Anforderungen, Berlin 1997.

DIN EN ISO 14041: Deutsches Institut für Normung e.V., Umweltmanagement. Ökobilanz – Festlegung des Ziels und des Untersuchungsrahmens sowie Sachbilanz, Berlin 1998.

DIN EN ISO 14042: Deutsches Institut für Normung e.V., Umweltmanagement. Ökobilanz – Wirkungsabschätzung, Berlin 2000.

DIN EN ISO 14043: Deutsches Institut für Normung e.V., Umweltmanagement. Ökobilanz – Auswertung, Berlin 2000.

DIN ISO 14004: Deutsches Institut für Normung e.V., Umweltmanagementsysteme. Allgemeiner Leitfaden über Grundsätze, Systeme und Hilfsinstrumente, Berlin 1998.

EMAS-VO: Verordnung (EG) Nr. 761/2001 des Europäischen Parlaments und des Rates vom 19. März 2001 über die freiwillige Beteiligung von Organisationen an einem Gemeinschaftssystem für das Umweltmanagement und die Umweltbetriebsprüfung (EMAS), in: ABlEG Nr. L 114 vom 24. April 2001, S. 1.

Gesetz über die Entsorgung von Altfahrzeugen (Altfahrzeug-Gesetz – AltfahrzeugG), in: Bundesgesetzblatt Jg. 2002 Teil I Nr. 41 vom 28.06.2002, S. 2199-2211.

Gesetz über die Umweltverträglichkeitsprüfung (UVPG), Stand 5.9.2001, in: BGBl I S. 2351.

Gesetz zur Neuordnung der Sicherheit von technischen Arbeitsmitteln und Verbraucherprodukten, in: Bundesgesetzblatt Jg. 2004 Teil I Nr. 1 vom 09.01.2004, S. 2-20.

ICC The Business Charter for Sustainable Development. Principles for Environmental Management, http://www.iccwbo.org/home/environment/charter.asp, Abruf am 07.12.2004.

ISO/TS 16949: Deutsches Institut für Normung e.V., Qualitätsmanagementsysteme. Besondere Anforderungen bei Anwendung von ISO 9001:2000 für die Serien- und Ersatzteil-Produktion in der Automobilindustrie, Berlin 2002.

VDA 2: Verband der Automobilindustrie e. V. (VDA): Qualitätsmanagement in der Automobilindustrie. Bd. 2: Sicherung der Qualität von Lieferungen. Lieferantenauswahl, Qualitätssicherheitsvereinbarung, Produktionsprozess- und Produktfreigabe, Qualitätsleistung in der Serie, 4. Aufl., Frankfurt am Main 2004.

VDA 3.1: Verband der Automobilindustrie e. V. (VDA): Qualitätsmanagement in der Automobilindustrie. Bd. 3 Teil 1: Zuverlässigkeitssicherung bei Automobilherstellern und Lieferanten. Zuverlässigkeitsmanagement, 3. Aufl., Frankfurt am Main 2000.

VDA 3.2: Verband der Automobilindustrie e. V. (VDA): Qualitätsmanagement in der Automobilindustrie. Bd. 3 Teil 2: Zuverlässigkeitssicherung bei Automobilherstellern und Lieferanten. Zuverlässigkeitsmethoden und Hilfsmittel, 3. Aufl., Frankfurt am Main 2000.

VDA 4.1: Verband der Automobilindustrie e. V. (VDA): Qualitätsmanagement in der Automobilindustrie. Bd. 4: Sicherung der Qualität während der Produktrealisierung. Methoden und Verfahren, 1. Aufl., Frankfurt am Main 2003.

VDA 4.2a: Verband der Automobilindustrie e. V. (VDA): Qualitätsmanagement in der Automobilindustrie. Bd. 4 Teil 2 Kapitel „System FMEA“: Sicherung der Qualität vor Serieneinsatz. System FMEA, 2. Aufl., Frankfurt am Main 2003.

VDA 4.2b: Verband der Automobilindustrie e. V. (VDA): Qualitätsmanagement in der Automobilindustrie. Bd. 4 Teil 2 Kapitel „Verfahrensmethodik (Design of Experiments DoE)“: Sicherung der Qualität vor Serieneinsatz. Verfahrensmethodik (Design of Experiments DoE), 2. Aufl., Frankfurt am Main 2003.

VDA 4.2c: Verband der Automobilindustrie e. V. (VDA): Qualitätsmanagement in der Automobilindustrie. Bd. 4 Teil 2 Kapitel „Quality Function Deployment (QFD)“: Sicherung der Qualität vor Serieneinsatz. Quality Function Deployment (QFD), 2. Aufl., Frankfurt am Main 2003.

VDA 4.2d: Verband der Automobilindustrie e. V. (VDA): Qualitätsmanagement in der Automobilindustrie. Bd. 4 Teil 2 Kapitel „Prozessfähigkeitsuntersuchung“: Sicherung der Qualität vor Serieneinsatz. Prozessfähigkeitsuntersuchung, 2. Aufl., Frankfurt am Main 2003.

VDA 6.1: Verband der Automobilindustrie e. V. (VDA): Qualitätsmanagement in der Automobilindustrie. Bd. 6 Teil 1: QM-Systemaudit. Grundlage DIN EN ISO 9001 und DIN EN ISO 9004-1, 4. Aufl., Frankfurt am Main 2003.

VDA 6.3: Verband der Automobilindustrie e. V. (VDA): Qualitätsmanagement in der Automobilindustrie. Bd. 6 Teil 3: Prozessaudit. Produktentstehungsprozess, Serienproduktion – Dienstleistungsentstehungsprozess, Erbringung der Dienstleistung, 1. Aufl., Frankfurt am Main 1998.

VDA 6.5: Verband der Automobilindustrie e. V. (VDA): Qualitätsmanagement in der Automobilindustrie. Bd. 6 Teil 5: Produktaudit, 1. Aufl., Frankfurt am Main 1998.

VDA 18.1: Verband der Automobilindustrie e. V. (VDA): Qualitätsmanagement in der Automobilindustrie. Bd. 18 Teil 1: Das EFQM-Modell für Excellence. Einzelheiten zum Modell, RADAR-Karte, Kriterien, 1. Aufl., Frankfurt am Main 2000.

VDA 18.2: Verband der Automobilindustrie e. V. (VDA): Qualitätsmanagement in der Automobilindustrie. Bd. 18 Teil 2: Excellence einführen und bewerten. Praktische Anleitung zur Selbstbewertung, 1. Aufl., Frankfurt am Main 2000.

Verordnung (EG) Nr. 1400/2002 der Kommission vom 31. Juli 2002 über die Anwendung von Artikel 81 Absatz 3 des Vertrags auf Gruppen von vertikalen Vereinbarungen und aufeinander abgestimmten Verhaltensweisen im Kraftfahrzeugsektor.

Anhang: Interviewleitfaden

A. Allgemeine Angaben zum Unternehmen und zum Werk sowie zur befragten Person

1. Angaben zur Unternehmens- bzw. Werksgröße (Umsatz, Zahl der Mitarbeiter)?
2. Welche Produkte werden im Unternehmen insgesamt sowie insbesondere in diesem Werk hergestellt?
3. Welche Funktion(en) erfüllen Sie im Unternehmen bzw. Werk?
4. Wie wird Ihre Stelle offiziell bezeichnet?

B. Terminologie und Grundlagen

1. Wie sind im Unternehmen Qualitäts- und Umweltmanagement definiert?
2. Wie viele Zulieferer hat das Unternehmen/das Werk? Inwiefern haben sich die Zulieferstrukturen sowie die qualitäts- und umweltbezogene Zusammenarbeit mit Zulieferern in den letzten Jahren verändert? Welche Veränderungen sind hier für die folgenden Jahre zu erwarten?

C. Qualitätsmanagement

1. Organisation

   1.1 Welche qualitätsbezogenen Aufgaben erfüllt die Qualitätsabteilung, welche sind in die Fachabteilungen integriert?

   1.2 Wie ist die Qualitätsabteilung strukturiert und wo ist sie organisatorisch in die gesamte Unternehmensorganisation eingegliedert?

2. Normierte/zertifizierte Qualitätsmanagementsysteme

   2.1 An welchem Modell bzw. an welchen Modellen ist das Qualitätsmanagementsystem ausgerichtet und ggf. zertifiziert (ISO 9001, QS 9000, ISO/TS 16949, EQA, MBNQA)?
   Warum?

   2.2 Sind hier für die Zukunft Änderungen geplant? Ggf. welche?

3. Welches sind zurzeit die inhaltlichen Schwerpunkte des Qualitätsmanagements im Unternehmen?
4. In welchen Phasen und welcher Form ist das Qualitätsmanagement an der Produkt-/Prozessentwicklung beteiligt?
5. In welchen Phasen und welcher Form ist das Qualitätsmanagement an der Beschaffung beteiligt?
6. In welchen Phasen und welcher Form ist das Qualitätsmanagement an der Produktion beteiligt?
7. Welche Qualitätsmanagementinstrumente werden regelmäßig bzw. fallweise eingesetzt:
   - Qualitäts-Portfolioanalysen
   - Quality Function Deployment
   - Fehlermöglichkeits- und -einflussanalysen
   - Taguchi-Methode der Statistisches Versuchsplanung
   - Prozessfähigkeitsstudien
   - Qualitätskostenanalysen
   - Statistische Qualitätssicherung in der Produktion (Annahmeprüfungen, Statistische Prozessregelung)
   - Qualitätsaudits (Produkt, Prozess, System)
   - Andere: Ggf. welche?
8. Der Einsatz welcher Instrumente wird von Zulieferern erwartet bzw. mit diesen gemeinsam realisiert?

D. Umweltmanagement

1. Organisation
   - 1.1 Welche umweltbezogenen Aufgaben erfüllt die Umweltabteilung, welche sind in die Fachabteilungen integriert?
   - 1.2 Wie ist die Umweltabteilung strukturiert und wo ist sie organisatorisch in die gesamte Unternehmensorganisation eingegliedert?
2. Normierte/zertifizierte Umweltmanagementsysteme

2.1 An welchem Modell bzw. an welchen Modellen ist das Umweltmanagementsystem ausgerichtet und ggf. zertifiziert (ISO 14001, EMAS-VO)?
Warum?

2.2 Sind hier für die Zukunft Änderungen geplant? Ggf. welche?

3. Welches sind zurzeit die inhaltlichen Schwerpunkte des Umweltmanagements im Unternehmen?
4. In welchen Phasen und welcher Form ist das Umweltmanagement an der Produkt-/Prozessentwicklung beteiligt?
5. In welchen Phasen und welcher Form ist das Umweltmanagement an der Beschaffung beteiligt?
6. In welchen Phasen und welcher Form ist das Umweltmanagement an der Produktion beteiligt?
7. Welche Umweltmanagementinstrumente werden regelmäßig bzw. fallweise eingesetzt:
   - Öko-Portfolioanalysen
   - Umweltkostenanalysen
   - Stoff- und Energieflussrechnungen
   - Ökobilanzen
   - Umweltkennzahlen (-system)
   - Andere: Ggf. welche?
8. Der Einsatz welcher Instrumente wird von Zulieferern erwartet bzw. mit diesen gemeinsam realisiert?

E. Integriertes Qualitäts- und Umweltmanagement

1. Wird der Begriff „Integriertes Qualitäts- und Umweltmanagement“ bzw. „Integriertes Management“ oder „Mehrdimensionales Management“ verwendet und falls ja: wie wird er definiert? Gibt es ein schriftlich fixiertes Begriffsverständnis?
2. Wird im Unternehmen grundsätzlich eine Integration von Qualitäts- und Umweltmanagement realisiert bzw. angestrebt?

3. Sind bzw. werden die zertifizierten Qualitäts- und Umweltmanagementsysteme im Unternehmen integriert? Wenn ja: Wie ist das Integrierte System strukturiert?
4. Welches sind die zentralen Vor- und Nachteile aus Sicht des Unternehmens?
5. Gibt es zurzeit / zukünftig Ansätze einer Integration von Qualitäts- und Umweltmanagement im Rahmen der Primär- oder Sekundärorganisation? Ggf. welche?
6. Welches sind zurzeit / zukünftig die inhaltlichen Schwerpunkte der Integration des Qualitäts- und Umweltmanagements im Unternehmen?
7. In welchen Phasen und welcher Form (zeitliche, sachliche, organisatorische Integration) sind das Qualitäts- und Umweltmanagement in der Produkt-/Prozessentwicklung integriert?
8. In welchen Phasen und welcher Form (zeitliche, sachliche, organisatorische Integration) sind das Qualitäts- und Umweltmanagement in der Beschaffung integriert?
9. In welchen Phasen und welcher Form (zeitliche, sachliche, organisatorische Integration) sind das Qualitäts- und Umweltmanagement in der Produktion integriert?
10. Werden Qualitätsmanagementinstrumente im Rahmen des Umweltmanagements angewendet (und anders herum)? Welche?
    Werden die Instrumente zu diesem Zweck methodisch angepasst? Wie? Gibt es Anwendungsbeispiele? Wie ist die Zweckmäßigkeit der modifizierten Instrumente einzuschätzen?
11. Sind die bisher eingesetzten Qualitäts- und Umweltmanagementinstrumente ausreichend, um entsprechend eines mehrdimensionalen Zielsystems produkt- und prozessbezogene Entscheidungen zugleich an den finanziellen und an den Qualitäts- und Umweltzielen orientiert zu treffen?
12. Gibt es Vorgaben, wie im Falle von Konflikten zwischen Qualitäts- und Umweltzielen vorzugehen ist?
13. Werden die Mehrdimensionale FMEA und das Mehrdimensionale QFD als zielführende Instrumente eines Mehrdimensionalen Managements eingeschätzt?
14. Wie wird die Praktikabilität dieser modifizierten Instrumente eingeschätzt?